幼兒教保概論
（第五版）

盧美貴　著

五南圖書出版公司 印行

五版自序

　　「跨界」學習讓我們重新思考「教育」與「學習」本質與意義之所在：我們要將幼教師培育成像專家一般的教師？還是要養成他們豐富探究能力的教師？或者不斷永續學習的「學習」專家？

　　若要擺脫高夫（Gough）指稱「鐘聲模式課程」（clock-work curriculum）所導致日益貧乏的課程與教學，內在心靈經驗的探索與感知覺察後的行動力，提供幼教師增能學習，以及轉化的空間，此為幼教界當今師資培育的關鍵課題……。

　　若不是「文瓊」副總編新職上任到亞洲大學等各校了解教育與出版教材的實況，返程上車時窩心的叮嚀，我還真的沒意識到四版的《幼兒教保概論》匆匆又是歷經六、七年的版本了。「您要不要抽空來個第五版的修訂？雖然我知道您很忙。」是啊！再忙也要利用空檔修版！對五南楊董和念祖副總編、敏華編輯三十年來的提攜與關照，還給了我五南「經典名著文庫」學術評議委員的榮耀。念茲在茲的恩與情，好好修訂第五版的意念和行動於焉產生。

　　這個「序文」分三部分展開，首先是對「五南」的感恩敘說；其次，說明第五版增刪的內容；再者，是我對當今幼兒教育，尤其是師資與課程教學的感觸與期許……。

　　歷經半世紀風華與淬鍊，明知平面出版事業並不是被看好的市場，然而楊榮川董事長卻成立「經典名著文庫」系列專著的出版。在速食文化崛起的今日，人們已在匆忙餐食中不知食之味，一位出版界巨擘的企業家，表明他此一理想性與永續性巨大工程的願景與行動力──不在意讀者的眾

寡，只考慮它的學術價值，力求完整展現出先哲思想的軌跡。當我沉思他的話語時，我的眼眶是濕潤的，內心裡卻是發出會心的微笑。此一系列經典名著的出版，雖不符合商業經營模式的考量，但只要能為知識界開啟一扇智慧之窗，營造一座百花綻放的世界文明公園，取菁吸蜜嘉惠學子，於願足矣。一位出版界的泰斗道出了他對學術的責任與使命……。

第五版的編修，將重點放在「幼教」法規的更新，共有十個附錄；目錄後及第一章前面加入「學校的誕生」，這是我對教育「理想國」的嚮往與追求；第二章第三節倒金字塔的人口結構趨勢，因應臺灣少子化2018年嬰兒出生人口只有181,601人，已成為全世界人口出生倒數「第一名」的修正；第三章第一節幼兒教保思潮的演進也因為法令的更革，而有所增修；此外，0-6歲幼兒由國家養育能否解決臺灣「少子化」的問題姑且不論，但就作者與孫良誠、黃月美兩位教授，在「黃昆輝教授教育基金會」委託的研究發現，臺灣5歲大班幼兒教育義務化已獲得學者專家，以及家長高度的認同，因此，第五版將加入臺灣5歲幼兒義務教育的可能性與必要性，讓讀者們有一世界觀的視野；第四章第一節也因臺灣現狀改變，而調整各縣市主管幼兒教育的行政單位。

三年多來勤跑部落，沒想到科技部「偏鄉課室翻轉——書院式課程美學研究」，以及部落文化回應教學——一所布農族國小「校本課程」教學模式建構，竟然讓我愛戀上南投信義鄉豐丘國小a/r/tography三位「藝」體，對「身體美學」、「生活美學」以及「環境美學」的探究和精采的對話。「布農學習部落」，以及「面山學習部落」校本課程的醞釀，已經漸臻成熟，我為這種面對山、環抱山和回歸山，作為「玉山」生態守護人，重拾自己身分認同的布農夥伴們的努力而鼓掌喝采！

近百年的課程發展歷經「科學實證典範研究時期—再概念化運動時期—後現代多元文化時期」，從擺脫「技術導向到批判、情意與價值的介入」，以及強調「去中心化」、「反權威」等的精神是很明顯的事實，多元解構的意向強調「邊界」和「差異」的取向，這種態度與強迫人們承認真理的獨白式話語迥異，它代表一種解放與創造性的自由。Aoki「間際」

（in-between）的概念強調超越線性，非此即彼的觀點，讓跨邊界的思考、創作與實踐有了更具創造力與豐富性的可能。

　　臺灣的幼教師多年一直存在「多個一元共存」、而非眞正「多元」現象的文化教育氛圍所擾，這種心理負擔已經成爲教師專業自主與形塑一位「創客」的障礙。教師宜在課程實踐與研究中反思角色與專業認同，並檢視與分析生活經驗裡，我與自己、我與社群的關係，並且重新建構社會結構、學術知識與自我認同等的意義，不再是被「綁架」的「獨白」，「幼教人」要在社會交流、價值交換和互動中，凝聚於個別言談中的生動活潑與開放多元……。

盧美貴

亞洲大學人文社會學院

幼兒教育學系

2019年7月

四版自序

莊子—庖丁替文惠君解剖牛隻之「道」

化境—庖丁的手腳肩動作和刀子出入筋骨縫隙的聲音，無不完美自得

庖丁說：我剖牛所用的不是技術而是「道」

  初時：剖牛眼中只看見一條牛

  三年：不再只是一條牛，而是牛身上的筋骨脈絡結構

  此後：剖牛已「心領神會」，不用眼睛看了

  境界：又砍又割－割而不砍－不割更不砍

  肉掉下來沒痛苦自然而死亡－無入而不自得……

  隨著年歲的增長，一次又一次悅賞此一「庖丁解牛」之道，往往都有一番新的感受與不同的體悟。「不割不砍」而能無入而不自得，啊哈！這不正是幼兒教保服務人員所要追求的專業極致！當幼兒園教保服務人員徹底了解「幼兒」的本質與圖像——明白孩子的生活與學習步調比我們大人「緩慢」，孩子有著強烈規律作息的「秩序感」，渴望成長與探索的行動，不斷的「反覆練習」；腦海裡總有著一百種語言、一百隻手、一百個世界要去歌唱、要去理解、要去發現和夢想……。倘若大人們都能將此一「心領神會」與「不割不砍」之「道」加以自如運用，那麼一位「志道」、「據德」、「依仁」和「遊藝」標竿的教保服務人員便可指日而待。

  除了幼兒學習「主體」的關照外，幼兒在不同的家庭與社區生態文化變遷下，教保服務人員如何審慎掌握孩子成長的環境脈絡，是造就孩子成為「人才」的先決條件。因為幼兒生活與學習，與其來自隔代、單親、雙薪或新住民的家庭有著牽一髮而動全身的相關；面對多元文化的脈絡，以優勢經驗與正向思考每位幼兒的「個殊性」，是每位教保服務人員必須有

的心境轉銜。

學習情緒的覺察、表達、調適與運用能力,「情緒管理」得以讓教保人員有著更進一步專業成長與專業倫理的「增能」動力,因為「有怎樣的教保人員,便有怎樣的幼兒」。標竿人物的「典範學習」始終是「幼兒教保概論」的核心,在課室裡的探究與學習內涵,如何轉化為自己求成動機的「愛」與「榜樣」,是需假以時日的鍛鍊功夫,期待在柯門紐斯、盧梭、福祿貝爾、蒙特梭利、馬拉古齊、迦納,以及張雪門、陳鶴琴之後,有更多青出於藍的教保典範人物;「林靖娟」老師是一個為了挽救幼兒生命而犧牲小我可敬可佩的人物,沒列入此一「排行榜」是為減少一些幼保的感傷,教授在教學時,可與學生做更深入的討論與對話。

我在想:如果不是臺灣這些年來,幼兒教保法令更革這麼樣的頻繁與豐盈,《幼兒教保概論》第四版不會這麼快速的與各位好夥伴們見面。1988年9月出版《幼兒教育概論》,曾經歷十七年才在2005年修正第二版,七年之後的2012年,好不容易第三版終於誕生;在情勢所逼及好朋友的「催促」下,配合「幼兒教育及照顧法」的公布施行,以及諸多法令的修正與頒布,2013年的暑假是辛苦而快樂的;日以繼夜的「完全」改版終於可以繳交給陳念祖副總編和李敏華編輯;我享受到忙碌與歷經淬鍊後的「陽光」與「幸福」……。

我要學著陳之藩先生說聲「謝天」——除了在一、二、三版致意的親朋好友外,第四版要感謝教育部的長官們努力豐富了這麼多幼兒教保的「骨幹」和「血肉」;我的學長鄭進丁局長教授在使用此一教科書文本授課時,幫我審視多處的盲點;黃月美主任始終是我「使命必達」各種專案參與的「好姊妹」,本書中有許多我們共同走過的專論足跡。黃秀霜校長與陳伯璋講座教授所帶領「臺灣幼兒教育品質分析研究」和「家庭型態變遷趨勢對幼兒園教育之影響」,這接續長達三、四年的整合型研究計畫,帶給本書另類的思考與觀點:薛雅慈、江麗莉、孫良誠、幸曼玲、林慧芬、楊淑朱與張家銘等教授的討論與對話,總讓我心懷感恩——感謝您們成就了我這一路的學術生涯,也豐盈了我的學思旅程……。

　　林佳賢與黃淑嫆提供不少他們在碩博士論文的文本與發現；林啓豪是個天生的設計家，12位幼教家的圖像及封面設計皆是出自他的巧手，融入傳統的典雅與後現代的動感；張馥蘭是個不可多得的專業與敬業的推手，本書的PPT及校閱是她縝密的「傑作」。陳玉芳、蔡淑敏、劉家秀與錢郁心等研究助理同學的大力協助是我要特別致意的——成之於己者太少，得之於人者太多；感謝這一路相知相持的「好夥伴」們……。

　　何飛鵬對「自慢」的剖述：隱含了一個人一輩子的承諾與永遠的理想追逐；「自慢」是追根究柢的研究；「自慢」是期待呈現最完美的自己，讓別人得到最大的滿足。這真像極了我驀然回首幼教「志業」歷程的寫照——「Back to Basic」，而非「Back to Magic」。

　　「巧」的奧妙是人人所愛與所追求的，但是「回歸基本點」卻真正是巧思奇謀的開始——祝福我所敬與所愛的　好朋友與好學生……。

盧美貴

亞洲大學太極湖畔

2013年7月

三版自序

　　絕對的平衡造成停滯，過多的衝突導致混亂脫序，複雜理論
（Complexity theory）強調擺渡於兩個極端，以掌握組織變革的
發展動力。

　　第三版的修訂旨在以教保員／幼教師為幼兒教育「樹人」的第一線推
手為前提，揭櫫《幼兒教育及其照顧法》的精神與意義，追求新課綱「全
品質」內涵的幼兒教育；此外，分析臺灣在幼托整合政策後，教保員與幼
教師「專業課程」，促使水準參差不齊且眾聲喧嘩多時的臺灣幼托園所，
邁向專業與志業經營的新紀元。

　　「有怎樣的老師，便有怎樣的學生」（the teachers go, so goes the
students.）。遠在1970年第十九屆「世界教師組織聯合會」，於澳洲雪梨
即以「學識與專業品質」、「倫理與道德品質」，以及「地方和社會關係
品質」三方面來討論教師的專業與提升品質之道。「良師興國」是個雖陳
舊但宜新解的「歷史名詞」，它在人口不到臺灣四分之一的芬蘭應驗：
「教育」是芬蘭最成功的「出口」產品，憑著「擬定長期策略」、「堅持
核心價值」與「改革師資」的政策，摘下全世界教改的「桂冠」。三十年
前主導芬蘭教改會前任主委Aho便不諱言的說：配合師資改革政策，芬蘭
有全球最嚴格的師資標準；如果不是因為有這一群「最愛學習的動物（老
師）」，芬蘭教育絕對不會有今天的成果」。

　　Bruner以為文化論者的任務有兩個層面：在鉅觀層面上，將文化視為
一個由價值、權利、交換、義務、機會與權力組成的體系；在微觀層面
上，檢視文化系統之要求，如何影響那些在文化中運作的人。顯然，幼兒
園「教保員」與「教師」是臺灣提振國力的最根本「資產寶貝」。

其次，幼兒教育專業的實踐有賴於「全品質」的經營。全品質體系是一個過程而非是一個方案，它建立在組織中全體成員的認知與共識發展上。「品質」由「三口」為品，「斤斤以貝計較」來詮釋是頗為恰當的。品質是由眾人共同認定，而且錙銖必較。品質經營不僅是一種企業經營的理念，同時也是組織持續改善的基礎和指導原則。TQM整合基本管理技術、系統分析方法、溝通協調技巧及各種教育研習等人力資源，以改善組織所提供的品質與服務。面對3RC的現代社會的快速變化、激烈競爭與日趨多元（Rapid change、Rising competition、Rising complexity），幼兒園組織及經營如何經由「品質管制」、「品質管理」到「品質創造」是刻不容緩的核心任務。IBM管理學院院長Barry曾說：品質10%來自知識，90%來自態度。當有一天幼兒園創辦人、園長、教師、教保員及全體員工都視TQM「持續改進」的理想如同一種生活方式（a way of life）而日日求新，不斷力求自己的專業與風格時，那麼幼兒園組織與教保員、教師的雙贏局面（win-win）便可指日以待。

臺灣當前幼托功能混淆不是理論的問題，而是實際的問題。理論上，幼稚園與托兒所屬兩個各司其職的社會與政府系統；雖然對幼兒而言，兩者同樣具有教保合一性質，但是就制度而言，兩者卻是分工與互補的。「教育制度」以滿足幼兒的「學習權」或保障幼兒的「受教權」為前提，故必須以「普及」和「機會均等」來考量幼兒教育的制度設計；「福利制度」以維護幼兒的生存發展及基本生活需要為核心理念，並配合家庭及社會需要而提供補充性的服務；因此，托兒制度應以滿足「社會需求」，維護「社會正義」為制度設計之原則。

可是在實際運作上，臺灣幼稚園與托兒所不但未依制度分工與互補，而且還成為扮演相同社會功能的「競爭」對手，造成不同品質「照顧」與「教育」不公平和不合理的現象。

成就一位專業與敬業「自慢絕活」的幼教（保）人員是幼教機構的重責大任。教育最終的目的在「成人」，其所施用的方法既是「科學」，亦是「藝術」，而最高境界則是「巧」，它不應只講求功能的「有效」。

在當前將「卓越」簡化教學為「績效責任」的結果，往往忽略教育過程中「巧」與「美」的美感元素和內涵。

「自慢」隱含了一個人生命的承諾及永遠的追尋，這樣才有機會形構自己最拿手的「自慢」；「自慢」是每個人一生的榮譽，也是心靈的認同；「自慢」來自追隨內心的呼喚、鍥而不捨的永遠投入，以寬恕、圓融營造一個幼教（保）人，讓自己擁有「工作像螞蟻」、「生活像蝴蝶」的專業素養與敬業態度，成就幼教的「自慢達人」……。

「三版」《幼兒教保概論》的微調以至出版，如果不是五南圖書出版公司陳念祖主編再三敦促以及李敏華編輯的掌握時間，我想「再版」的「工程」一定又被我每天「團團轉」所耽誤。此版的修正重點在第六章幼兒教育課程內涵調整以「新課綱」六大領域；第七章幼兒教育人員加入「第四節」教育部公布之「教保員」專業課程。此外，針對「附錄」則大幅調改最近公布的各種法令與辦法。

從1988年的初版到2005年的二版，至今2012年的三版修訂，感謝：臺北市立教育大學幼教系、吳鳳科技大學幼保系、臺灣首府大學幼教系，以及亞洲大學幼教系的專業夥伴給了我不斷成長與省思鍛鍊的「舞臺」，更感謝所有幼教和幼保「同業公會」的好朋友，給予我再修訂與再出版的「動力」。祝福和共勉所有最愛「學習」的老師和同學們──「老師」在哪裡、「專業」在哪裡，當然我們的「服務」也在哪裡……。

盧美貴

亞洲大學幼兒教育學系

2012年8月仲夏

3

二版自序

　　孩子的第一個六年，模仿、好奇每事問，老師與父母是他（她）的引導者與支持者；膽小、淘氣又羞怯、愛炫又好嫉的六年，是大人們讓他（她）把凡事觀察仔細，讓他（她）的想像力馳騁；從遊戲中涵養情意，孕育無窮的生命力的「舵手」⋯⋯。

　　物換星移十五秋了，提筆將此書一版二十四刷再修正時，我已從臺北市立師範學院（現臺北市立教育大學）幼兒教育系所，轉換跑道到南臺灣嘉義吳鳳技術學院幼兒保育系了。不敢說這五千多個日子人事全非，不過要說這漫漫歲月沒有任何改變或感動，那絕對是騙人的。非常感謝五南圖書出版公司的夥伴們，尤其是念祖主編的「催促」與「鼓勵」，讓修訂的二版終於在今夏如期登場了。

　　這本書從一版到二版修訂最大的除了細述「幼兒圖像及其世界的演進與看法」外，應該要算「我國幼兒教育的現況與未來展望」了。我想這是我和許多幼教人最欣喜與樂見的「幼教大事」——起碼這十多年臺灣的幼兒教育是在朝向優質與卓越的目標努力前進。教育部國教司正積極著手「幼稚園與托兒所」的整合之作，這是跨世紀、也是新世紀的大事，不過由於各種方案均仍在籌畫與進行之中，因此，等明、後年幼托整合更明確之後，本書會再適時加入此一「新世紀幼教大事」。國人對「幼兒」的認識，雖不再以「會活動的物品」（沒有權利與自由意志）看待與思維，但對幼兒圖像與權力仍似朦朧而未清晰，因此保母傷害幼兒的案例，以及父母親視幼兒為己有而任意肆虐者亦時有所聞。我們期待隨著幼兒教育的重視與積極的研究，「人權運動」、「兒童人類學」的探究與分析，以及諸多神經醫學與心理學、教育學與生態學的論證，給予幼兒早期發展更多的

關照與支持。

　　人生的第一個六年是一個身心發展的關鍵期，天生的本能促使孩子身心活動，舉凡幼兒的注意力、記憶力，以及人際關係均與幼兒的情緒發展有關。孩子的第一個六年，大人是他的「愛與榜樣」。維高斯基（Vygotsky）認為教育是引導（Leading）發展，他發現人的腦細胞在「最近發展區」（Zones of Proximal Development, ZPD）仍有極大空間，同時可以儲存許多思維、語言與文化。這個空間距離表示每個孩子在「實際能力」與「潛在能力」之間存在一段待發展的距離，也就是說，孩子的「實際能力」可以在成人的指導或在與能力較佳的同儕互動與合作下，得以提升其能力水準，這種學習引導觀足見教師、父母在幼兒成長過程中「鷹架」（Scaffold）角色的重要，這種學習或成長的支持系統會影響孩子的一生。

　　基於這個前提，本書在修訂二版時，特別著重在「幼兒圖像及其世界的演進與看法」，在其間分述兒童權利應有與不足的現況。已隔數十年了（1979），Bronfenbrenner的人類發展生態學（The Ecology of Human Development）仍影響著我們的學思歷程，微系統（micro-system）、中系統（meso-system）、外系統（exo-system），以及大系統（macro-system）深深扣緊四、五年前教育部「全國幼教普查」報告的結果與建議，期待大篇幅的分析提供「幼教人」對「幼教事」生態脈絡的解析與省思。

　　「少子化」的臺灣生態，意味著人人必須更著眼與更正視幼教的根本發展及其根本問題，從臺灣生育率驟降的速度觀之，從二十年前每年四十萬名嬰兒出生率到2005年二十萬人的銳減，面對這種「狂瀉」的人口，幼教人該知什麼是幼教的當務之急。修訂版的《幼兒教保概論》在提出「危機」與「轉機」的見樹見林，以及深思下一步臺灣幼教要怎麼走的方向。

　　來到吳鳳幼保系除了感謝黃光雄院長恩師的牽引外，鄭國順校長、李旭光董事長，以及許多好朋友給了我二十多年幼教生涯智慧與經驗「再出發」的嶄新舞臺，更是我要感謝的。我喜歡一個全新的揮灑空間，尤其有了郭碧唵與陽琪教授的加入，這個如虎添翼的幼教陣容會在0至2歲、2至5

歲，以及5至6歲的縝密規劃與統整之下，讓嬰幼兒照護中心、幼保系所，以及幼教學程得以完美的銜接。要感謝的亦師亦友很多，陳伯璋院長提供近百年來課程演進與精闢的評析，楊淑朱處長不僅提供全國幼教普查資訊，更是我隻身前往嘉義的支持夥伴。楊國賜校長、蔡榮貴副校長、周淑惠教授、張孝筠教授、吳光名教授、鄭瑞菁教授，以及高傳正教授，謝謝您們提供了臺灣各地區普查的資訊，您們的調查與研究讓本書增色不少。參加這一波教育部「幼托整合方案」，要感謝國教司長官及許麗娟科長們給遠離臺北核心到嘉義邊陲地區的我參與研究及諮詢的機會，那種被邀約的尊榮與喜樂，我知道在南部仍受重視，在邊陲地區幼教的理想與心聲仍可上達與被接聽。

　　孩子的歌聲自遠而近，孩子的圖像由模糊而清晰；幼兒教育在「幼托整合」之後會由「妾身不明」的紛爭到「同心團結」的努力。「Think Globally！Act Locally！」全球化思維與在地化行動正是我們這一波幼兒教育的努力方向！我們正齊心努力著新世紀的幼教理想與行動！祝福著幼托整合的順利與成功！

盧美貴

吳鳳科技大學幼保系

2005年8月

初版自序

　　幼兒生在長期與複雜價值演進的社會，他（她）需要在短時間內走過很長的進化路程，才可學到成人們所獨有而為他（她）們所不適的生活方式與思想方法。在這個依賴性和可塑性甚大的幼兒階段，教師的責任便在引導他（她）們充實而愉悅的走過這個進程……。

　　幼兒教育概論是每位修習幼兒教育者必修的課程，其內容便是在指引教師具備教學設計、教室管理、環境布置、評量、輔導，以及行政等各種知識與能力的涵養，以協助幼兒快樂的成長。

　　本書共分九章，第一章說明幼兒教育的意義、目標及其重要性；第二章介紹幼兒教育的發展簡史和著名幼教家的理論與實際；第三章和第四章則在說明我國幼兒教育制度、現況與發展途徑，為收他山之石攻錯之效；第五章則介紹世界重要國家的幼教概況與發展趨勢；第六章敘述有關幼兒教育課程的意義、內容、教材選擇及教學方法；第七章說明幼教人員應有的職責、專業修養，以及如何成為一位富有創意的幼教老師；境教影響幼兒的發展甚鉅，所以第八章說明幼稚園的園舍建築、設計、布置與教學的關係；為要落實幼兒教育的功能與成效，最後一章則強調親職教育的重要，冀望在幼稚園老師與父母的合作下，每位幼兒的學習不僅充實而且生動、活潑。

　　出版此書，除要感謝毛院長連塭及幼教科吳主任貞祥給予擔任此課程的磨練外，外子陳伯璋先生、初教系陳主任迺臣，以及最疼愛我的雙親，都是我要深致謝意的，他們的提攜與愛護，讓我體會了愛與幸福的真義。本院幼教科盧秀雲、鄭秋蓮、杜聰惠、張瓊貞同學的協助校對，幼二義全

班同學提供寶貴的意見，子軒善體我的忙碌而能自動自發努力向學，以及五南圖書出版公司楊榮川先生、李純聆小姐、劉文忠先生的熱心協助出版，也使我感激不已。

　　倉促與學養不足使得此書並非盡善與盡美，掛一漏萬之處，還盼方家不吝指教。

盧美貴

臺北市立師院兒童發展研究中心

1988年8月

目錄　Contents

CHAPTER 1　幼兒學習主體及其圖像

CHAPTER 2　幼兒園及其生態環境的關係

CHAPTER 6　教保服務人員的專業與敬業

附　錄

學校的誕生

學校始於一棵樹下，

一位講者和其他幾個人談論他的發現。

說的人不知道自己是老師，

聽的人也不知道自己是學生。

聽眾們聽得出神，不禁驚訝萬分，

心想和這個人在一起是多麼美好的事啊。

他們希望自己的孩子，

也能聆聽得出的一個人說話。

很快地，一個被需要的空間樹立了起來，

於是世界上就誕生了第一所學校。

劉易斯·康

The Birth of a School

A school begins from the place under the tree

Where a speaker and few others are talking about their discovery,

The speaker was not aware of his role as teacher,

The listeners are not aware of their role as the students

The listeners are spellbound and taken by surprise

Thinking how amazing to be with such witty person,

They wish their own children

Also have chance to talk to this wise man

Soon a space in need was built up

That was the birth of the first school in the world.

Louis Kahn

學校的生成

－我的「書院」夢工廠－

·盧美貴·

幼兒學習主體及其圖像
CHAPTER 1

幼兒需在短時間內走過一段大人所經漫長的心路歷程，才能學得成人所獨有而為孩子們所陌生而不習慣的思考模式與動作技能；幼兒園教保人員最大的責任，便是引導幼兒走過這條漫漫長路，使他們對這個進程有生動而活潑的熱愛與興趣。

本章將從認識幼兒及其世界，探索幼兒學習的主體性、了解幼兒圖像與形構歷程，以及幼兒權利在幼兒教保服務的意義與重要性加以論述。

第一節　幼兒本質及其世界

《幼兒園教保活動課程暫行大綱》（教育部，2013）開宗明義說明：

幼兒的生命本質中蘊含豐富的發展潛能與想像創造的能力，他們喜歡主動親近身邊的人、事、物並與其互動，喜歡發問、探索並自由的遊戲，也喜愛富有秩序、韻律及美好的事物。

本節從「人生」的第一個六年，以及「小孩是什麼」兩方面說明幼兒的本質及其世界的內涵。

壹、閃亮登場——人生的第一個六年

幼兒不同的階段，有其不同的生長與發展。生長與發展雖都是指著「未成熟有機體由適當環境力量作用，趨向成熟的歷程」；但嚴格說來，生長偏重「量」的增加，它往往可以被測量，如：身高、體重，受成熟的影響。發展偏重「質」的改變，它的變化不僅限於身體的大小和功能，還包括行為上連續性和擴展性的改變，它往往受成熟與學習等因素交互作用所決定。

個體的生長與發展，大抵可分成生理意志（出生至6歲）、情感發展（6至14歲），以及認知思考（14至21歲）三個重要階段。史丹那教育（Rudolf Steiner Education）以為這三個階段有其不同的發

展，大人也需因任務的不同，分別扮演「宗教家」、「藝術家」，以及「科學家」的角色。

　　人生的第一個六年，是一個人身心發展的關鍵期。天生的本能促使孩子富於模仿與想像力，這時候的幼兒情緒表現公開而劇烈，它主導著幼兒的心理活動，舉凡幼兒的注意力、記憶力，以及人際關係，均與幼兒的情緒發展有關。這個六年，大多數的幼兒都會經過一個否定期；在此時期，他們往往會拒絕一切成人的暗示、要求與命令，甚至做些相反的事情。

　　2、3歲是幼兒試著自我認識與誇耀的年齡，他藉著動作能力的進展表示自己的主張，同時開始產生維護主張的力量，「所有權」的萌芽，在和大人執拗的過程裡表現無遺。3、4歲爭辯與吵鬧的行為隨時可見，此時別人的玩具或別人的東西，似乎比自己的更具吸引力。4、5歲的幼兒好奇的每事問，他任自己發展、不斷的觀察和汲取，他的想像力在奔騰著。6、7歲是個模仿和好奇的世界，幼兒開始獨立思考，而且深具豐富的想像力。

　　第一個六年是個可愛又淘氣的六年，我們如何不把他的好奇當成怪異？如何從遊戲世界涵養他的情意，孕育他堅強的生命力？大人們如何扮演一個宗教家、藝術家與科學家適時需求的角色？是個頗耐人尋思與探索的有趣議題。

　　孩子的第一個六年，大人是他的「愛與榜樣」，讓我們教導孩子在懼怕時勇敢；面對挫折時接受挑戰，面對挑戰時經得起磨鍊；「智慧」沒有煩惱，「慈悲」沒有敵人，讓孩子們學習探索與發現，在大人「鷹架」的引導下，學會「學習」與學會「生活」（盧美貴，2013）。

貳、小孩是什麼──探索幼兒的本質

一、一粒沙一世界與一朵花一天堂的幼兒世界

　　小孩子的世界是什麼？小孩子的世界裡，一粒沙中可以觀賞世

界，從一朵野花中可以看見天堂。

小孩子的世界是什麼？小孩子的世界裡，小老鼠可以變成駿馬、南瓜可以變成馬車、灰姑娘可以變成公主；他可以使一無所有變成無所不有，藉一寸光陰把握永恆……。

小男孩是什麼做成的——玩具、手槍、大砲；歡樂和淘氣、有趣而吵鬧。

小女孩是什麼做成的——花邊、蝴蝶結、還有甜糖的香料，唱歌、洋娃娃和曼妙的舞蹈。

孩子的世界，是個探索與好奇的世界。在那兒，希望和夢想都成真的一樣；在那兒，小貓兒、小狗兒，都真的能感受也能言語……。

二、幼兒的生活裡沒有過去式與未來式，只有現在進行式

孩子是自我中心的，他只注意到自己的感覺與需求，他還沒有能力體會別人的感受，也無法關心別人。了解別人與體貼別人是閱歷無數後才能培育出來的能力，是經時間洗鍊的結果。

孩子的感官非常敏銳，任何可以嚐、摸、聽、聞的，都會讓他覺得新鮮而有趣，五官的親身體驗是孩子主要的學習管道。

孩子是相當敏感的，孩子還沒學會如大人般的控制自己的情緒，他的情感直接且強烈；他也還沒學會像大人般的表達情緒，當他受傷害時，不是將傷痛永遠埋藏起來，便是以憤怒及破壞的方式加以發洩。

小孩子的生活步調比大人慢多了，他無法像大人般掌握時間概念，他不知道緩急輕重，他也不能像大人一樣計畫未來；他的生活沒有過去式，也沒有未來式，只有「現在進行式」（戴文青，1996）。

三、反覆探索練習與強烈秩序感是幼兒學習成長的準則

孩子的內心渴求獨立自主，雖然孩子需要大人從旁協助指引，但

他總是想自己做決定，甚至自己動手做。

　　孩子是靠行動來學習的，當大人可以透過閱讀、眼觀或耳聞的方式來學習新知，而孩子卻得靠實際行動來獲得理解世界，獲得所知。孩子有強烈的「秩序感」，孩子需要有固定的作息與生活規律來引領他的生活方向，他需要生活在一個有次序的環境裡。混亂的世界會帶給他極度的不安，他甚至會因為一件東西放錯了位置而吵鬧不休。

　　孩子有強烈的「自尊心」，孩子尚不能理解人情世故，所以當他遭受羞辱時，他無法像大人一樣一笑置之或自找臺階下；對孩子而言，羞辱他就等於拒絕他這個人，說他是無用的失敗者。

　　「反覆練習」是孩子學習成長的重要途徑之一。孩子常常會不斷重複一些動作或活動，藉此熟悉這些事務，有時他也會反覆去做一些令他覺得新奇有趣的事情。對孩子而言，能夠去「做」某些事，能夠「策動」某些事，以致能「掌握」自己的世界，都會讓他興奮不已！

　　孩子與生俱來的縝密心思，讓他能在一段時間內全心全意的專注於一件事物。孩子強烈的專注力，使他能全然地投入任何學習活動；只要不被阻斷或干擾，這種專注力可持續相當長的一段時間。

四、幼兒的發展與學習有其敏感的「關鍵期」

　　孩子的學習成長主要是透過模仿他生活中最親近的大人。父母與教師是孩子的主要模仿對象，他從大人的身上了解人生。就像崇拜一個偶像般，孩子對父母與教師的行為動作和人生態度，往往是照單全收，他甚至會將之「囤積」起來，長大成人後才表現出來。

　　渴望成長、探索與伸展，是孩子發自內心的自然動力。任何生物都會以某種方式來成長，此乃基本生存之道，這個世界對孩子而言是新奇的，他必須去探索。他所發現、學習到的每一事、每一物都是幫助他長大成人的重要關鍵。

　　其實，孩子喜歡工作甚於嬉戲。如果讓孩子選擇的話，他寧可捨棄玩耍而去參與「真正的」工作，如：清理、烹煮、園藝等。孩子熱愛工作，他們急切的想加入成人世界，參與有意義的實際工作。他們

很希望能和大人一樣做家事、照顧自己與打理生活瑣事。

讓孩子真正感到興趣的，是參與一件工作的「過程」，而不是它的「結果」。雖然一件工作的完成會帶給孩子成就感，但讓他真正感覺愉快的是工作本身。孩子並不關心未來的人生目標，他只會全心全意地貫注眼前自己正在做的事。

孩子的成長中有許多的「關鍵期」，在這重要時段，他最容易打開心門吸收、掌握某些特定能力。每個孩子都有成長的關鍵期，只是出現的階段略有不同。大人們必須察覺這些敏感時刻，適時的給他協助，讓他在最佳的狀態下，學得各種技能與概念。

孩子的世界顯然不是具體而微的「小大人」世界，認識幼兒一般發展的表徵以及個殊性的表徵，認識幼兒「最佳發展區」，以「鷹架」方式協助幼兒學習，應是大人協助幼兒成長與發展的重要角色。

五、生手初航的探索與揚帆萬里的夢想

「幼兒之歌」（盧美貴，1995）應可提供成人更多想像與探討什麼是「幼兒」、幼兒學習的本質是什麼，以及分析什麼是幼兒學習的主體性等問題。

當我只有1歲

不要說我膽小又羞怯，請了解我生手初航的探索恐懼。

當我只有2歲

不要指責我是個頑皮的小搗蛋，給我一個民主與無障礙的成長環境。

當我只有3歲

不要把我的好奇當怪異，讓我把想像力馳騁，把凡事都觀察仔細。

當我只有4歲

不要怪我愛炫又好嫉，教我不卑不亢的尊重別人和表現自己。

當我只有5歲

不要整天只會叫我讀書和寫字，教我從遊戲世界中涵養情意，孕

育生命力。

當我只有6歲

不要因為弟妹的到來，就說我已長大需獨立，耐心的讓我學習兄姊的義務和權利。

當我只有7歲

不要笑我惦著福利社，忘了老師的上課，引發我求學動力，以及學習的信心和興趣。

當我只有8歲

不要數著分數，說我太差的成績，伴我探討知識的偉大和宇宙的奧祕。

當我只有9歲

不要告訴我不能打人、撒謊和作弊，給我一個優雅言教與身教的默化潛移。

當我已經10歲

不要對人訴說我叛逆又不懂規矩，給我關愛，教我把舵，我會揚帆萬里！

第二節　幼兒學習的主體性

　　臺灣幼兒教保課程的發展內涵多少脫離不了「殖民主義」與「文化霸權」的干係。幼兒為何成為殖民權力的「客體」？他們為何「沉默」？我們將孩子界定為不同於成人期的「他者」，是因為他們不夠成熟，以及顯見的稚氣，所以需要「啟蒙」與「代言」？如果我們無法對「童年」的概念重新加以論述與釐析，那是很難理解成人世界中政治、經濟與社會文化脈絡，對童年所形成巨大規範與意象的影響。

壹、尋找「幼兒」學習的主體性

一、當「童年」遇到「大人」──難以辨析的主客體

Genishi, Ryan, Ochsner, & Yarnall（2001: 1176）認為要釐清幼兒教保領域的歷史脈絡，理解各種幼兒的再現（representation）要比直接探討正式的課程與教學實踐來得重要。因為對幼兒的描述方式，關係著成人如何將童年概念化，或者建構出何種童年的理論，而這種概念化或理論，正是成人用來對待或教導幼兒的基礎或論述。

從成人為孩子所寫的歷史看來，幼兒過的生活是來自成人以他們所理解的「童年」，為幼兒所建構的一套對待模式，認為孩子「就是」以及「應該」成為的那種意象。

如果「童年」的概念是來自於特定文化脈絡，那麼也就沒有「唯一」或具有「本質性」的「童年」定義，可以讓我們清楚指出何者才是「真正」的幼兒或童年的樣貌，如此一來，我們又該如何檢視這種以具有普遍性的童年意象為基礎，所建構出來的幼兒教保課程，進而激盪出更多教保活動的多元性與可能性？

基於此，從後殖民批判的觀點，重新思考「童年」的概念建構，理解在歷史論述中所形構的「童年」意象，省思由成人建構之童年意象和教保課程活動之間的密切關係，討論童年意象的形構和幼兒主體的本質，進而探討教保課程多元的可能性是有其必要的。

二、具體而微的「成人」──找尋「幼兒」的主體性

「年齡」是人類在生命過程中的一個重要變項，不僅代表著個人可以被允許做哪些事，更是一個重要身分的界定方式（Aries, 1962: 15-32），而「童年」則是人類生命中，依據「年齡」來畫分，相對於「成人」的重要階段。

Heywood（2001: 2-3）指出，在西方的脈絡中，對於某些史學家而言，從上古時代到十八世紀這近兩千年來，西方的幼兒只被當成「不完整」的「成人」，直到十九世紀浪漫主義者將幼兒理想化成一

種上帝祝福的生物。從教育領域，我們不難發現，即使到了二十世紀，舊式的童年思維還是揮之不去，關於養育幼兒的社會科學研究，還是很難擺脫狹隘的心理行為主義疆界，甚至直到1960年代，研究者仍將幼兒視為「不完全」的有機體，隨著不同的刺激而有不同的反應；成年仍是生命的重要階段，而童年只是準備期。因而，人類學、心理學、精神分析和社會學都把重點放在「發展」和「社會化」上，認為在人類社會中的教化功能，最重要的任務是要找到方法，將不成熟、不理性、能力不足、未社會化和無文化的幼兒，轉變為成熟、理性、有能力、社會化和自主的成人。這種將幼兒視為一種「未發展完全」的成人的概念，使得將「幼兒」當成「主體」來研究的做法，遲遲無法出現。如果有，幼兒的身影也只不過是出現在典章記載與文獻檔案中，在成人對待方式下所呈現描述的「意象」。歷史學家在歷史作品中所呈現對幼兒的描述，亦成為人們對幼兒意象和「童年」概念的來源。

三、勤有功・戲無益——臺灣社會文化下「童年」的意象

「課程形構」指的是在特定的歷史脈絡中，形成特定某種課程形式、內容和實施方式的規則，這些規則使課程可以成為論述與指稱的對象，在華人社會「勤有功，戲無益，戒之哉，宜勉力」的教育觀念和教條下，幼兒的遊戲和休閒都被視為無益於學習，為了在短時間識字及熟讀科舉要求的課程，學塾重視背誦、寫字，而不重講解；無論家長或教師，都相信嚴師出高徒，因為「教不嚴，師之惰」，所以體罰很普遍，背書和打罵體罰兩種策略混合使用，使得許多私塾的孩子都以上學為苦難，因而造成了逃學（張倩儀，1997: 7, 55-66）。探討多元特殊情境中的社會活動體系，將可理解課程與文化實踐歷程與內涵的關係。

從童年的歷史建構看來，其中所包含的理念、文化和歷史都不能脫離其社會力量，特別是在歷史論述中所隱藏的權力型態；然而，這些透過理論優勢和論述的實踐所產生的殖民效果，也有著「論述」在

語言上的不確定性，甚至是演繹出某種行動的空間。

　　一方面，成人和那個被客體化的「童年」之間的關係，基本上是權力、支配和一套程度多變的複雜霸權。幼兒之所以被「童年」化，不只是因為它在人生階段的幼年期，是普遍被理解為天真和無知的，而且也是因為「幼兒」有可能被塑造成普遍化的「童年」樣貌，經由各種成人的論述，從不同的角度替「它」（那個被客體化被視為「他者」的幼兒）代言，讓「它」再現。

　　早期幼教理論所強調的社會化，其說法主要的缺點在於將幼兒化約為只會被動的遵循成人的教導。所謂父母師長擔任「指導者」的角色，而幼兒擔任「追隨者」的角色這樣的看法，可能只是一種誤解。因為成人與幼兒的關係可以被描繪成各種互動的形式，在這當中，幼兒有他們自己的文化以及文化傳承的關係（盧美貴、黃月美，2009）。

　　「幼兒」除了是以年齡分界作為分類的用詞之外，不再只是一群被對待與被處置的對象。這樣的見解，不僅讓我們有更多的機會「貼近」歷史中各種不同的幼兒聲音，也讓我們正視在現實生活中的幼兒的主動性、權力的能動性、其文化的獨特性與理解經驗世界的特殊途徑。這樣的認識開啟了幼兒與成人之間更多對話的可能，因為肯定「童年」的真實存在，「童年」不再只是個被代言的概念，而是各個擁有主動性的主體。理解孩子所呈現的各種表現、想法，以及不同於成人的認知和表達方式，這樣的理解，讓成人有機會重新認識真實的童年文化，產生影響彼此互動的各種動力。

　　如果我們承認幼兒是一個具有生命力與能動力的主體，那麼這個主體自存在以來，就能與環境進行各種互動，我們便不能忽視這個互動對孩子產生的意義，以及孩子有能力回應與環境之間的各種交流。幼兒和成人之間的權力關係是流動的，幼兒不只是被對待、被分類的客體，而是具有權和能動性的「主體」。於是，各種幼兒教保課程的論述便不再具有絕對的權威性，甚至也不具有理論上的純粹性，而是揉雜了幼兒的視域和聲音、成人的生命經驗與詮釋，進而在文化脈

絡中形成師生共構的課程；在華人世界脈絡中的臺灣幼兒教育，其教保課程活動的形構，當然也應該在這樣場域的氛圍孕育與萌發。

除非幼兒園的教保人員有這樣的理解與認識，願意引領社區人士及父母重新檢視自己對「幼兒」是一個生命力與能動力的主體性的看法與省思，此波「幼兒園教保活動課程」暫行大綱（教育部，2013）要落實幼兒喜歡發問、探索並自由的遊戲，同時在遊戲中操弄與發現，學會觀察、感受、欣賞與領會，以及後現代課程中「相互主體性」有機典範內涵的實踐，恐怕都是緣木求魚的「夢想」。

第三節　幼兒圖像及其形構歷程

「你要看一個國家的文明，只需考察三件事情，第一看他們怎麼對待小孩；第二看他們怎麼對待女人；第三看他們怎麼利用閒暇的時間。」（熊秉眞，2000；胡適，1968）幼兒教育的發展，自盧梭（J. Rousseau）掀起「天文學革命」之後，已顯然大有進步；然而由於社會、文化背景的差異，時間與空間的社會變遷條件的不同，各個發展階段對幼兒圖像及其世界的看法也迥然有異。面對幼兒教育的演變，了解幼兒圖像及其世界的特徵，將有益於我們後續所述幼兒教育目的、內容、方法，以及制度的演進。

壹、中古時期的幼兒圖像

根據史料記載：迦太基人常有殺害兒童當作宗教祭品的風俗習慣，羅馬人不但有溺嬰習俗，而且還有權力殺害殘障或不想要的幼童或私生子，同時也可以賣給別人當奴隸（林翠湄等譯，2002；王建雅，2003）。中古時期幼童就像家中「會活動的物品」，沒有權力與自由意志的被視為家庭中的財產，直到十二世紀歐洲的法律才將殺嬰習俗視為「謀殺」（DeMause, 1974）。

十六、十七世紀清教徒對幼兒的本質，一方面認為孩子是脆弱、

純潔無辜、需要被照護，同時又認為孩子是墮落與罪惡的象徵，是撒旦化身與惡魔附體的說法（林玉体，1994）。從歷史的演變，此時期「視兒童為財產」可以交易買賣，視「兒童為小大人」以為他們的身心發展似大人，以及「視兒童為原罪者」必須勤管嚴教的教育意義是很明顯的（王建雅，2003）。1960年法國學者亞希埃（P. Aries）在其〈古代的兒童與家庭生活〉（Lenfant et la vie familiale sous lancien regime）曾提及，十二世紀以前，西方中世紀藝術並不知道有兒童期的存在或想要畫兒童的動機，直到十三世紀以至十六世紀及整個十七世紀，發展的證據才變得豐富而重要。因此可見，兒童期的觀念並不存在於中世紀。西方社會所謂「兒童期的發現」（discovery of childhood）事實上是與當時普遍關心社會中最無權力的族群有關，例如：奴隸、心理病患、囚犯，幼兒在這種情境下成為被關注的一群（周愚文，1998；洪福財，2002）。此時期人們漸漸發覺幼兒不能等同「小大人」的看待，孩子不再是一張白紙，只等待大人的塗抹與釉彩，也不是不可理喻的惡魔，等待大人一一的灌輸與教化。

貳、現代的幼兒圖像

由中古轉至現代的幼兒圖像及其世界的描述，是因為從柯門紐斯（J. A. Comenius）到馬拉古齊（L. Malaguzzi）將近五個世紀的幼教家對幼教的努力，至於各時代所建構的幼兒圖像並非三言兩語可以描述，本書將這些思潮源流及其典範學習放入第三章及第五章加以詳細論述。

下面分別從「臺灣幼兒核心素養及其幼教課程形構研究」（盧美貴、黃月美、孫良誠等，2009），以教師、企業領導人、幼兒教保人員，以及孩子自己，說明他們對「幼兒圖像」的認知體驗與勾勒。

一、教師的看法——孩子的意象勾勒

1. 能力

(1) 學業：閱讀、寫作、算數、科學、歷史、公民、語言、文學、美勞、音樂、健體、其他。

(2) 生活技能：分析能力、規劃能力、聆聽能力、溝通能力、時間管理、衝突管理、平衡能力、創造力、目標設定能力、言行舉止發而中節的能力。

2. 品格：誠實、責任感、正直、仁慈、主動自發、尊重、團隊及紀律。

二、企業領導人的看法——孩子的意象勾勒

1. 個人能力：自我意識、自我評估、自信心、自制力、透明度、適應能力、成就感、主動自發及樂觀。

2. 社會能力：同理心、組織意識、服務心態、助人發展的能力、創造改變的能力、衝突管理能力、建立凝聚力，以及團隊合作的能力。

三、孩子的自我意象——讓我慢慢長大

勤有功，戲無益：戒之哉，宜努力？我不是具體而微的「大人」，我只是「小孩」——別把我當作「客體化」的「他者」。

四、幼兒教保人員——孩子的意象勾勒

1. 幼兒概念：幼兒與生具有主動積極的能力，不是等待被製造的被動體，而是一個異於成人的獨立個體，包括主動、積極、純真、充滿好奇心，以及充滿學習力的特質。

2. 成人角色：成人應扮演引導、啟發、尊重與接納，並為幼兒學習歷程搭建「鷹架」。

3. 對幼兒的期待：獨立自主、符合社會所需的人，具有能力解決問題的人：朝向自主行動、社會參與及溝通互動的終身學習者。

綜上所述，有關幼兒階段具有主動探索、豐富想像與創造力的發展潛能；經由人與環境互動的體驗與參與，涵養學習做人與學習生活的圖像應可指日而待。

第四節　幼兒權利在幼兒教保服務的意義

幼兒教保服務依我國《幼兒教育及照顧法》係指學齡前2至6歲幼兒各種教保的總稱，包括幼兒園（kindergarten）家庭教育中的親職教育（parental education），以及各種生活環境中的教育。史波德克（Spodek）則以為「幼兒教保乃是在幼兒園、初等學校、日間托兒中心以及家庭等地所實施的教育，工作人員包括老師、兒童發展專家、幼兒教保專家等，服務的對象是從出生到8歲的孩子」（Spodek, 1982）。希吉爾（Sigel）認為「學前教育（pre-school education）的環境應是離開家庭的幼兒團體情境，幼兒年齡2至5歲，在未入公立學校前接受教師的保護與照顧」（Sigel, 1972）。彼德斯（Peters）對幼兒教保服務的看法是：「所謂幼兒教保必須是由特定專業人員在經過設計安排的環境裡，有計畫的運用適當的方法或工具，培養幼兒正確的行為或改變其不當行為，以符合行為規範的種種活動。」（Peters, 1977）

為更清楚的了解幼兒教保的意義，綜合整理以上各家的看法並說明國內的實際現況如下：

1. 就廣義而言，凡出生到6、7歲入國民小學前，在家庭或幼兒園所受的全部教保而言，包括家庭教保與幼兒園教保兩方面的服務內涵。
2. 就狹義而言，是指2至6歲幼兒在幼兒園所受的教保服務而言。

壹、認識幼兒的權利

本節分成「幼兒世界與鷹架理論」、「幼兒權利知多少」，以及

「幼兒教保學習生態系統的關係」加以論述。

一、幼兒世界與鷹架理論

　　批判教育學論者強調師生的聲音不僅要被聽到、被談到，還要被記錄與被使用（Giroux, 1991；歐用生，2004）。然而，環觀周遭世界爲什麼會使幼兒成爲殖民權力的客體？爲什麼他們總是沉默的一群？是不是大人們總太愛強調自己口頭與行爲的指使？即使我們有著想傾聽幼兒聲音的意圖，我們是否仍將他們殖民？我們如何與他們一起生活、一起學習，而不將我們的期望強加與安排在他們的身上？紀伯倫（K. Gibran）在《先知》中對幼兒個體的眞義有著完美的敘述：

> 你的孩子並非你所有。
>
> 他們是「生命」的子與女，來自「生命」對它自身的渴慕。
>
> 他們經你而生，卻不是你所造生，
>
> 他們與你同住，卻不屬於你。
>
> 你可以給他們你的愛，卻非你的思想。
>
> 因爲他們有他們自己的思想。
>
> 你可以供他們身體安居之所，
>
> 卻不可錮範他們的靈魂，
>
> 因爲他們靈魂居住的明日之屋，
>
> 在你生命中亦無法探訪。
>
> 你可以奮力以求與他們相像，
>
> 但不要設法使他們酷肖於你。
>
> 因爲生命不能回溯，也不能滯戀昨日……。

　　如何不再以「口語」或「文本」威權否定幼兒的學思與聲音，幼兒不是「無知者」與「沉默」的化身，由上述文本的敘述是顯而易知的事實。因此在幼兒看見自己和感覺自己，以至於看到自己的重要前，教師要先從嬰幼兒發展特性以及其所生活情境的脈絡（context）發現教保的核心與個殊性的發展課題，才有可能「因材施教」。

維高斯基（Vygotsky, 1978）認為教育是「引導」（leading）發展。他發現人的腦細胞在「最近發展區」（Zones of Proximal Development, ZPD）仍有極大空間，可以同時儲存許多思維、語言與文化。這個空間距離表示每個孩子在「實際能力」和「潛在能力」之間存在一段待發展的距離；也就是說，孩子的「實際能力」可以在成人的指導或在與能力較佳的同儕互動合作下，提升得以解決問題之能力水平。

成人（教師或家長）必須和幼兒共同合作，在合作的認知活動中謹慎小心的選擇適合孩子潛在發展的水準，才能真正促進孩子實際的發展。支持孩子的努力，並且幫助孩子評量（估），幫助孩子思考他自己的想法，這是學習的引導發展，而非由上而下注入式或教誨式的教保或教學。這種教學能夠接近幼兒潛在發展區域，且能有效的幫助幼兒從原有的發展水平提升到更高的發展水平，學者們（Wood Brunner & Ross, 1976）就名之以「鷹架」（Scaffold）。鷹架是一種支持孩子學習的系統，是非常敏感的融入孩子的需要；當孩子需要協助時，大人或比他能力強的同儕就像建築物的鷹架，一步一步搭上去協助與引導孩子，當孩子能獨立解決問題時，大人或同儕就慢慢減少協助，宛若實體能支撐自己的建築物時，就可以將鷹架漸漸拆除一般。

「鷹架理論」是個暫時性的支持，它可能是一種教學策略或教保活動的工具，老師或父母會隨著學習者的能力提升，逐漸將學習的責任轉移給孩子。由上得知維高斯基（Vygotsky, 1935-1978）「最佳發展區」與「鷹架」理論，至少傳達了三個關係密切的重要概念：

第一是幼兒認知發展能力的「評量內涵」——一個好的學習（good learning）不僅要關照幼兒的發展，更要關注「實際能力」與「潛在能力」的心智發展狀態，因此傳統結構性認知測驗與真實評量（authentic assessment）的運用與分析，如何恰當而正確的掌握，就

成了非常重要的課題。

　　第二是「社會性互動」概念——大人與幼兒之間、幼兒與同儕之間彼此了解而真誠合作的互動。

　　第三是「內化」——也就是外在操作的內在重建，經由不斷的循環、檢證與成長，幼兒將習得更高層次的能力。

　　最佳發展區和鷹架理論其實是相輔相成的，它們都是由實際的發展層次進而進入到潛在的發展層次。最佳發展區強調的是教學的動態評量以及學習者的社會互動及反思歷程；鷹架理論則強調暫時性的支持，教保人員協助學生發展學習能力，而這個暫時性的支持能是一種教學策略或教學工具，會隨著幼兒能力的提升而逐漸將學習責任轉移到幼兒身上，讓幼兒擁有自主學習的權力，並享受其探索與發現歷程的快樂。

二、幼兒權利知多少

　　《兒童權利宣言》在1959年11月20日第十四屆聯合國大會通過。聯合國各國國民基於聯合國憲章的基本人權和人性尊嚴的重要性，決心促使人類在自由的環境中，獲得提升生活水準，並使社會更加進步；同時也在世界人權宣言中強調，所有的人類，不應該由於種族、膚色、性別、語言、宗教、政治或其他信念、國籍、出身、財富、家世而受到差別的待遇，每個人均能享受本宣言所列舉的各項權利和自由。由於兒童的身心未臻成熟階段，因此無論在出生之前或出生之後，均應受到法律的各種保護。

　　下面將密切關係的2、4、5、7、9條臚列如下：

第2條

　　兒童必須受到特別的保護，並應用健康正常的方法，以及在自由、尊嚴的狀況下，獲得身體、知能、道德、精神和社會上的成長機會。為保障此機會，應以法律以及其他手段加以訂定。為達成此目的所制定的法律，必須以兒童的最佳利益為前提作適當的考量。

17

第4條

兒童有獲得社會保障之恩惠的權利。兒童有獲得健康發育成長的權利。爲了達成此目的，兒童及其母親在生產前後，應得到適當特別的保護和照顧。此外，兒童有獲得適當的營養、居住、娛樂活動與醫療的權利。

第5條

對在身體上、精神上或社會方面有障礙的兒童，應依特殊狀況的需要獲得特別的治療、教育和保護。

第7條

兒童有受教育的權利，至少在初等教育階段應該是免費與義務。提供兒童接受教育應該是基於提高其教養與教育機會均等爲原則，使兒童的能力、判斷力，以及道德的與社會的責任感獲得發展，成爲社會有用的一員。肩負輔導、教育兒童責任的人，必須以兒童的最佳利益爲其輔導原則，其中兒童的父母是負有最重要的責任者。

兒童有權利獲得充分的遊戲和娛樂活動的機會。遊戲和娛樂活動必須以具有教育目的爲原則；社會及政府機關必須努力促進兒童享有這些權利。

第9條

保護兒童不受任何形式的遺棄、虐待或剝削，亦不得以任何方式買賣兒童。兒童在未達到適當的最低年齡規範之前，不得被雇用；亦不得雇用兒童從事危及其健康、教育或有礙其身心、精神與道德等正常發展的工作。

1989年聯合國正式通過《聯合國兒童權利公約》（UNCRC），這項公約企圖改善全世界兒童的生活狀況及經歷。其目標在於防止兒童遭受極大的痛苦和剝削，同時也要改善更多兒童日常生活（Alderson, 2005）。該公約54條，開啓一系列範圍與權利，主張全世界的兒童皆應享有這些權利，這些權利的範圍包括生存權到遊戲權。

《聯合國兒童權利公約》界定了三項權利：保護權、給養權

（provision rights），和有史以來第一次擁有的參與權（Alderson, 2005; Franklin, 2001; Burr, 2004）。這些參與權包含了幼兒參與足以影響他們權益的決定權、自由表達的權利，以及思想、善惡觀和宗教自由的權利。

《聯合國兒童權利公約》詳加說明世界兒童們都有權利享有基本人權，就是有生存權、身心發展權、有權保護兒童們的發展不受到影響、有權參與家庭、文化和社會生活。公約同時也規定締約政府應達到所訂的標準，以保障這些權利，如應提供幼兒在健保、教育、法律上及社會性服務的落實，凡此種種都是我們必須加以認識，以便有依循的準則與方向。

我國法律與公約中所謂「兒童」的相對概念，依規範目的的不同，實涵蓋未滿12歲的人。依憲法規定兒童與成年人平等享有下列各種權利：人身自由權、不受軍事審判權、居住遷徙自由、表現自由（著作與出版）、秘密通訊自由、宗教信仰自由、集會自由、生存工作與財產權、程序基本權（請願、訴願、訴訟權）、國民教育權及新興人權（不妨害社會秩序、公共利益之自由或權利接受憲法保障）。

此外，我國憲法第153條及第156條也特別揭櫫：國家應實施兒童福利政策，對於從事勞動之兒童應予以特別保護。基於人權普世之考量，兒童權利公約所規定之權利於我國亦有落實的必要。我國在有關規定中對兒童權利及其兒童教育與照護者均有詳細的明載。由此不難看出從中古時代以至現代，幼兒從「附屬」（property）到「獨立」、從「原罪者」（the chide as sinful）到「天使」、從「小大人」（miniature adults）到「獨一無二」個體的詮釋與實踐，實有「大躍進」的成果展現。

我國《幼兒教育及照顧法》第四章幼兒權益保障第30-33條亦有如下規定：

第30條

幼兒進入及離開幼兒園時，幼兒園應實施保護措施，確保其安全。

幼兒園接送幼兒應以經直轄市、縣（市）主管機關核准之幼童專用車輛為之；其規格、標識、顏色、載運人數應符合法令規定，並經公路監理機關檢驗合格；該車輛之駕駛人應具有職業駕駛執照，並配置具教保服務人員資格，或年滿20歲以上之隨車人員隨車照護，維護接送安全。

前項幼童專用車輛、駕駛人及其隨車人員之督導管理及其他應遵行事項之辦法，由中央主管機關會同交通部定之。

幼兒園新進用之駕駛人及隨車人員，應於任職前最近一年內接受基本救命術訓練八小時以上；任職後每二年應接受基本救命術訓練八小時以上、交通安全相關課程三小時以上及緊急救護情境演習一次以上。直轄市、縣（市）主管機關辦理相關訓練、課程或演習時，幼兒園應予協助。

第31條

幼兒園應建立幼兒健康管理制度。直轄市、縣（市）衛生主管機關辦理幼兒健康檢查時，幼兒園應予協助，並依檢查結果，施予健康指導或轉介治療。

幼兒園應將幼兒健康檢查、疾病檢查結果、轉介治療及預防接種等資料，載入幼兒健康資料檔案，並妥善管理及保存。

幼兒園、教保服務人員及其他人員對前項幼兒資料應予保密。但經家長同意或依其他法律規定應予提供者，不在此限。

第32條

幼兒園應依第8條第5項之基本設施設備標準設置保健設施，作為健康管理、緊急傷病處理、衛生保健、營養諮詢及協助健康教學之資源。

幼兒園新進用之教保服務人員，應於任職前最近一年內接受基本救命術訓練八小時以上；任職後每二年應接受基本救命術訓練八小時

以上、安全教育相關課程三小時以上及緊急救護情境演習一次以上。

直轄市、縣（市）主管機關辦理相關訓練、課程或演習時，幼兒園應予協助。

前項任職後每二年之訓練時數，得併入教保專業知能研習時數計算。

幼兒園為適當處理幼兒緊急傷病，應訂定施救步驟、護送就醫地點，呼叫緊急救護專線支援之注意事項及家長未到達前之處理措施等規定。

第33條

幼兒園應辦理幼兒團體保險；其範圍、金額、繳退費方式、期程、給付標準、權利與義務、辦理方式及其他相關事項之自治法規，由直轄市、縣（市）主管機關定之。

幼兒申請理賠時，幼兒園應主動協助辦理。

各級主管機關應為所轄之公私立幼兒園投保場所公共意外責任保險，其經費，由中央主管機關按年度編列預算支應之。

對「幼兒」世界及其權利的認知，以及幼兒教保服務發展迅速，除社會環境、經濟、政治的影響因素外，「人權運動」的發展、「兒童人類學」的研究、神經醫學與心理學的證據、生態學的觀點，以及各種補償性幼教方案之研究，如1960年代實施的起始方案（Head Start Program）與接續方案（Follow Through）等（Wortham, 1984），均給予早期幼兒經驗與兒童發展有利的支持（Brooks-Gunn, 1994；洪福財，2002）。

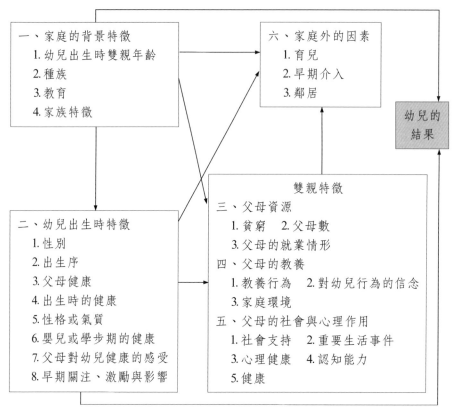

一、家庭的背景特徵
　1. 幼兒出生時雙親年齡
　2. 種族
　3. 教育
　4. 家族特徵

六、家庭外的因素
　1. 育兒
　2. 早期介入
　3. 鄰居

幼兒的
結果

二、幼兒出生時特徵
　1. 性別
　2. 出生序
　3. 父母健康
　4. 出生時的健康
　5. 性格或氣質
　6. 嬰兒或學步期的健康
　7. 父母對幼兒健康的感受
　8. 早期關注、激勵與影響

雙親特徵
三、父母資源
　1. 貧窮　2. 父母數
　3. 父母的就業情形
四、父母的教養
　1. 教養行為　2. 對幼兒行為的信念
　3. 家庭環境
五、父母的社會與心理作用
　1. 社會支持　2. 重要生活事件
　3. 心理健康　4. 認知能力
　5. 健康

圖1-1　早期經驗與幼兒發展關係圖

三、幼兒教保學習與生態系統的關係

　　生態學（Ecology）是一門探討生物生存與棲息的空間情境科學，本質上是探討生物與環境相關的學問。以人類而言，生態學是一門探究人與環境之間相互關係的科學；以人的教育而言，教育生態學（Educational Ecology）指的是學習者與教育環境的互動關係。幼兒生態學（Child Ecology）是教育生態學的一支，本質上是一門應用生態學，探討生態學在幼兒教育上的應用及其評價（王連生，1996）。

　　生態學是研究生物與其環境關係的學科，而首先將生態學觀點對

環境的影響作深入分析的學者要算是著名的人類學家、生態心理學家Urie Bronfenbrenner。Bronfenbrenner創立了人類發展生態學完整的理論體系和研究方法論，可以說是近年來對社會科學的研究，特別是對人的發展理論研究的一個創舉。Bronfenbrenner創立的人類發展生態學的基本觀點，在他1979年出版的《人類發展生態學》（*The Ecology of Human Development*）一書中得到系統的闡述。

　　Bronfenbrenner強調個體的發展會受一系列的環境系統影響，而這些環境系統也會彼此互動，並和個體產生互動，進而影響個體的發展。這派學者同意行為主義者「發展主要受環境影響」的觀點，但他們強調環境包含一系列的社會系統，這些社會系統間會有互動，也會和個人產生互動，而這種互動是不可能在實驗室中發生的。人類發展生態學理論將人的發展放置於一個龐大的生態體系中加以考察，認定人的發展是人與生態體系中各種生態環境相互作用的結果。這種理論為人類發展研究奠定重要的基礎，也為幼兒教育的實踐提供了有意義的支持與啟示。

　　Bronfenbrenner（1979）認為人類發展學是：對不斷成長的有機體與其所處的變化環境相互適應過程進行研究的一門學科，有機體與其所處環境的相互適應過程受各種環境之間的相互關係，以及這些環境賴以存在的更大環境的影響。

　　Bronfenbrenner進一步指出此定義的三個特徵：

　　發展中的幼兒不能被看作是環境對其任意施加影響的一塊白板，而是一個不斷成長、並且時時刻刻重新構造其所在環境的動態實體。由於環境有其影響作用，並需要與發展主體相互適應，因此，人與環境之間的作用是雙向的，是一種互動關係。其次，與發展過程相聯繫的環境不僅是單一而即時的情景，還包括了各種情景之間的相互關係，以及這些情景所根植的更大環境，這些不同層次、不同性質的環境相互交織在一起，構成了一個具有中心又向四處擴散的網絡，也就是Bronfenbrenner所謂的生態環境（ecological environment）。

　　Bronfenbrenner假設，自然環境是影響幼兒發展的主要來源，這

個來源通常為行為主義者所輕視或忽略。他將環境定義為：「一組層層套疊的結構，每個結構都在另一個結構內。」（Bronfenbrenner, 1979）換言之，幼兒是被嵌入（embeded）在許多環境系統中，這些系統從最近的環境（家庭），到最遠的環境（例如：廣泛的文化），每個系統會彼此互動，也會與幼兒產生互動，而以複雜方式影響幼兒的發展。因此，幼兒的發展是經由個體與環境的互動所產生的改變，是一種相互的歷程，所以此模式中包含三個要素，即個體、行為發生的情境，以及發展改變的歷程。用Bronfenbrenner的話說，就是一個「過程—個體—情境」模式。Bronfenbrenner認為，影響幼兒發展的情境包含四個不同層次的情境，從最內層到外層，依次是微系統（micro-system）、外部系統（exo-system）、中間系統（meso-system），以及大系統（macro-system）。Bronfenbrenner所解釋的四個生態系統，說明如下（盧美貴、謝美慧，2002；朱家雄，1997；張麗芬，1997；簡志娟，1996；廖鳳瑞，1994）：

(一)微系統（micro-system）

微系統是指個體直接面對接觸的人或事物，它與個體的交流最為直接，也最為頻繁，因此影響也最大。微系統包含了個人真實體驗的現有環境，例如：家庭、幼兒園，在成長的過程中與個體做最直接接觸，是一個真正的動力系統。在這個系統內，每個人影響了其他存在的人，亦受存在之人的影響，在四個系統中影響最為深遠的首推微系統。另外，微系統是指：發展著的人在具有特定物理及物質特徵的情景中所體驗到的活動、角色和人際關係的一種樣式（Bronfenbrenner, 1979）。

活動、角色和人際關係是構成微系統的主要元素，而「體驗」是關鍵概念，它不僅涉及環境的客觀特徵，還包括在環境中人對待環境的感受方式。Bronfenbrenner用克分子活動（molaractivity）這一術語表述微系統的第一個主要元素，它是具有自身動量且正在進行的行為，被環境的參與者認為是有意義或有目的的行為（Bronfenbrenner, 1979）。對於克分子活動可從四個方面加以考察：一是活動內容的

24

種類；二是活動的心理動量，即是誰發起活動、活動主體的集中性水平，以及對干擾的抵抗能力；三是活動結構的複雜程度，如同時進行的克分子活動的數量、延續實踐的長度等；四是活動主體所感受的心理複雜程度。

　　角色也是構成微系統的一個基本元素，在人的發展中發揮著重要的作用，主要的表現為：第一，扮演某種角色的人，容易被喚起與角色期望一致的感知活動和人際關係樣式；第二，如果某角色與社會期望存在廣泛一致時，扮演此角色的人被喚起與該角色一致的感知，活動和人際關係模式的傾向會更大一些；第三，某角色被喚起與期望行為相一致的傾向與周圍環境存在的其他角色相關聯，如果其他角色支持和鼓勵該角色功能的發揮，那麼該角色更容易表現被期望的行動，反之則會阻礙被期望行為的發生。微系統的第三個元素是人際關係，各種人際關係結構，特別是最基本的兩人關係，結果都會對人的學習和發展發揮重要的影響作用。

　　微系統包含幼兒能實際經驗到的立即環境，對大多數幼兒而言，微系統僅限於家庭，但稍後隨幼兒成長並進入幼兒園、托兒所，微系統會愈來愈複雜。微系統是個動態系統，其中的每個人都會影響其他人，也會受其他人所影響，而這種影響大多數透過面對面互動的方式，因此在這系統中，重要的是此系統中其他人的人格特質、態度等因素。

(二)中間系統（meso-system）

　　中間系統又稱「協作系統」，是個體所直接參與的兩個或兩個以上小系統之間的關聯與互動，也就是個體所在的各個小系統所形成的集合，如幼兒園、學校、家庭、夥伴團體等個體經常出現與環境間的關係，個體就是靠這些中間系統協作來接觸真實的社會環境，這些社會網絡提供人類彼此物質、情緒、精神交流的重要途徑，而且是家庭間互助的體系。另外，中間系統是指：由發展的人積極參與的兩個或多個情景之間相互協作的關係。例如：對幼兒來說，學校、家庭和社會同伴之間的關係；對成人來說，家庭、工作單位和社會生活之間

的關係等（Bronfenbrenner, 1979）。因此，中間系統是小系統的系統，只要人進入一個新的情景，中間系統就形成或逐漸擴展。Bronfenbrenner提出中間協作系統的四種基本類型，分別是：

1. **複合環境參與**（multisetting participation）：同一個人參與到兩個或兩個以上的環境。

2. **間接連結**（indirect linkage）：發展主體本身不參與到兩個或以上的環境，而由第三方盡力擔負起兩個或兩個以上環境中，人與人之間的聯繫，這第三方充當間接連結作用。

3. **環境之間的協作交流**（intersetting communication）：對特定的目的，從一個環境中，向另一個環境中的人傳遞訊息。

4. **環境之間的知識**（intersetting knowledge）：某一環境中存在的有關其他環境的訊息或經驗。

中間系統指幼兒所參與的各小系統之間的連結或互動，例如：幼兒園舉辦親子活動時，就是園方與父母的互動；園方舉辦戶外教學時，園方又是在與社區互動，而這些系統或互動也會影響幼兒的發展。Bronfenbrenner相信，如果幼兒在小系統中建立了堅固、支持性的連結，這些連結可以使幼兒有更大的發展。例如：已經在家中與父母建立安全情感依附的幼兒，當他們進入幼兒園時，除了受教師教保品質的影響外，也會在某種程度上受到家庭對學習活動是否鼓勵所影響。

(三)外部系統（exo-system）

外部系統指的是會影響與個體直接接觸的小系統，但個體未直接參與的系統，也就是小系統的擴張。例如：父母的社交對象或父母的職業場所特質，以及個體居住的社區環境、社會組織，以及大眾傳播媒體的影響。幼兒雖然沒有直接參與這些場所或與它們直接互動，但是這些因素都會影響到父母，間接影響到幼兒。家庭與其接觸的團體，以及社會中的教育制度、宗教、政治制度、社會經濟等息息相關，家庭生活以及價值觀也受到這些制度環境的影響。甚至，政府福利措施的健全與否，也都影響了整個家庭的發展。

　　另外，外部系統可當作是：發展的人並沒有參與，但又影響或受其中所發生的一切所影響的一個或多個環境（Bronfenbrenner, 1979）。例如：父母的社會地位、職業狀況、經濟收入和教育水準等，決定了它們所承擔的角色狀況、所從事的活動性質，以及所建立的人際關係，它們雖不直接作用於幼兒，卻間接都在影響父母撫養子女的方式、對待子女的態度和教育子女的方法，外部系統無時無刻不在影響著人的發展。

　　外部系統指那些幼兒並未直接參與、但會對幼兒產生間接影響的環境。例如：父母的工作性質影響他們與幼兒互動的時間與品質；父母是否樂於工作會影響他們與幼兒的情緒關係；同樣地，幼兒在學校的經驗也會被一些外部系統（例如：地方政府的教育政策）所影響。其他如家中經濟狀況、電視節目、社會福利制度、政府機關、交通系統，甚至家庭中有無電話，都是一些與幼兒互動的外部系統。

(四)大系統（macro-system）

　　大系統是一個廣泛的思想體系，它影響個體的思想以及思考空間，所指的是社會文化（次文化）或價值等較高層次的系統，它同時影響著外部系統、中間系統，以及微系統。此四系統環環相扣形成一個影響個體發展的完整系統。另外，大系統是指：各種較低層次的生態系統（微系統、中間系統和外部系統）在整個文化或者次文化水準上存在或可能存在內容和形式上的一致性，以及與次文化相聯繫並成為其基礎的信念系統或意識型態（Bronfenbrenner, 1979）。

　　在整個文化或次文化及其所包含的較低層次龐大生態體系中，具體的表現可以存在很大的差異性，但其內部卻存在著同源性。也就是說，每種文化都有對構成自身各級生態系統的與眾不同的要求，作為大系統所屬的三級生態系統基礎的社會經濟、道德觀念、宗教信仰，以及反應次文化整體信念的生活方式等存在著很大差異，這種差異制約著在次文化群體中生活的人所處的特定生活環境。因此，從某種意義上來說，發展主體在大系統所屬的各級生態系統中所表現的行為特徵，實際上也是大系統對人類發展影響的具體體現。

　　事實上，前三個系統都包含在大系統中，大系統包含廣泛的文化與次文化環境，像是意識型態、信念、價值觀、習慣、社會期望、生活型態。以Bronfenbrenner（1979）的話來說，大系統是「某種文化、次文化或其他廣泛社會情境中的社會藍圖」，它說明了某種文化中成人應該如何對待幼兒，教養幼兒、幼兒應追求何種目標，所以大系統在每種文化及次文化中都不相同，而這通常成為跨文化研究的題材。

　　這些大系統會隨著時代而改變，而有時這種變化對個人的發展相當重要。例如：政治型態與家庭結構的改變（由大家庭轉為小家庭，以及逐漸增多的單親家庭）、雙薪家庭的增多、育兒機構的轉移（由原來的家庭轉為幼兒園）、結婚年齡的延後、育兒觀念的改變等，這種系統會直接衝擊家庭及幼兒園，也間接影響了幼兒。例如：在那些默許身體暴力的文化中（大系統），幼兒在家中被虐待（微系統）的比率也比較高。

　　綜上所述，Bronfenbrenner生態系統理論所包括的四個系統之間的關係，可從其生態系統結構圖來表現，強調發展變遷是由這個系統與個體直接及間接作用的結果。因此，每一個人都不是單獨的個體，不僅受著個人與環境的直接互動影響，也受著周邊各種系統相互作用後對個體產生的影響；幼兒圖像及其權利內涵也因此顯見其活潑而多元。

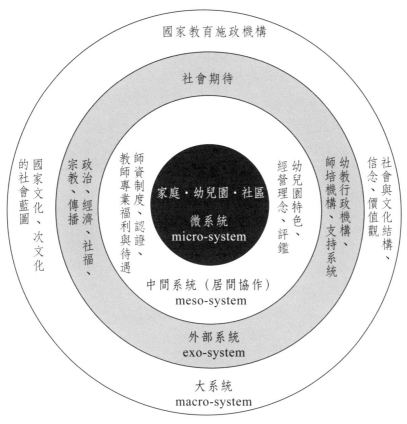

圖1-2　幼兒教保生態系統（Bronfenbrenner）

貳、幼兒學習在教保服務的定位

　　教保的目標在使幼兒發展出其與他人和平相處的能力，然而環觀我們目前幼兒園的教保課程，偏重在認知的發展而忽略情意的培養，在現在與未來的世界裡，我們需要的是知、情、意三方面發展都圓融與成熟的人（圖1-3）。縱使科學已能把人送上太空，但是如果人們無法在地球上和平共處，那麼科學的進步，對我們來說並沒有多大的意義。

　　作為幼兒園的教保服務人員，我們必須對自己理想中的社會以及

29

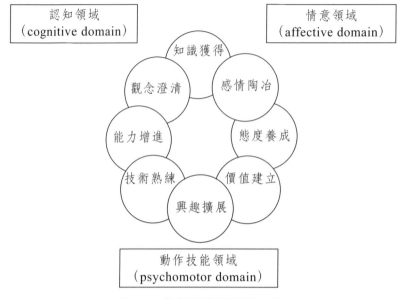

圖1-3　教保活動的目標內涵

教保目的、教育對象，作出個人和事業上的承諾。我們相信必須找出正確的方式（圖1-4）來幫助幼兒發展成為關心他人、具創造性並能處變和應變的人。幼兒園不僅具影響知識發展的巨大力量，它對個人情緒的形成態度、價值、自我觀感、理想自我，以及對未來生活情況的想像等，都有重大的影響。正確的幼兒教保是能夠引導幼兒成為一個「完美」的人——發揮潛能，並能對社會有所貢獻。

一、幼兒教保的正確認識

1. 教保對象

幼兒教保服務的對象，依《幼兒教育及照顧法》之規定，年齡係從2歲到入國民小學前的幼兒。

2. 教保目標

就教保的過程而言，對愈小的幼兒，其目標愈要明顯；《幼兒教育及照顧法》中所揭示幼兒的教保目標有九項：(1)維護幼兒身心健

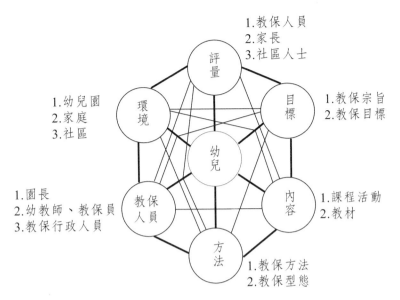

圖1-4　幼兒園教保因素關係圖

康，(2)養成幼兒良好習慣，(3)豐富幼兒生活經驗，(4)增進幼兒倫理觀念，(5)培養幼兒合群習性，(6)拓展幼兒美感經驗，(7)發展幼兒創意思維，(8)建構幼兒文化認同，(9)啓發幼兒關懷環境。其目標之實施應以健康教育、生活教育，以及倫理教育爲主，並與家庭教育密切的配合。

3. 教保活動課程

幼兒教保活動課程的實施在達成幼兒教保的各項目標，其範圍包括幼兒生活整體的教保活動，透過遊戲以達成其教保目標。幼兒教保活動課程不得爲國民小學課程的預習和熟練，以免影響幼兒教保活動的正常化。

4. 教保方法

幼兒教保的方法常爲達到不同的教保目標而有不同的方法，例如：啓發教學法、發現學習法、發表教學法、練習教學法及欣賞教學法等。教保服務人員宜視實際需要靈活運用各種教保課程活動的方法，方可使其歷程生動活潑。

5. 教保型態

依年齡則幼兒園的教保型態可有分齡與混齡的型態；依性質則可有自由、個別、分組及團體活動；依場地則有室內與戶外活動。幼兒教保型態宜關照課程活動的銜接統整外，幼兒個殊性的發展需求也必須納入教保的考量。

6. 教保人員角色

教保人員必須開放、溫暖、關懷、公正而且尊重每位幼兒的獨特性；幼兒園的教保人員在協助幼兒探索並解決問題、適應多元變遷的社會文化脈絡，以培養道德行為內化的幼兒。

7. 幼兒園教保活動在提供幼兒一個安全、穩定像家的地方。

8. 幼兒園教保活動在彌補家庭教育的不足，藉由教保人員的專業，促使父母成為更好的父母。

二、幼兒教保的錯誤觀念

1. 以為幼兒園的教保工作是小學的先修教育。
2. 以為幼兒園是家庭或托兒場域的擴充。
3. 偏重在認知領域的學習，忽略情意及動作能力的學習。
4. 認為幼兒園是訓練各種幼兒才藝的場所。

明瞭幼兒教保的意義及其範圍，對幼兒教保的正確認識與掌握教保內涵的正確方向將有莫大的助益。

全品質經營（Total Quality Management, TQM）的體系是建立在組織中全體成員的認知（awareness）與團隊發展。1980年代初經過Deming等人的努力，「全品質經營」已成為1990年代管理界的主流；1980年代末期，教育界開始注意全面品質的理念與技巧，而國內引進有關課程及經營策略係在1990年代之後，它與績效責任（ac-count- ability）同被列為當前經營一所高品質而有效能幼兒園的必備條件。

「品質」由「三品」為品、「斤斤以貝計較」為質來詮釋是頗為恰確。品質是由眾人共同認定，而且錙銖必較。品質經營不僅是一種

企業經營的理念，同時也是組織持續改善的基礎和指導原則。TQM整合基本管理技術、系統分析方法、溝通協調技巧及各種教育研習等人力資源，以改善組織所提供的品質與服務，面對3RC的現代社會快速變化（Rapid Change）、激烈競手（Rising Competition）、日趨多元（Rising Complexity），幼兒園組織及經營如何經由品質管制、品質管理，達到品質創造，是刻不容緩的幼保核心任務。

　　IBM管理學院院長Barry曾說：品質10%來自知識，90%來自態度。當有一天，幼兒園創辦人、園長、教保服務人員及全體員工，都視TQM「全品質經營」的理想如同一種生活方式（a way of life）而日日求新，不斷力求自己的專業與風格時，那麼幼兒園組織與成員個人的雙贏（win-win）便指日可待，因為幼兒教保服務是縝密而全方位的關照與全品質的經營。

幼兒園及其生態環境的關係
CHAPTER 2

　　近年來幼兒教保意義與內涵的轉變，提醒我們必須將幼兒的成長與學習放入文化情境來加以考量，必須超越二十世紀個人主義以及忽視歷史脈絡的幼兒觀點，因為我們不只要從生物和演化的觀點來看發展，更要從文化和情境的角度來加以理解（Bruner, 1996）。

　　本章將以幼兒學習與家庭變遷關係，幼兒園、家庭與社區的互動，以及生態環境與文化變遷對幼兒園的影響加以論述，理解在不同家庭文化脈絡中的幼兒是如何學習生活與學習做人。

☺第一節　幼兒學習與家庭變遷的關係

　　家庭是幼兒成長過程中第一個社會化（primary socialization）組織，幼兒園則是他們接受次級社會化（secondary socialization）的場域。許多教育改革成功的國家莫不將「家園」合作作為「效能幼兒園」（effective kindergarten）的基礎。因為家庭與幼兒園都是幼兒個人真實體驗的現有環境——微系統（micro-system），包含了個體直接面對接觸的人或事物，與個體的交流最為直接，也最為頻繁，因此影響也最大，在幼兒成長的過程中與幼兒最直接接觸，是一個真正的動力系統（盧美貴，2005）。

　　然而，在臺灣的社會脈絡中，幼兒所處的家庭型態已然改變。根據行政院主計處「家庭組成型態變遷」研究報告指出（行政院主計處，2006）：我國家庭型態向以父母和未婚子女組成的核心家庭所占比例最大，但自1988至2004年間，家庭組織型態卻以「夫婦家庭」、「單人家庭」、「祖孫家庭」和「單親家庭」為主，且十六年間增加率高達百分之百以上；其中祖孫家庭亦即「隔代教養」家庭為107.3%，「單親家庭」亦高居100.7%（如表2-1）。

表2-1　臺灣地區1988-2004年間家庭型態變遷

家庭型態	1988年	2004年	增減率（％）
全體家庭（千戶）	4,735.2	7,083.4	49.6
單人家庭	283.3	704.1	148.6
夫婦家庭	362.3	1,003.7	177.1
單親家庭	273.2	548.3	100.7
祖孫家庭	39.5	81.8	107.3
核心家庭	2,799.7	3,307.2	18.1
三代家庭	790.4	1,077.5	36.3
人口數（百萬人）	20.0	22.7	13.7
平均戶量（人/戶）	4.1	3.2	-0.9

資料來源：行政院主計處。

　　觀諸目前幼兒園的課程與教學，雖如前文所述及，在官方和學術的論述上，強調幼兒教保應與家庭教育互相配合（民76年幼兒園課程標準），或者是強調幼兒園、社區與家庭的合作網絡（民101年幼兒園教保活動課程暫行大綱）；就實務現場而言，幼兒園亦不乏各式各樣的親職講座和親職活動，然而，就幼兒本身而言，幼兒雖來自不同家庭類型的生活經驗，但來到幼兒園之後卻需立足於「一般」家庭共同普遍的生活經驗假設上，因此造成了不少學習或適應上的問題。

　　伴隨著「雙薪家庭」增多的社會趨勢，父母在面對工作與家庭的雙重壓力下，除了委託最親近的祖（外）父母協助照顧之外，部分家庭則會考量將幼兒托育給保母（黃俐婷，2009）。然而，少子化的現象，也促使多數母親無法將照顧工作完全交由保母全權負責，擔心自己與孩子的情感生疏，造成孩子無法與自己產生良好的依附與信任關係（王紹媛，2002；黃婉玲，2002）；「新住民」子女入學後的學習與生活適應問題（吳錦惠、吳俊憲，2005；蔡榮貴、黃月純，2004）；「隔代教養」家庭之幼兒經歷與其他孩子不同的「代理父母」的管教方式與成長歷程（梁雅舒，2003）；「單親家庭」的形

成對家庭成員會造成衝擊（蔡秋雄、高淑清，2006）；單親家長往往承受壓力並直接或間接影響到親職教養能力與親子關係，並形成對幼兒身心適應與發展的影響（彭淑華，2006）。

因此，以幼兒為學習主體的教育立場，在家庭型態變遷趨勢下，確有必要重新省思與調整幼兒園的課程與教學內涵和方式。以下分述家庭變遷下，雙薪、新住民、隔代教養與單親四種家庭的幼兒學習，藉以強化在後現代強調非線性與個殊性學習的必要性。

壹、雙薪家庭與幼兒學習

「雙薪家庭」或稱「雙俸家庭」、「雙就業家庭」、「雙生涯家庭」，是夫妻兩人均從事有給職工作（包括全職或兼職的型態），並共同分擔家計的家庭型態（江麗莉、孫良誠，2013）。

依據行政院勞工委員會（2012）顯示近十年我國15歲以上的勞動力，其中女性的就業人數超過男性，而中壯年（25-44歲）的就業人數是所有年齡層中最高者（表2-2）。

表2-2　臺灣近十年15歲以上勞動力人口調查表

項目 年度	男性	女性	青少年 15-24歲	壯年 25-44歲	中高年 45-64歲	老年 65歲以上	總計
2001	8,551	8,628	3,515	7,324	4,404	1,936	17,179
2002	8,642	8,745	3,441	7,372	4,582	1,992	17,387
2003	8,722	8,849	3,374	7,391	4,758	2,049	17,572
2004	8,806	8,954	3,309	7,393	4,950	2,108	17,760
2005	8,890	9,058	3,237	7,409	5,132	2,171	17,949
2006	8,992	9,175	3,194	7,421	5,315	2,237	18,166
2007	9,095	9,297	3,132	7,448	5,514	2,297	18,392
2008	9,201	9,422	3,086	7,458	5,722	2,357	18,623
2009	9,307	9,547	3,059	7,456	5,924	2,416	18,855
2010	9,385	9,678	3,032	7,435	6,133	2,462	19,062

表2-2　臺灣近十年15歲以上勞動力人口調查表（續）

項目 年度	男性	女性	青少年 15-24歲	壯年 25-44歲	中高年 45-64歲	老年 65歲以上	總計
2011	9,544	9,798	3,052	7,360	6,352	2,490	19,253
2012 （9月）	9,521	9,893	3,067	7,288	6,556	2,560	19,471

註：單位：千人。
資料來源：行政院勞工委員會（2012a）。

　　婦女的勞動率從下列表2-3也可看出逐年增加之趨勢。25-44歲的婦女進入勞動市場的比率，自2000年的六成到2005年的七成，以至2012年的八成左右。根據行政院主計處（2012）指出，育有未滿6歲子女之婦女勞動率在2011年已達61.87%。

表2-3　臺灣近十年15歲以上女性勞動率一覽表

年齡 年度	女性總 勞動率	15-24 歲	25-44歲					45-64 歲	65歲 以上
			25-29 歲	30-34 歲	35-39 歲	40-44 歲	合計		
2000	46.02	37.18	71.00	64.20	62.21	60.98	64.52	39.62	3.73
2001	46.10	37.21	71.24	65.53	63.90	60.80	65.31	39.47	3.52
2002	46.59	37.59	72.74	66.75	64.28	61.77	66.33	39.91	3.78
2003	47.14	36.76	73.86	68.09	66.01	62.42	67.55	41.31	4.01
2004	47.71	36.05	76.06	69.51	67.52	63.93	69.25	42.03	3.93
2005	48.12	35.35	77.71	71.35	68.64	64.64	70.62	42.59	3.86
2006	48.68	34.35	79.85	73.66	70.42	66.81	72.75	42.68	4.04
2007	49.44	33.96	80.79	74.80	71.18	68.79	73.98	44.13	4.45
2008	49.67	32.47	81.82	75.50	72.39	69.14	74.83	45.08	4.64
2009	49.62	31.48	82.39	76.46	73.35	69.72	75.58	45.17	4.40
2010	49.89	31.06	83.69	76.71	74.25	71.17	76.51	45.61	4.43
2011	49.97	30.70	86.91	77.50	73.94	71.97	77.53	45.59	4.23
2012 （9月）	50.10	31.00	89.23	78.20	73.78	73.09	78.36	45.77	4.19

資料來源：行政院勞工委員會（2012b）。

　　黃迺毓、柯漱馨、唐先梅（1996）認為雙薪家庭具有下列幾個特質：

1. **經濟資源較豐富**：雙薪家庭收入較高，且女性就業除了帶給女性較多經濟資源外，也擁有較高的家庭權力。
2. **時間安排的限制**：由於女性外出工作，使得對家人的照顧有所疏忽，尤其對女性而言，不但要承受工作上的壓力，回家後可能需花很多時間在家事處理上，易造成家庭與工作上的衝突。
3. **子女照顧多半需要協助**：女性外出就業，其對子女的照顧往往需要仰賴社會提供更完善的教保資源。
4. **人口的特性**：雙薪家庭傾向較少的子女數（江麗莉、孫良誠，2013）。

　　因應雙薪家庭面臨的壓力，幼兒照顧體系的需求已呈現極大的需求；義大利針對3歲以下及3到5歲學齡前幼兒，採取公共化的托育服務；紐西蘭針對原住民家庭服務則由中央政府的社會發展部（MSD）之下的FACS負責，推展「支持健全家庭法案」；臺灣地區在面對家庭結構的變動與社會對國家教育與托育角色的期待，《幼兒教育及照顧法》於2011年6月10日於立法院完成三讀程序，且已在2012年元旦開始實施。此外，依據2011年《兒童及少年福利與權益保障法》，以及《幼兒園兼辦國民小學課後照顧服務辦法》設立安親班課後照顧服務，以紓解雙薪家庭家長照顧子女的壓力。

一、雙薪家庭的幼兒生活經驗

　　時代的變遷、不穩定的全球經濟，以及逐年提升的離婚率，形塑了家庭型態的多元性，父母在面對工作與家庭的雙重壓力下，部分家庭則會考量將幼兒托育給保母。面對這樣的趨勢，政府開始重視專業保母的培養，以因應雙薪家庭照顧幼兒的需求。

1.「父母共親職」或「母親—保母共養育」的生活概況

　　對於養育參與的了解，多位學者（Mcbride & Mills, 1993; Parke,

1997; McBride, Schoppe, & Rane, 2002）以三個部分的觀點來評估照顧者的參與情形：(1)照顧者和孩子在養育上的直接互動（interaction）情形，如給予關心；(2)照顧者對於孩子的可接近性（accessibility），如與孩子相處的時間長短；(3)養育責任（responsibility），指照顧者能計畫和預定有關孩子教養的事，如提供孩子適合年齡的活動參與。母親與保母共同從事育兒工作，類似於父母親間共同育兒的狀態，稱之為「共養育」。陳富美、利翠珊（2002）將親職分工定義為「育兒勞務」和「親子教養」兩部分，育兒勞務主要包括孩子在食衣住行育樂上的生活照顧，而親子教養則是包括孩子的常規教導、溫暖鼓勵，以及與孩子間的互動。

2. 親職與生活壓力的負荷

雙薪家庭的興起，隨之產生的問題也接踵而來，其中為首的即是子女的教養問題（何委娥，2002；周新富，2006；高淑清，2000）。內政部（2006）國民生活狀況調查指出，國民最憂心的是小孩教養與求學問題，僅次於經濟問題。社會發展趨勢調查（2006）發現，就業者對照顧未滿6歲子女的主要困擾問題有：沒有足夠的時間照顧，占29.41%；其次為經濟負擔太重，占22.66%；再次為精神與體力負荷太重，占20.29%，三者占約所有照顧子女困擾的七成。

親職壓力的相關研究中，國小階段學童之父母親職壓力呈現中等與偏低（李惠珍，2008；洪榮正，2003）。而在幼兒父母之研究則顯示有近五成的雙薪家庭幼兒父母親感受較大的親職壓力，其中有5.8%的父母親感受到非常大的親職壓力（吳明珏，2005）。顯示學前幼兒之教養責任，使得父母感受到較大的親職壓力。親職壓力來源依序為外在環境、財務成本、角色衝突、親密關係不足，以及家庭的互動關係（林慧芬，2013）。職業婦女在子女的教養上，更有著照顧身體安全健康、關心心理發展、引導社會化，以及外在資源連結的母職角色，在時間、精力與體力上更是極大的負荷與急需調適。

二、雙薪家庭幼兒的學習經驗

「少子化」的現象是許多開發國家面臨的社會發展趨勢，部分根源於雙薪家庭中，年輕夫婦無暇照顧子女而減低育兒動機，又因婚姻週期的改變，而錯過生育的機會；因此，父母在教養上投注更多的經費及心力，重質不重量的菁英教育應運而來，雙薪家庭的幼兒從小受到父母較多的關注與成長環境的豐富，父母的教養態度往往造就子女性格養成的關鍵。臨床心理師張麗滿（2011）提出下列少子化與雙薪家庭常見的幼兒互動現況：

1. **幼兒的行為表現**：雙薪家庭的孩子，應培養其學習運用潛在能力，調節本身的需求、動機及情緒，在生活中體驗知識、解決問題並學習適應環境。

2. **溝通能力的養成**：親子間是否能維持流暢的互動，是教養技巧及生活經驗累積的結果，過度照顧與缺乏照護，都會使幼兒缺乏練習表達的機會。

3. **高成就動機的養成**：高成就動機的孩子自主思考的意願較高，然而若學習過程中父母的干涉太多、訂的目標太高或肯定與鼓勵太少，也可能讓孩子感覺自己的「無能」或「失能」。長期缺乏成就感，可能讓孩子失去自信心或是逃避挑戰，有時也會因害怕犯錯而太過依賴大人的指導。

4. **發展人際興趣與社會性**。

5. **優質的親子共處**：雙薪家庭的父母親，親身陪伴子女時間不足，卻願意投入更多資源尋求親職替代方案，此乃幼兒生活與學習中相當普遍的一環。

貳、新住民家庭與幼兒學習

新住民家庭則是指家庭成員中包含新住民女性之家庭。其實新住民家庭應該是結構完整之家庭，但因新住民女性在語言、文化、性別與族群等方面的弱勢，使得新住民家庭成為教育研究關注的焦點。表

2-4說明2000至2012年，新住民幼兒人口數的消長概況。

　　近年來新住民子女的教育問題受到頗多的關注，很多研究者均發現新住民子女入學後的學習與生活適應問題（吳錦惠、吳俊憲，2005；林雅婷，2004；林璣萍，2003；劉秀燕，2003；蔡榮貴、黃月純，2004；盧秀芳，2004），其中又以語言的學習與表達問題最多（楊艾俐，2003）。但進一步分析這些問題的根源與解決之道時，則呈現分歧狀態。有些研究將問題的根源指向外籍配偶在臺的語言不流利，造成子女成長初期的語言刺激不足（夏曉鵑，2005），甚至影響其子女之語言發展（黃琬玲，2005）；也有研究者從不同的層面解析，認為問題的根源並不在孩子本身的能力，而可能是其家庭社經背景或文化資源不足，甚至整體教育與社會環境對於弱勢族群的不友善，而造成其子女就學上的適應不良（葉肅科，2004）。這些研究結果除反應新住民子女教育所面臨的困境，也突顯新住民家庭問題的複雜性。

表2-4　臺灣2000-2012年生母原屬國籍幼兒出生人數及百分比

年度	出生數總計	本國籍人數（%）	生母為大陸港澳地區或外籍國籍（%）		
			大陸港澳	東南亞及其他	小計
2000	305,312	282,073(92.39)	…	…	23,239(7.61)
2001	260,354	232,608(89.34)	…	…	27,746(10.66)
2002	247,530	216,697(87.54)	…	…	30,833(12.46)
2003	227,070	196,722(86.63)	…	…	30,348(13.37)
2004	216,419	187,753(86.75)	11,206(5.18)	17,460(8.07)	28,666(13.25)
2005	205,854	179,345(87.12)	10,022(4.87)	16,487(8.01)	26,509(12.88)
2006	204,459	180,556(88.31)	10,423(5.10)	13,480(6.59)	23,903(11.69)
2007	204,414	183,509(89.77)	10,117(4.95)	10,788(5.28)	20,905(10.23)
2008	198,733	179,647(90.40)	9,834(4.95)	9,252(4.66)	19,086(9.60)

表2-4　臺灣2000-2012年生母原屬國籍幼兒出生人數及百分比（續）

年度	出生數總計	本國籍人數（%）	生母為大陸港澳地區或外籍國籍（%）		
			大陸港澳	東南亞及其他	小計
2009	191,310	174,698(91.32)	8,871(4.64)	7,741(4.05)	16,612(8.68)
2010	166,886	152,363(91.30)	8,185(4.90)	6,338(3.80)	14,523(8.70)
2011	196,627	181,230(92.17)	8,937(4.55)	6,460(3.29)	15,397(7.83)
2012	229,481	212,186(92.46)	10,056(4.38)	7,239(3.15)	17,295(7.54)

資料來源：內政部戶政司（2012）。

一、新住民家庭幼兒的生活經驗

臺灣地區自90年代開始出現「外籍配偶」的名詞，並成為臺灣地區社會備受關注的新興議題（郭添財，2006）。外籍配偶在臺灣生活一段時間後，人數漸增自不在話下，繼之而來的則是子女的教育問題。此一現象我們也可從名稱的變化看出端倪：從一開始的外籍配偶之子、新臺灣之子、新移民之子到目前的新住民之子，代表的是其量的增加與社會地位的改變，他們正從教育的邊緣化進入核心，逐漸受到重視。

1. 較為弱勢的家庭社經背景

根據多數實徵研究結果顯示，跨文化家庭多屬社經地位較低的一群（林璣萍，2003；劉秀燕，2003；盧秀芳，2004），父母親較無能力提供幼兒較佳的學習環境，由於經濟上的弱勢而無法提供子女基本的需求。簡言之，家庭收入是影響發展的主要因素，新住民子女易受到家庭社經地位的劣勢而影響其學業表現（謝慶皇，2004）。夏曉鵑（2002）進一步的分析指出，多數臺灣地區男性，多是被經濟全球化排擠到邊緣的農、漁村子弟，與外籍女性媒合不僅解決其婚姻的困境，也為農村家庭提供無酬勞力。這些現象顯示，跨國婚姻的形成跟社會的政治經濟結構有關係，也可以說，跨國婚姻的現象本身就交織著種族、階級與性別等不平等的關係（譚光鼎、劉美慧、游美

惠，2008：291）。

2. 生活適應上所面臨的問題

新住民家庭及其子女常見的生活問題有：(1)家庭生活氛圍影響子女的成長：父母因婚姻生活的衝突、負面情緒產生而影響子女在校的學習；(2)父親常在子女教養上缺席，母親又因文化與語言隔閡而暴露出對子女教養能力的不足；(3)教養子女缺乏支持系統；(4)學校尚未投入更多資源與輔導（黃馨慧，2005）。張永吟（2003）以公立托兒所為研究對象指出，新住民子女在團體學習中會表現出害羞、內向和沒有自信等人際間的適應問題。國外研究也指出，來自兩個不同文化背景結合婚姻家庭的孩子，他們可能承受比單一文化婚姻結合家庭的孩子有著較多負面壓力，而且在自我認知方面遭受較大的困難（Bronfenbrenner, 1986）。

臺灣在轉型為多元文化社會後，各族群尋求在臺灣地區社會發聲，整個社會才開始重視異文化、跨文化的了解和對話（周德禎，1999）。然而其背後原因則涉及個人、家庭、文化及語言發展等複雜因素。國內對於此課題已相當關注，但學理上深入的研究與實務上問題的研習仍相當有限（黃德祥，2006）。以起始教育計畫的優點來看，從新住民子女在幼兒園的學習情況出發，應有助於釐析新住民子女的學習問題。

二、新住民家庭子女的學習經驗

根據國內有關新住民子女學習的研究結果顯示，新住民子女在教育學習上存在著一些困境，茲說明如下：

1. 語言學習問題

從國際移民的情況來看，大部分的遷移者會直接受到衝擊的應該是語言的障礙，語言不通的情況下，其生活品質與學習發展都會受到影響。鍾鳳嬌、王國川（2004）針對4-10歲新住民子女的語言與學習狀況，以畢保德圖畫詞彙測驗施測，其結果指出，新住民子女的語言發展不僅參差不齊，而且具有極大的差異性。因此，新住民母親的語

言問題並不必然等同於子女的教育問題，家庭語言的環境是相當值得探討的面向。

其次，教師對於新住民子女若未存有刻板印象，且能營造良好的相處氣氛，新住民子女便可和友伴互相討論學習或分享生活經驗，良好的同儕互動對新住民子女的學習具有很大的幫助（林含茵，2007）。因為語言的學習有賴豐富的環境資源，幼兒園的師生對話互動是相當重要的。

2. 課業學習問題

新住民子女在學業上適應不良的情形，其中語言學習與數學成就是較明顯的弱勢，新住民子女學前教育基礎普遍不足，入學後易出現學習成就較為低落的情形。教育不利的學生並不單單只是家庭的問題，教師對學生學習能力的概念（conception）更是重要的影響因素（Yeung, 2006），學校教育更應重視「跨文化」的對話，破除國人對新住民族群的刻板印象（許惠茹，2009）。

從知識社會學的角度來看，人類的發展是和特定的自然環境、文化與社會秩序的交互關聯，其中文化和社會秩序都是透過重要的他人（significant others）來傳遞（Berger & Luckmann, 1966）。由此可見，幼兒園教師扮演弱勢幼兒語言學習的重要他人，對其語言的發展與學習有相當大的影響力，甚至可以彌補其家庭資源之不足。

參、隔代家庭與幼兒學習

近年來，在社會、經濟和政治的變遷與衝擊之下，作為社會基本單位的家庭，正面臨逐漸分解或失能的危機。以往農業社會的大家庭結構，在時代的潮流下被核心家庭所取代，緊接著「隔代家庭」中祖孫家戶數也在複雜多元的社會趨勢下日漸增多（表2-5）。「隔代教養家庭」除迥異於一般家庭的組織結構及家庭關係外，更重新分配了家庭中的各項資源。在此另類家庭結構中，隔代教養家庭之幼兒經歷與其他孩子不同的成長歷程（梁雅舒，2003）。儘管如此，「家

庭」仍是幼兒最早社會化的場所，一方面，個體基本需求需要透過家庭來獲得滿足；另一方面，有研究指出，家庭環境因素與幼兒智力發展與各種學習息息相關。所以，家庭結構在時代的變遷下雖有所改變，但對幼兒的重要性仍然存在。

表2-5　臺灣2001-2011年祖孫家庭組織型態之家戶數

年度 ＼ 戶數	總家戶數	祖孫家戶數	祖孫家戶數百分比
2001	6,730,886	75,175	1.12
2002	6,839,390	87,997	1.29
2003	6,961,560	75,240	1.08
2004	7,083,445	81,799	1.15
2005	7,206,883	92,979	1.29
2006	7,307,999	80,518	1.10
2007	7,414,281	98,159	1.32
2008	7,544,629	86,902	1.15
2009	7,688,014	81,986	1.07
2010	7,840,923	88,965	1.13
2011	7,959,828	97,717	1.23

資料來源：行政院主計處（2012）：2001年至2011年家庭收支調查報告。

一、隔代家庭幼兒的生活經驗

就生態系統理論而言，隔代教養家庭改變原生家庭的生態平衡，同時也改變家庭的人際互動關係；從幼兒園、社區與文化的認知上來看，往往讓隔代教養家庭倍感壓力。

1. 代理父母的教養方式

所有的孩子都是獨立的個體，且受環境和教養者影響。隔代教養家庭背景因主要教養人為祖父母輩，研究顯示，中國的父母在教養子

女時通常是屬於比較嚴格的型態，而等到他們成為祖父母以後，對待孫子女的方式會改採較寬容的態度（Ho & Kang,1984; Liou, 1997; Wolf, 1978）。祖孫互動時，有時候孫子女有不適當行為出現時，祖父母不會如父母權威式的制止孫子女，自然會多縱容孫子女（王怡又，2000；Smith, 1995）。由此可知，祖父母輩與父母的教養方式上存在著顯著的差異。

隔代教養家庭祖父母的生活經驗可以歸納四個主題並加以陳述：「血脈傳承，濃郁祖孫情緣」、「含辛茹苦，弱肩勇敢承挑」、「錯亂──進出角色扮演的忐忑」與「攜手生命轉彎處，迎向未知」。家庭原來是家人的避風港，但現在卻面臨挑戰，其中有很多「無奈」的因素，迫使父母無力照顧子女；長期扮演「代理父母」角色的祖父母不僅充滿了困頓無奈與無怨無悔的承擔重責，卻也有明明是爺爺、奶奶的稱謂，卻還要履行父母親角色的義務；祖孫間的互動有著歡笑與衝突，也有著更多現實的考驗，挑戰著祖孫彼此的學習與生活調適。

2. 界域模糊的生活經驗

鄭玉英（1993）指出家庭系統有六大特色，包括：(1)家庭系統是由家庭內許多個別單位組成，而共同發生作用；(2)各單位在家庭系統內都各具獨立功能，但也是息息相關；(3)家庭系統有其界域（boundary），如配偶之間要能分化發展各自的自主功能，在親密關係中仍要保有清楚的自我界限；(4)家庭系統內各要素具有層次關係；(5)家庭系統內還有許多次系統，如婚姻與手足之間的關係系統；(6)家庭系統具有固定的運作規則，如父母、子女的功能有一定的角色劃分運作規則存在。

家庭系統是將整體家庭的組成單位及單位間的關係與互動模式統整為一完整系統，系統中的每一個分子必須共同運作，家庭系統才能發揮正常功能。換言之，如果某次系統出了問題，其他次系統必受其影響，家庭系統及其運作也會失去平衡。隔代教養的形成，對家庭成員而言，不管是自願或被迫，已使其原來系統變大，而且家庭成員間的位置和關係也會隨之改變，其界域相對也變得模糊不清而隱藏危機

（陳麗敏，2006）。除了界域模糊所產生的危機外，也讓「家庭系統」解構後重新調整和重新適應間的衝突增加，系統外「依親」的孫子女加入原本祖父母的家庭系統，其因應生活情境與發展需求，在組織結構、權力配合、角色互動與家庭運作規則上的調整與改變都是顯而易見的。

　　每一個孩子，每一個家庭，都是獨一無二的，沒有人能為所有隔代教養的孩子代言，因為每一個生命與生活經驗都是無人可以取代的。爺爺是「孫子女」在外面的代言人，祖父母的角色已不僅僅只是祖父母而已，還存在著「依戀情結」以及「代理父母」的情愫（許玉玲，2000）。祖父母很少參加幼兒園（學校）的班親會，一方面是因為他們往往聽不懂主流社會所使用的詞彙，另一方面似乎是基於對幼兒園（學校）的信任，他們認為老師是專家，他們對幼兒園（學校）抱持正面的態度，往往和幼兒園（學校）保持著一種若即若離的關係。正因為祖父母不太過問幼兒園（學校）的事，也因此往往未能關注孫子女在幼兒園（學校）的人際困擾與問題行為。

二、隔代家庭幼兒的學習經驗

1. 祖孫「依戀情結」與「代理父母」的情愫

　　隔代教養幼兒和一般孩子一樣，受著「環境」和「教養者」的影響，不管是被父母教養或外祖父母教養，都會發展出不一樣的個性。祖父母疼愛孫子女是天性，然而當祖父母變成「代理父母」時，有人認為祖父母會過分溺愛而養成孩子任性、驕縱的習慣，成為父母、師長難以管教的孩子（Wolf, 1978; Brown, 1990；朱櫻、高梓、趙錦華，1983）。Solomon和Marx（1995）亦指出許多的祖父母在養育孫子女的時候，會提供較穩定的愛及生活環境，甚至會比原生父母親所能提供給孩子的還多，以補償他們失去父母親的關愛與照顧。因此，從很多田野觀察到的現象，隔代教養家庭的孩子其生活型態及課程學習，都受著「代理父母」也就是深受著祖父母的影響。

2. 「學習型家庭」的連結與成長

李富言（1996）針對「隔代教養學習家庭」方案之執行曾敘及，在推展隔代教養學習家庭方案時，可考慮直接從擔負教養責任之祖父母加以進行，同時也可以考慮由相關之父母親或兒童本身著手，透過相關理念的引導，間接促成隔代教養學習型家庭的成長；當然也可以透過外圍可能具有影響力之教師、志工或社會相關人士，利用這些外圍力量，進行由點而面的全面隔代教養學習型家庭的形成。「隔代教養學習型家庭方案」規劃原則有六，包括：地區性原則、持續性原則、多元對象原則、多元方案設計原則、可行性原則及資源整合原則。「方案評鑑的規準」包括：(1)發展性，(2)效益性，(3)創發性，(4)功能性，(5)系統性，(6)協調性，(7)彈性，(8)機構支持性。

3. 課程學習視幼兒「個殊性」的理解與其「代理父母」間的依附關係

在華人社會「勤有功，戲無益，戒之哉，宜努力」的教育觀念和教條下，幼兒的遊戲和休閒都被視為無益於學習，面對此種嚴謹「結構」的「解構」，家庭組成的多元形貌，將促使研究典範跨越傳統疆界。在課程和教學的理論中，是再概念化學派最豐富的領域，教師將調整主流對幼兒「一視同仁」的期望和標準，知覺不同生活背景與社會期望影響幼兒生活經驗甚鉅（歐用生，2004）。從多元角度理解幼兒「個殊性」與「複雜性」，找出新的典範和方法，釐析每個幼兒成長的背景脈絡；教師這種經由觀察覺知自己偏見，對來自隔代教養家庭結構的幼兒，才有可能從「眾聲喧嘩」中看到幼兒學習的「主體性」的「五適模式」──適量（suitable size）、適能（suitable ability）、適性（suitable quality）、適所（suitable place），以及適時（suitable time），且從幼兒生長的家庭文化脈絡中找到學習內涵的「真象」與「真諦」。

在看似「一樣」的生活與學習，其實隔代教養的孩子是和一般幼兒過著很「不一樣」的生活與學習，這牽一髮而動全身環節關係的深入理解，方能梳理隔代教養幼兒「個殊性」的課程、教學與評量方式。

肆、單親家庭與幼兒學習

　　「單親家庭」乃是指「父」或「母」單獨與未成年子女所共同組成的家庭型態。形成單親的原因可能是離婚、喪偶、未婚或收養等因素（石泱，2008）。廣義而言，只要是父母婚姻破裂或終止就是單親家庭，所以，單親家庭的成員可能還包括其他親屬，如：繼親或祖父母等。但狹義的單親家庭僅指單親父母與未成年子女同住的家庭。薛承泰（2002）的估計顯示，臺灣地區近年的單親家庭不論是在數量上和比例上均有明顯的上升（表2-6），其中又以離婚所造成的單親家庭居多。楊靜利、董宜禎（2007）指出，由於女性離婚後再婚率低，所以臺灣地區近年「女性」單親有明顯的成長，占所有單親家庭的多數。

表2-6　臺灣2001-2011年單親家庭組織型態之家戶數

年度 ＼ 戶數	總家戶數	單親家戶數	單親家戶數百分比
2001	6,730,886	520,336	7.73
2002	6,839,390	552,971	8.09
2003	6,961,560	573,455	8.24
2004	7,083,445	548,302	7.74
2005	7,206,883	619,837	8.60
2006	7,307,999	630,555	8.63
2007	7,414,281	702,348	9.47
2008	7,544,629	723,694	9.59
2009	7,688,014	751,916	9.78
2010	7,840,923	769,765	9.82
2011	7,959,828	741,091	9.31

資料來源：行政院主計處（2012）；2001年至2011年家庭收支調查報告。

一、單親家庭的幼兒生活經驗

形成單親的原因可能是離婚、喪偶、未婚或收養等因素，各種不同因素共同面臨的問題是家庭成員關係的改變，以及接踵而來的相關問題。單親家庭的幼兒生活經驗、單親家庭之親子關係，以及單親家長的復原力，是頗值得深入了解的問題。

(一)帶著身心創傷的生活經驗

因單親而搬離原居所或高流動率的搬遷，使得單親子女不易與鄰里、幼兒園或學校老師與朋友建立持久的關係，也使得單親子女與他人的社會人際互動關係較為不穩定。此外，單親家庭的形成對家庭成員會造成衝擊。蔡秋雄、高淑清（2006）研究國小單親女童，發現受訪的女童一直帶著父母離婚事件的創傷，這種內在創傷是受到大人所忽視的。父母在處理離婚問題時，疏忽了孩子受創傷的部分，且離婚之後形成單親，家庭功能也往往沒能獲得正常的運作。

單親家庭形成後，由於家庭中人口結構及人際關係之改變，連帶影響了單親家長身心上的調適及社會適應（Cairney et al., 2003）。以離婚婦女而言，在離婚（或成為單親）的初始一、兩年有嚴重的心理情緒困擾，而隨著時間增長，負向的情緒反應漸漸緩和，才能逐漸尋求自我定位。而女性喪偶者承受的心理創傷，同樣的影響其個人的身心適應（蔡文瑜，2001）。單親家長往往承受壓力並直接或間接影響到親職教養能力與親子關係，並形成對兒童少年身心適應的影響。郭靜晃、吳幸玲（2003）就認為單親家庭結構變項本身並非導致少年生活不適應的直接因素，而是潛存於家庭中的不利因素。單親家庭型態不應被標籤化為「問題」，積極尋找單親劣勢處境脫困而出的復原力，更是親與子急需努力的課題。

(二)角色過度負荷的家庭問題

單親家庭由於父母角色一部分的欠缺，在母兼父職或父兼母職的情形下，單親家長常在「角色過度負荷」（role overload）及「多重角色」（multiple role）的壓力下，面臨子女教養問題。林萬億和秦

文力（1992）研究指出，家有未滿12歲兒童之單親家長最感困擾的問題是「教養子女的時間與精力都不足」、「擔心子女單獨在家會不安全」、「子女生病時不能好好照顧」。可見單親家庭由於父或母角色的「缺位」，常使得單親家長的「親職」角色扮演成為生活的重要困擾。

　　其次，單親家庭面臨的經濟問題使得生活品質降低，尤其是女性戶長之單親家庭。經濟匱乏會影響單親家長的子女教養以及托育的安排、住居安排與社區安全環境、社會人際關係與身心適應。

　　此外，成為單親家庭之後，夫妻雙方自原有社會關係中逐漸撤離，包括原先夫妻雙方或另一方的「人際網絡」，會因成為單親而改變，不願面對他人異樣眼光或討論單親歷程而自我孤立、搬離原先居住的地區或轉換職業等，此種現象在離婚的單親特別明顯。

　　彭淑華（2006）以焦點團體訪談的方式進行臺灣地區單親家庭生活處境之研究，訪談20位女性單親家長，研究提出女性單親家長的生活處境包括經濟不安全或匱乏、子女教養負荷大與維持親子關係之不易、社會人際關係改變、社會歧視與偏見、缺乏人身安全感、身心飽受煎熬、住宅選擇與安排受限、缺乏法律權益的知識等八項。

二、單親家庭幼兒的學習經驗

　　許多有關單親家庭的研究認為，單親家庭對於子女的發展與適應上有不利的影響，如：親子互動差、生活適應不良、人際關係支援不良、行為困擾、情緒不穩定、低自我概念、低學業成就，以及性別角色認同模糊等（何永裕，1993；鄭麗珍，1998；薛承泰，1996）。然而也有研究發現，離婚家庭孩子的學校問題、低成就問題、行為問題等，往往是來自老師的偏差觀念及錯誤期望或態度所造成（Garfinkel & McLanahan, 1986）。針對一般單親家庭研究對單親家庭的刻板印象，有學者（郭靜晃，2001；Herzog & Sudia, 1971, 1973）指出，並不是所有父或母缺位的單親家庭皆會造成對孩子的負面影響，他們認為家庭的氣氛與互動模式的過程才是影響的關鍵因素（林慧

芬，2013）。

(一)自我概念與學習成就

在社會發展的歷程中，「家庭」是個體與人互動的最初場域，幼兒在與家人、同儕的互動中，嘗試由他人的角度觀看世界，協調自我及他人觀點，進而認識自我，建立自我概念與自尊。因此，家庭結構的改變，可能導致家庭功能不全，影響子女的自我概念、社交技巧與人際關係（幸曼玲，2013）。羅品欣、陳李綱（2005）的研究發現，就讀小學的單親家庭子女負向同儕關係的發展較雙親家庭子女顯著。李湘凌（2005）的研究發現，個案單親幼兒的友誼關係受挫，是因為不良的生活習慣和社交技巧；她認為國內學者多認為單親家庭子女的學習成就較為低落，但國外學者舉出許多天才在幼兒時期曾經歷單親事件，單親家庭可能不是造成幼兒低學習成就主要原因。父母離異會為幼兒的學習成就帶來消極的影響，短期的負面影響是幼兒學習不能專注，長期的影響則可能演變成高輟學率（陳維如，2006），此項論點國內外研究發現有不一致的現象。

(二)優勢經驗與正向影響

單親家庭為部分研究者視作問題家庭，這種概念並不正確，其實許多單親父母對兒女的成長不僅重視且有卓越的表現。下面引證研究結果說明其優勢經驗與正向的影響（黃馨嬅，2001；黃淑敏，2009）：

1. 挑戰將提供單親家庭成長與分享的機會，會變得較為堅強。
2. 家庭管理上有較多的彈性，在親子時間的規劃上比較好安排。亦即親子間的相處，質量會更為提升。
3. 單親家庭成員彼此間有較大的信賴與支持，能同心協力處理日常生活事宜與所碰到的問題。親子溝通時，單親父母會傾聽子女的心聲，讓子女自我做決定，所表現出來的是非常獨立、負責的。
4. 高度衝突的婚姻成為單親之後，可消除家庭的敵意、緊張，增進家庭的團結與一致性，子女也能在安全的環境下成長。

5. 單親家庭的子女能體驗較爲廣泛的生活經驗及豐富的人生，在與單親父母互相依賴中，子女也會覺得有價值、被需要，因爲要分擔家庭責任，性格方面往往也漸趨獨立和成熟。

楊瑞珠、林秀娟、李玉卿（2000）由單親兒童生活適應的角度，彙整相關研究後，提出單親家庭對兒童的正向影響，包括（轉引林慧芬，2013）：

1. **民主式的教養**：單親家庭可能比一般家庭更爲民主。
2. **彈性化的角色與規則**：由於家庭結構的轉變，爲維持家庭正常運作，人力資源需作重新調整，因此每個人的角色都將有所增加。
3. **孩子早熟並勇於負責**：單親家庭的孩子需在年紀小時就學習爲自己的行爲負責，也需學會一些必要的生活技能，並養成獨立自主的特性。
4. **單親家庭的成員較富創造力，會善用資源並強調時間、金錢的管理**。
5. **發展出堅強的人際關係**：由於在家庭中感受到親情關係的改變與失落，單親孩子會尋求外在支持系統，將重心擺在人際、社會互動上，以滿足心靈上情感的需求。
6. **單親幼兒通常較有耐性、同情心，且樂於與人分享經驗**：經歷過家庭結構遽變並調適過來的單親幼兒，懂得珍惜事物、有體諒別人的心、挫折容忍度較高，也較富有同情心，樂於提供自身經驗與人分享。

單親家庭具有優勢不僅在孩子身上，彭淑華與張英陣（1995）及江素芬與劉慈惠（2004）的研究也發現，單親家長在跳脫遽變之後，有時反而能自我解脫而有所成長，親子互動關係也更親密。

☺第二節　幼兒園與家庭、社區互動與資源運用

　　「幼兒園」的演進有其一步一腳印的背景，本節從華人社會文化脈絡的時空變遷，加以論述「幼兒園」在各階段發展的角色定位及其功能。

壹、文化脈絡下華人幼兒教保觀

　　許多跨文化的研究顯示，合宜的教育方式是具有「文化」特殊性，而非「全球普及性」的。以西方理論為基礎的研究，此時此地雖是學術界的「主流」，卻也隱藏著危機（劉慈惠，1999）。自1980年開始，在西方的社會中有愈來愈多的學者（Goodnow, 1984, 1988; Miller, 1988; Okagaki & Sternberg, 1993; Price & Gillingham,1985; Sigel,1985）從文化、環境的角度去了解個體的發展。他們強調研究者去了解不同文化及相同文化中不同社經環境的教師及父母，對孩子的發展與教育的信念為何，是一個非常重要的研究方向。相同的行為在不同的文化中，往往蘊含不同的意義與期望。

　　劉慈惠（1999）在其「幼兒母親對中國傳統教養與現代教養的認知」研究結論中指出，生長在華人各地區的教師與父母，在不同的時代受到不同因素的影響，對於何謂合宜、理想的教育方法，有著非常不同的看法。研究者若未能顧及文化之間個體在社會化目標與價值體系上的差異性，很容易淪於以普及性的教育觀來評量教師與父母。

　　全球化、本土化與少子化是世界各大城市邁入二十一世紀的重要挑戰，如何掌握文化特色與社會環境的變遷，是華人幼兒教保今後可以著力之處。《遠東經濟評論》提出「二十一世紀是華人的世紀」，關注的目光投向了旅外華裔族群及中國大陸、香港、臺灣、新加坡等華人居住城邦的產業競爭力與其人力資源；此際，華人城邦均已加入世界貿易組織（World Trade Organization, WTO），並通過服務貿易協定（General Agreement on Trade in Services, GATS），其中即將教

育服務視爲無形商品，開啓了各級教育步入服務產業的全球競爭時代。

貳、華人幼兒教保——從「公養公育」到「相互主體性」

依據北京中國學前教育史編寫組（1993）所編著之《中國學前教育史資料選》，與臺灣學者翁麗芳（1998）著之《幼兒教育史》、李德高（2001）著之《幼兒教育史》，以及盧美貴（2006）〈多元智能課程本土化發展與建構〉，說明華人兒童教育源起之論述：

一、原始社會時期（-2100B.C.夏朝建立）

原始社會從母系氏族公社逐漸向父系氏族邁進，穴居雜處，處於「知母不知父」的時期，幼兒的教教爲氏族公社之全體責任。此時期的幼兒教保特色爲：公養公育、自然學習等型態。

1. 公養公育

幼兒生養於氏族公社，公社除了生理性的養育外，也會教導幼兒生存之道與公社規範；這即是人類教育的基本型態。

2. 自然學習

由於文字尚未出現，幼兒的學習以不拘形式規章的自然學習爲主，例如：觀察成人捕魚、打獵的技能，適應自然界之氣候、地理等環境因應能力等。即在自然中學習適應自然生活。

二、奴隸社會時期（2100B.C.夏商西周—475B.C.春秋時代）

此時期已建立帝臣役民的階級社會，有王公貴族的統治階級與一般庶民奴隸階級之分，只有權貴階級才享有知識受教權。幼兒教保特色爲：優生優育、宮廷教保等型態。

1. 優生優育

以「正本」（同姓不婚）、「胎教」、「慈幼」等方式進行優生

優育之養育，以維護其孩童血統與教養之品質；但其施行對象只限於帝王之家與宮廷之內，一般民間並不了解。待春秋、戰國時期流傳入民間後，爭相競行。

2. 宮廷教保

此時期有家庭制度，育兒教導工作由公養公育轉為私人養育；而貴族與奴隸之別，使得幼兒教育的機會與權力只限於王公貴族。例如：西周君王、太子的保傅制度，與宮廷內的乳保制度；其中《大戴禮・保傅》即記載了召公與周公為中國史上最早的君王之幼兒教師。

三、封建社會時期（春秋末年475B.C.—清末）

春秋末年封建制度取代原本的奴隸制度，新興的地方權貴階級形成，如地主與士大夫造就了私學的興辦。此階段的幼兒教育制度以儒家思想為中心，並擴及階層一般庶民，其特色為：家庭式幼保與慈幼機構式幼保的創辦。

(一)家庭式幼保

中國在長達數千年封建制度裡，家庭是社會的基本單位，也是幼兒教保的當然場所。幼兒教保的主要內容為思想品德、生活常規、文化知識、身體保健等四方面。

1. 思想品德教育

思想品德教育以教導孝悌、崇儉、誠信、為善等道德部分，例如：唐朝的《蒙養記》、《蒙勸學》、《開蒙要訓》、《兔園策太公家教》等均是當時著名的幼兒啟蒙教材，內容都是倫理道德格言，字句簡潔易懂，幼兒可朗朗上口。

2. 生活常規教育

生活常規教育以禮儀與衛生等部分為主，例如《禮記・曲禮》：「童子立必正方，不傾聽」中教導幼童禮儀常規；清朝李毓秀在《弟子規》中：「冠必正，鈕必結，襪與履，俱緊切……」等。可知封建時期對幼童禮儀、進退、衛生等生活自理能力的重視。

3. 文化知識教育

文化知識教育以儒家經典為主，教導識字、學書、聽解、詩賦格言，例如：漢朝史游的《急就篇》、南朝周興嗣的《千字文》、宋朝王應麟的《三字經》均是生動活潑、用典押韻的幼兒讀冊。

4. 身體保健教育

身體保健教育從養胎、育嬰、鞠養到慎疾等部分，例如：元朝朱震亨的《格致余論‧慈幼論》、明朝徐春甫的《古今醫說‧嬰幼論》等，均反映出對於嬰幼兒保健的重視。

(二)慈幼機構式幼保的創辦

秦朝管仲即把「慈幼」放在工作首位，但專門的慈幼機構則建立在宋朝，設有「慈幼局」、「舉子局」、「育嬰社」，直至清朝的「育嬰堂」等，提供幼兒保護、收養等工作，使當時「貧而棄子」與「溺女之俗」等華人封建社會之階級悲苦與陋習得以舒緩。上述之宋朝慈幼機構多為恤養性質，並未確切行教育之策。

直至清朝末年，西方傳教士東來，結合東西方新式的「育嬰堂」，則採取養、教、工三者結合方式；除供給衣食、施予教育外，並訓練其謀生技能。例如：天主教早期在上海創辦的蔡家灣孤兒院，就讓幼兒學習縫紉、農耕、木工與印刷等技術，以便成年後有能力謀生。

四、現代與後現代之間（民國以來的脈絡轉移）

以母國文化為體、他國文化為用的策略已漸浸臺灣及華人的社會時，這種雜化、涵化與新生的關係，是幼兒園教育不容忽視的一環。我們關心的不是全球化「同」的霸權，也不是在對「異」的堅持，而是在這無法抵擋的勢之所趨，創造全球化與在地化的「雙贏」。

1. 從結構功能主義到生態整體論

傳統知識論在結構功能主義（structuralism）盛行的典範下，所主張的是分析性（整體可從部分加以解析）的還原主義（reductionism）。科學的描述是客觀的，而且將知識比擬為堆砌機（基本的定

律、原則、要素等）。其基本要素（building blocks）是線式的、階層的、有基礎的。因此知識是絕對的、必然的、客觀的與線性思考的結果。

當今知識典範則指向複雜的適應系統或生態整體論（ecological holism）。其主張當整體是一個開放的複雜系統時，會比所有的總合還大，並認為結構在複雜的適應系統之間的關係脈絡裡產生。

2. 相互主體性（intersubjectivity）的創造價值

「過程—個體—脈絡—時間」（process-person-context-time model）的研究模式提出，研究人員的社會責任在找出「人類有機體特質與其所處各層級環境特質間，契合狀態生態情境的本質」，因此探究「生長在同樣環境的人為何會有不同發展的結果」、「同樣的個體特質為何在不同的環境脈絡會有不同的行為表現」。從「巨型—微型」的論述轉移，正是文化「脈絡」的深層表現。

我們若將時空的場景轉換到臺灣幼保活動與課程發展的脈絡，更可以看到政權的轉移、經濟發展和社會結構的變遷，影響著臺灣幼教的課程政策和實施。翁麗芳（1998：216-218；1999：506）指出，臺灣歷經中國清朝、日本、國民政府等政權更替，十九世紀末以來的幼兒教育制度、法規與課程內容，皆有所不同，不僅具有「日本式與中國大陸式幼兒教育的融合」，以及1930年代「中國的幼兒園課程」的演變兩個特性，也隨著1960年代經濟發展與科技之便，轉為直接模仿歐美。在這段歷史中，最明顯而直接的「童年」殖民教育——將幼兒形塑為效忠殖民母國的順民，則屬1930年代為了配合日據時代總督府普及日語的政策，出現以教授日語為目的的「幼兒國語講習所」、「簡易國語講習所」、「國語保育園」等機構，對幼兒所施行的教育作為。這些機構以6歲以下幼兒為對象，人數約20到50人，附設於公學校或集會所內。雖聘請保母，然其資格不若幼兒園那樣嚴格，其保育課程不外乎日語、遊戲、講故事、唱歌等。與正規幼兒園比較，這類機構在性質上更接近「幼兒日語補習班」。另外，遍布全臺以「托兒所」為名的保育機構，也於1920年代後半興起。托

兒所的設立主要是代替父母照顧幼兒，原先並不教授日語，然而中日戰爭爆發後，也配合皇民化運動，主動教授日語。

　　除了政治權力之外，還有其他影響幼保活動與課程政策和實施方式的因素。一方面在知識與權力的作用下，官方的課程政策選用某種課程論述，形成了在制度上特定的課程模式、實施方式（並利用評鑑加以強化）；另一方面由於成人（學者、幼教業者和教師）對幼兒以及幼兒學習觀點的不同，形成了各種關於幼保活動與課程的論述實踐。而這些課程論述與實踐，經常和社會制度、篩選方式所形成的價值觀以及社會氛圍有深切的關聯。例如：盧素碧（2004/2001：11）說明在缺乏參考書籍的40、50年代，官方的《幼兒園課程標準》可以說是當時幼教的基本指南，教師從中獲得最基本的概念，對臺灣的幼教有深遠的影響。雖然經過五次的修訂，但是其課程卻一直以科目分類，以致容易傾向分科的課程設計。再者，民國50年代，私立小學在升學主義掛帥下，考上初中的比例較高，許多父母都想將孩子送往「明星學校」，但這些明星學校一年級招收新生要舉行紙筆測驗，於是形成在幼兒園實施的讀寫算的教學，這樣的教學內容不但讓家長趨之若鶩，而且也讓幼兒園的教師和園長更加肯定幼保的功能就是提前實施小學的讀、寫、算教學（蘇愛秋，2001）。隨著經濟的改善與幼教資訊的蓬勃發展，目前坊間幼兒園教授各種藝能的現象更是方興未艾。從上述對於幼教現場的描述，我們不難發現，作用在幼兒身上的教育內容和方式，其實糾結著政治目的、篩選制度、社會氛圍，以及幼教市場消費促銷的各種廣告策略，交錯成影響家長和教師的各種力量，形成幼教實踐的所謂主流意識或偏差的價值觀。

參、幼兒園與家庭、社區的關係

　　國際家庭年（International Year of the Family）創始於1989年12月9日，其目的在揭櫫人們要用生命與愛心建立溫暖的家庭，其代表圖案也象徵著Warmth、Care、Security、Togetherness、Tolerance、Acceptance；臺灣也於2003年2月6日總統令（華總－義字第09200017680號）公布《家庭教育法》，在20條的內容中，主旨在增進國民家庭生活知能，健全國民身心發展，營造幸福家庭，以建立祥和社會；第2條說明本法所稱家庭教育，係指具有增進家人關係與家庭功能之各種教育活動，其內涵包括：(1)親職教育；(2)子職教育；(3)兩性教育；(4)婚姻教育；(5)倫理教育；(6)家庭資源與管理教育；(7)其他家庭教育事項；第12條規定：高級中等以下學校每學年應在正式課程外實施四小時以上家庭教育課程及活動，並應會同家長會辦理親職教育。各級主管機關應積極鼓勵師資培育機構，將家庭教育相關課程列為必修科目或通識教育課程。

除了學校的積極推動外，其第13條亦明令中央主管機關得視需要研訂優先接受家庭教育服務之對象及措施並推動之；必要時得委託直轄市、縣（市）主管機關或推展家庭教育機構、團體辦理。家庭教育為國家、社會與學校各環節的重點項目可見一斑。2004年2月13日《家庭教育法實施細則》第5條亦載明高級中等以下學校依本法第12條第1項規定，在正式課程外實施之家庭教育課程及活動，應依學生身心發展、家庭狀況、學校人力與物力，結合社區資源為之，並於學校行事曆載明。

幼兒園是「家庭教育」的第一線，也是「親職教育」的實踐基地，其成敗與否端看幼兒園與家庭、社區是否建構緊密的連結關係。

一、臺灣地區歷次幼兒園課程內涵有關「輔助家庭教育」之論述

自從民國11年幼兒教育納入我國正式的學制以來，幼兒教育就扮演著協助家庭教育的角色。

以教育部於1929年（民國18年）8月頒布《幼兒園暫行課程標準》之後，經過兩年的實驗，於1932年（民國21年）10月修訂為《幼兒園課程標準》，這是第一次修訂。1936年（民國25年）7月又修訂一次，是為第二次的修訂。1945年（民國34年）9月，抗戰

勝利，翌年教育復員，1936年（民國25年）修訂之《幼兒園課程標準》，漸感難於適應戰後社會之需要，惟當時教育部正忙於修訂中學及國民學校課程標準，對於幼兒園課程標準之修訂，尚無暇兼顧，於是自1953年（民國42年）5月起，普通教育司復著手《幼兒園課程標準》之修訂，至1953年（民國42年）11月始行竣事，是為第三次修訂（教育部，1987）。

第三次修訂之《幼兒園課程標準》，於1953年（民國42年）11月公布，迄1974年（民國63年）已二十餘年。在此二十餘年中，「政府勵精圖治，積極建設，社會進步，工商發達，人民生活水準提高。幼稚教育在此二十餘年中，發展甚速；尤以近年政府致力於十大建設工作，動員人力甚眾，年輕父母參加建設工作，幼年子女乏人照料，因之幼兒園之設置，不分城市鄉村，日漸普及。二十餘年前所頒布之《幼兒園課程標準》，已感不能完全適應，自有重加修訂之必要」（教育部，1987），於是在1975年又一次的修訂。

至於《幼兒園課程標準》的第五次修訂，教育部的說明（1987：101）認為現代小家庭，夫婦兩人大多同時外出就職，幼年子女乏人照料，因此，幼兒教育乃許多家庭所迫切需要。尤其在目前知識暴增的時代，針對幼兒所需之生活習慣與知識施予合宜的指導，正是今日世界潮流所趨。教育部有鑑於此，乃自70年起分別公布《幼稚教育法》及《幼稚教育法施行細則》，期以強化幼兒教育的實施。

表2-7　五次《幼兒園課程標準》修訂之背景和課程目標的演變

背景與目標＼修訂之年度	背　　景	目　　　標
民18年（1929）	以三民主義教育為依歸之教育宗旨	1.增進幼稚兒童應有之快樂幸福。 2.培養人生基本優良習慣（包括身體行為各方面習慣）。 3.協助家庭教養幼兒園兒童，並謀家庭教育之改進。

表2-7　五次《幼兒園課程標準》修訂之背景和課程目標的演變（續）

背景與目標／修訂之年度	背　景	目　標
民21年（1932）民25年（1936）	1.民國8年到民國26年全面抗日開始之前，幼兒教育是以加強灌輸民族意識及愛國觀念為目的。 2.民國26年「八一三」全面抗戰，至第二次世界大戰結束，幼兒教育則以訓練幼兒戰時生活，及養成吃苦耐勞之生活習慣為目的。	1.增進幼稚兒童身心之健康。 2.力謀幼稚兒童應有之快樂與幸福。 3.培養人生基本優良習慣（包括身體行為等各方面）。 4.協助家庭教養幼稚兒童，並謀家庭教育之改進。
民42年（1953）	1.抗戰勝利後，教育復員，民國25年修訂之課程標準已難適應戰後社會之需要。 2.教育部督促普通教育司修訂各級學校課程標準，以因應實際環境之需要。	1.增進幼兒身心的健康。 2.培養幼兒優良的習慣。 3.啓發幼兒基本的生活知能。 4.增進幼兒應有的快樂和幸福。
民64年（1975）	1.工商發達，人民生活水準提高。 2.政府致力於十大建設，動員人力甚眾，年輕父母配合國家建設人力動員之需要，幼年子女乏人照料。 3.幼兒園日漸普及，幼稚教育發展甚速，二十餘年前的課程標準已無法適應需求。	1.增進幼兒身心健康。 2.培養幼兒良好習慣。 3.發展幼兒潛在能力。 4.充實幼兒生活經驗。 5.增進幼兒應有的快樂和幸福。 6.培育幼兒仁愛的精神及愛國觀念。

表2-7　五次《幼兒園課程標準》修訂之背景和課程目標的演變（續）

背景與目標　　　　修訂之年度	背　　景	目　　　　標	
民76年 （1987）	1. 雙薪家庭普遍，幼兒乏人照料。 2. 在知識暴增時代，需針對幼兒生活習慣與知識施予合宜的指導。 3. 期透過研究、試教及修訂等過程，編製適合我國社會所需要之幼兒園科學課程。	1. 維護兒童身心健康。 2. 養成兒童良好習慣。 3. 充實兒童生活經驗。 4. 增進兒童倫理觀念。 5. 培養兒童合群習性。	1. 關心自己的身體健康和安全。 2. 表現活潑快樂。 3. 具有多方面興趣。 4. 具有良好生活習慣與態度。 5. 對自然及社會現象表現關注與興趣。 6. 喜歡參與創造思考和解決問題的活動。 7. 能與家人、老師、友伴及他人保持良好關係。 8. 具有是非善惡觀念。 9. 學習欣賞別人優點，且具有感謝、同情及關愛之心。 10. 適應團體生活，並且表現互助合作、樂群、獨立自主及自動自發的精神。
民101年 （2012）	1. 距離民國76年《幼兒園課程標準》之公布施行已二十五年之久。 2. 為達成《幼兒教育及照顧法》所訂定之目標，以及擴展2-6歲幼兒之教保服務。 3. 因應家庭變遷與多元社會之需，建立幼兒園與家庭、社區之關係。	1. 維護幼兒身心健康。 2. 養成兒童良好習慣。 3. 豐富兒童生活經驗。 4. 增進兒童倫理觀念。 5. 培養兒童合群習性。 6. 拓展幼兒美感經驗。 7. 發展幼兒創意思維。 8. 建構幼兒文化認同。 9. 啟發幼兒關懷環境。	

資料來源：研究者整理。

近年家庭變遷甚速，民國76年前雙薪家庭普遍的情況下，幼兒園與家庭或家人的關係總是密不可分，尤以民國25年《幼兒園課程標準》第4項明載「協助家庭教養幼稚兒童，並謀家庭教育之改進」，以及民國76年《幼兒園課程標準》第1項教育目標明定「幼稚教育之實施，應以健康教育、生活教育及倫理教育為主，並與家庭教育密切配合」的揭櫫明示，更說明幼兒教保與家庭教育密不可分的重要關係。民國76年版的《幼兒園課程標準》特別在第1項教育目標中明定「幼稚教育之實施，應以健康教育、生活教育及倫理教育為主，並與家庭教育密切配合」。

二、《幼兒園教保活動課程暫行大綱》有關家園的夥伴關係

2012年8月30日公布實施的《幼兒園教保活動課程暫行大綱》在總綱的基本理念說明：「教保服務人員是幼兒家庭的合作夥伴，教保服務人員需與家庭建立夥伴關係，相互尊重、合作、協商，以共同分擔教保責任。教保服務人員宜主動與家庭分享對幼兒的認識，並且視家庭為認識幼兒的重要資源，邀請家庭共同關注幼兒的學習與發展，作為教保活動課程計畫的參考。教保服務人員需與家庭建立暢通的管道，讓雙方有經常性的溝通機會，接納家庭所珍視的價值，並且提供多元的機會，鼓勵家長共同參與幼兒的學習。」

此外，在實施通則也提及：建立幼兒園、家庭與社區的網絡，經營三者間的夥伴關係；透過教保活動課程，以培養幼兒對文化的投入與認同；面對多元文化的社會，培養幼兒面對、接納和欣賞不同文化的態度。幼兒的生活環境包括了家庭、幼兒園與其身處之社區環境，且每個環境皆是幼兒拓展其生活經驗的重要來源；透過觀察及參與，幼兒可習得所處環境中重要他人的價值體系。因此，教保服務人員需覺察與辨識生活環境中的社會文化活動，並將其轉化為幼兒園的教保活動課程。

其次，幼兒園宜提供機會，讓家長參與幼兒園的課程與教學，並

以實際行動參與社區活動，以加深幼兒的情感與認同，成為社區的參與者和共構者。幼兒園也是社區的一部分，幼兒園的開放可讓社區成員了解與接納幼兒園，體驗與實現幼兒園的教育理念，以促成家庭、幼兒園與社區間社會網絡的連結。每位幼兒來自不同的家庭，也帶著不同的文化進入幼兒園。在教學的過程中，教保服務人員宜重視文化的獨特性與差異性，經營多元文化的教保活動課程，使幼兒能體驗並認識，進而接納和尊重不同的文化。

　　幼兒園教保與家庭教育之間的關係，並不是只著重在幼兒園與家庭的聯繫上，而是更進一步帶入了社區，將幼兒園、家庭與社區連結成一個互助有機體的夥伴關係。有關幼兒園教保機構組織及其社區資源的運用，將在第四章加以詳述。

第三節　生態環境與文化變遷對幼兒園的影響

　　本章的第一節係就Bronfenbrenner生態系統中幼兒因應家庭變遷下，雙薪、新住民、隔代與單親家庭不同需求特色的學習改變與因應策略；第二節則以華人文化脈絡下的幼兒教保觀，闡述歷年來六次幼兒園課綱內涵與家庭、社區教育之緊密關係；因為幼兒園、家庭與社區等各項生態支持網路系統（Social network）總是牽一髮而動全身，以家庭、幼兒園及社區為主的微系統（micro-system）其和外部系統（exo-system）、大系統（macro-system）的緊密互動與影響，以及中間系統（meso-system）在各系統中居間協作的連結與互動關係，任何一個系統的改變都會影響其他系統的運作。本節將從家庭變遷與少子化人口結構趨勢，說明其對幼兒園經營的影響，以及親師生的角色定位和多元價值觀的改變與學習。

壹、倒金字塔的少子化人口結構趨勢

67

　　臺灣內政部最新公布數據顯示，臺灣2018年只有18萬1,601個新

生兒，出生人數創下八年來最低。臺灣2008年金融海嘯時，新生兒出生率首次跌破20萬關口，當時人口專家對少子問題感到憂心，此後數年新生兒人數雖然回升到每年20萬以上，但至2017年之後再度下降，2018年的新生兒人數比前一年大減1萬2,243人，全臺粗出生率7.56%。臺灣婦產科醫學學會秘書長黃閔照指出，臺灣理想的綜合生育率要有2.1人才能維持人口「平盤」，但現在臺灣的出生率連1人都不到。內政部統計，截至2018年底，臺灣總人口為2,358萬8,932人，女性比男性多出16萬4千多人，去年只有27萬人結婚，有400多萬青壯年沒有結婚（https://www.voacantonese.com/a/taiwan-birth-rate-2018-population-marriage-rate-01072019/4732622.html）。

Hong Kong（香港）	1.326 children per woman	193
South Korea（南韓）	1.323 children per woman	194
Greece（希臘）	1.302 children per woman	195
Poland（波蘭）	1.29 children per woman	196
Singapore（新加坡）	1.26 children per woman	197
Portugal（葡萄牙）	1.241 children per woman	198
Moldova（摩爾多瓦）	1.23 children per woman	199
Taiwan（臺灣）	1.218 children per woman	200

圖2-1　臺灣「世界倒數第一」的出生率

根據報告指出，全球生育率最高的前九名國家都在非洲，例如：第1名的尼日（Niger），每位婦女平均生下7.153個孩子；第10名則是東南亞地區的東帝汶，生育率為5.337。至於歐美國家，像是法國出生率僅1.973，排名126；美國出生率1.886，排名135；英國出生率則為1.871，排名138；德國較低，出生率1.47，排名181。

另外，臺灣附近的亞洲國家生育率普遍較低，其中南韓出生率1.893，排名134；日本出生率為1.478，排名179；新加坡趨近墊底，

出生率為1.26，排名197。從倒數來看，全球出生率倒數第3名為葡萄牙，出生率1.241；倒數第2名為歐洲國家摩爾多瓦，出生率1.23；最後一名則是臺灣，平均每個婦女僅生下1.218個孩子。

　　令人意外的是，中國大陸和印度為世界上人口最稠密的國家，但出生率並非名列前茅，印度出生率為2.303，排名94；中國大陸出生率為1.635，排名164，為何會出現這樣的狀況？可能是受到國家政策及文化影響導致（https://hssszn.com/archives/63389）。

表2-8　臺灣2009-2018年新生兒的出生數

時間	嬰兒出生數	粗出生率（%）	備註
2009年	19萬1,310人	8.29	
2010年	16萬6,886人	7.21	嬰兒出生數及粗出生率皆為國內史上最低
2011年	19萬6,627人	8.48	
2012年	22萬9,481人	9.86	
2013年	19萬9,113人	8.53	
2014年	21萬0,383人	8.99	
2015年	21萬3,598人	9.10	
2016年	19萬3,844人	8.86	
2017年	19萬3,844人	8.23	
2018年	18萬1,601人	7.70	嬰兒出生數及粗出生率分別刷新2009年及2017年史上次高紀錄

貳、幼兒園的經營理念與因應策略

　　就行政院主計處的教育統計資料分析，1991年（民80）臺灣人口出生率為335,618人，2004年（民93）為216,419人，2010年（民99）為151,671人，至2012年11月（民101）則為192,676人（行政院

主計處，2012）。少子化現象的衝擊讓幼兒園在2004年（民93）一年內關閉44所；公幼在2010年雖增加到1,544所，但私幼的總園數卻僅餘1,607所，這一波的人口板塊的遷移異動，讓臺灣公私立幼兒園家數由40：60，大環境的改變，遷動幼教的生態消長，至今則平分天下各占二分之一。

　　楊淑朱、張家銘的研究（2013）歸納少子化對幼兒教保產業的衝擊與影響有：(1)幼兒生員減少，經營困難；(2)教師人力過剩；(3)幼兒園減班，造成空間閒置；(4)學齡人口異質化。

　　因應的策略則包括：(1)推動多元課程，呼應教育現況；(2)提升教師進修成長，建構學習型組織；(3)幼兒園機構進行策略聯盟，資源共享；(4)因應家庭型態變遷，加強親職教育；(5)多角經營擴大營運利基；(6)注重行銷規劃。

參、家庭變遷對幼兒園教師多元價值觀的影響

　　根據研究顯示（幸曼玲，2013），幼兒園教保服務人員對於不同家庭型態抱持不同的價值觀——雙薪家庭的價值觀最為正向，其次依序為新住民家庭、單親家庭及隔代教養家庭。雙薪家庭父母健在，且有足夠的經濟能力健全幼兒的發展；新住民係家庭結構完整的組織，僅因外配的語言及溝通是教保人員的看法將其排序為二；單親家庭又次於新住民家庭的看法，是因為一位母或父對家庭的維持與教養子女的雙重負擔，容易影響幼兒的生活與學習；隔代教養家庭考量其經濟來源的不穩定，以及老少之間的溝通和教養方式，是教保人員最感擔憂的家庭型態。

　　以上的論述係近年研究結果的通論，但作者的另類發現也顯示，隔代教養的祖父母因工作的積蓄，可以供給祖孫不餘匱乏的生活與良好的互動關係，單親家庭的子女在特質表現上，往往培養了幼兒在家庭中獨立自主的特質與能力；新住民家庭母親的語言問題，並不全

然等同子女的教育問題，有時還是多元文化社會下具備多元能力的助力。因此，家庭變遷下，四種家庭型態雖有其明顯的不同，但家庭「功能」的發揮其實比家庭「結構」是否「完整」，更值得教保人員的重視與關切。其次，Rogoff 特別提醒建議（轉引李昭明、陳欣希譯，2008）：我們需要超越固定單一團體成員的思維，對於類別整體的強調轉移到個體的特質與個殊性，基於人在歷史脈絡與文化歷程中的各種參與以及表現，用以理解個體的發展與思考教育的可能性。

後現代的圖像至今雖然仍顯得零碎拼湊而難以整合，但其去中心化、反體制、非連續、非線性與多元化的解構與建構則是相當的明顯：在多元文化的變遷下，「相互主體性」（intersubjectivity）的理解與尊重幼兒園親師生的互動，及其課程與活動的共構發展實有其必要性。

幼兒教保思潮、制度與課程的演進
CHAPTER 3

幼兒教保概論「以史為鏡可以知興替，以銅為鏡可以整衣冠，以人為鏡可以明得失」；生態環境與社會文化變遷的了解，讓幼兒教保與家庭教育緊密結合。

本章則從幼兒教保思潮、教保機構與制度的發展，以及教保活動內涵演進變革的軌跡「觀史」與「借鑑」，鑑古知今或他山之石的利弊得失，讓臺灣的幼兒教保服務更臻美善。

⏣第一節　幼兒教保思潮的演進

有關幼兒教保的起源，一般人都以為福祿貝爾於1837年在德國布朗根堡（Blankenburg）設立第一所幼兒學校，1840年正式將幼兒學校命名為「幼稚園」（kindergarten），是人們重視幼兒教保工作的開始。事實上，有關幼兒教保的發展可以追溯至古希臘及我國的孔、孟、荀時代。

壹、幼兒教保思想的演進

古希臘的三哲及我國的孔、孟、荀時代，即已強調「有教無類」、「知識即德行」的教保思想，並且明白揭櫫幼兒時期是身心最稚嫩與可塑性最高及最能達到教保成效的一個時期。十七世紀啟蒙運動以後，教保的思想已漸注意到以幼兒為學習主體的重要；十八世紀以後，教保機構因應思想的演進與社會的需求而產生；十九世紀以後，教保機構逐漸普遍存在於世界各國，而制度也在需要之下產生。

下面就影響西方與中國早期幼兒教保思想，像柏拉圖、亞里斯多德、蒲魯塔克、聖‧奧古斯丁、凱赫頓、伊拉士莫斯、路德、蒙田（邱志鵬，1987），以及我國的孔子、孟子、荀子、朱熹和王陽明等人，略述其重要的幼兒教保思想。

一、柏拉圖（Plato，427-347 B.C.）

1. 教保思想

在其《理想國》（*Utopia*）一書中強調幼兒時期是養護階段，「德行」的培養是此時期教保的重要目標。所有施之幼兒的教保內容必須是精心、仔細選擇的「最單純、最真實、最良善」的，而文學和音樂統攝了此內容。他以為體育可以強壯體魄，而文學和音樂可以強健靈魂。

2. 教保方法

柏拉圖主張以故事、說話、遊戲，以及音樂、文學等方式來教導幼兒，淘汰人的劣根性，使人性和諧的發展。幼兒時期吸收力強，可塑性高，透過遊戲的啟發式教學，可以培養孩子的天賦能力。

二、亞里斯多德（Aristotle，384-322 B.C.）

1. 教保思想

在其名著《政治學》（*Politics*）一書中主張幼兒教育分成兩個階段，出生到5歲以培養幼兒的基本生存能力為主，5到7歲以身體的活動及鍛鍊為主。

2. 教保方法

主張7歲以前的幼兒應在家裡接受父母教養，父母應善盡責任以遊戲配合故事、童話來教導幼兒。此時期應強調幼兒習慣及榮譽感的養成。

三、蒲魯塔克（Plutarch，46-120 A.D.）

1. 教保思想

在《兒童教育》一書中，強調父母宜親自教養與撫育自己的孩子。他認為此時期的幼兒最有可塑性，他們的本性如土壤，教師如耕者，其語言、行為與概念是種子，因此教師必須是良善的榜樣。

2. 教保方法

教師必須用鼓勵和理性來教導幼兒高尚的行為，獎勵在教導幼兒

時必須適時交互使用。

四、聖·奧古斯丁（Saint Augustine, 354-430 A.D.）

1. 教保思想

在其《懺悔錄》中主張孩子應在生活中學習，他認為關愛與教育是不可分的。

2. 教保方法

教育孩子時宜讓幼兒在自由與好奇中，透過遊戲來學習，恐懼及強制的心理在學習過程中是不宜存在的。

五、凱赫頓（Khaldoun, 1332-1406 A.D.）

1. 教保思想

凱赫頓在其《反省論》中強調感官教育與經驗教育的重要性。他以為人的心可分為三個層次：辨識的智慧是用來了解存在自然與社會中事物的秩序；經驗的智慧是用來了解事物行為的規則；抽象的心智是用來了解事物的真實與假設。

2. 教保方法

主張教育宜訓練幼兒利用神所賦予的感官來察覺外界的物體，用視、聽、嗅、味及觸覺來認識物體的形式，進而轉化為理解抽象的能力。

六、伊拉士莫斯（Erasmus, 1465-1536 A.D.）

1. 教保思想

在其所著《正確教學方法》中強調無論是教師的教學或幼兒的學習都需經有順序的計畫。在〈男孩的人文教育〉中指出，任何的學習必須以幼兒的興趣、文化背景為主。

2. 教保方法

教師應注意幼兒的興趣，同時注意到動態與靜態調配的教保方法。

七、路德（Luther, 1483-1546 A.D.）

1. 教保思想

在「致市長及參議員的信」中，路德建議政府應讓每個孩子都受教育，家境窮困的幼兒，教會應該加以協助。

2. 教保方法

教育幼兒必須由專業人員來擔任；有錢的人應廣設獎學金，使貧窮的人也有受教育的機會。

八、蒙田（Montaigne, 1533-1592 A.D.）

1. 教保思想

蒙田在《隨想錄》中指出，人類學問中最困難、最重要的問題，莫過於幼兒的教育問題，其應與自己幼年時代的親身經驗展開他的教育論。他的教育理論非常強調師資的選擇，以為教保是百年樹人的事業，非賴教師良善的品格及果斷力，方可實踐有創意的教育工作。

2. 教保方法

他主張學習是要教導學生掌握知識的意義與內涵，而非讓幼兒記誦與全盤的吸收。此外，培養幼兒對所有事物的好奇心是必須的，因為好奇是思考力與創造力的根本。教師不可利用權威來左右幼兒的決定。他主張孩子很小的時候就可以送到外國，否則他們永遠學不會純正的外國語言。

以上所述係希臘三哲至十六世紀西方有關幼兒教保的思想，至於我國早期有關幼兒教保有哪些重要的理論與實際，一般幼兒教保書籍均少涉及。在強調各種教保思想與措施東移，並且如何本土化的今日，藉由孔、孟、荀教育的重視，以及朱熹、王陽明兒童教育觀的發揚，以明東西教育思想的異同，實有其必要。不過由於孔、孟及荀子的教育思想，國內論述已相當多，在此不贅述，請讀者自行參酌。

下面略述朱熹與王陽明的幼兒教育思想及其教保方法（任時先，1968）。

九、朱熹（1130-1200 A.D.）

1. 教保思想

在其名著《小學》一書序上有言：「古者小學教人以灑掃、應對、進退之節，愛親、敬長、隆師、親友之道，皆所以爲修身、齊家、治國、平天下之本，而必使其謂而習之於幼稚之時，欲其習與知長，化與心成，而無扞格不勝之患。」由此觀之，朱晦庵以爲日常生活、倫常道德的學習是幼年時代必須教以學習之事。

2. 教保方法

朱子把理想的學制分爲兩級制，即小學和大學。小學即幼兒教育，包括現今的幼兒園到小學階段。他說：「古者初年入小學，只是教以事。如禮、樂、射、御、書、數及孝、弟、忠、信之事。」「小學者，學其事。」「小學是事，如事君、事父、事兄、處友等事。只是教他依此規矩做去。」可見朱熹幼兒教育的方法，認爲宜教以事之然，即是教以現實的事物，使幼兒能夠從而仿之。

十、王陽明（1472-1528 A.D.）

1. 教保思想

其《傳習錄》中著有〈訓蒙大意示教讀劉伯頌等〉一文，最能代表他的幼兒教育思想。他說：「今教童子，唯當以孝、弟、忠、信、禮、義、廉、恥爲專務。其栽培涵養之方，則宜誘之歌詩以發其志意，導之習禮以肅其威儀，諷之讀書以開其知覺。……故凡誘之歌詩者，非但發其志意而已，亦所以洩其跳號呼嘯於詠歌，宣其幽抑結滯於音節也；導之習禮者……。凡此皆所以順導其志意，調理其性情，潛消其鄙吝，默化其麤頑，日使之見於禮義而不苦其難，入於中和而不知其故。是蓋先王之教之微意也……。」由上述內容加以分析，可知陽明先生是以「蒙以養正」爲其教育目的；以「孝、弟、忠、信、禮、義、廉、恥」爲兒童教育原則；「誘之歌詩、導之習禮，以及諷之讀書」則爲其教材內容。

2. 教保方法

陽明先生是個很能了解幼兒心理的人，所以他的教學方法有四：(1)了解幼兒的心理性情，使其自然發展而達到「趨向鼓舞，中心喜悅」的境地；(2)注意幼兒心性的陶冶；(3)注意幼兒身體發育的健全；(4)注意幼兒心志的潛化，日使之見於禮義而不覺其苦難，自然而然的養成健全的人格。

至於十七世紀的柯門紐斯，以至於近人尼爾、維高斯基、迦納及馬拉古齊；我國近代陳鶴琴、張雪門等兩位幼教家的思想理論與貢獻已非略述能竟其功，本書擬在第五章教保服務人員的典範學習再做詳細論述；不過他們的教保思想卻有其接續性，這點希望讀者在研讀時能加以注意。

貳、幼兒教保機構與制度的演進

教保機構萌芽於十八世紀，大致均為社會上慈善事業或教會虔信慈善運動（Pietisch Philanthropische Grudrichtung）。法國阿爾薩斯的改革家奧伯林（J. F. Oberlin），於1769年在法國東北德語區瓦德斯巴赫創立第一個教會托兒所（Waldersbach，現改名為Ban-de-La-Roche），1770年荷蘭設立遊戲學校，1816年歐文（R. Owen）在英國創立「品格形成所」（Institution for the Formation of Character）（Bradbur, E., 1973；魏惠貞，2009），而福祿貝爾1840年正式將幼兒學校命名為「幼稚園」，則教保機構大為完備。為方便讀者對各國教保思想及機構的成立有重點與系統的認識，下面用條列式呈現以供參考：

1524年——馬丁路德（Martin Luther）建議德國政府應為所有幼兒提供就讀公立幼兒園所的機會。

1628年——柯門紐斯（Comenius）在《大教育論》（*The Great Didactic*）一書中大力倡導依據自然法則教保幼兒。

79

1762年——盧梭（Rousseau）在《愛彌兒》（*Emile*）一書中闡明，幼兒教保應根據幼兒的生長、發展與興趣，給予最適性的教導。

1769年——奧伯林在法國成立第一個教會托兒所。

1801年——裴斯塔洛齊（Pestalozzi）在《如何教導孩子》（*How Gertrude Teaches Her Children*）一書中提倡發現學習與幼兒家庭教育。

1802年——德國政府在迪特曼為工作的母親成立第一所托兒所。

1810年——法國德巴斯托勒夫人在巴黎成立慈惠所。

1815年——美國成立「親職協會」。

1816年——歐文（Owen）等人在英國成立第一個托兒所。

1816年——歐文在英國新藍納克棉製工廠（New Lanark Cotton Mills）設立企業附設托兒所，提供員工子女能就近就讀。

1824年——英國倫敦正式成立幼兒學校協會。

1830年——德國第一所幼兒保護機構設立。

1831年——義大利設立第一個托兒所。

1833年——法國在巴黎設立第一個托兒所，並且通過「慈善機構」規程。

1837年——福祿貝爾在德國布朗根堡設立世界第一所幼兒學校，被稱為「幼稚園之父」。

1837年——法國的Edouard Seguin受到Jean Itard的影響，開始在法國設立智能不足幼兒學校。

1840年——福祿貝爾正式將幼兒學校命名為「幼稚園」，此為世界上第一所幼稚園的誕生。

1840年——德國第一所幼稚園在路多爾城設立。

1847年——法國設立養護教師訓練班。

1847年——奧地利成立第一個托兒所。

1849年——德國在李伯斯特溫泉場內成立保母養成所，訓練幼稚園的師資。

1853年——英國漢普斯特德市設立第一所幼稚園。

1854年——美國成立第一個托兒所。

1855年——西班牙第一個托兒所成立。

1855年——修茲（Margaretha Schurz）在美國威斯康辛水城成立第一所用德語福式教育理念教學的幼稚園，課程實施方案也是從德國傳入。

1860年——畢堡德在美國波士頓成立第一所用英語教學的幼稚園。

1860年——俄國成立第一所幼稚園。

1860年——Elizabeth Peabody為了說英語的孩子，在麻州波士頓開了一家私立幼稚園。

1864年——俄國在皮特堡成立第一個托兒所。

1868年——克里奇夫人在美國創辦第一所培養幼稚園師資的學校。

1871年——加拿大在安大略設立第一所公立幼稚園。

1873年——哈瑞斯等人在美國紐約設立第一所公立幼稚園（福祿貝爾教學法）。

1875年——日本成立第一所幼稚園。

1880年——第一個幼稚園師資培育機構始於費城的奧什科師範學校。

1892年——國際幼兒園聯盟（International Kindergarten Union, IKU）成立。

1896年——杜威（Dewey）在芝加哥大學設立實驗學校，旨在強調生活經驗，且以幼兒為中心的學習。

1903年——我國第一所幼稚園於光緒29年在武昌設立「武昌幼稚園」；巡撫端方在兩廣總督張之洞支援下設立。

1905年——英國的保育學校和幼兒學校正式分開。

1907年——蒙特梭利的「兒童之家」在羅馬成立。

1908年——德國提出幼稚園師資養成計畫。

1911年——Margaret和Rachel McMillan在英國首先設立戶外托兒學校，也就是在戶外上課，強調健康的生活。

1913年——土耳其成立第一所幼稚園。

1915年——Eva McLin在美國紐約市開設了第一間美國蒙特梭利幼兒學校。

1917年——蘇俄人民教育委員會發表「學前教育論」宣言。

1918年——第一間公立的托兒學校在英國成立。

1919年——Harriet Smith Hill成立了托兒學校教育性實驗的事務處，更在後來發展成了河濱街課程。

1921年——法國教育法令給予「母親學校」正式地位。

1921年——尼爾（Neill）成立了「夏山學校」，主要以盧梭和杜威的教育思想，以及回歸自然與兒童教育本質的實驗性學校。

1922年——Abigail Eliot受到英國戶外學校的影響，認為個人衛生保健及適當的行為很重要。

1922年——我國新學制體系正式將「幼稚園」教育納入。

1924年——《兒童教育》（*Childhood Education*）是第一本有關幼兒時期教育的專業雜誌，由國際幼兒園聯盟發行。

1926年——美國托兒教育協會（Nation Association for Nursery Education, NANE）成立。

1928年——我國女子師範設保母科，培養幼稚園師資。

1929年——英國衛生部和教育委員會發表學前兒童福利通令。

1930年——國際幼兒園聯盟更名為「兒童教育協會」。

1931年——我國第一個私立托兒所由全國兒童福利會創設。

1932年——我國教育部公布幼稚園課程標準。

1942年——我國第一所公立托兒所在江西泰和文江村設立。

1943年——我國公布幼稚園設置辦法。

1944年——美國托兒所教育協會出版第一本期刊《幼兒教育》
（*Young Children*）。

1950年——艾瑞克森（Erickson）把一個人一生的發展任務與危
機分為八個階段，發展成功則人格健全，發展任務未
達成則變成危機。

1952年——皮亞傑（Piaget）的《兒童智力的起源》（*The
Origins of Intelligence in Children*）英文版發行。

1955年——Rodilf Flesch寫的《為什麼強尼不能閱讀》（*Why
Johnny Can't Read*）強調學校教導閱讀和其他基本技
能的方法論。

1955年——我國公布托兒所設置辦法。

1957年——蘇聯發射人造衛星，引起大家對教育的重視，尤其
是幼兒教育的發現學習。

1960年——美國嬰幼兒托育及兒童發展委員會組織，旨在倡導
高品質的幼兒照顧與服務。

1965年——美國《起頭方案》開始實施。

1967年——續接方案的建立，擴展了《起頭方案》，使其成為
最優先的方案。

1968年——美國公布「協助殘障兒童早期教育法案」。

1971年——波士頓的Stride Rite企業，是第一個提供幼兒照顧的
企業。

1972年——為了讓家長參與幼兒的教育，因此成立《由家開
始》（Home Start Program）方案。

1975年——國際公法94-142條通過了《身心障礙教育法》，認為
身心障礙幼兒的教育必須是免費的；同時也顧及了身
心障礙幼兒及其父母的權利。

1976年——西德成立「漢堡兒童之家」，主張人人有平等教育
的機會。

1978年——英國《瓦那克報告書》將特殊教育推展到嬰幼兒階段。

1979年——由美國發起訂定「國際兒童年」，並由官員制定相關法令。

1981年——我國《幼稚教育法》公布。

1982年——美國密蘇里州的立法機關下令要求普及全美的公立幼稚園。

1983年——瑞士伯恩公布《幼稚園法》。

1984年——高瞻教育基金會發表研究，對於高品質的幼兒教育方案之價值提出證明。

1987年——我國《幼稚園課程標準》第五次修訂公布。

1988年——美國佛羅里達州發布以檔案評量幼兒的學習，取代從前由分數來評定幼兒的模式。

1990年——美國《起頭方案》慶祝二十五週年。

1992年——臺北市進行「幼稚園與小學銜接研究與推展」（1992-1997）。

1994年——我國政府公布《師資培育法》。

1995年——我國教育部出版《中華民國教育報告書》。

1995年——我國政府公布《高級中等以下學校及幼稚園教師資格檢定及教育實習辦法》。

1995年——中國大陸《幼兒園與小學銜接研究》報告書出版。

1997年——美國教育部實施《特殊教育法案》（Individual with Disabilities Education Act, IDEA）。

1997年——《臺北市政府幼兒教育白皮書》出版。

1998年——臺北市政府實施「幼兒教育券」。

1999年——美國擴展特殊教育機會給六百萬名有障礙的幼兒。

1999年——臺北市政府進行「幼稚園與托兒所整合規劃研究」。

2000年——我國實施「幼兒教育券」。

2001年——我國正式實施「九年一貫課程」。

2001年——中華人民共和國《幼兒園指導綱要》試行。

2002年——美國總統布希（Bush）簽署國際公法107-110條，是在2001年提出的「No Child Left Behind」（NCLB）法案。NCLB包含彈性和地域性管轄，說明教育的重要是要經過證明的。

2002年——教育部公布《我國幼兒教育普查報告》。

2003年——教育部《我國五歲幼兒基本能力與學力指標建構研究》完成。

2004年——我國教育部訂定及實施《扶幼計畫》。

2005年——美國慶祝《起頭方案》四十年的成功。

2005年——我國教育部展開《幼托整合》各種法令訂定，以及各項輔導與評鑑辦法。

2007年——韓國2005年試辦5歲幼兒義務教育，2007年全面實施。

2009年——越南《教育法》規定5歲幼兒實施義務教育。

2010年——中華人民共和國國務院關於當前發展學前教育，制定3-6歲兒童學習與發展指南。

2011年——我國教育部及內政部公布《五歲幼兒免學費教育計畫》。

2011年——我國開始招收陸生來臺就讀學士、碩士與博士。

2011年——中華人民共和國教育部規範幼兒園保育教育工作，防止和糾正「小學化」現象。

2012年——我國《幼兒教育及照顧法》公布施行。

2012年——幼兒教育、幼兒保育相關系所科與輔系及學位學程學分標準適用於民國102年8月1日入學之教保科系學生。

2012年——中國大陸教育部公布《3-6歲兒童學習與發展指南》。

2012年——我國教育部公布施行《幼兒園評鑑辦法》。

2012年——我國教育部公布施行《幼兒園兼辦國民小學課後照

顧服務辦法》。

2013年——我國十二年國民教育正式通過，K-12的銜接與整合積極籌劃之中。

2015年——《幼兒園教保服務實施準則》修正公布施行。

2017年——《幼兒園教保活動課程大綱》修正公布施行。

2018年——《幼兒教育及照顧法》修正施行。

2018年——內政部公布臺灣幼兒人口出生數為181,601人，居世界倒數第一名。

2019年——臺灣5歲幼兒教育義務化各種研究報告出爐，獲得學者專家及家長的共識與認同。

2019年——法國義務教育向下延伸至3歲。

從以上教保機構、制度或思想上來看，無論其原收受對象是貧窮家庭或是富有家庭的孩子，後來均以全體幼兒甚至擴展到以特殊幼兒為對象，照顧幼兒的性質也兼具教保的雙重功能。而不論其名稱如何，幼兒教保機構的目的都在維護幼兒教保權利及其福祉，近年來重要國家亦陸續將5歲幼兒納入正式的教育體系或社會福利的體系中，臺灣近些年在此方面的努力也是不遺餘力。

🙂第二節　幼兒教保機構與制度的發展

我國幼兒教保思想的萌芽可以遠溯至孔、孟、荀及朱熹、王陽明等人，此部分已於第一節述及，不過真正形成制度及設校則應追溯至清光緒29年之《奏定學堂章程》中設立的蒙養院開始。蒙養院以附設於「各省府廳州縣以及較大市鎮」之育嬰堂、敬節堂內，經費由該堂等開支，專為保育3至7歲之幼兒。此為我國專為幼兒設立學校之始。蒙養院規定每日授課不得超過四小時，師資由女子師範生擔任，課程主要為遊戲、歌謠、談話及手技四項，然因師資素質欠佳，實施

難臻理想。我國真正的學前幼兒所設的第一所教保機構，則是由基督教傳教士在光緒33年（1907年）於武漢設立，同年吳朱哲女士自日本保母養成所學成歸國，於上海創辦保母傳習所，至此全國各地多設立蒙養院。

　　民國成立，教育法令屢有修訂。民國元年9月，教育部令第14號《師範教育令》內第10條第2項規定：「女子師範學校於附屬小學外，應設蒙養院，女子高等師範學校於附屬小學外，應設屬女子中學校，並設蒙養園。」第11條：「女子師範學校除依前項規定外，並得附設保母講習科。」民國4年7月之《國民學校令》第11條又規定：「國民學校得附設蒙養園。」民國5年改訂之《國民學校令施行細則》第六章前半皆屬幼稚園之法規。幼兒教育之施教機關，因上述法令之影響而數量漸增，素質亦逐漸提高。民國5年，教育部發布變更教育之命令，始初見「幼稚園」之名稱，並規定於女子師範學校設保母科，以培養幼兒教育師資。民國5年以後，教育當局雖未正式將幼兒教育列入學訓系統，但曾通令全國多設「蒙養園」。民國8年五四運動後，由於受到杜威（J. Dewey）及羅素（B. Russell）兩位教育家相繼來華講學，我國幼兒教保邁入新的階段，幼兒教保也由仿日轉為學習歐美。由於教保制度受到民主思潮的影響，幼兒在學習的主體性也漸受到重視。

　　民國11年實施新學制，改蒙養園為幼稚園，規定收受6歲以下之幼兒，「幼稚園」在學制上之地位始告奠定，但仍以私人或宗教團體設立者居多。民國18年8月教育部頒布《幼稚園暫行課程標準》，內容分為幼兒教育目標、課程範圍、教育方法三部分。

　　我國托兒所也在此時設立，成為托兒所教保工作的萌芽期。《幼稚園暫行課程標準》經過兩年實驗，於民國21年10月修訂《幼稚園課程標準》，這是第一次修訂。其內容除幼稚教育總目標增列「增進幼稚兒童身心的健康」一條外，其他大致相同。民國25年則作第二次修訂，僅將社會與自然合併改為「常識」。

　　民國26年「七七事變」發生，婦女參加抗戰工作者日增，為

求照顧更多的幼兒，乃擴充不少托兒所設施。民國28年教育部公布《幼稚園規程》，此為我國幼教史上重要教育法令（教育部，1957）。民國32年教育部頒布《幼稚園設置辦法》，其中規定幼稚園可附設於國民學校、中心國民學校或小學，並得單獨設立。

為更清晰的了解我國幼兒教保在整個教育制度上的地位及其演進關係，本節擬先說明我國的教育宗旨與政策，再說明幼兒教保與行政機關、學校制度的關係。

壹、我國教育宗旨及教育政策

民國14年國民政府成立於廣州，16年遷都南京。17年5月召開第一次全國教育會議，決議採三民主義為教育宗旨。18年3月，中國國民黨第三次全國代表大會中，修正後的中華民國教育宗旨全文如下：

中華民國之教育，根據三民主義，以充實人民生活、扶植社會生存、發展國民生計、延續民族生命為目的；務期民族獨立、民權普遍、民生發展，以促進世界大同。

將此教育宗旨的內容加以分析，如圖3-1所示，此內容與《憲法》第158條：「教育文化，應發展國民之民族精神、自治精神、國民道德、健全體格、科學與生活智能」的精神是一貫的：「發展民族精神及鍛鍊健全體格，所以求民族之獨立；培養自治精神及國民道德，是為了求民權之普遍與社會之生存；增進國民之科學及生活智能，是為求民生之發展。」此一教育宗旨自18年4月由國民政府正式公布，全國遵奉至今，其實施方針之內容如下：

1. 各級學校三民主義之教學，應與全體課程及課外作業相連貫，以史地教育闡明民族主義之真諦；以集體生活訓練民權主義之運用；以各種之生產勞動的實習，培養實行民生主義

之基礎。務使知識道德融會貫通於三民主義之下，以收篤信力行之效。

2. 普通教育須依據總理遺教，陶冶兒童及青年「忠、孝、仁、愛、信、義、和、平」之國民道德，並養成國民之生活技能，增進國民生產之能力為主要目的。

3. 社會教育必須使人民具備近代都市及農村生活之常識，家庭經濟改善之技能，公民自治必備之資格，保護公共事業及森林園地之習慣，養老恤貧，防災互助之美德。

4. 大學及專門教育，必須注重實用科學，充實學科內容，養成專門知識技能，並切實陶融為國家社會服務之健全品格。

5. 師範教育為實現三民主義的國民教育之本源，必須以最適宜之科學教育及最嚴格之身心訓練，養成一般國民道德上、學術上最健全之師資為主要之任務，於可能範圍內，使其獨立設置，並儘量發展鄉村師範教育。

6. 男女教育機會平等。女子教育並須注重陶冶健全之德性，保持母性之特質，並建設良好之家庭生活及社會生活。

7. 各級學校及社會教育應一律注重發展國民之體育。中等學校及大學專門學校學生，須受相當之軍事訓練。發展體育之目的，固在增進民族之體力，尤須以鍛鍊強健之精神，養成規律之習慣為主要任務。

8. 農業推廣，須由農業教育機關積極設施。凡農業生產方法之改進，農民技能之增高，農村組織與農民生活之改善，農業科學知識之普及，以及農民生產消費合作之促進，須以全力推行；並應與產業界取得切實聯絡，俾有實用。

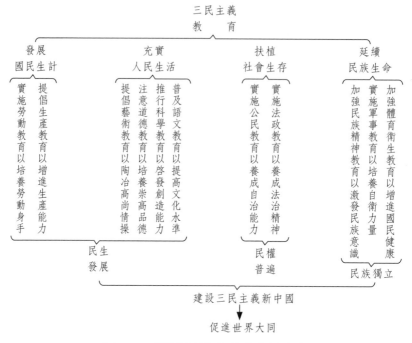

圖3-1　我國三民主義教育宗旨內容

　　從上面的教育宗旨以及其實施的方針來看，不僅有簡明的原理原則的提示，在實施的具體方向上也有重點的規定。其特色如下：(1)根據建國理想──三民主義；(2)根據民族哲學──民生哲學；(3)符合社會需要──去貧、去弱、去愚、去私；(4)有遠大的理想──世界大同。

　　教育宗旨是一個國家教育的旨趣所在，也是一個國家方向的教育，自然不能發揮它應有的功能。如果說教育宗旨是目的，那麼教育政策便是手段，是達成宗旨的方法與步驟。我國近幾十年來的教育政策，在基本上都是依據民國18年的教育宗旨所釐定，其要點如下：

1. 加強史地教學，以闡明民族主義之真諦。
2. 加強集體生活，訓練民權主義之運用。
3. 加強生產勞動的實習，以培養實行民生主義之基礎。

4. 分別訂定普通教育、社會教育、大學及專門教育、師範教育的目標。

5. 強調男女教育機會均等。

6. 女子教育的重視。

7. 注重國民體育。

8. 加強農業教育及農業科學研究。

《憲法》第二章人民之權利義務，第21條「受教育之權利與義務」與第十三章基本國策第五節教育文化中第158條「教育文化目標」及第159條「教育機會平等原則」，有關教育政策的部分如下：

1. 人民有受國民教育的權利與義務。

2. 教育文化，應發展國民之民族精神，自治精神，國民道德，健全體格與科學及生活智能。

3. 國民受教機會一律平等。

4. 注重各地區教育的均衡發展。

5. 教育、科學、文化經費在預算總額的比例，在中央不得少於15%，在省不得少於25%，在縣市不得少於35%。

6. 國家應保障教育工作者的生活。

7. 獎勵或補助私人辦學，以及教育資深人員。

8. 國家依法監督公私立教育文化機關。

由上觀之，國家的教育宗旨雖不易修改，但政策卻必須因時因地而制宜，衡量、判斷和選擇最能夠達成教育宗旨的政策，方可達到教育建國的神聖使命。

貳、我國教保機構與教保制度的發展

有關臺灣文獻可追溯至1624年，荷蘭人取代西班牙人占據臺

灣開始（1624-1662）；歷經明鄭（1661-1683）－清領（1683-1895）－日治（1895-1945），至今中華民國（1945年迄今）。早期臺灣教育始至荷蘭總督派遣教士來臺從事傳道與文教工作，之後為明鄭時期到滿清割臺。本節將簡述「日治時代」臺灣的「幼兒教保」，更多的重點會放在1945年光復之後臺灣的幼兒教保機構與制度的發展。

一、日治時期臺灣幼兒教保制度的發展

日治時期的幼稚園教育，初期係招收日人幼兒的公辦模式，是殖民與皇民化政策的產物；中期由於對幼兒教保的重視，以及日語的推行，私人興辦的園所繼而蓬勃發展（林佳賢，2013）。

下面簡述此時期幼兒教保機構及其制度發展的特色：

(一)嚴厲管制－同化政策－皇民化運動的推展

1895年在臺北設置「臺灣總督府」，為治臺最高權力機關。「工業日本，農業臺灣」為口號，顯示被殖民制度的壓榨（陳正茂，2003；林佳賢，2013）。1930年日本實施「軍國民主義」，以臺灣作為南進發展大東亞共榮圈的基地，此時也展開臺灣電力、交通運輸、水泥、石油等基礎建設，普及日語、女放足男斷髮，以及五守和衛教習慣運動也在此時開始推動。

(二)日人主導與規劃，臺灣人著手興辦幼兒園

1. 私立臺南關帝廟幼稚園

臺灣第一所幼稚園是1897年（明治30年12月1日）設立於臺南祠典武廟六和堂內的「關帝廟幼稚園」，臺南教育會蔡夢熊先生有考察日本（京都大阪）當地幼稚園保育活動的施行，回臺後推動「關帝廟幼稚園」的成立（張榮祥，2006；林佳賢，2013）。

2. 私立臺北幼稚園

同年1897年臺北田中國語學校校長等人，發起創辦「私立臺北幼稚園」，址設臺北淡水館內，以日籍教師三木眞砂子及兩名助手擔任保母，保育日人幼兒及中上家庭子女20人，此為日本統治時代在

臺設立的幼稚園之始。

3. 公立臺北幼稚園

私立臺北幼稚園在發布規程後解散，並在臺北第二小學校設立「臺北幼稚園」，經費由地方支付，該園轉公立後園生數增加兩倍，臺灣總督府宣布該園僅經營至1907年（明治40年3月），徵求民間有志者接手，後因無人接替，正式關閉（林崎惠美，2005）。

4. 各地設置之私立幼稚園

日治時期幼稚園設立目的均爲普及日語及同化政策，當時公幼幼生主要爲日人小孩、臺人仕紳及政商關係良好者子弟。

私立幼稚園以1905年11月公布的《私立學校規則》（臺灣總督府令第88號）爲準，生員來源多爲日、臺兼收或專收臺人子女。

(三)發展迅速但尚未獲得普遍的重視與推展

日治初期，設立幼稚園是爲了保育日人幼兒，1904年（明治37年）全臺僅一所幼稚園，但隨著日本皇民化政策之影響，幼稚園才隨之蓬勃興盛。

依據1943年公布之《幼稚園設置辦法》招收4至6歲幼兒的幼稚園，以國民學校附設爲主，單獨設置爲輔。至1944年（昭和19年）全臺共有95所幼稚園，保母273人，幼兒8,762人。

(四)公私立幼稚園及生師比例的消長

根據林佳賢（2013）彙整有關此時日籍保母與幼兒人數如下：

1. 私立多於公立的幼稚園性質

1897-1920年間幾爲私立，1921-1933年間公、私立並存，1934-1943年後又以私立爲主。公立幼稚園之興衰來自公家的經費問題，1944年全臺僅存兩所公立幼稚園。

2. 逐漸增多的幼稚園數量

園所數呈現逐年增加的趨勢，在1942年時達到100所的最大值規模，此後又小幅減少。

3. 幼稚園保母與幼兒的生師比例漸減

治臺二十年之後，才出現臺籍保母：1944年臺籍保母數量日增

而與日籍人數相近。以保母人數與幼生人數做比較，可發現開辦初期師、生比高達1：40左右，大多數的時期約為1：30左右。

4. 臺籍與日籍幼兒入學比例懸殊

日治時期平均每園幼兒人數不到百人，且每園平均保母數約2至3名，可見當時籌辦規模均以小型園所為主。招生初期，以日人幼兒為主；1916年開始出現日、臺並招情形，大多數幼稚園仍以服務日生為主；從入學率來看，臺籍的幼兒就學率只有4.57%，日籍幼兒的就學率高達67.21%，兩者的就學比例仍相當懸殊。

(五)持有免許狀或經培訓的幼稚園師資

依據1905年（明治38年）《幼稚園規程》第3條，幼兒園老師稱為「保母」；同年發布的《臺北幼稚園規程》明確指出保母職責為幼兒之保育，但相較於小學教師不僅待遇較低，亦無退休金；1921年（大正10年）《臺灣公立幼稚園規程》則明文規定園長及保母資格，需具備小學校教園或幼稚園保母免許狀。1941年修正規程，只要具有臺灣國民學校訓導、初等科訓導及幼稚園保母免許狀皆可，這項修正影響臺灣幼兒園教師資格很長一段時間，亦即具備國民小學教師資格者，即為合格的幼稚園教師。

幼小師資資格融通與交流的利弊得失，端看養成教育時課程與實習的安排和運作，尤其國民小學低年級師資課程應有更多與教保師資課程的相互輝映與統整，以減少幼小銜接時，幼兒過多的問題與學習適應不良的產生。

(六)《臺灣公立幼稚園規程》中的教保課程內涵

1921年（大正10年）根據臺灣總督府第109號《臺灣公立幼稚園規程》始確立幼稚園的課程包括：遊戲、說話（談話）、唱歌、手技（手工藝、勞作）、做法（禮法、禮儀）；課程的內涵在保育幼兒的身心健康，養成良好的習慣與聽說日語等為教學目標（林佳賢，2013）。

二、戰後臺灣幼兒教保制度的發展

此一階段係指二次大戰結束，臺灣此時的教育措施都仍沿用大陸時期所制定的政策與法規，由於局勢並不穩定，所以並未針對臺灣與大陸不同的需求做修正或調整。

戰後臺灣幼兒教保制度最大的更革應屬民國76年與101年，茲以表3-1和表3-2臚列有關其各項發展的異同。

《幼兒教育及照顧法》在民國101年元旦公布施行之後，臺灣原二分幼兒教保為幼稚園與托兒所兩部分，幼托整合之後，此兩者均成為「歷史名詞」而通稱為「幼兒園」。下面將比較幼稚園與托兒所，以及幼稚園與幼兒園在法令、設置主體、設立程序、宗旨、目標、設施及設備、資格規定、收托年齡、班級編制標準、教保方式和教保內容的異同；藉臚列的比較分析，除了看歷史的演進脈絡外，更希望能審視三者利弊得失的借鑑，提供臺灣幼兒教保優勢發展的未來藍圖。

表3-1　幼稚園與托兒所機構內涵的比較

項目名稱	幼稚園	托兒所
法令	幼稚教育及幼稚教育法施行細則	托兒所設置辦法及托兒所設施規範
主管機關	1.中央　　　　　　　　　教育部 2.省　　　　　　　　　　教育廳 3.直轄市　　　　　　　　教育局 4.縣（市）　　　　　　　教育局	1.中央　　　　　　　　　內政部 2.省　　　　　　　　　　社會處 3.直轄市　　　　　　　　社會局 4.縣（市）　　　　　社會科或局 5.鄉（鎮）　　　　　　　民政課
設置主體	依《幼稚教育法》第4條： 由直轄市、縣市（政）府設立或由師資培育機構及公立國民小學附設者為公立，其餘為私立。	依《托兒所設置辦法》第2條： 托兒所設立主體可分為： 1.政府設立。 2.機關、學校、團體、工廠、公司附設。 3.私人創設。
設立程序	依《幼稚教育法》第6條： 公立幼稚園由師資培育機構附設者，應報請所在地主管教育行政機關備查。私立幼稚園應由設立機關、團體或創辦人擬	依《托兒所設置辦法》第7條： 設置托兒所須備具申請書及必要表件向當地主管機關申請立案。該主管機關應會同當地衛生主管機關實地勘察後核定之，

表3-1　幼稚園與托兒所機構內涵的比較（續）

項目名稱	幼稚園	托兒所
設立程序	具設園計畫載明下列事項，報請所在地主管教育行政機關核准後籌設之： 1.擬設幼稚園之名稱。 2.擬設幼稚園之園址、面積、園舍圖。 3.擬設立班級。 4.經費來源。 5.擬設幼稚園所需經費概算。 6.創辦人姓名、住址及履歷；經捐資人推薦者其證明文件。 私立幼稚園籌設完竣，應報請所在地主管教育行政機關立案，經核准後始得開辦招生。私立幼稚園如不對外募捐經費，且未超過五班者，得不設董事會或辦理財團法人登記。但均應指定負責人，並報請所在地主管教育行政機關核備。設董事會者，其章程由創辦人報請主管教育行政機關核備。	並按季報內政部備查。上述各項書表由省（市）政府視地方實際需要分別訂定之。 設立程序：由創辦人先籌組董事會，延聘九至十五人為董事，從中推舉董事長一人，常務董事二至四人，於籌備完成後，檢具概況表、組織章程、董事略歷表、設備一覽表、收托辦法、經費預算表、經費來源、所址平面圖、收托人數、教職員名冊、創辦人資歷住址、董事會組織規程等，報請社會行政主管機關申請准予立案後，方可正式成立。托兒所非經立案，不得隨便招生。至於村里托兒所設置時，則應遵照「臺灣省縣市鄉鎮（市）區村里托兒所設置辦法」及「臺灣省縣市鄉鎮（市）區村里托兒所董事會章程準則」辦理。
宗旨	依《幼稚教育法》第1條： 幼稚教育以促進兒童身心健全發展為宗旨。	依《托兒所設施規範》第一章： 以促進幼兒之身心健康與平衡發展，並配合家庭需要，協助婦女工作，以增進兒童福祉為宗旨。
目標	依《幼稚教育法》第3條： 幼稚教育之實施，應以健康教育、生活教育及倫理教育為主，並與家庭教育密切配合，達成下列目標： 1.維護兒童身心健康。 2.養成兒童良好習慣。 3.充實兒童生活經驗。 4.增進兒童倫理觀念。 5.培養兒童合群習性。	依《托兒所設施規範》第三章： 為滿足嬰幼兒生活經驗，其教保目標如下： 1.增進兒童身心健康。 2.培養兒童優良之習慣。 3.啟發兒童基本之生活知能。 4.增進兒童之快樂和幸福。

表3-1　幼稚園與托兒所機構內涵的比較（續）

項目名稱	幼稚園	托兒所
設施及設備	依《幼稚教育法》第5條之一、四之標準： 一、園址適當且確保安全。 四、園址、面積、保健、衛生、遊戲、工作、教學設備符合幼稚園設備標準；其標準由教育部定之。 目前幼稚園所使用的為民國50年10月教育部公布之《幼稚園暫行設備標準》。	依據《托兒所設置辦法》第5條及第6條規定托兒所設備標準外，第15條規定：「托兒所之教保及衛生保健應依托兒所教保手冊之規定辦理。托兒所之設施應依托兒所設施規範之規定辦理。」
資格規定	依《幼稚教育法》第9條、《施行細則》第7條：設園長一人，教師每班二人。 1.具有《幼稚園園長、教師登記檢定及遴用辦法》第7條所列資格之一者。 2.依《幼稚園園長、教師登記檢定及遴用辦法》第8條規定，參加幼稚園教師資格檢定考試合格者。 3.幼兒教育師資科畢業者。	依《托兒所設置辦法》第8條：採所長制。設所長一人，教師、護士、社會工作員及保育員若干人擔任之。 1.合於《托兒所設置辦法》第9、10、11、12條之資格者。
招收及收托年齡	依《幼稚教育法》第2條：四足歲至入國民小學前之兒童。	依《托兒所設置辦法》第3條：初生滿一月至未滿六歲之兒童。滿一月至未滿二歲者為托嬰部，滿二歲至未滿六歲者為托兒部。
班級編制標準	依《幼稚教育法》第8條、《施行細則》第7條： 按幼兒年齡分組：四歲組（小班），五歲組（大班）。 每班幼兒以三十人為限，教師兩位。	依《托兒所設置辦法》第13條： 1.滿一月至未滿一歲之嬰兒，每十名需置護理人員一名，超過十名者，可增置保育員。 2.滿一歲至未滿二歲之嬰兒，每十名至十五名，需置護理人員一名，超過十五名嬰兒以上者，可增置保育員。 3.滿二歲至未滿四歲之幼兒，每十三名至十五名，需置保育員一名。 4.滿四歲至未滿六歲之幼兒，每十六名至二十名，需置教師一名。 5.社會工作員得視實際需要設置之。

表3-1 幼稚園與托兒所機構內涵的比較（續）

項目名稱	幼稚園	托兒所
教保方式	半日制或全日制。	依《托兒所設置辦法》第4條： 1.半日托：每日收托時間在三至六小時。 2.日托：每日收托時間七至十二小時。 3.全托：收托時間連續在二十四小時以上者。 收托四歲以上、六歲以下幼童者，除家長因特殊情形無法照顧外，不得全托。
教保內容	遵照教育部76年1月23日修訂公布之《幼稚園課程標準》實施。	遵照內政部68年12月編印之《托兒所教保手冊》實施。

表3-2 幼兒園與幼稚園機構內涵的比較

項目名稱	幼兒園	幼稚園
法令	幼兒教育及照顧法	幼稚教育法
主管機關	1.中央　　　教育部 2.直轄市　　教育局 3.縣（市）　教育處	1.中央　　　教育部 2.省　　　　教育廳 3.直轄市　　教育局 4.縣（市）　教育局
設置主體	《幼兒教育及照顧法》第8條：直轄市、縣（市）、鄉（鎮、市）、學校、法人、團體或個人得興辦幼兒園，幼兒園應經直轄市、縣（市）主管機關許可設立，並於取得設立許可後始得招生。公立學校所設幼兒園應為學校所附設，其與直轄市、縣（市）、鄉（鎮、市）設立者為公立，其餘為私立。	《幼稚教育法》第4條：幼稚園由直轄市、縣（市）政府設立或由師資培育機構及公立國民小學附設者為公立，其餘為私立。
設立程序	《幼兒教育及照顧法》第7條：幼兒園教保服務應以幼兒為主體，遵行幼兒本位精神，秉持性別、族群、文化平等、教保並重及尊重家長之原則辦理。對處於經濟、文化、身心、族群及區域	《幼稚教育法》第6條：公立幼稚園由師資培育機構附設者，應報請所在地主管教育行政機關備查。 私立幼稚園應由設立機關、團體或創辦人擬具設園計畫載明左列

表3-2　幼兒園與幼稚園機構內涵的比較（續）

項目 名稱	幼兒園	幼稚園
設立 程序	等不利條件之幼兒，應優先提供其接受適當教保服務之機會。公立幼兒園應優先招收不利條件之幼兒。 第8條：私立幼兒園得辦理財團法人登記並設置董事會。幼兒園與其分班基本設施設備之標準，其設立、改建、遷移、擴充、增加招收幼兒人數、更名與變更負責人程序及應檢具之文件、停辦、復辦、撤銷與廢止許可、督導管理、財團法人登記、董事會運作及其他應遵行事項之辦法，均由中央主管機關定之。 第9條：直轄市、縣（市）政府得委託公益性質法人或由公益性質法人申請經核准興辦非營利幼兒園。 第10條：離島、偏鄉於幼兒園普及前，及原住民族幼兒基於學習其族語、歷史及文化機會與發揮部落照顧精神，得採社區互助式或部落互助式方式對幼兒提供教保服務。	事項，報請所在地主管教育行政機關核准後籌設之： 1.擬設幼稚園之名稱。 2.擬設幼稚園之園址、面積、園舍圖。 3.擬設立班級。 4.經費來源。 5.擬設幼稚園所需經費概算。 6.創辦人姓名、住址及履歷；經捐資人推薦者其證明文件。 私立幼稚園籌設完竣，應報請所在地主管教育行政機關立案，經核准後始得開辦招生。 私立幼稚園如不對外募捐經費，且未超過五班者，得不設董事會或辦理財團法人登記。但均應指定負責人，並報請所在地主管教育行政機關核備。設董事會者，其章程由創辦人報請主管教育行政機關核備。
宗旨	第1條：為保障幼兒接受適當教育及照顧之權利，確立幼兒教育及照顧方針，健全幼兒教育及照顧體系，以促進其身心健全發展，特制定本法。	《幼稚教育法》第1條： 幼稚教育以促進兒童身心健全發展為宗旨。
目標	第11條：幼兒園教保服務之實施，應與家庭及社區密切配合，以達成下列目標： 1.維護幼兒身心健康。 2.養成幼兒良好習慣。 3.豐富幼兒生活經驗。 4.增進幼兒倫理觀念。 5.培養幼兒合群習性。 6.拓展幼兒美感經驗。 7.發展幼兒創意思維。	《幼稚教育法》第3條： 幼稚教育之實施，應以健康教育、生活教育及倫理教育為主，並與家庭教育密切配合，達成左列目標： 1.維護兒童身心健康。 2.養成兒童良好習慣。 3.充實兒童生活經驗。 4.增進兒童倫理觀念。 5.培養兒童合群習性。

表3-2　幼兒園與幼稚園機構內涵的比較（續）

項目名稱	幼兒園	幼稚園
目標	8.建構幼兒文化認同。 9.啟發幼兒關懷環境。	幼稚教育之課程標準，由教育部定之。
設施及設備	設施與設備依《幼兒園及其分班基本設施設備標準》（共四章30條，重點摘錄）： 第1條：本標準依幼兒教育及照顧法（以下簡稱本法）第8條第5項規定訂定之。 第2條：本標準用詞，定義如下： 一、設施：指提供幼兒學習、生活、活動之建築、附屬空間及空地等。 二、設備：指設施中必要之遊戲器材、教具、媒體器材、教具櫃、儲藏櫃、桌椅等用品及器材。 第8條：幼兒園及其分班得增設有關空間。 第10條：室內活動室之面積，每人室內活動空間不得小於二點五平方公尺。 第12條：幼兒每人室外活動空間面積不得小於三平方公尺。	《幼稚教育法》第5條之一、四之標準： 幼稚園之設立應符合下列標準： 一、園址適當且確保安全。 四、園舍、面積、保健、衛生、遊戲、工作、教學等設備符合幼稚園設備標準；其標準由教育部定之。
收托年齡	第2條：指二歲以上至入國民小學前之人。	《幼稚教育法》第2條：指四足歲至入國民小學前之兒童。
班級編制標準	《幼兒教育及照顧法》第18條（幼兒部分）： 1.幼兒園二歲以上未滿三歲幼兒，每班以十六人為限，且不得與其他年齡幼兒混齡。 2.三歲以上至入國民小學前幼兒，每班以三十人為限。 3.離島、偏鄉及原住民族地區之幼兒園，因區域內二歲以上未滿三歲幼兒之人數稀少，致其招收人數無法單獨成班者，得報直轄市、縣（市）主管機關同意後，以二歲以上至入國民	《幼稚教育法》第8條、《施行細則》第7條： 按幼兒年齡分組：四歲組（小班），五歲組（大班）。 每班幼兒以三十人為限，教師兩位。

表3-2　幼兒園與幼稚園機構內涵的比較（續）

項目名稱	幼兒園	幼稚園
班級編制標準	小學前幼兒進行混齡編班，每班以十五人為限。 幼兒園除公立學校附設者及分班免置園長外，應置下列專任教保服務人員。 （其餘規定請參見第18條教保員部分）	
教保方式	教保方式依《幼兒園教保服務實施準則》（共19條，重點摘錄） 第1條：本準則依幼兒教育及照顧法第12條第2項規定訂定之。 第2條：幼兒園教保服務，應以幼兒為主體，遵行幼兒本位精神，秉持性別、族群、文化平等、教保並重、尊重家長之原則辦理。 第4條：幼兒園教保活動課程之實施時間為上午八時至下午四時。 第13條：幼兒園實施教保活動課程，應依規定為之。 第17條：幼兒園二歲以上未滿三歲幼兒之室外活動，其空間或時間應與三歲以上幼兒區隔。 第18條：幼兒園應提供幼兒之法定代理人教保活動課程及幼兒學習情況之相關訊息。	全日制或半日制，依《幼稚教育法》規劃施行。
教保內容	第12條：幼兒園之教保服務內容如下： 一、提供生理、心理及社會需求滿足之相關服務。 二、提供營養、衛生保健及安全之相關服務。 三、提供適宜發展之環境及學習活動。	

表3-2　幼兒園與幼稚園機構內涵的比較（續）

項目名稱	幼兒園	幼稚園
教保內容	四、提供增進身體動作、語文、認知、美感、情緒發展與人際互動等發展能力與培養基本生活能力、良好生活習慣及積極學習態度之學習活動。 五、記錄生活與成長及發展與學習活動過程。 六、舉辦促進親子關係之活動。 七、其他有利於幼兒發展之相關服務。 幼兒園教保活動課程大綱及服務實施準則，由中央主管機關定之。	遵照教育部民國76年1月23日修訂公布之《幼稚園課程標準》實施。

第三節　臺灣幼兒教育義務化的可能性與必要性

　　臺灣0至6歲幼兒是否由國家養育的問題，隨著政治氛圍如火如荼的展開辯論之中；然就5歲幼兒教育義務化應已是水到渠成之際，理由如下：

壹、臺灣幼兒教育義務化的必要性

　　幼兒教育義務化的發展，歷經近二十年來一步一腳印的耕耘與催生，此時應已近水到渠成時刻，下面分從臺灣幼兒教育義務化發展的歷史背景與現況分析。

一、歷史背景

　　臺灣第一所幼稚園於1897年（明治30年12月1日）在臺南市西區祠典武廟六和堂內的「關帝廟幼稚園」，臺南教育會蔡夢熊先生考察

日本京都大阪當地幼稚園保育活動的施行，返臺後推動「關帝廟幼稚園」的成立（林佳賢，2013）。爾後私立臺北幼稚園、公立臺北幼稚園等陸續設置私立幼稚園，發展迅速，但尚未獲得普遍的重視與推展。

1943年公布《幼稚園設置辦法》招收4至6歲幼兒，至1944年全臺共有95所幼稚園，保母273人，幼兒8,762人。當時幼稚園有：私立多於公立、保母與幼兒的師生比例漸減、臺籍與日籍幼兒入學比例懸殊、相較於小學教師不僅待遇低且無退休金；1921年（大正10年）《臺灣公立幼稚園規程》明文規定園長和保母需具備小學校教員或幼稚園保母免許狀；1941年修正規程，只要具有臺灣國民學校訓導、初等科訓導及幼稚園保母免許狀皆可，亦即具備國民小學教師資格者，即為合格的幼稚園教師；這項修正影響臺灣幼稚園教師資格很長的一段時間。

臺灣幼兒教育義務化較明確發展是1984至2018年期間，本計畫研究小組分為醞釀期（1984-1992）、發展期（1993-2009）、行動期（2010-2018至今），茲將此三個時期重要紀事臚列如下：

1. 醞釀期（1984-1992）

此一時期係在學制改革方案中，以及各種部務會議提出普設公立幼稚園，希望逐步達成國民教育向下延伸的理想。

(1) 1984年《學制改革方案》針對「幼兒教育義務化」提出近程以及中長程兩種方案。近程規劃中提出「幼兒教育招收三歲至入國民小學前的幼兒，並將五歲以上幼兒納入義務教育；納入學制；但不屬於義務教育」。

(2) 1985年前教育部長李煥於「幼稚園教育研討會」中提出：公立國民小學如有空餘校地、校舍，應鼓勵其附設幼稚園。

(3) 1986年臺灣省政府教育廳推動「鄉鄉有幼稚園」政策，以期達成促進城鄉幼兒教育均衡發展，以及實現幼兒教育機會均等的理想。

(4) 1987年的《幼兒教育十年發展計畫》中，將幼兒教育公立化

及義務化列爲重要的發展方向，以擴大幼兒接受教育機會。

(5) 1987年臺北市政府教育局擬定《普設公立幼稚園計畫》，擴大辦理國小附設幼稚園，爲幼兒教育普及化奠定基礎。

(6) 1988年「第六次全國教育會議」指出擴大幼兒接受教育之機會，期望國民教育向下延伸一年。

(7) 1992年教育部國教司擬定《公私立幼稚園增班設園計畫》，以達到擴大幼兒接受教育的機會，並逐步達成國民教育向下延伸之理想。

2. 發展期（1993-2009）

在這期間提出《幼兒教育十年發展計畫》，將「公立化」及「義務化」列爲幼兒教育發展重點；研議辦理國民教育「幼兒班」的實施計畫，著手《扶持五歲弱勢幼兒及早教育計畫》，以及主張推動5歲幼兒免費教育之政策。

(1) 1993年《幼兒教育十年發展計畫》提出：擴大幼兒受教育的機會，將幼兒教育公立化與義務化列爲發展方向。

(2) 1994年第七次全國教育會議，提出「將5歲之幼兒教育納入國民教育體系」，爲國教向下延伸做準備工作，以達成國教向下延伸的理想。

(3) 1995年教育部公布《中華民國教育報告書——邁向二十一世紀教育願景》，提出增設公幼，以及降低入園年齡。

(4) 1996年《教育改革總諮議報告書》的中程目標爲實現普及且免費之幼兒教育，並提出設置專責單位，負責規劃、協助及督導幼兒教育的發展。

(5) 1998年《教育改革行動方案》將「普及幼稚教育」有關5歲幼兒入園率設定在達80%以上的目標。

(6) 1999年《發展與改進幼兒教育中程計畫》目的係強化幼教法令、提高幼教行政效能，期望於2004年底能奠定國民教育向下延伸之基礎。

(7) 2000年針對年滿5足歲，實際就讀已立案私立幼稚園及托兒

所之幼兒發放幼兒教育券。此爲推動國民教育向下延伸一年，促進教育資源的合理使用。

(8) 2001年「教育改革之檢討與改進會議」，決議將幼兒教育列入學制之正規教育，並定調幼兒教育普及化，未來朝向「免費」但仍屬非義務性教育。

(9) 2003年教育部「12年國教暨國教往下延伸K教育計畫」專案報告，將5歲幼兒納入國民教育體制，促進教育機會均等，爲未來義務教育向下扎根奠定基礎。

(10) 「2003年全國教育發展會議」研議辦理國民教育幼兒班實施計畫。

(11) 2004年起教育部實施《扶持五歲弱勢幼兒及早教育計畫》。

(12) 2007年張俊雄院長裁示：政府願意與家長共同承擔育兒的責任，逐步將免費教育的年齡向下延伸，以儘速實現5歲幼兒免費教育之目標。

(13) 2008年馬英九競選總統時主張提供5歲兒童免費的學前教育。

(14) 2009年吳清基部長在立法院進行施政報告提出優先推動5歲幼兒免費入學重點工作。

3. **行動期**（2010-2018至今）

2010年臺灣於離島及54個偏鄉地區，實施5歲幼兒免費政策；2011年全國實施5歲幼兒「免學費政策」。幼兒教育公平指標之建立如下（盧美貴、孫良誠，2010）：

(1) 2010年臺灣於離島及54個偏遠鄉鎮市，實驗5歲幼兒免費政策。

(2) 2011年臺灣全國實施5歲幼兒「免學費政策」，此時並未訂定排富條款；到目前爲止僅實踐國民教育向下延伸一年，因此幼兒教育成爲義務教育延伸的熱門議題。

(3) 2012年國家教育研究院著力於幼兒教育公平指標之建立與實踐。

(4) 2016年行政院賴清德院長力推「擴大幼兒教保公共化政策」，四年內增設公共化幼兒園1,000班，增加30,000個名額：公共化比例由2016年3：7，至2019年提升至4：6；2012-2016年2至5歲幼兒入園率為58%，至2020年提高至60%以上，且40%以上進入公共化幼兒園就讀。

(5) 2018年黃昆輝教授教育基金會委由盧美貴、孫良誠及黃月美教授等團隊，繼2016年教育部委託吳毓瑩等研究團隊「國民教育向下延伸一年新學制探究」，提出臺灣5歲幼兒義務教育的研究與推動努力。此計畫同時檢視臺灣實施5歲幼兒義務教育在現有「教室空間」、「教育經費」、「師資資格」、「私幼招生」及「K教育」法律及定位的問題。

二、現況分析

行政院賴清德院長（2017）提出「私幼公共化」，希望私幼納入「公共化」幼兒園，或「準公共化」幼兒園。教育部也在同年公布《擴大教保公共化計畫》，推動以「非營利幼兒園」為主、「公立幼兒園」為輔的政策。

林騰蛟次長說明「準公共化幼兒園在減輕家長負擔育兒的費用」（吳佩旻、林良齊、修瑞瑩，2018），其實施的地點為公共化教保服務比率仍不足的地區。規劃試行與一定品質的私幼合作，將其視為準公共化幼兒園，並於民國106年宣布106-109年要增設12,000班的「非營利幼兒園」或「公立幼兒園」。但時至4月中旬要提出「準公共化幼兒園」的具體時間表和規劃均跳票，「三百多億」的「撒錢」政策要提升教保公共化的品質看來頗令人堪憂，且教保產工會指出「準公共化幼兒園」的做法，恐降低幼教品質（林良齊，2018）。

政府長期投入5歲幼兒免學費，但沒法控管品質，更有超過二成八的業者提高學雜費。簡瑞連理事長認為，政府不應該把錢都砸在私立幼兒園，政府宜再深入的了解人民的「需求」，否則「私幼公共化」很容易淪為「假公共化幼兒園」（林良齊，2018）。至於

「私幼公共化」、「非營利幼兒園」、「準公共化幼兒園」，以及5歲「幼兒免學費」等眾多名詞不僅混淆家長視聽，預估2018年新增2,284所「此類」的幼兒園，提供219,801個幼兒入學名額，能掌握其「品質」或是為衡「量」而濫竽充數？「進場」容易「退場」難的後果，此必須有見微知著的警覺。

王麗雲（2018）研究指出，實施5歲義務化的理由如下：

1. 幼兒教育對個人及社會是高報酬率之投資。
2. 5歲幼兒義務化是未來的趨勢。
3. 幼兒教育能有效協助高風險、家庭不利等弱勢學生。
4. 5歲幼兒教育義務化能確保幼兒教育品質，創造良性競爭空間。

陳美芳（2018）研究指出，實施5歲幼兒教育義務化的困難與問題包括以下各項：

1. 幼兒園辦學品質參差。
2. 公立幼兒園嚴重數量不足且分布不均。
3. 幼兒園收費逐年攀升，家庭負擔沉重。
4. 私立幼兒園反彈的阻力。

本計畫基於此時臺灣幼教政策的「亂象」，以及扎實「民意」調查的結果，不僅可以延續我國近十年來教育部積極推動幼兒教育政策計畫的主要核心目標，包括：「扶持五歲幼兒教育計畫」、「五歲幼兒免學費教育計畫」（簡稱五歲免學費計畫）、「幼托整合政策」、「幼兒園輔導計畫」、「優質教保發展計畫」、「幼兒園評鑑」、「擴大幼兒教保公共化計畫」，以及中央或地方提供經濟與身分弱勢等族群幼兒各種形式的就學輔助；尤其2011年全國實施《五歲免學費計畫》，採用非強迫、非義務的方式辦理一般幼兒免學費就學及經濟弱勢幼兒免費就學（教育部、內政部，2011），促使我國學前教育的發展達到國民教育向下延伸一年的目標。

因此，就教育部長期以來對幼兒教育的努力，以及臺灣面臨「少子化」的國安危機，幼兒教育「義務化」正值水到渠成的「關鍵」時

刻。

1. 義務化可以避免「撒錢」卻表現「無感與無效」

2018年臺灣人口出生率不到20萬人（181,601人）；六都托育和生育補救約計435億——臺北市183億，新北市93億，桃園市253億，臺中市59億，臺南市30億，以及高雄市17億，除桃園市人口略升外，其他均表現「無感」……。

2. 盤點5足歲幼兒義務化問題

盤點5足歲幼兒教育義務化的問題，包括經費需求、課程教學、師資條件、招生或學籍（學區）問題、利害關係人需求。此外，從幼兒園基礎評鑑通過率（公幼=86.49%；私幼=59.24%）、公私立幼兒園不同教職人數百分比（公幼教師：教保員：助理教保員=53：45：2；私幼教師：教保員：助理教保員=19：72：9）等幼兒園品質的問題；幼兒接受公立幼兒園教育機會不均，尤其都會地區幼兒進入公幼的需求很高，而部分鄉鎮地區公幼招生率偏低。

貳、主要國家實施義務教育的他山之石

經濟合作暨發展組織（Organization for Economic Co-operation and Development [OECD], 2006）指出，經濟發展和社會變遷已改變傳統家庭和教養孩子的型態。聯合國教科文組織（United Nations Educational,Scientific and Cultural Organization [UNESCO], 2005）與 OECD（2012）也指出，改善幼兒早期教育與照顧是提升教育品質的首要目標，也是影響未來政經效益的重要關鍵。

美國「國家教育政策委員會」在1966年提出《普及幼兒教育機會宣言》（Universal Opportunity for Early Childhood Education），訴求讓下一代從幼兒階段受到良好的教育，同時指出孩子到6歲才開始接受教育為時已晚，他（她）們應該享有從4歲起就接受教育的權利（Asutin, 1976）。1985年的美國已建立5歲幼兒免費進入幼兒園（free public kindergarten）的就學制度。5歲以後進入公共教育

體系，與小學一、二年級課程連接一貫，課程採統整而不分科的漸進方式（吳文侃、楊漢清，2000）。因為幅員擴大，聯邦及州政府之間建立往來密切的合作機制，以及綜合性的早期兒童教育及照顧（Early Childhood Education and Care, ECEC）系統，這是避免產生各州品質不一、落差太大而建立的機制。

　　法國的學前教育創辦於1770年，創立時間早也辦得好是其特色，1881年6月16日教育法案（la loi du 16 juin，1881）公布，並建立全面教育免費措施，目前義務化教育年齡是6至16歲，馬克宏上任即宣稱2019年9月開始將義務化教育延伸至3至18歲，這對法國貧窮地區子女，及海外法屬領地的家長和幼兒可以改變教育不平等的現象（法國明年起3歲義務教育，馬克宏：改善難以接受的差距，2018）。

　　英國自1844年起將5歲幼兒納入義務化教育的一環，稱其「幼兒學校」（infant school），收受5至7歲的幼兒，屬於上學的前一階段（primary stage）；嚴格說來此階段並不算學前教育，但在發展上卻和幼稚園關係密切（盧美貴，1987）。1870年將幼兒學校發展成國家教育制度的一部分，當時規定5歲幼兒必須開始接受義務教育；1967年《普勞登報告書》（Plowden Report）建議擴充學前教育，使年滿3歲的幼兒只要父母願意送子女入學者，均可享受免費教育的福祉，這是「社會福利國家」將「教育機會均等」及「教育效能」發揮極致的做法。

　　其他國家包括荷蘭的義務教育年齡是5至18歲，未滿4歲幼兒有著多元的托育機構與輔助，4歲幼兒入學率已高達98%。阿根廷義務教育的年齡從5至14歲；菲律賓為5至18歲。至於中國大陸也已著手規劃K-12的十三年義務教育。至於尚未實施5歲幼兒義務教育的國家，對5歲幼兒教育品質把關也甚嚴謹，如：「德國」設有「入門階段」身心觀察與轉銜制度，「入學成熟」的檢查和不要把「幼兒園小學化」，經由遊戲引導幼兒學習等甚受重視。至於「日本」1971年至今「幼小連攜」政策，更成了文部省「教育改革政策的基本政

策」，與幼兒教育的努力目標。

參、重新檢視5歲幼兒義務教育的時代意義

若讓5歲幼兒進入國民教育體系，在教育的影響下，記憶的質變會迅速發展；語言發展方面，5歲幼兒的語句結構逐漸複雜，語意層次也顯見更明確與容易理解；在認知發展面向，5歲幼兒正值前運思期進入具體運思期的過渡階段，正符合5歲幼兒從學前幼兒教育階段轉換到正規學齡教育階段；情緒發展上，5歲幼兒能以語言文字來替代肢體表達情緒上的反應，若5歲幼兒提前進入國民教育階段進行正規教育學習，可讓5歲幼兒進入自我控制情緒調節機制的階段，使得情緒從外顯行為的表現逐漸成為內穩的成熟表達；在人格發展方面，5歲幼兒人格發展具有優越感與自覺不如人的處境，所以在這個時候，幼兒的成就和社會的接納變得相當重要；道德發展上，5歲幼兒處於他律期或是前習俗道德階段，若是準備好5歲幼兒義務化的教育體系，應是國家、父母與幼兒的「三贏」。

其次，就歷年來中央編列各級學校經費比例而言，幼兒園顯然是懸殊而不足的。

表3-3　各級學校教育經費比率

學校別　　年度	幼兒園	國民小學	國民中學
85年	2.90%	28.39%	18.87%
90年	3.17%	27.61%	17.31%
95年	2.82%	26.17%	16.42%
100年	5%	43%（國民中小學合計）	
105年	8.44%	41.89%（國民中小學合計）	

資料來源：教育部（2018：表A3-3）。

肆、我國幼兒教育的現況

一、各縣市幼兒園數量

　　2018年8月8日查詢全國教保資訊網有關幼兒園的數量情形，發現全國共計6,650所幼兒園，其中公立幼兒園2,415所，私立幼兒園4,148所、非營利幼兒園87所；公立幼兒園：私立幼兒園：非營利幼兒園=36.32：62.38：1.31。各縣市不同類型幼兒園的數量，如表3-4所示。

表3-4　各縣市不同類型幼兒園數量

縣市	公立幼兒園	私立幼兒園	非營利幼兒園	縣市總計
基隆市	46	56	2	104
臺北市	153	513	24	690
新北市	292	811	12	1,115
桃園市	193	374	7	574
新竹市	28	130	5	163
新竹縣	81	161	1	243
苗栗縣	74	105	1	180
臺中市	236	501	4	741
彰化縣	112	227	3	342
南投縣	111	70	2	183
雲林縣	67	78	1	146
嘉義市	15	53	2	70
嘉義縣	98	52	0	150
臺南市	223	331	4	558
高雄市	219	436	9	664
屏東縣	152	133	4	289
宜蘭縣	75	46	3	124
花蓮縣	92	41	2	135

表3-4　各縣市不同類型幼兒園數量（續）

縣市	公立幼兒園	私立幼兒園	非營利幼兒園	縣市總計
臺東縣	100	20	1	121
澎湖縣	22	5	0	27
金門縣	21	5	0	26
連江縣	5	0	0	5
全國總計	2,415	4,148	87	6,650

資料來源：2018年8月8日取自全國教保資訊網https://www.ece.moe.edu.tw/

二、幼兒教育經費

　　教育是一種投資，現因社會貧富差距擴大，家庭經濟負擔沉重，因此藉由國家的力量投資幼兒的照顧、學習與發展，使其不致因家庭經濟導致幼兒沒有公平的機會接受或不能接受學前教育。儘管幼兒教育目前仍非義務教育，但政府對幼兒教育及照顧是應該做的，且是不可忽視的責任與義務。從教育部（2018）教育統計資料顯示，近五年國內教育經費占國民所得毛額（GNI）與國內生產毛額（GDP）比率呈現逐年下滑的現象（如表3-5），顯示政府對教育的投資比率應有提高的空間。

表3-5　歷年教育經費占國民所得（國內生產）毛額比例

比率 年度	教育經費總支出 （單位千元）	占國民所得毛額 比率GNI	占國內生產毛額 比率GDP
2012年	817,856,782	5.40	5.57
2013年	832,633,478	5.32	5.47
2014年	843,744,692	5.09	5.24
2015年	857,243,727	4.95	5.11
2016年	873,999,538	4.94	5.10
2017年	880,470,306	4.93	5.05

資料來源：教育部（2018：表A3-1）。教育統計2018。

伍、世界主要國家實施幼兒教育義務化現況與趨勢

　　從上述歐洲、美洲和亞洲各國對幼兒教育的重視，以及將義務教育向下延伸至幼兒教育階段的趨勢，體現了延長義務教育提供人民受教平等的機會，實踐社會的公平正義、義務教育向下延伸，奠定且強化兒童學習能力的基礎，5歲義務教育保有幼兒教育的主體性，5歲幼兒教育雖屬義務教育範疇，但仍提供家長較為彈性的選擇權的發展趨勢。

表3-6　世界各國5歲教育義務化現況示例（摘要表）

洲別	國家	5歲教育義務化現況
歐洲	法國	1.目前義務教育年齡6至16歲，預計自2019年9月開始義務教育延伸至3至18歲。 2.2015-2016年，3歲幼兒入學率高達98%。但因為法國較貧窮地區，以及海外法屬領地的家長經常選擇不送子女上學，因此法國希望藉降低義務教育年齡，改變教育不平等現象。
歐洲	英國	1.義務教育年齡5至16歲。 2.提供3至4歲幼兒教育資助並確保其靈活性：93%的3歲兒童獲得幼兒教育資助，97%的4歲兒童獲得幼兒教育資助。同時，從2010年起，英國政府開始為3至4歲幼兒推出免費幼兒教育。
歐洲	荷蘭	1.義務教育年齡5至18歲。 2.提供未滿4歲幼兒多元的托育機構與補助，目前4歲兒童的入學率仍高達99%。
美洲	美國	1.美國的義務（或免費）教育稱為K-12，從Kindergarten到12th Grade（高中）。 2.每個州的入學規定不同，大部分的州政府規定入學年齡為5歲，至少要念到18歲（高中畢業）。
美洲	阿根廷	1.義務教育年齡從5歲開始至14歲，一年學前教育加上九年基礎教育。 2.學前教育包含托兒所和幼兒園，收托滿45天至5歲的幼兒，採取自願入學。多數幼兒園附設於師院學校。勞工和社會安全部門為勞動婦女子女設立托兒所和幼兒園。

表3-6　世界各國5歲教育義務化現況示例（摘要表）（續）

洲別	國家	5歲教育義務化現況
亞洲	中國	1.目前為九年義務教育（6至15歲），目前致力於提供普惠和普及的學前教育，以及提升教師專業素質為要務。 2.學前教育一般從3歲開始，進入幼兒園。學前教育一般分為小班（3至4歲）、中班（4至5歲）、大班（5至6歲）三個階段。在有的幼兒園和小學中還辦有「學前班」，為不滿6周歲的兒童進行適應學校生活的教育。
	菲律賓	1.義務教育年齡為5至18歲（K-12），包括一年幼兒園，六年小學教育，六年中學教育。 2.義務教育的第一年為幼兒園，保有幼兒教育的特質。

一、向下延伸義務教育提供人民平等的機會，實踐社會的公平正義

　　不論從歐洲、美洲到亞洲，各國政府莫不致力於提供與保障低收入家庭的幼兒有提早接受教育的機會，以縮短因為經濟造成的教育落差，例如：美國行之有年的Head Start Preschool方案，即有顯著的效果。而荷蘭、英國、阿根廷和菲律賓則是將5歲納入義務教育，普及與保障幼兒的受教權。法國在3歲幼兒98%高入學率的基礎上，即將實施義務教育向下延伸至3歲，以確保全國3歲以上的幼兒都有公平的教育機會。美國雖然並非全面將5歲納入義務教育範疇，但是卻也全面實施義務（或免費）教育，並定義為K教育。中國現階段則是計畫性的提供普及和普惠的幼兒教育機會，可見向下延伸義務教育提供人民平等的機會，實踐社會的公平正義，是世界各國努力的方向。

二、義務教育向下延伸，提供奠定幼兒學習能力的基礎

　　在實施5歲義務教育的國家，義務教育向下延伸的主要目的除了全面保障幼兒教育的機會和品質，更是提供兒童學習能力的基礎，例如：英國已將5歲教育納入國定課程的範疇；法國則是將3至6歲的幼兒教育和小學教育視為一完整的體系；荷蘭5歲的義務教育著重於與小學教育的轉銜；阿根廷、菲律賓和美國則是將5歲階段的K教育保

有幼兒教育的特色，提供兒童學習能力的基礎。

三、5歲義務教育應保有幼兒教育的主體性

在實施5歲義務教育的國家當中，除了英國將5歲教育也納入國定課程的範疇，形成課程小學化和學科化的現象之外，其他國家對5歲納入義務教育階段的政策，皆維持5歲幼兒教育的主體性，以符合幼兒學習的特質。

四、5歲幼兒教育雖屬義務教育範疇，但仍提供家長較為彈性的選擇權

在較早實施5歲義務的歐美國家，5歲幼兒教育雖屬義務教育範疇，但仍提供家長較為彈性的選擇權，例如：英國、荷蘭和美國，家長可以選擇就讀私立教育機構或公立學校，重點在於教育主管機關對不同教育機構的規範與品質管理，以確保幼兒在不同的教育機構一樣可以接受高品質的教育。

五、實施5歲教育義務化國家具有幼小師資合流培育，或兼顧一般教育理論和幼兒教育階段專業的趨勢

陸、結論與建議

一、結論

1. 世界主要國家對幼兒教育義務化政策發展可供國內借鑑者。
2. 我國幼兒教育義務化的發展現況仍有需要努力的空間。
3. 臺灣民意對於實施5歲幼兒義務教育多表示認同。
4. 實施5歲幼兒義務教育對社會、教育及家庭有正面功能，且有助於提升生育意願。
5. 不同的利害關係人對實施5歲幼兒義務教育關注問題的焦點不同。
6. 實施5歲幼兒義務教育，所需之教室空間、師資質量、教育經費、幼兒招生人數等，需各縣市仔細盤點各項目所需。

7. 幼兒教育義務化「K教育」的建置。

綜上結論，國際共同趨勢使我們必須面對的事實，從表3-7各國的努力可為臺灣供鑑；表3-8說明了5歲義務化教育是為「長者折枝」可以解決的問題，絕非「挾泰山以超北海」的無奈。

表3-7　2017年實施5歲義務教育國家與人民年均所得一覽表

國家		GDP年均所得（萬美元）	實施義務教育年齡	說明
亞洲	臺灣	2.43	6	
	韓國	2.97	5	2005年試辦，2007年全面實施
	泰國	0.63	4	
	菲律賓	0.302	5	
	越南	0.23	5	2009年《教育法》規定5歲義務教育
	汶萊	2.789	5	
中東	以色列	3.99	5	
歐洲	荷蘭	4.827	5	
	法國	3.967	3	2019年義務教育向下延伸至3歲
	英國	3.884	5	
	比利時	4.32	5	
東歐	匈牙利	1.345	5	
	波蘭	1.34	5	
北美	美國	5.949	5	5歲免費教育，各洲規定是否為義務教育
	加拿大	4.477	5	
中南美洲	阿根廷	1.406	5	
	巴哈馬	2.45	5	
	秘魯	0.659	5	

表3-8　5歲幼兒教育義務化全面實施解決策略

重要問題	解決策略
一、增設公立幼兒園	1.公立幼兒園和私立幼兒園其比例大約為4:6，增設公立幼兒園是推動5歲幼兒教育義務化的先備條件。 2.各區域閒置空間包括：公立學校和社區民間閒置空間和優質私幼的納入等，依據法源由上而下的政策推行，各縣市政府盤點可用的空間並進行改建或重建。
二、師資的來源	1.5歲幼兒教育義務化大班兩位教師，可在幼教或初等定位課程學分，參加教檢與教甄。 2.盤點國家教育研究院已通過教檢的幼教師資人數。 3.協助公立幼兒園教保員轉任幼教師或各種職涯轉銜。
三、私幼的招生	1.增加對5歲以下幼兒的就學補助，提升2至4歲幼兒的入園率。 2.選擇績優的私立幼兒園辦理5歲幼兒的義務教育。 3.視幼兒園的需求，鼓勵更多私幼投入公辦民營的行列。 4.獎勵私立幼兒園辦理課後照顧或藝能活動。 5.解決私幼5歲大班不易找到幼教師的困擾。

二、建議

根據以上研究結論，本研究提出的建議如下：

(一)針對幼兒教育義務化主要問題的回應

幼兒教育義務化應保有幼兒教育的主體性，並規劃幼小師資合流（或聯合）培育，以延續幼兒教育和小學教育階段兒童身心發展的延續性和完整性。

實施義務教育應重視幼兒發展的獨特性，並保有幼兒教育的主體性，不宜成為初等教育或國小教育的一環。在實施5歲義務教育的國家當中，除了英國將5歲教育納入國定課程的範疇，形成課程小學化和學科化的現象之外，其他國家對5歲納入義務教育階段的政策，皆

維持5歲幼兒教育的主體性，以符合幼兒學習的特質。

因為幼兒（兒童）的身心發展具有延續性，以本研究所列之實施5歲義務教育的國家（美國、英國、法國、荷蘭）為例，其幼兒教育階段和小學教育階段的師資培育，皆為合流培育或是在專業課程中兼顧一般教育理論以及幼教教育階段的專業。幼小教師聯合培育師資的方式不僅可以消弭幼兒園和小學低年級之間的課程銜接差距，也能延續幼兒教育和小學教育階段兒童身心發展的延續性和完整性。

(二)儘速完成「K教育」法制面的修正，以利5歲幼兒義務教育的執行

法治社會需依法行政，實踐5歲幼兒義務教育也需有法律依據。為順利推動5歲幼兒義務教育，需完成相關法律的修正或調整，使後續教育經費的編列、班級人員的配置、招生對象的界定等都應有清楚的法律規範，以強化推動5歲幼兒義務教育的改革。

(三)推動5歲幼兒義務教育，應先解決結構品質問題，再提升過程品質

推動幼兒義務教育有助於提升與監管幼兒園的教保品質，但首要應先解決師生比、學習空間、教師資格、薪資福利，以及學習制度等結構品質的問題。當其問題解決後，師生之間的互動、課程活動的規劃等過程品質的問題才有可能提升。

(四)積極尋覓5歲幼兒義務教育學習的空間，並思考替代方式

學習空間不足是推動5歲幼兒義務教育最大的阻因，除了盤點目前國中小的閒置教室外，更應該要求國中、國小將班級學生人數編制到法定人數，將空餘的教室提供給5歲幼兒義務教育使用。實施步驟可以從提供公立幼兒園比例較高的縣市開始實施，再推動到都會地區；優質私立幼兒園的拔優方案，可以協助解決現有階段空間不足的問題，對表現卓越的私立幼兒園也是一種鼓勵。

(五)設計客觀的篩選機制或工具，選擇符合質量俱優的幼兒園辦理5歲幼兒義務教育

制定公私立幼兒園參與5歲義務教育品質審認標準，提供家長多元的選擇，並確保5歲義務教育的辦學品質。

若開放給私立幼兒園承辦5歲幼兒義務教育，首先需以通過幼兒園評鑑爲基本要件，其次配合客觀的篩選機制或工具，選出辦學品質達到一定水準的私立幼兒園協助辦理幼兒義務教育；相同的也需運用同樣的標準檢視公立幼兒園的品質，淘汰未達品質的公立幼兒園，以達到提升幼兒教育品質和維護幼兒受教權益的目的。

(六)實施5歲幼兒義務教育應編制班級有兩位教師，以提升幼兒園結構品質

因《幼兒教育及照顧法》規定，大班每一個班級至少編制一位教師和一位教保員；縣市政府爲了減少人事成本的支出，就以一教師一教保員配置在一個班級中，但教師的職前訓練比教保員多了16個教育學分及半年的教育實習，相對較爲完整。因此建議實施5歲幼兒義務教育，班級應編制有兩位教師，以提升幼兒園結構品質。

(七)整合目前學前教育補助種類，以利教育經費統籌運用

有將近80%的填答者認爲政府應該整合目前學前教育補助的種類，將較高比例的經費投入在推動5歲幼兒義務教育上。而目前有關學前教育補助的經費來源有中央及地方，且補助或津貼種類繁多。因此可以統整學前教育補助的項目類別後，再重新合理的分配教育資源，使政府照顧幼兒的責任可以發揮最大的效用。

(八)幼兒學習時間規劃與收托時間安排需同時考量，以避免造成家長困擾

實施5歲幼兒義務教育後，在幼兒學習時間的安排上應以不超過國小低年級的學習時間爲主（半天）。考量臺灣現階段社會雙薪家庭家長之就業問題，幼兒上半天課程恐造成家長困擾。爲此，幼兒下午的收托時間可依據「課後留園相關規定」辦理課後留園，並設計適合幼兒學習課程及興趣等活動讓家長放心。

(九)增加5歲以下幼兒的就學補助，提升每一個年齡層幼兒的就學人數

招生人數減少是私立幼兒園最擔心的問題，爲解決此問題以降低私立業者的對抗，可以比照目前5歲免學費就學補助的做法，將補助對象向下延伸。因推估4歲至未滿5歲幼兒平均就學率約爲82%、3歲至未滿4歲幼兒平均就學率約爲49%、2歲至未滿3歲幼兒平均就學率約爲16%，若能提高每一個年齡層幼兒的就學人數，可彌補私立幼兒園招生人數不足的問題。

(十)未來研究與努力的方向

1. 各縣市積極盤點幼兒教育義務化的項目

以各縣市的資料，分別推估各縣市的空間、師資，以及經費需求，可使推估的誤差降低，以符合縣市政府的實況。

2. 拔優汰劣公私立幼兒園的辦法尙待研究訂定

基於目前臺灣5歲幼兒教育義務化之空間確實不足，需要私立幼兒園的空間設備補足與充實；公立幼兒園在國內亦有爲人詬病需汰劣者。本研究過程中諸多專家及家長提及此一問題，這也是幼兒教育義務化時所需考量的前提。

3. 建構幼兒園品質評估指標

公私立幼兒園品質評估表指標的建立，作爲篩選品質達一定水準的私立幼兒園協助辦理5歲幼兒義務教育，以及汰除品質不佳的公立幼兒園，達成提升品質的目標。

4. 成立專案小組研究「K教育」義務化等有關法制面、空間設備及經費等問題

針對實施5歲幼兒義務教育的法治面問題進行研究，並提出修法的建議；其次，義務教育化有關空間設備、教育經費、教師質量，以及私立幼兒園招生等項目，都需專案小組縝密再評估與把關，方能促使5歲幼兒義務教育儘速推動與落實。

教保服務機構、教保內涵及其資源運用
CHAPTER 4

處理真實世界複雜問題的最佳方式，必須用整體的觀點觀察周圍的事物，避免「以管窺天」的思維和組織「近視」的危害。系統循環圖（Causal loop diagrams）與系統動力學的建構模式（System dynamics computer models）（劉昭良等譯，2004；Sherwood, 2002），可以幫助我們有效的掌握組織變化、運用資源以開創新局。

什麼是「系統」思考與建構，以及目前臺灣幼兒園機構及課程活動為何呈現「散狀」態勢，下面的小故事可以幫助我們理解與尋找答案。

兩個和尚分別住在東西相鄰的兩座山，這兩座山有條小溪，這兩位和尚每天都會在同一時間下山到溪邊挑水，不久他們成了好朋友。時間不知不覺的過了五年，突然西邊的和尚發現東邊的和尚好些日子沒來挑水，便爬上東邊山上探望以為生病了的老朋友，沒想到卻發現他的老友正在廟前打著太極拳，一點也不像好多日子沒喝水的樣子。打探之下，東邊的和尚說道：「這五年來，我每天做完功課後都會抽空挖這口井，如今我終於挖出井水，所以再也不必下山挑水了，這樣我每天就可以有更多的時間練我喜歡的太極拳了！」（劉昭良等譯，2004；Sherwood, 2002）

本章說明教保服務機構的組織與內涵、教保服務機構與家庭、社區的資源運用、幼兒學習角色與教保服務內涵的關係，以及幼兒園與小學的轉銜運作。

第一節　教保服務機構的組織與內涵

壹、幼兒教保服務的重要性

人生的第一個「六年」，是生長最快速、模仿最多、好奇心最強與想像力最豐富的階段。此階段的教保作用，小者可能影響一個人一

生的思想與行為，大者可能影響一個國家民族的興衰絕續。正確的幼兒教保可以幫助幼兒快樂的成長，同時也可以提供幼兒良好的生活經驗與發展的機會。對父母而言，幼兒教保工作可以幫助父母獲得更多的育兒知識，補充家庭教育的不足，提供父母親職教育的參考。對社會國家而言，幼兒教保工作是一切教育的根本，培養人才的起站，世界上先進國家在這個領域所做的努力是大家都有目共睹的。幼兒教保工作之所以愈來愈受重視，其原因約有下列五項：

一、人格的奠基時期

佛洛伊德對心理學的貢獻之一，是他發現成人的心理病態可以追溯到他的童年生活，這一階段正是人格形成的關鍵期，人格的健全與統整是心理健康必要而充分的條件。遺傳、幼年時期的生活經驗，以及日後生活中所發生的事情，都會影響個體在早期生活中所建立的人格組型。艾瑞克森（Erikson, 1963）是以「社會發展」作為研究主軸的心理學家。他提出0到9歲間信任與不信任、自主與懷疑、主動與內疚、勤奮與自卑、友愛親密與孤獨疏離等心理社會危機的有無與多少，與其父母、家庭、鄰居社區和園所學校的人事物地有著密不可分的關係。班度拉（Bandura）是位社會學習理論學派的學者，雖然他不否認生理方面，如荷爾蒙或遺傳特質對幼兒行為的影響，但他認為更大的影響力還是來自於環境。我們從缺乏和家庭成員經常性互動或關係不佳，甚至家庭結構經常處於高度不穩定狀態者，有42%至74%的人曾在身體和心理上遭受過凌虐的紀錄。由上觀之，童年時期對長大後的身心會有很大的影響（李璞良，1996）。發生學對人格特質所作持續性的研究發現，年幼時期所建立的人格組型，直到兒童長大幾乎沒有多大的改變。雖然某些特質會有所改變，但是包括自我概念的人格核心，仍然與最初建立的相同，嬰幼兒時期的經驗對人格組型形成的重要由此可見。

二、語言發展的重要階段

1799年，三名獵人在法國南部亞貝隆森林發現一隻赤裸無毛且發出野獸叫聲的動物，仔細一看原來是一名年約12歲的男孩。獵人先是將他送到「聾啞學校」，26歲老師兼醫生的伊塔爾決定把男孩帶回家，伊塔爾花了三個月的時間才讓取名爲「維克特」（Victor）（取名「勝利」可見期望之深）的少年說一個單字，經過十一個月，維克特才開始對別人呼喚自己的名字做出反應；維克特17歲時，伊塔爾放棄對他的教育工作，直到維克特40歲過世，一生則未再接受文明社會的教育（聯合報，1991，9；龔如菲等人，2003）。錯過語言學習的幼年時代，維克特雖爲人類，仍難逃學習失敗的命運。

科學家的研究發現，無論野人或狼女被帶進文明的年紀愈早，其學習人類語言的成效愈好。人類因爲喉頭的位置很低，所以在聲帶上方形成一個較大的音腔，能發出音域較廣的聲音，其他哺乳動物因爲喉頭位置較高，小咽腔限制發音的範圍，因此沒辦法像人類一樣模仿各種聲音（Leakey著，楊玉齡譯，1995；龔如菲等人，2003）。

從語言發展的預備期到語言發展，幼兒漸漸由語言本身的學習移轉到語言內容或求知的活動。影響此時期語言發展的原因，除了智能、遺傳、性別的差異外，父母及教師的示範與溝通亦爲重要關鍵之所在。語言是社會交互作用與傳遞文化的重要工具，也是個人社會化的重要條件，幼年時期經由「全語言」的學習，大人提供良好示範與正向回饋，以及鼓勵幼兒參與各種表達語言與表現肢體等活動，對幼兒的語言發展都很有幫助。

三、道德觀念的形成

「道」代表理論層面，係指共同的行爲規範；「德」代表實踐層面，是個人的行爲體驗。就英文而言，moral和morality是由拉丁學語mores和mos翻譯而來，mores指的是通行的「習俗」爲眾人所認可，mos是「品行」的意思，指的是個人的修爲。以上觀之，無論在西方

對「道德」詮釋大抵不出「是人類社會化過程的重要產物，個體隨年齡增長，學習是非善惡判斷標準，並遵循該標準以表現符合道德的行為」（龔如菲等人，2003）。

幼兒階段不僅是模仿性也是可塑性最強的時期，幼兒此時期的道德發展，無論是從心理分析學派、學習學派或認知心理學派的觀點來看，幼兒道德認知、道德情感或道德行為等自我控制之意志力的培養，均與幼年時期個人因素，以及環境中家庭、學校、社會、文化、乃至傳播媒體息息相關。如何不讓「道德教育」淪為「道德教條」，才能使幼兒達成真正「社會化」的過程而成「人」。

四、智力發展時期

美國心理學家布魯姆（Bloom）在其1964年所發表的「人類特質的穩定性和變異性」（Stability and Change in Human Characteristics）中指出：「個體在1歲時，其智力至少發展了20%，在4歲時，則發展了其成熟智力的30%，從4到8歲又發展了30%，其餘的20%，乃是8歲以後的發展。」人生的發展有兩個關鍵期，一是青春期身高體重的發育與性生理的成熟；而幼年期不僅身高體重快速發展，也是神經網絡連結與腦部發展的重要時期。腦部神經細胞據估計在出生前每天以二十五萬個的速率在增加，在出生後神經系統的成熟仍將持續。哈契洛克（Huttenlocher, 1979）計算每個神經細胞衍生出來神經鍵，出生時大約一萬左右，到了1歲則增加到十萬個。出生到3、4歲是人類腦部活動最密集的時期，幼兒突觸呈現爆炸式劇增，而為大人的兩倍，這些嬰兒時期經常受外界刺激而一再連結的突觸將繼續保留，否則會被腦部無情的淘汰（《天下雜誌》，1999教育特刊；王建雅，2003）。在刺激貧乏或惡劣的環境中，其智商每年要損失2.5%，腦細胞一旦受損，這種損失將無法彌補。

五、認知發展的基礎

二十多年前，美國艾爾絲博士從神經生理的觀點提出「感覺統

合」的理論。感覺統合即一個人把自己和周遭接觸所獲得的訊息，透過感官系統，如視覺、聽覺、觸覺、前庭平衡覺、本體運動覺等，傳送到腦幹作分析、整合判斷，以產生有效的身體反應知覺、情感，以及思考等組織化的過程。這個組織在幼兒時期發展受阻，則易產生感覺統合失調（王建雅，2003）。

因感覺統合失調表現出笨拙、緩慢，或不能控制情緒、無法與人溝通，以致學習能力低落。據高麗芷的調查（1996）占學齡兒童10-15%的比例。

人類的行為發展是一連續的歷程，幼年時期的習慣、態度和行為將影響他日後的發展。認知心理學家皮亞傑（Piaget）以為兒童的心智發展有一定的程序，出生至2歲的「感覺動作期」（Sensoimotor Period）、2到7歲的「運思準備期」（Pre-operational Period）是後來「具體運思時期」（Concrete Operational Period）以及「形式運思時期」（Formal Operational Period）的基礎。

人類的幼稚期比其他的動物為長，由上面幼年時期發展的重要，充分顯示其「依賴性」與「可塑性」，前者蘊涵有生長可能的積極性質，後者則說明了受教的可能性，幼年時期深具學習能力與影響力是有諸多的實驗可加以證明。

貳、幼兒教保服務機構的主管機關

我國教育行政組織系統原本為中央、省（市）、縣（市）三級，民國87年實施精省。民國88年臺灣省政府功能業務與組織調整，成為行政院的派出機關，原教育廳改為教育部中部辦公室，因此現行的教育行政組織系統就成為中央與地方（縣市）兩級制，教育部是主管全國幼兒園的中央教育行政機關，直轄市政府與各縣市政府則是主管直轄市與各縣市所屬幼兒園的地方教育行政機關。

以下就中央與地方教育行政機關分述主管負責幼兒教保業務之組織系統。

一、中央教育行政機關

　　主管幼兒教育的中央教育行政機關是教育部，管理全國學術、文化及教育行政業務，為行政院部會之一，設部長一人，綜理部務，指揮、監督所屬職員及機關。教育部除設部長一人外，並設政務次長一人及常務次長兩人，輔助部長處理部務。教育部設有高等教育司、技術及職業教育司、中等教育司、國民教育司、社會教育司、體育司、總務司及其他處、室、委員會等。在民國101年12月31日前，教育部主管幼兒教育的單位是「國民教育司」的第三科，掌管全國幼兒教育事項。

　　民國101年2月3日修正公布及所屬機關（構）組織法修正草案，已於民國101年1月20日完成三讀，並於民國102年1月1日起，教育部整併體委會、青輔會部分業務，調整為三署、八司、六處、十一個附屬機關及一個行政法人。因應十二年國教、全民體育的推動，以及加強青年事務的輔導，組織改造後的教育部，將中等教育司、國民教育司改成立國民及學前教育署（簡稱國前署），規劃學前教育、十二年國教等業務。其他單位尚有體育署、青年發展署、綜合規劃司、高等教育司、技術及職業教育司、終身教育司、國際及兩岸教育司、師資培育及藝術教育司、資訊及科技教育司、學生事務及特殊教育司等。民國101年5月20日原行政院所屬的文建會已升格為文化部，教育部有關文化的業務已轉移到文化部。因此，教育部主管幼兒教育的單位，即是「國民及學前教育署」（蔡春美、張翠娥、陳素珍，2012）。

二、地方教育行政機關

　　主管幼兒教保工作的地方教育行政機關是直轄市政府與各縣市政府；承辦業務的是直轄市政府的教育局與各縣市政府的教育局（處）。

　　照直轄市及各縣（市）人口數決定是「教育局」或「教育處」，目前除新北市、臺北市、桃園縣、臺中市、臺南市、高雄市、金門

縣、連江縣等縣（市）政府的主管教育單位稱為「教育局」外，其他各縣（市）政府的主管教育單位則稱為「教育處」。直轄市及縣（市）政府的教育局（處）掌管轄區內中等教育、國民教育、幼兒教育、特殊教育、社會教育及文化、體育等事項。各直轄市政府及各縣（市）政府教育局（處）的幼兒教育室單獨設科（課）負責，例如：新北市、臺中市、臺南市、高雄市設有幼兒教育科；有的縣（市）政府教育局（處）的幼兒教育業務則由學務管理科或課（簡稱學管科或課）兼辦，或與特殊教育合設「特殊及（暨）幼兒教育科」（簡稱特幼科）（轉引自蔡春美、張翠娥、陳素珍，2012）。茲將蔡春美等人整理各直轄市及各縣（市）政府網站資料呈現如表4-1，各直轄市政府及各縣（市）政府的教育局（處）之組織架構所呈現的並不太相同；無論是單獨設科或與其他科（課）合設幼教行政單位，都要負責該縣（市）幼兒園有關設立、招生、輔導、稽查、補助、課程教學及教保服務等的業務。

表4-1　各縣（市）政府教育局（處）

單位	縣（市）名稱
教育局	臺北市（學前教育科）、新北市（幼兒教育科）桃園市（幼兒教育科）、臺中市（幼兒教育科）臺南市（特幼教育科）、高雄市（幼兒教育科）
教育處	宜蘭、基隆、新竹、臺東、花蓮、屏東、金門、連江、澎湖、彰化縣、南投縣（幼兒教育科）苗栗縣（學前教育科）雲林縣（特殊教育科）嘉義縣（特幼教育科）

　　《教育部組織法》於民國101年2月3日修正公布及所屬機關組織法修正草案，已於民國101年1月20日完成三讀，組織改造後的幼兒教育隸屬國民及學前教育署。

參、幼兒教保內涵──基礎評鑑與專業評鑑的觀點

政府定期對幼兒園進行教育評鑑，屬大系統對外部系統與微系統教育品質的監督與提升。

民國82年教育部公布《臺灣地區公私立幼兒園評鑑實施要點》，其目的乃在了解臺灣地區公私立幼兒園現況，輔導各幼兒園自我改進，並提供教育行政主管單位行政決策及視導之參考，以引導幼兒教育正常發展，並提升幼兒教育的品質。此時評鑑內容包括「理念與行政」、「環境與設備」與「教保活動」三方面；雖也強調各園不同的發展背景與個別差異，採過程與結果並重的CIPP（Context-Input-Process-Product）模式，不過就此階段評鑑結果看來，仍著重在「依法」行事及「求生」階段，較少關注到各園自我不斷修正與風格建立的永續經營。民國101年5月4日教育部臺參字第1010076362C號公布施行的《幼兒園評鑑辦法》，其第4條即說明幼兒園評鑑類別包括：基礎評鑑、專業評鑑與追蹤評鑑；追蹤評鑑係針對「基礎評鑑」未通過之項目，依原評鑑指標再次辦理評鑑。

下面分從「基礎評鑑」與「專業評鑑」內容與項目說明幼保教保內涵的重點。

一、幼兒園基礎評鑑

基礎評鑑由直轄市、縣（市）主管機關自行規劃辦理，自中華民國102年8月起，至多以每五學年為一週期，進行轄區內所有幼兒園之評鑑園均應接受該評鑑（第5條）。

由「基礎評鑑」六大構面：設立與營運、總務與財務管理、教保活動課程、人事管理、餐飲與衛生管理、安全管理，可見這六項重點是幼兒園不可輕忽的經營環節，立案、生命安全與餐飲衛生等緊急事件處理在在都是幼兒園的生命共同體。有關「基礎評鑑」指標臚列於表4-2。

表4-2　幼兒園基礎評鑑構面與項目指標

構面	項目	細項
1.設立與營運	1.1設立名稱	1.1.1 招牌及對外衛稱應與設立許可證書所載名稱相符。
	1.2設立地址	1.2.1 使用地址及樓層應與設立許可證書所載相符。
	1.3師生比例	1.3.1 師生比例應符合幼兒教育及照顧法之規定。
	1.4資訊公開	1.4.1 設立許可證書應懸掛於園內足資辨識之處所。
		1.4.2 教保服務人員之學歷證書或資格證書應懸掛於園內足資辨識之處所。
2.總務與財務管理	2.1接送制度	2.1.1 訂有幼兒接送辦法，並告知家長。
	2.2收費規定	2.2.1 收退費基準及減免收費規定應於每學期開始前一個月公告，並告知家長。
		2.2.2 各項收費應列有明細，並開立收據，且未逾報送直轄市、縣（市）主管機關之數額。
	2.3幼兒保險	2.3.1 每學期應依規定辦理幼兒團體保險。
	2.4環境設備維護	2.4.1 每學期應至少實施一次全園環境消毒，並留有紀錄。
		2.4.2 每學期應至少自我檢核一次全園設施設備（包括遊戲設施）之安全性；對於不符安全、待修繕或汰換者，應留有處理情形之紀錄。
3.教保活動課程	3.1課程規劃	3.1.1 每學期應至少召開一次全園性教保活動課程發展會議。
		3.1.2 各班課程應採統整不分科方式進行教學。
		3.1.3 各班課程不得進行全日、半日或分科之外語教學。
		3.1.4 每日應規劃三十分鐘以上之幼兒出汗性大肌肉活動時間。
	3.2幼兒發展篩檢	3.2.1 每學年應對全園幼兒實施發展篩檢，並留有紀錄。
	3.3活動室環境	3.3.1 活動室之桌面照度應至少三百五十勒克斯（lux）以上，黑板照度應至少五百勒克斯（lux）以上。
		3.3.2 每名幼兒均有獨立區隔及通風透氣之棉被收納空間或每兩週應清洗一次幼兒使用之棉被，並留有紀錄。
		3.3.3 2歲至未滿3歲幼兒之室內活動室應獨立設置，且不得與其他年齡幼兒混齡。
	3.4午休	3.4.1 全日班應規劃適宜之午睡時間；2歲至未滿3歲幼兒之午睡時間不超過兩小時、3歲至入國民小學前幼兒不超過一小時三十分鐘。

表4-2　幼兒園基礎評鑑構面與項目指標（續）

構面	項目	細　　項
4. 人事管理	4.1津貼權益	4.1.1 教保服務人員之薪資所得未因領取政府所發導師津貼差額或教保服務津貼而調降。
	4.2員工保險	4.2.1 教職員工均應辦理保險（勞保包括職災或公保、健保），且保費依規定分攤，投保薪資未有低報情形。
	4.3退休制度	4.3.1 有依規定提繳勞工退休準備金。
5. 餐飲與衛生管理	5.1餐飲管理	5.1.1 有公布每個月餐點表，並告知家長。
		5.1.2 點心與正餐之供應時間，規劃至少間隔兩小時。
		5.1.3 幼兒園提供幼兒使用之餐具應為不銹鋼或瓷製材質。但幼兒自行攜帶之餐具不在此限。
		5.1.4 廚房之出入口應設置病媒防治設施，且無損壞。
		5.1.5 飲用水連續供水固定設備每個月至少維護一次，並留有紀錄。
		5.1.6 經飲用水連續供水固定設備處理後之水質，每三個月至少檢測一次大腸桿菌群，並留有紀錄。
	5.2衛生保健	5.2.1 盥洗室（包括廁所）應保持通風良好，且未有積水之情形。
		5.2.2 男、女廁應分別設置；若未分別設置，則應有隔間設計。
		5.2.3 每學期應至少測量一次幼兒身高及體重，並留有紀錄。
		5.2.4 有建立幼兒託藥措施，並告知家長。
	5.3緊急事件處理	5.3.1 訂有緊急事件處理機制。
		5.3.2 於教育部校園安全暨災害防救通報處理。
6. 安全管理	6.1交通安全	6.1.1 幼童專用車應依交通管理相關法規所定期限接受定期檢驗，檢驗合格並留有紀錄。
		6.1.2 幼童專用車至少每半年應實施保養，並留有紀錄。
		6.1.3 幼童專用車之駕駛均應具備職業駕照，並應配有具教保服務人員資格或年滿20歲以上之隨車人員。
		6.1.4 幼童專用車均應配置汽車專用滅火器，且在有效期限。
		6.1.5 幼童專用車之駕駛應於每日上、下午發車前均確實檢查車況，並留有紀錄。

表4-2 幼兒園基礎評鑑構面與項目指標（續）

構面	項目	細　項
6.安全管理		6.1.6 幼兒上下車時，均應依乘坐幼兒名冊逐一清點，並留有紀錄。
		6.1.7 每學期應至少辦理一次幼童專用車逃生演練，並留有紀錄。
	6.2場地安全	6.2.1 有辦理消防安全設備檢修申報，查核合格且在有效期限。
		6.2.2 有辦理建築物公共安全檢查簽證申報，查核合格且在有效期限。
		6.2.3 設置於二樓或三樓露臺之室外活動空間及園內樓梯扶手，其欄杆間距不得大於十公分，且不得設置橫條。
		6.2.4 戶外遊戲場地面應無障礙物。
		6.2.5 戶外固定式遊戲設施應標示使用者年齡。

二、幼兒園專業評鑑

　　幼兒園於通過前項基礎評鑑後，得申請接受專業認證評鑑。專業認證評鑑由直轄市、縣（市）主管機關自行辦理，或委託設有幼兒教育、幼兒保育相關科系、所之專科以上學校辦理。專業認證評鑑，得依幼兒園之規模，以一日至兩日完成實地訪視；其評鑑委員，以兩人或三人為原則。專業評鑑的目的在輔導幼兒園提升品質，提供其自我改進的良性循環機制。

　　「專業評鑑」包括下列六大構面：園務領導、資源管理、教保活動、安全與健康、家庭與社區，以及評量與輔導。專業評鑑構面與評鑑項目指標臚列於表4-3。

表4-3 幼兒園專業評鑑構面與項目指標

構面	項目指標
1.園務領導	1.1 幼兒園應有明確的教保目標。幼兒園訂定之教保目標內容，應符合部頒教保目標及兒童教育及照顧法。
	1.2 幼兒園應訂定書面園務計畫，並能展示其符合園訂教保目標。
	1.3 幼兒園應訂有合理可行行政運作規章，並展示其符合相關法規。
	1.4 園長與幼兒園內所有成員之間應建立有效之雙向溝通，以確保團隊成員能了解與接受園訂目標、規章、園訂計畫，以及園務經營措施，且均能夠落實。
	1.5 園長應提供促進所有團隊成員主動參與共同投入之工作情境，包括透過適切之激勵措施，以建立團隊合作共識。
	1.6 園長應透過多元溝通管道，與家長進行有效溝通，並確保與家長有關之計畫或活動能夠落實。
	1.7 幼兒園應經由相關檢核措施，針對經營管理以及教保過程作有效性分析，找出缺失及其原因，並提出根本之改善措施，以確保幼兒園之教育品質能夠持續提升。
2.資源管理	2.1 幼兒園應依法規及園務計畫之需求，甄選進用合格專任工作人員，並能展示其人力足以符合教保活動及園務工作推動之需求。
	2.2 幼兒園應明訂工作人員職掌、權責，以及適任工作之資格等書面資訊，並確保落實執行。必要時，應確保其具備符合法規要求之學經歷及相關證照，以展示基礎資格之適任性。
	2.3 幼兒園應適時評核團隊成員符合工作需求之程度。安排專業成長活動，以確保提升團隊成員之工作職能。
	2.4 幼兒園在發現教職員工未能勝任其工作情況時，需採取必要之協助措施，以確保其符合適任工作之資格。
	2.5 幼兒園應提供符合教保目標及教保活動計畫需求之環境、教具及設備，且數量足夠、適齡適性，以確保教保活動及相關計畫能夠順利推動。
	2.6 幼兒園應經常維護環境、設備及教具清潔及功能，並適時維修增購，以確保其適用性。
	2.7 幼兒園應隨時蒐集專業相關知識，並有系統的分類保存且公開陳列，使所有園內人員方便使用，以能協助教保工作進行更有效率。

表4-3　幼兒園專業評鑑構面與項目指標（續）

構面	項　目　指　標
3. 教保活動	3.1 幼兒園應依據部頒及園訂教保目標擬定課程與教保活動計畫，且應將生命教育、安全教育、健康衛生教育、品格教育、性別平等教育及多元文化等議題融入課程實施計畫中。
	3.2 幼兒園教保活動之設計應符合統整學習理念。 3.2-1 幼兒園教保活動之設計，應符合學習領域的均衡性，並實施統整課程。 3.2-2 幼兒園教保活動之設計應符合教學形式的多樣化。 3.2-3 幼兒園教保活動之設計應符合適齡適性的原則。 3.2-4 幼兒園教保活動之設計應符合實際操作的原則。 3.2-5 幼兒園教保活動之設計應安排動靜態、室內外之活動，涵蓋團體、小組、個別之教學型態。
	3.3 幼兒園應在實施教保活動之前，檢核教保活動計畫，並維持檢核記錄，以展示教保活動計畫之適切性。
	3.4 教保人員應依據教保目標與幼兒需求，重視遊戲學習的價值，掌握建構學習的精神。 3.4-1 教保人員應提供合宜的學習情境與教材、教具。 3.4-2 教保人員應提供幼兒自主學習的活動。 3.4-3 教保人員應提供幼兒創造思考的活動。 3.4-4 教保人員應提供幼兒合作學習的活動。
	3.5 教保活動依計畫執行，並符合3.2-1~3.2-5教保專業之設計原則。
	3.6 教保活動雖依計畫執行，但仍需考量幼兒的實際狀況與需求，做彈性更動。
	3.7 教保人員應營造師生與幼兒同儕間的正向互動關係。 3.7-1 教保人員在教保過程中應建立與幼兒間互動與信賴之關係。 3.7-2 教保人員能積極回應幼兒的需求並支持幼兒的表現。 3.7-3 教保人員應在互動中幫助幼兒發展正向的社會互動。
	3.8 幼兒園應建立並實施教保活動之檢討與改進機制，並佐以適切紀錄，以確保教保活動實施之有效性。
	3.9 幼兒園應依據各項教學檢討活動紀錄與幼兒學習評量結果，適時提出改進計畫，並確實執行，且佐以適切的紀錄。
4. 評量與輔導	4.1 幼兒園應在教保活動進行之前實施個別幼兒之發展評量，以提供團體及個別幼兒教保活動計畫之參考。
	4.2 幼兒園應規劃與實施幼兒學習評量，以評估幼兒在教育過程中達成所訂教保目標之程度。
	4.3 幼兒園的評量應採多種方式進行，以符應幼兒園教保活動課程大綱與能力指標。

表4-3 幼兒園專業評鑑構面與項目指標（續）

構面	項 目 指 標
4.評量與輔導	4.4 幼兒園應確保對於未達所訂教保目標之幼兒提供必要輔導與協助，並追蹤其發展狀況與輔導效果。
	4.5 當評量之結果發現有特殊協助之需求時，幼兒園應知會家長並採行必要措施，包括提供輔導、改變教保計畫或轉介其他教保服務機構，或尋求社政、早療相關機構提供協助，以協助幼兒獲得適切之教育與照顧。（若無特殊幼兒者，此項目不列入評鑑）
	4.6 幼兒園應每學期檢核評量與輔導實施情況，以確保評量與輔導已落實執行，並依檢核結果，在必要時採取改進措施。
5.安全與健康	5.1 幼兒園應對幼兒的安全與健康有正確的信念與周延的規劃。
	5.2 幼兒園應實施適切之安全與健康教育活動，並能融入日常生活，以提高幼兒自我照顧能力。
	5.3 幼兒園應定期檢討幼兒安全維護與健康促進的相關措施之執行。
	5.4 幼兒園應依據安全維護與健康促進的相關檢討結果提出改進措施，並落實執行。
6.家庭與社區	6.1 幼兒園應規劃與實施多樣化的親師溝通活動，以促進教保人員與家長了解幼兒在家與在校的發展學習情形。
	6.2 幼兒園應針對不同背景之家庭規劃與實施多元且雙向親師溝通，使相互了解幼兒在家與在園的發展與學習，以建立夥伴關係之共識。
	6.3 幼兒園應定期檢討親師溝通成效、適時調整親師溝通方式與內容，以確保雙方能夠充分了解與配合。
	6.4 幼兒園應依據教保目標、教保計畫，以及家長背景、家長需求，規劃與實施多樣化的親職教育活動，並能促使家長願意積極參與。
	6.5 幼兒園應實施家長親職教育之成效評估，包括後續所需採行之改進措施，以確保提高親職教育之有效性。
	6.6 幼兒園應依據教保活動計畫，規劃實施社區交流活動，並將社區特色融入園所活動，以展現其有效運用社區資源、主動關懷社區之情況。
	6.7 幼兒園應主動公告政府幼教政策、幼兒教養、轉介服務或親職教育、經費補助等相關資源以及各項活動資訊，以提供園內及社區家庭參與之管道。

三、基礎評鑑與專業評鑑之比較

幼兒園常立處於「邊陲」或「妾身不明」的地位，從根本不被「正眼」一瞧的「保母」工作，以至現今的「幼托整合」與「國幼班」問題，在在凸顯了「幼兒園」地位的「病態」與「弱勢」。民國70年11月公布《幼稚教育法》是幼教史上的大事，緊接著74年《臺灣省輔導幼稚教育正常發展實施要點》公布，臺北市也於同年開始進行公私立幼兒園評鑑；民國75年省政府教育廳公布《臺灣省公私立幼兒園評鑑實施要點》，77年臺北市政府教育局頒行《臺北市公私立幼兒園評鑑暨獎勵實施要點》，我國幼兒園評鑑濫觴於此。近二十年來，一直由「官方」所主導的幼兒園「外部評鑑」，往往讓受評者視之如洪水猛獸，避之唯恐不及，這種形似「白手套」視導的評鑑，是否真能達到改善幼兒園本位經營的目標，實令人堪慮。「堅持應對」（受評者）—「走馬看花」（評鑑者）—「束之高閣」（行政機關）是幼兒園評鑑的三部曲，聞評鑑色變，甚至排斥與抗拒，往往使評鑑的著力點與美意喪失殆盡。

民國90年教育部公布《公私立幼兒園評鑑及獎勵實施計畫》，(1)以期引導幼兒教育正常發展並提升幼兒教育品質；(2)了解全國公私立幼兒園現況，輔導幼兒園優質成長；(3)表揚並獎助績優幼兒園，透過視導觀摩，發揮幼兒園特色；(4)配合幼兒教育券之發放，提供民眾選擇績優幼兒園（教育部，2001）。這一計畫的公布與執行真能使幼兒園「卸甲與再生」的解除成員對評鑑的焦慮，或者改變幼兒園對評鑑的認知與做法嗎（郭昭佑，2004）？從民國70到93年一路走來的階段特色或可解開此一謎題而更卓越（盧美貴，2002）。民國98年至今，教育部委託研擬「幼兒園基礎評鑑」與「專業評鑑」（新竹教育大學，2009）；民國102年全國開始實施「幼兒園基礎評鑑」，同時陸續展開「專業評鑑」，在評鑑之前，幼兒園往往需建立「自我評鑑」機制（圖4-1）。下面以圖4-2說明幼兒園本位課程發展，以及民國102年幼兒園基礎評鑑與專業評鑑異同之比較（表4-4）。

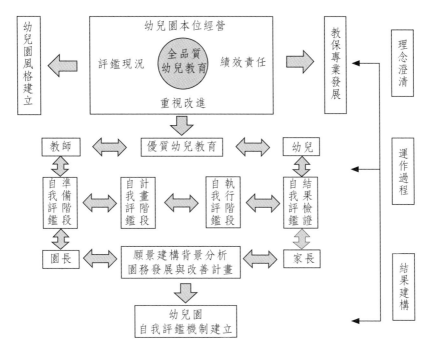

圖4-1 幼兒園自我評鑑機制之建立

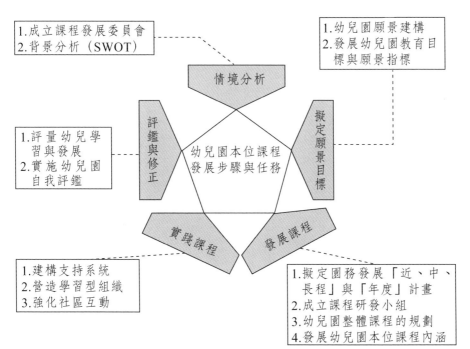

圖4-2 幼兒園本位課程發展步驟與任務

表4-4　幼兒園基礎評鑑與專業評鑑比較表

項目	基礎評鑑	專業評鑑
目的	1.執行政府監督的責任 2.提供家長有關幼兒園符合基本法令規定的訊息 3.協助幼兒園檢核法令相關規定的符合性	1.提供幼兒園自我改進的良性循環機制 2.執行政府專業輔導的責任 3.提供家長有關幼兒園教保品質的訊息
對象	立案公私立幼兒園	立案公私立幼兒園
性質	全面性	先採申請性、自願性及全面推動
週期	1-5年	3-5年
內容依據	依法令規定（六項構面）	依專業評鑑規準（六項構面）
訪視時間	每園1-3小時	每園1-2天
期程	民國102年（2013年）全面實施	第一階段：試辦期 1.編印使用手冊 2.觀念推廣 3.培訓評鑑委員 4.徵求自願參與試辦的園所 第二階段：推廣期 以自願參加的幼兒園為對象，開始推廣實施 第三階段：全面實施期 全面推廣實施
經費	中央及地方政府	中央及地方政府
使用手冊	必要	必要
評鑑說明	必要	必要
評鑑委員	縣市教育局行政人員、公安小組受過基礎評鑑培訓取得評鑑員資格者	1.幼保專業人員且受過專業評鑑培訓取得評鑑員資格者 2.四年內擔任四所以上評鑑委員，至少培訓三十二小時以上
評鑑委員培訓重點	1.相關法令 2.基礎評鑑內容	1.評鑑制度基本概念 2.專業認證評鑑指標 3.評鑑技巧

註：基礎評鑑未通過項目，依原評鑑指標辦理「追蹤評鑑」。

第二節　教保服務機構與家庭、社區的資源運用

　　自古至今，「家」永遠是一股維繫社會和樂氣氛、促進社會進步發展的安定力量。一個成功的家庭教育不但可以促使個人身心健全發展，同時也是攸關國家民族絕續的重要因素。幼兒富模仿與可塑性，「有怎樣的父母，就有怎樣的子女」，父母的價值觀念、意識型態、待人接物及立身行事，都對幼兒有相當的影響。

　　近年來家庭結構的改變，職業婦女日增，促使幼兒園如雨後春筍般設立，並為父母分擔教育子女的責任。不過，我們卻也常聽到家長與教師時而相互指責的話語：教師認為家長把幼兒送到幼兒園以後，就以為所有教育的責任完全歸屬幼兒園；而家長也常把幼兒學習成果不彰認為是由於教師的專業不足。這種彼此不能信賴的現象倘不能祛除，則教師與家長就不可能發揮合作與共同教育幼兒的力量。藉幼兒園親職教育的實施，以加強幼兒園和父母的關係，其重要性由此可見。

　　除了「家庭」的互動外，幼兒園與社區（community）更有著休戚與共、密不可分的關係。幼兒園並非一個孤立在真空中的組織，社區的人口變化、社會階層結構、社區行政型態、勞動市場、宗教活動，甚至當地居民的教育與價值觀（蔡春美、張翠娥、陳素真，2012），包括傳統、態度與共同意識，在在都會影響幼兒園的經營方向、願景的形構與本位課程的發展等。本節將分述幼兒園與家庭、幼兒園與社區的總體營造和資源的互為運用。

壹、親職教育的意義與重要性

　　親職教育（parental education）在提供現代父母運用教養子女的知識、技能、態度與觀念，使更有效的了解並執行自己的職責，促進親子間的和諧關係，達到家庭生活圓滿快樂的目的。其與家庭教育有相通之處，也有略異的地方。下面先說明其演進，再比較其與家庭教

育的異同。

一、親職教育的演進及其時代意義

(一)親職教育的生物天性

人類為了繁衍後代，生育與教育便成為一個家庭的重要責任，生育使父母負起照顧與教育子女的責任。教育被認為是「繼續不斷的誕生」及「精神的不斷孕育」。從生物自然表現的天性來看，父母對於子女最原始的職責便是養護，使子女得以安全順利的成長（詹棟樑，1983）。

(二)親職教育的文物傳承

由於父母有責任與義務教育子女，因此，子女在父母的文化感染薰陶中，學到了各種維持和改善生活的技巧和技能、社會道德規範，並學習如何與人相處，而得以順利適應各種生活環境，形成一種傳承文化與謀求生存的方法，使人類的多種文化得以流傳。

(三)親職教育的時代覺醒

社會變遷急遽的現代父母應體認培育和教導子女乃是替國家民族在做文化扎根的工作，而不是將子女視為父母的私有財產，而任意剝奪、傷害子女生命保障的權利，同時應承認子女具有其獨立的人格，給予意志以及行動上的自由（龔寶善，1983）。

二、親職教育與家庭教育的比較（王連生，1980）

(一)相同之處

1. 在教育體制上，均屬非正式的教育。
2. 在教育目標上，均在維繫良好的親子關係與促使家庭的和諧。
3. 在教育內容上與生活教育相結合。
4. 在教育功能上，小至個人的發展，大至國家社會的長治久安均與之有關。
5. 在教育使命上，兩者皆致力培養好子弟、好公民的責任。

(二)相異之處

1. 在教育重點上，前者以幼兒為中心，後者較以父母為中心來施教。
2. 在教育原理上，前者較注重親情與內心的感動，後者重視倫理的啟迪與精神的感召。
3. 在教育方法上，前者較注重鼓勵與引導，後者側重訓誨與管教。
4. 在教育氣氛上，前者強調民主，後者偏重權威。

綜言之，親職教育乃父母對子女施以愛的教育的具體表現，它的本質是一種民族性、倫理性、社會性及適應性的文化陶冶，它的範圍包括幫助父母了解自己的職分、維繫良好的親子關係，以及促進子女身心的健全發展。它要完成的教育目的則有下列幾項：

1. 經由教育方式，建立正確親子關係與態度，增進親子間的感情融洽與家庭和樂。
2. 經由教育方式，了解現代父母的職責與角色，而不是一味的要求子女聽從自己的命令。
3. 經由教育方式，學習如何教養子女及正確、有效的與子女溝通，藉以幫助父母了解自己的子女。
4. 由相互討論，了解當前所面臨的特殊難題，謀求解決之道，以加強教育子女的知識。
5. 協助子女自我成長，讓子女成為健康快樂且能在社會上充分發揮其才能的人。

貳、幼兒園推展親職教育的原則

親職教育的推展是幼兒教保中一項重要活動。下面提供五項推動此項活動的原則：

一、配合幼保的目標

幼兒教育本身具有重要的功能和特定的目標。推展親職教育的目標，主要是在家長的合作下，使幼兒教育能充分地發揮其功能，而達到理想的目標。所以，幼兒園在舉辦親職教育活動時，必須把握住活動的內容，配合幼教目標的原則，這樣才不致徒勞無功。

二、了解家長的需要

親職教育活動是以家長為主，所以活動的安排，也必須配合家長的興趣、需要和時間，這樣家長才能踴躍的參加。但由於各個社區中，家長們的教育水準、經濟環境、職業專長，以及教養子女的態度等都有所不同，因此，園方必須先了解家長們的情況後，再來計畫安排親職教育的活動。一般可利用平常與家長晤談時、家庭聯絡簿、家長訪問時或設計問卷調查等方式，來蒐集家長們的意見，作為推展親職教育活動的參考。

三、擬定周詳的計畫

親職教育活動的方式很多，如出版通訊、舉辦專題演講、邀請家長作人力資源親子體能表演、作品展覽及園遊會等。不論是靜態性的或動態性的活動，幼兒園必須針對家長的需要，把一學年或一學期中所要舉辦的各項活動，擬定一個通盤的計畫。

四、善用社會資源

幼兒園不論規模的大小，在人力、物力方面，都有一定的限度。因此，幼兒園必須善用各種社會資源來推展親職教育。社會資源很豐富，大致可分為人力和物力兩方面：人力資源的利用，如邀請有關教育、心理、醫學或輔導等方面的專家、學者們，舉行座談、演講或諮商等活動；物力資源方面，如洽商區公所、文化中心、博物館、圖書館、公園等場地、設備及資料等的支援，所以幼兒園只要能用心安排，善用社會資源，親職教育活動內容定能多采多姿，生動有趣。

五、充實輔導知能

　　幼兒園推展親職教育的主要目的，無非是要協助家長們，對幼兒的身心發展有正確的認識，並能適當地配合幼兒園的措施，使幼兒獲得良好的學前教育。所以，除了定期性的親職教育活動外，當家長們平時遭遇到一些幼兒在學習方面、生活方面、或行為方面特殊的問題，需要與教師商談時，教師必須具有輔導方面的專業知能，才能滿足家長的需要（陳青青，1984）。

參、幼兒園與家庭的聯繫

　　本節為收「他山之石，可以攻錯」之效，先說明世界重要國家親職教育的發展及實施狀況，再提出國內幼兒園與家庭間可行的親職教育方案。

一、親職教育的發展背景與概況

1. 1855年，美國初創幼兒園時，為了實現福祿貝爾的哲學理念，組織「全國母親協會」（The National Congress of Mothers）。

2. 1897年改名「全國家長教師學會」（The National Congress of Parents And Teachers，簡稱PTA），其目的乃在增進教師與家長之合作，出版有關課程與學校的資料，提供家長與教師或學校行政人員聯絡的機會，並擴大家長參與範圍。

3. 十九世紀末，英國的麥克米倫姐妹（McMillan）首創保育學校（Nursery School），提倡學校家庭化，容許家長到學校觀察孩子的活動，建立教師與家長和學校共同負起教育子女的責任。

4. 1916年，美國芝加哥12位教授夫人成立第一所家長合作式托兒所（Parent Nursery School），這種由家長合作主持行政及教學的學校，以幼兒社會化教育和家長本身的親職教育，以

143

及抽空為紅十字會工作為重點。由於家長參與教室內的學習活動，對於幼兒的學習與心理發展裨益甚多。

5. 1940年，美國各州及加拿大、紐西蘭、大不列顛、香港、越南，開辦了無數家長合作式的托兒所，使得家長與教師在幼兒教育領域合作的觀念，廣受矚目。這種風氣影響所及，使美國公私立小學及學前教育機構對家長參與非常重視。

6. 1960年，美國成立了「合作式托兒所諮詢中心」（American Council of Parent Cooperative）。

7. 1964年更名為「合作式幼兒學校國際組織」（Parent-Cooperative Preschools International），並出版期刊，使得合作式幼兒學校的舉辦，成為一種國際性的運動。

8. 1965年，美國《提早開始方案》（Head Start Project）針對少數民族或文化不利（disadvantage）的幼兒實施補償教育，同時還特別強調家長參與決定的重要性，它不但鼓勵家長參與教室內教學活動，並讓家長學習一些可以在家中與幼兒一起做的活動，以幫助幼兒學習。「提早開始方案」實施以來，逐漸擴大家長參與的範圍，從家庭訪問到學校決策都有家長參與。

9. 1967年，《續接教育方案》（Project Follow Through）繼《提早開始方案》之後，在全美國推展。方案的內容包括：(1)指導性的課程，(2)家庭與社區的參與，(3)綜合性的服務，(4)組織的發展，可見「家長參與」頗受重視。

10. 近二、三十年來，心理學的理論研究以及社會運動強調「完整兒童」（Whole Child）的教育，「家長參與」更被視為此教育的重要力量。

二、美國幼兒園親職教育活動的實施

(一)幼兒園與家長聯絡的方式

1. 文字通訊
   (1) 由園方印發有關課程設計、各種活動的資料或通知事項給家長。
   (2) 家長與教師藉由聯絡簿，互相報告幼兒在園及在家的行為。
   (3) 出版刊物作為親師溝通的橋樑。

2. 個別會談
   (1) 非正式的個別會談：教師可利用電話或家長接送子女的時間或郊遊時，與家長溝通。
   (2) 正式定期的會談：請家長參觀幼兒的學習環境，幼兒在校的工作成品；教師與家長互相提供幼兒在園和在家的發展情形，增進雙方對幼兒的了解。

3. 家庭訪問
   (1) 蒐集資料包括：幼兒的健康史、興趣、學習態度，以及家庭狀況。家長對幼兒的教育期望與態度，以及家長參與學校活動之意願，以及可能影響幼兒學習的家庭環境。
   (2) 告訴家長的事項包括：教師對幼兒在園的期望、教學目的、活動內容、鼓勵家長參與幼兒園活動、適度的建議家長幫助幼兒學習，以及幫助父母促進幼兒身心健全的發展等。

4. 觀察與參與
   觀察記錄幼兒學習情況、協助整理與布置教室、協助製作教具、修繕設備、帶小組活動、文書工作，以及參與園務的決定。

5. 團體會議
   懇親會（包括母姐會、同樂會、家長會）、演講（包括幼教專家、醫生、護士、心理學家、律師、生態保護專家、圖書館員、科學

家等）、小組討論、研習會，以及各種委員會。

(二)家長參與的工作內容

1. 和其他參與之家長有關的工作

與家長聯絡、陪同教師做家庭訪問或協助社會服務、替其他參與之家長照顧嬰兒、籌劃設計召開家長會或研習會或親職教育課程或生涯教育（career education）課程、分發有關課程之文字通訊、協助編印社區手冊、與民意代表聯絡、爭取經費或有關幼兒福利、兒童教育之方法。

2. 直接與幼兒有關之工作

改良教具、教學指導、輔導照顧工作、文書工作，以及器材維護工作。

3. 與幼兒園有關的工作

協助綠化校園、設計戶外學習中心或戶外遊戲場、維護各項設備、協助室內的設計、教室布置、參與幼兒園的研究計畫及課程發展計畫等。

三、日本幼兒園親職教育活動的實施

日本幼兒園很重視園方與父母間的聯絡和溝通，通常園方都會將有關園內各種活動的情況及幼兒在校的情形，藉通知及各種方式與家長溝通，其方式大約有下列幾種：

1. 開學前召開家長會

家長會討論的內容是有關幼兒園的教育工作，入學前幼兒的教導、事先準備工作，以及幼兒需攜帶的物品和服裝等事項。

2. 入學前的聯絡

幼兒入園之前，幼兒園會發一張通知單給父母，內容包括：讓父母認識幼兒園、養成幼兒的基本禮儀、提醒家長注意幼兒各種傳染病的醫治，以免入學後傳染給其他幼兒等。

3. 入園典禮的邀請

邀請父母參加幼兒的入學典禮。

4. 新學期的溝通

幼兒園在漫長暑假後，開學前會寄通知單給父母，希望父母協助幼兒恢復原來的生活禮儀及習慣，做好開學的各項準備。

5. 健康檢查

幼兒園替幼兒作健康檢查之前，會寄通知給父母，詳細記載健康檢查的內容和各種注意事項。

6. 慶生會活動

幼兒園會寄邀請函給父母共同參與協助。

7. 參加旅遊

邀請父母參與園方為幼兒舉辦的各種旅遊活動，一方面能夠協助老師照顧幼兒，一方面聯絡親子之間的感情。

8. 暑假應注意事項

幼兒園在放暑假前，先寄通知給父母，告訴父母有關各種生活的指導及注意事項。

9. 家長參觀日

在參觀前寄通知給父母，說明教學參觀的內容及應注意的事項。

在參觀日當天，分發參觀手冊、資料，裡面註明時間、路途指示、教室平面圖及各班教學科目內容等，讓家長迅速了解幼兒園的教學情形。

10.運動會和遊藝會的參與

園方先寄通知給父母，並且附寄節目表，邀請父母參與運動會、親子體能活動，或在園藝會中請父母一同歌唱表演。

11.各種典禮活動

幼兒園邀請父母來參加各種典禮活動。

12.親子游泳活動

游泳季節開始，通知父母幼兒所需攜帶的物品、幫助幼兒修剪指甲、清除耳垢，並邀請父母和幼兒來園一起游泳。

147

13.參加創園紀念日

讓父母與園方共享這份殊榮，也進一步了解幼兒園概況。

14. 幼兒園在地震、火災、雷雨、水災等非常災害時，聯絡家長和處理方式。

15. 設立媽媽教室（王靜珠，1987）

(1) 舉辦講演會：聯絡學者專家來園演講。

(2) 舉辦座談會：聯絡學者專家蒞會解答有關幼兒生理、心理問題，提升家長對幼兒教育的關心。

(3) 成立生產習藝班：生產習藝班內容分為繪畫、舞蹈、插花等項，由專家定期指導。

(4) 園方會請母親們每月或每週輪流下廚烹調，並一起會餐。

16. 成立家長會

父母自行組織委員會協助園方解決困難。

17. 發行園刊及小冊子

藉園刊來互通幼兒在幼兒園和家庭的訊息，將園方所舉辦演講或座談會、懇親會等討論的重點，藉園刊傳達給未能前來參加的家長，園刊及各種小冊子的發行，搭成家長和園方溝通的橋樑。

四、我國幼兒園實施親職教育的模式

目前國內幼兒園正大力推行親職教育活動，下列僅就日本及美國的實施方式，配合我國國情，提出適合在國內幼兒園實施親職教育的理想模式。

(一)訪問

1. 意義

訪問是幼兒園實施親職教育的重要項目，藉由訪問得使家庭與幼兒園、家長與老師有更進一步的認識與了解。

2. 方式

(1) 開學前的家庭訪問：首次的訪問是為與家長認識，並建立良好的關係，雙方可提出彼此的看法，做有效的溝通，訪問者需蒐集幼兒的健康資料、家庭環境及設備概況的了解。

(2) 不定期的訪問：不定期的訪問包括與家長面對面的談話和利用電話的訪問，孩子有特殊的行為或異常的狀況時，老師隨時都可以和家長聯繫。

(3) 特殊的家庭訪問：在父母需要協助時，幼兒園能給予有效的方法及知識，教導父母提供幼兒的學習機會。

(二)文字通訊

1. 意義

老師或園方藉著文字向家長說明園內概況、幼兒的各種學習與狀況，家長也可藉文字向老師提出問題或說明各種事情，所以，文字通訊乃是老師與家長一種很好的溝通橋樑。

2. 方式

(1) 製作家長手冊：讓家長有機會認識園內各項措施，以及如何與園方配合。

(2) 給家長的信：藉著文字的溝通，請家長為幼兒建立上學前的心理準備及加強父母對幼兒成長所負的責任。

(3) 發行親職月刊或通訊：介紹幼兒園的教學情況、各種活動，以及親職教育的專文等。

(4) 印送各種典禮和慶祝會的邀請函。

(5) 印發各項開會或註冊通知等。

(三)專題演講

1. 意義

演講活動是幼兒園選擇適當的主題，為父母講演或解決疑難問題。

2. 方式

(1) 幼兒行為問題的專題：行為問題對幼兒將來的成就、適應、人格、心智發展有很大的影響，而此活動最好以專題及座談方式進行，以便交換意見。

(2) 幼兒特殊行為專題：請專家訓練父母參與教育計畫，發現特殊幼兒及其輔導。

(3) 問題行為輔導專題：生活及心理上的問題，這些都要協助父母解決，方能使幼兒的人格有良好的發展。

(4) 幼兒教育問題：請專家談幼兒在園的學習與適應問題，家庭的配合和父母的教養，以及日常生活如電視節目的選擇、玩具書籍的選擇等。

(5) 環保專題：讓父母了解垃圾分類、核廠建立，以及自然環境的維護等。

(6) 社會資源的探討：使大家對圖書館、博物館、動物園等社會資源有正確和深入的認識。

(7) 教育的演講：實際演練有關消防、交通安全或意外災害的預防等活動。

(8) 法令專題：有關兒童福利法及少年法的內容，促使父母注意。

(9) 經濟或消費專題：消費者保護問題或家庭經濟管理等問題均可提出討論。

(10) 演講後的活動也很重要：其目的是要使問題能更有效的解決，因此與演講者交換意見，或相互研討以及作記錄、錄音和錄影，以便蒐集資料。

(四)教學觀摩會

教學觀摩是邀請父母來園參觀，藉以了解幼兒的學習環境、教師教學方式，以及幼兒的學習狀況。

觀摩會的實施步驟如下：

1. 實施前準備

學期開學時，寄通知調查單給家長，告知本學期某一月為教學觀摩月，請家長在此月中選自己有空的三天寄回條給幼兒園，幼兒園依收到的回條酌情安排。此月的教學要正常化，不要淪為表演性質，每日大約可有5名家長參觀。

2. 寄邀請函及單元活動設計

教學觀摩月預定每天5位家長，都必須在前一星期寄出邀請函。

3. 討論

參觀之後，集中家長於會議室開討論會，家長在參觀時發現的疑問或對不了解的活動，都可在此時提出，由園長或老師回答問題，家長亦可提出對幼兒園在各方面的建議。

4. 幼兒園在討論過程中要做記錄，以為改進之參考。

(五)家長參與教學活動

1. 意義

「家長參與」就是開放學校，讓家長也能在幼兒活動中扮演一個重要的角色，使學校和家長的關係密切，並且增加學校的人力資源。

2. 方式

(1) 自由活動：早上來園可以自由的和幼兒說話，給幼兒講故事，協助幼兒解決問題。

(2) 團體討論：活動開始時，家長可先在旁觀察注意老師談話的語調、態度，以及幼兒所發表的意見，作為輔導的參考。

(3) 學習角或分組教學活動：在人力不足的學習角或分組活動，最需父母觀察與啟發幼兒的學習。今日我國幼兒園的師生比例仍嫌過高，無法給予幼兒充分的刺激與輔導。安排家長帶領幼兒玩思考的遊戲，不僅能分擔老師的責任，更能增加幼兒的學習機會。

(4) 校外教學活動：為擴充幼兒的生活經驗，幼兒園往往安排校外教學活動，請家長參與，可讓幼兒獲得更妥善的照顧與學習的機會。

(5) 資料的蒐集：創作與改善教材教具，或在社區中尋找適用的教材教具。

(6) 助理教師：父母可以擔任教師的助理，在遊戲場和教室、午餐或郊遊，以及特殊的課程活動，家長可以協助看顧幼兒，以維護安全和秩序。

(六)親子活動

1. 意義

透過各項親子活動的舉行，讓父母由參與中了解自己的子女在幼兒園中的群體表現，更藉著親子互動，促進親子間的溝通，進而建立親密而良好的親子關係。

2. 方式

(1) 週末活動：園方可於每週二發通知單，於週四收回統計願意來參與的家長人數，在週末舉辦各式各樣的親子活動。

(2) 園遊會、運動會及懇親會：邀請家長來園參觀子女在各方面的表現，了解子女的才能以及應改善的行為。

(3) 戶外郊遊：園方配合行事曆舉辦戶外活動，聯絡家長與孩子之間的感情。

(4) 開學及畢業典禮：園方擬出典禮的進行方式，請父母協助幼兒各種表演節目或謝師感恩的活動。

(七)父母教室

1. 意義

有不少的父母因工作忙碌與生活壓力，所以常感到煩躁，甚至沮喪而失去自我。父母教室主要是透過研習會、父母成長團和媽媽教室的活動，幫助父母學習新知、肯定自我、重新認識自己，進而找回自我，使父母能更了解自己的職責。

2. 方式

(1) 研習會：主要針對父母的需要及幫助父母了解教學內容。實施方式如下：

①召開前由園方先選定合適的研習內容。

②於前一星期發出邀請卡給父母，由幼兒帶回家給父母填寫，三天內請家長覆函。

③校方就願意參加的人數，準備資料並布置場所。

④研習會進行時錄下整個實況，研習後，大家再針對內容進行討論與溝通。

⑤學校要評量研習的成果，整理資料並建立檔案資料，作
　為下次改進參考的資料。

⑥將研習內容利用文字通訊刊登於園刊上，讓沒有參加的
　家長也能擁有資料，或許可以引發家長參與的熱忱。

(2) 父母成長團體：此團體的成立主要是家長間和教師間的
　　經驗分享和彼此學習，園方屬於輔導和協助的立場，父母
　　才是主要的參與者。實施方式如下：

①利用家長聯誼會的舉辦，由家長們推舉一位有專長的人
　為領導者。

②由領導者來訂定活動時間、內容等。

③每次活動時，園方皆應參與並盡力輔導協助。

④在活動中，園方對家長的問題應給予解答；若無法解
　答，則應尋求其他管道幫忙轉介諮詢。

⑤把每次活動提出的問題及經驗、分享及解決方法整理成
　完整的資料，建檔作為參考。

⑥活動結束後，園方與家長都要做評量的工作；就活動的
　方式、內容、成果等各方面進行考量並做成記錄。

(3) 媽媽教室：成立的主要目的在使媽媽們能發揮自己的才
　　藝，擴大自己的生活圈，讓自己更成長。實施方式如下：

①園方自家長回函中找出有專長的家長，就希望習得之技
　藝，請專家或精於此之家長主持課程，園方則提供場地
　並協助舉辦。

②利用「家庭聯絡網」由父母們互相通知。

③每次活動時，園方派人共同參與，並記錄活動內容。

④活動內容記錄整理建立資料，並將作品蒐集起來，作為
　成果發表，供人觀摩。

⑤將每次活動資料蒐集妥當，於學期末編印成冊，讓父母
　有完整的參考資料及成就感，能激發更多參與熱忱，園
　方也可藉此活動與父母做更進一步的了解與溝通。

肆、幼兒園與社區的資源運用

「community」是來自西方的語彙，或譯為「社區」、「社群」或「共同體」。西方哲學家柏拉圖和亞里斯多德在討論「市民社會」（civil society）的概念時，很早就對社區的概念提出看法。不過，就華人世界而言，長久以來大多只有談到「家庭」的概念，甚少談論到社區的概念（龔鵬程，1999），更遑論如何進行社區營造工作。

社區總體營造主要依據「文化地方自治化」的概念，為求發展地方文化，從文化、藝術、建築、古蹟、教育、生態、產業、文史等不同面向的角度切入；在政策上強調「由下而上」的自發性運作，鼓勵民眾主動參與和關心社區公共生活領域中的問題，以期形塑出社區的共同體意識，希望在城市或鄉村、生活環境、美學品味、社區秩序或產業型態等方面，都為臺灣社區帶來全新風貌（吳俊憲，2006）。

幼兒園如何與社區成為互通有無的生命共同體，擁有彼此共同的信念、情感與價值觀，是幼兒園能否發展本位課程基地的首要條件。

一、社區總體營造可以豐富幼兒園本位課程的發展

根據吳俊憲的研究（2006），「社區總體營造」的理念：其一係建立社區群體（local groups）關係，亦即在這個群體中的人們，有共同的興趣與關懷的事，能發展出友誼關係；它同時也是一個民主的群體，鼓勵人們組成委員會的組織，讓人們感受到為滿足共同的需求及實現共同的理想而努力，終以培養出社區意識的感受（sense of community），並建立自我身分的認同。其二，社區總體營造強調「對話」（conversation）的重要性，鼓勵人們透過對話產生更多接觸與互動機會，由此將有助於建立彼此間具有共同的社區意識、信賴感、參與感和責任感，團體行動、團體決定並合作解決問題，終以順利推動社區發展（Smith, 1994）。

幼兒園教育必須融合上述兩項理念並適切地轉化成為具體行動，仿傚杜威所主張的民主教室概念，將教室形塑成具有民主氣氛的學

習環境，然後培養學生進行社區學習，與社區人士對話，將社區生活的各項議題融入學校課程，例如：將社區的重要祭典活動、節慶、民俗等改編成為學校課程內容，如此方可促使學校本位課程發展的內涵更加多樣化、生動活潑，且更能貼近學生的日常生活（吳俊憲，2006）。近來臺灣諸多幼兒園與中小學紛紛開展結合社區共同體的課程活動，以下先敘述吳俊憲研究此種幼兒園（學校）課程實施的成效，再列舉臺灣幼兒園與義大利瑞吉歐幼兒園結合社區總體營造的成功案例。

二、幼兒園與社區結合落實本位課程的成效

(一)使幼兒園與社區間搭起溝通、合作的橋樑

推動社區總體營造融入學校課程發展的過程中，舉凡幼兒園課程設計及社區文化再造等工作，均由幼兒園園長、行政人員、教師、幼兒、家長及社區人士合力完成。幼兒園和社區間透過這樣的課程發展歷程已建立起溝通、合作的密切關係，彼此不再是陌生的關係，而是「共榮共生」的命運共同體關係。

(二)幼兒體會、接納與認同自己的社區文化與生活內涵

在主題或方案的探究與建構過程，幼兒因為踏查、討論、發現與對話，不僅增進問題解決的能力，同時建立自信，創造出屬於自己社區的文化與風格，社區居民和學生能夠看到自身族群的主體性，在了解這個主體性之後，也就比較能夠幫助幼兒園和幼兒確立其課程發展的目標，同時產生認同與肯定自己。

(三)提高社區成員主動參與社區再造及課程發展

這種「由下到上」（bottom-up）在地生活的展現，促使家長與幼兒園緊密的交流合作，家長從參與過程中獲得肯定與成就，自然願意持續參與；同時也因課程方案關切的議題即社區裡的各種生活事項，與社區每一位成員息息相關，因此容易引發社區成員參與的意願，同時以社區文化為榮。

(四)永續發展社區文化產業

課程發展的願景往往與社區文化產業息息相關。社區總體營造工作是發展社區文化產業的基礎加上創意，已經順利營造出屬於當地社區的文化特色和觀光產業，為了加強維護、認知和了解，幼兒園也配合培訓學生及家長成為文化解說員。

(五)教師學習型組織的建立

課程實施之後常有豐富的收穫。因為在歷經親、師、生多方面的合作後，不但與當地社區居民能更融洽地生活在一起，也增進了彼此間合作的默契，共同為營造美好的社區生活而努力；在永續經營的促使下，教師與社區家長間的學習型組織也因此建立。

研究結束之後，研究者針對學校（幼兒園）與社區的總體營造，提醒實施時的注意事項與困難之處：(1)需克服社區人士在認知上的差異：由於課程發展與社區發展均屬於開放系統，也涉及權力運作關係，若是未能在推動初期獲得社區和家長的認同與支持，未來容易因為彼此的誤解而造成更大的衝突；(2)本位課程的主旨與核心價值必須確立；(3)加強觀念的宣導、對話，以及成立組織運作是必要的；(4)社區總體營造融入幼兒園課程，不應只是狹隘的地方或本土主義；(5)提升教師對社區認同的專業增能成長；(6)應健全本位課程發展永續經營的機制。

三、幼兒園與社區互動的發展

■彰化重愛幼兒園新課綱實施之輔導案例(一)

幼兒園與「社區」總體營造的連結，是實施「新課綱」煉金術的「試金石」。

(一)前言～有夢相隨・圓夢最美

天下文化與遠見出版社的創辦人「高希均」有言：「世界上沒有一個國家，因為教育落後而社會進步；沒有一個國家，因為教育支出過多而財政破產；沒有一個國家，因為教育屬於少數人而人民生活安

定。」

　　打造「變型金剛」的理論與以小博大的「格局」，讓知識經濟社會的「創新」，成為國家教育的核心重點，在掌握「華人」文化與「社區」脈絡特色的同時，也能展現幼兒學習的主體性，這是此次幼教新課綱的精神所在。

(二)新課綱~新願景及其內涵新義

　　過去大人們對待幼兒常常以小孩「有耳無嘴」而幫幼兒「啟蒙」或「代言」；如何在幼兒所處脈絡情境師生共構「課室」文化中，改變過去由上而下單向的「教課」到師生雙向的「共學」，是這一波新課綱的願景與目標。

1. 「幼兒」是學習的主角

　　幼兒的生活與學習往往來自「成人」所理解而為他們規劃那種「應該」成為那樣的課程；新課綱認為「課程」的概念不僅與幼兒所處文化脈絡相關，而且是具生命力與能動力的本質，這和早期幼教理論所強調的「社會化」，把幼兒化約成只會被動遵循成人的教導，迥然有異。

　　這一理解是突破過去與現在課程學習主體的關鍵所在；幼兒除以「年齡」作為分類之外，不應再被大人們定義為會動的「物件」，而是與老師生命經驗共構成長與互動學習的生命體。成長中的幼兒在語文、認知、社會、情緒、身體動作與美感學習過程，藉核心素養與學習指標涵養感知力、思辨力、調適力、健康力、表達力與關懷力。

2. 「教師」是幼兒學習過程中，搭「鷹架」的引導與對話者

　　「鷹架」是一種支持孩子學習的系統，它必須敏感而及時的融入孩子的需要。當孩子需要協助時，教師就像建築物的鷹架，一步一步搭上去協助與引導孩子；當孩子能獨立解決問題時，教師就可以將「鷹架」漸漸拆除一般，逐漸將學習的權利與責任還交幼兒。

3. 家庭和社區是幼兒園「課程」與「教學」共構網絡的生命體

　　老師若能在活動進行之前有一明確的「課程地圖」概念，以此引導幼兒構繪「學習地圖」，所進行的課程與教學將幼兒園、家庭和社

157

區重要人事物地納入，才不至重蹈教科書似千篇一律的「象牙塔」學習。

新課綱展現幼兒在課程各領域學習的主體性，不再侷限幼兒單項能力的學習，由個人身心靈的健康，到在地文化的認同、欣賞多元文化之美，以致愛護環境的覺知等，都是師生共學互動的課題。

(三)新課綱～幼兒園行動力的展現

1. 發表和參與專案研究，逐漸形構觀察和文本紀錄的系統

實施新課綱的過程，老師們不斷發表體驗，是我所輔導的「重愛幼兒園」園長及老師們建立「自信心」與力求「創新」的關鍵點。沒想到「無心」插柳卻意外的「片約」不斷，彰化縣及各縣市政府以及大學研習的邀約，給了她們「初試啼聲」後，再省思與再修正的一大步；重愛團隊參與輔導教授和其他園所每月一次小組研討例會，經歷再三思辨與他山之石的相觀而善，對如何錄影幼兒生活與學習的經驗重點掌握，不僅裨益甚多，幼兒園也學會從錄影錄音的對話轉成系統文本的重點，這是我們事先並未預期的。

2. 親師生同心協力共構幼兒教育的專業認同

「認同」是一種轉化的歷程，自我知覺會影響個人的觀點、策略與行動，而教師認同是個人賦予意義與決定的基礎。重愛社區有些家長認為自己學歷不高，因此特別重視孩子讀寫算的學習，教師想要規劃實際生活體驗課程，此課程型態在取得家長認同過程中，往往倍感辛苦，相對也會阻礙教師專業發展。這是個「古老」問題的「重現」，如何發揮幼兒園在社區的專業形象，與家長共同形塑「學習型」社群，是日後得再接再厲的經營重點。

3. 課程是幼兒生活經驗與社區資源緊密結合的化身

老師們會帶幼兒來「逛」農場；此外「交通工具」的主題沒有田中或重愛社區附近特有的，如：載牧草的ㄅㄨ ㄅㄨ車，或軍人駐守砲陣地北岸18號的大砲車等等。將回顧與反思記錄在輔導過程，發現重愛幼兒園裡有一個「開心農場」，但老師們較少運用到教學上；社區資源的特色以及對學習指標的掌握，就成了我們第二學年的輔導

與教學關注的重點。

4. 從輕忽社區的存在（Off）到踏查社區資源的取材運用（On）

(1) 教學過程輕忽「社區」與園內寶貴資源的存在

　　老師們每天雖忙碌卻用心課程的進行，但是進行的主題教學剛開始總是少有社區媒材的展現，就是園內的「開心農場」也是「逛」的性質多於深化的「探究」或與教學連結，進而產生問題「解決」的能力。

(2) 從「踏查」社區到教學「取材」的對話空間

　　在和老師們親自踏查社區後，我不僅認識了田中，也更熟稔了與老師們討論互動「社區」的議題，擴展教學素材上運用的深度性，我和老師有了教學議題更深層的「討論」與「對話」的空間。

5. 帶著熱情與生命力主動投入與幼兒「共學」的行列

(1) 認知掛帥的教學到拿捏留白空間的專業實踐

　　教授在輔導幼兒園時扮演的是搭「鷹架」的角色，旺盛的企圖與好奇心，以及主動探索的生命熱忱，在重愛是顯而易見；但是「從容」不迫給孩子留白自主學習與思考的空間，往往會因「趕進度」而擠壓，這與親師互動交流的幼保專業息息相關，也是我們仍待努力之處。

(2) 教學歷程中，應邀至各校發表分享的討論與省思

　　是受各「縣市」及「大學」邀約發表分享的「鼓勵」？還是「學習型組織」真的激勵了老師們的「力爭上游」？老師們會以郵件或簡訊跟我討論「踏查」的感動與如何融入實踐教學；有提問就有省思與反應，如果老師們能主動成為專業學習的探索與發現者，就是輔導者與學習者宛若中了「大樂透」的開心時刻！

(四)新課綱～省思後的再努力與再出發

1. 強化老師的「觀察」和「紀錄」系統

　　選材撰文與表達的論述能力，閱讀「田中鎮舊街社區發展協會」所出版文史圖書資料，和認識彰化與田中的發展史料，藉以深入淺出地和幼兒討論及內化對家鄉的熟稔與關愛。

2. 幼兒園策略聯盟

「獨學無友」則孤陋寡聞，參訪標竿幼兒園或蹲點或「結盟」的相觀而善，是後續計畫更上一層樓的重點。重愛與臺南白河大竹國小附幼正積極準備互訪活動與學習的結盟。

3. 追追追「北岸18號」的「砲陣地」

軍人砲陣瞄準訓練基地的意義內涵，我們準備延請重愛陳創辦人主講「砲陣地」與「炮兵」實戰演習的生命史，以及他在「砲兵基地訓練營」擔任「裁判官」而與重愛前園長董社區理事長的戀愛故事史，讓幼兒園的教學成了活生生「生命」故事的再現。

4. 說「舊街」的故事

舊街不舊心，視鄉如親。滿身大汗「踏查」歸來，我們吃著田中要排隊才買得到的豆花，手捧著田裡剛剛一支一支剪下來的「玫瑰花」；還有七次的輔導時間，我們準備要為教學寫更多有關玫瑰花博館、桔園、酪農之家、天受宮、稻穗故鄉、芭樂園、北岸砲陣地、玫瑰風車道、薑荷花、楊江公園、田中工業區等……。寫社區的「生命故事」，為社區的幼兒解釋與現身說法——舉目翻滾的稻浪，田中啊！就是因為「據田中央」而名之為「田中」，那是我可愛又可親的家鄉……。

「重愛」幼兒園為了落實與社區的互動，除了參與各大學幼兒園本位課程的研究工作外，也常舉辦下列各種增能成長活動：(1)老師到研究所進修。(2)拜訪社區各個不同的家庭，同時建立分析檔案。(3)了解社區的需求，與社區理事長（老園長）結合規劃整體營造工作，如：社區導覽（規劃特色景點與解說）、手工藝品的研習與社區繪本的製作。(4)踏查社區豐富資源，如：公園、警察局、郵局、醫院、寺廟、酪農人家、藥廠、玫瑰花園與砲陣地等。(5)幼兒園開放與社區互動，資源共享。(6)提供親職教育，獲得家長共識，辦校績效良好，獲得社區和各界人士肯定。(7)設計簡介、發行園訊給家長、社區。(8)園方與警察和警報系統連線。(9)舉辦家長座談會、教學參觀日體驗活動、社區居民成長班、親子園遊會、耶誕聯歡會對社

區居民開放。(10)成立讀書會：定期聚會，家長、社區居民都可以參
加，並訂定借書辦法，每星期開放一天借書；不定期上網添購有關親
職教育、教師、幼兒書籍。(11)垃圾處理分類：易燃物、不易燃物，
營造社區典範。重愛幼兒園「社區」互動的學習地圖如圖4-3。

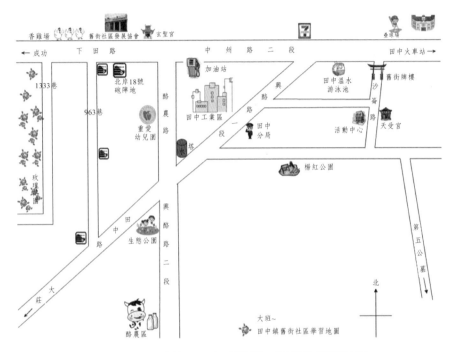

圖4-3　重愛幼兒園與「社區」互動的學習地圖

四、幼兒園與社區互動的發展

■義大利瑞吉歐幼兒園總體營造的案例(二)

　　根據Gandini（美國瑞吉歐教育聯絡人及麻州大學Amherst分校兼
任教授）訪問瑞吉歐・艾米利亞教育主管Spaggiari，證實幼兒園在家
庭與社區的連結上扮演了重要的角色（轉引羅雅芬、連英式、金乃琪
譯著，1998）：

在嬰幼兒中心與學前學校內實施的社區式管理模式有一段很長的歷史，可以追溯到1945年義大利的解放運動之後，幾個特定省分（艾米利亞‧羅馬格納，以及塔斯坎尼地區）發展出特殊的教育經驗，這歸功於婦女團體、前反對鬥士（黨員）、工會，以及合作社為推展教育與福利服務的直接參與。這些響應行動包含著來自社會各階層的群眾，而且在一開始便強調合作與參與的價值。

這類參與的第一個例子就是隸屬學校的「市委員會」，這類委員會的重責大任，也就是要用開放民主的方式管理幼兒學校，參與的成員包括與學校相關的人士，以及校外關心的民眾。這些組織的創立有其特殊的目的，也就是「創造」一個家長、教師、市民，以及社區團體共同參與的幼兒學校，不僅僅是經營學校，同時也為維護幼兒的權利。

經由「每班個別進行的會議」、「小組會議」、「教師與家長的個別討論」、「與專家晤談」、「實驗主題」、「慶典活動」，以及「工作坊」或其他種種與親師、社區的活動，成就了舉世聞名的「瑞吉歐」幼兒園（學校）。圖4-4瑞吉歐‧艾米利亞的教育服務組織，說明了一個成功幼兒園與社區總體營造的案例。

1993年成立「瑞吉歐兒童」財團法人，這個私立的組織是由市政府的市民共同持有，對瑞吉歐教育取向普及化及訓練付出努力的「瑞吉歐兒童」也持續不斷地蓬勃發展。1996年春天，義大利教育部更進一步與瑞吉歐‧艾米利亞市政府簽署一份正式的同意書，授權並且提供經費，讓這個幼教體系能提升州立學前教育師資的專業化。

臺灣幼兒園與社區總體營造已在萌發之中，但距離實踐的理想仍有一段距離，努力的空間與成果是我們期待的。

第三節　幼兒學習角色與教保服務內涵的關係

接續幼兒學習主體及其圖像，以及認識幼兒教保意義與兒童權利，本節將從臺灣幼兒核心素養說明華人文化脈絡下，幼兒學習的角色，以及其與教保服務內涵之關係。

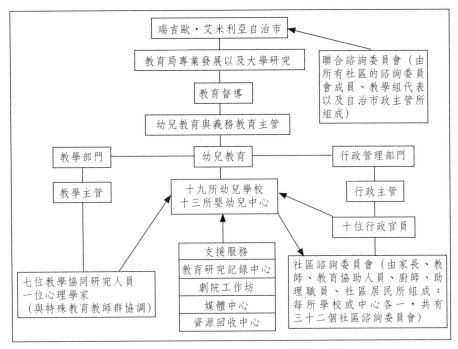

圖4-4　瑞吉歐教育服務組織系統與網絡圖

壹、臺灣幼兒的核心素養

　　基於全球及以知識為基礎之現代社會的多元及快速發展，很多國家在OECD（2000）的提議下，紛紛強化人力資源以面對挑戰。「competence」已被視為一個描述人類「素養」（包括能力和態度）的重要概念，而這些素養是在面對挑戰時的必要性條件。

　　核心素養是一種籠統及多樣性的概念，因此它必須透過科學而系統的研究，從社會、文化、經濟及政治的脈絡中，提出較為客觀的指標，以為教育進行的依據，例如：OECD透過DeSeCo的機制發展出核心素養（Key competencies）。

　　致力於核心素養所包括的層面，一般而言不是指狹隘的能力，它是整體性的概念，包括知能以及態度、情緒、價值與動機等，特

別是人與環境、人與人成功地回應、反省和行動自主的能力。一般而言，它具有四個必要的特性：整體性（wholeness）、機動性（mobilization）、脈絡性（context-depency），以及可學習性（learnability），這顯示出核心素養關係到人類全人發展的全面觀點，包括情感和行為構面，以及認知構面（整體性）。它也強調人類能力素養不同構面的內部連結運作（機動性），以回應某一特殊情境（脈絡性）的要求，有著透過終身經驗學習（可學習性）的可能性。

　　臺灣幼兒核心素養的實徵研究（盧美貴、黃月美、孫良誠等人，2009），將「臺灣幼兒核心素養」分成「態度」與「能力」兩大部分進行分析與討論。各行各業深度訪談則針對「對幼兒的概念」、「童年的意象」，以及「對幼兒核心素養的期待」等三方面進行訪談。發現成人所期待的幼兒應具備的態度有十八項：樂觀的態度、主動求知的態度、包容、熱忱的態度、能主動關懷他人、自信、良好的品格、喜歡勞動與操作的習慣、養成從做中學的態度、同理心、團隊合作的精神、守信用、勤奮的態度、積極的行動力、自我負責的態度、誠懇的態度、珍惜與感恩的態度與保持快樂的心情。其中自我態度可看出華人社會對於「感恩、同理、仁愛之心」期望的特性，並且融入臺灣「勤勞」的特色。另外也可看出對於團體生活所應有態度的要求，在華人社會重視團隊合作的「集體」特質之下，培養與社會群體關係互動的態度是很重要的。

　　就培養幼兒應具備良好態度與能力的課程內涵，可以由教育目的開始培養孩子真、善、美的本質。另外也認同品德教育的品質取決於幼年時期正確的教保，所以必須從幼兒園開始給予幼兒正確的價值觀以及為人處事的原則，並且培養孩子的愛好、興趣，以陶冶感情，成為健康與快樂的人。茲將華人社會童年應具備之態度和能力，說明如下：

一、華人文化下，童年應學習的態度

　　童年時期應學習的態度依序為「尊重與關懷他人」、「會感恩與

惜福」、「具有責任感」與「學習面對挫折的忍受態度」。

二、華人文化下，童年應學習的能力

童年時期應學習的能力依序為「具生活的自理能力」、「保護自己的能力」與「從團體生活中，學習人際互動的能力」。

三、未來社會需要的態度

未來社會需要的態度依序為「能為自己的行為結果負責任」、「懂得感恩與惜福」、「學習尊重與關懷」、「能明辨是非、分別善惡」與「具有良好的生活與學習習慣」。

四、未來社會需要的能力

未來社會需要能力經重要性程度的平均數排序，前六項依序為「善於處理問題和解決衝突的能力」、「具有自我調適的能力」、「具團隊合作的能力」、「具有時間管理的能力」、「主動探索周遭環境與事物的能力」與「具有組織與規劃的能力」。

綜上發現總結如下：

1. 華人脈絡下，臺灣幼兒核心素養的形構，需有長期的觀察紀錄與討論分析。
2. 幼兒核心素養除重視「能使用工具溝通互動」和「能在異質團體運作」外，尚需兼顧我國傳統有關勞動惜福與勤奮品格的「自己行動」能力。
3. 由1953、1975及1987年三次課程標準內涵分析觀之，成人仍居主體角色，幼兒視為被教育、被賦與給予的客體。
4. 1987年之幼稚園課程標準與新課綱，揭櫫了不同時代的傳統價值和能力，但對課程目標的論述仍不脫成人的「主導」地位。
5. 教保學者與實務工作者座談與對話，讓「臺灣幼兒核心素養」有更多元面貌，透過「幼兒核心素養」所建構的新課綱將更能貼近現場所需。

6. 臺灣幼兒核心素養包括：(1)「溝通互動」方面：①表達溝通、②科技與資訊能力、③審美情懷與追求創新、④閱讀與思考想像、⑤處理問題與解決衝突；(2)「社會參與」方面：①關心人事物、②表達所知與所感、③尊重與關懷、④互助與分享、⑤為行為負責；(3)「自主行動」方面：①生活自理與管理、②挫折容受與樂觀、③好奇與主動探索、④感恩與惜福、⑤品德與誠信。

表4-5　臺灣幼兒核心素養內涵

態　　度	能　　力
1.良好的生活習慣與態度	1.表達溝通
2.尊重與關懷	2.創新、思考與想像
3.能為自己行為結果負責	3.生活自理
4.正向樂觀	4.自我管理
5.互助與分享	5.自我調適
6.品德與誠信	6.閱讀
7.感恩與惜福	7.處理問題與解決衝突
8.明辨是非善惡	8.科技與資訊能力
9.愛護自然	9.人際互動能力
10.社會公民	10.團隊合作

　　為與歐盟DeSeCo及臺灣國民素養的研究結果做一比較分析，下面以表4-6做說明：

表4-6　臺灣幼兒核心素養與DeSeCo、臺灣國民素養之比較

核心素養 三維層面	DeSeCo	臺灣國民核心素養	臺灣幼兒核心素養
溝通互動	1.使用語言、符號及文章溝通互動 2.使用知識與訊息溝通互動 3.使用科技溝通互動	1.閱讀理解 2.溝通表達 3.使用科技資訊 4.學習如何學習 5.審美能力 6.數的概念與應用	1.表達溝通 2.科技與資訊能力 3.審美情懷與追求創新 4.閱讀與思考想像 5.處理問題與解決衝突
社會參與	1.與人為善 2.團隊合作 3.處理與解決衝突	1.團隊合作 2.處理衝突 3.多元包容 4.國際理解 5.社會參與與責任 6.尊重與關懷	1.關心人事物 2.表達所知與所感 3.尊重與關懷 4.互助與分享 5.為行為負責
自主行動	1.在複雜的大環境中行動與決策 2.規劃及執行生活計畫與個人方案 3.主張及維護個人權力、利益與需求	1.反省能力 2.問題解決 3.創新思考 4.獨立思考 5.主動探索與研究 6.組織與規劃能力 7.為自己發聲 8.了解自我	1.生活自理與管理 2.挫折容受與樂觀 3.好奇與主動探索 4.感恩與惜福 5.品德與誠信

　　DeSeCo係以「溝通互動」、「社會參與」與「自主行動」三維理論作為國民核心素養之研究工具；在國內有關「臺灣國民核心素養研究」亦以此為研究方法。

貳、臺灣幼兒的學習角色

　　臺灣的幼兒依其核心素養所顯現的幼兒圖像輪廓，依稀可見及：幼兒是一具有主動探索、豐富想像與創造力的發展個體，經由人與環境互動的體驗與參與，其充實涵養學習做人與學習生活成為一個「人」的涵養。

　　幼兒的「本質」是什麼，決定我們在論述其教保內涵，以及第

六章教保服務人員的專業與敬業取向；「幼兒園教保活動課程綱要」基本理念揭櫫我們「怎麼看幼兒」與「怎麼看幼兒的學習與發展」，應可更明確彰顯這一次課程大綱修正的意義與目的（教育部，2013）。

一、怎麼看幼兒

1. 幼兒的生命本質中蘊涵豐富的發展潛能與想像創造的能力，他們喜歡主動親近身邊的人、事、物並與其互動，喜歡發問、探索並自由的遊戲，也喜愛富有秩序、韻律及美好的事物。

2. 成長中的幼兒在身體動作與健康、認知、語文、社會、情緒和美感各領域的發展，彼此連結且相互影響。每位幼兒都是獨特的個體，他們會沉浸在各種不同的文化內涵、社會習性與生活經驗中展現其個殊性。

二、怎麼看幼兒的學習與發展

1. 幼兒對生活環境中的一切充滿好奇與探究的動力，在不斷發問、主動試驗與尋求答案的歷程中學習。他們需要親身參與，和周遭的人、事、物互動，在其中觀察、感受、欣賞與領會。他們會時刻觀察與探究生活環境的自然與人文現象，主動的理解、思考與詮釋其所探索的現象，尋求現象間的關係，嘗試解決其所面臨的問題。

2. 幼兒天生喜歡遊戲，在遊戲中自發的探索、操弄與發現。幼兒也在遊戲情境中，學習與人互動及探索素材的意義。透過參與和體驗，幼兒以先前經驗為基礎，逐步建構新知識，並學習在群體中扮演適當的角色。

3. 幼兒在參與社會文化活動的過程中，主動解讀情境中蘊涵的訊息。透過訊息的內化，幼兒重新組合與創造訊息，以建立自我與外在環境互動的關係。同時，文化與社會也在歷史持續演變的進程中，牽動幼兒的生活環境。

參、認識幼兒教保服務的内涵

下面分從《幼兒教育及照顧法》（教育部，2012）與《幼兒園教保活動課程大綱》（教育部，2013）的公布內容加以說明。

一、《幼兒教育及照顧法》有關「教保服務」的内涵

《幼兒教育及照顧法》開宗明義在總則第1條即說明（教育部，2018），為保障幼兒接受適當教育及照顧之權利，確立幼兒教育及照顧方針，健全幼兒教育及照顧體系，以促進其身心健全發展，特制定本法。

第3條將「幼兒」定義為指2歲以上至入國民小學前之人。幼兒園：指對幼兒提供教育及照顧服務（以下簡稱教保服務）之機構。負責人：指幼兒園設立登記之名義人；其為法人者，指其董事長。教保服務人員：指在幼兒園服務之園長、教師、教保員及助理教保員。

第7條針對「幼兒教保服務」的論述如下：

幼兒園教保服務應以幼兒為主體，遵行幼兒本位精神，秉持性別、族群、文化平等、教保並重及尊重家長之原則辦理。

推動與促進幼兒教保服務工作發展為政府、社會、家庭、幼兒園及教保服務人員共同之責任。

政府應提供幼兒優質、普及、平價及近便性之教保服務，對處於經濟、文化、身心、族群及區域等不利條件之幼兒，應優先提供其接受適當教保服務之機會。

公立幼兒園應優先招收不利條件之幼兒，其招收優先順序之自治法規，由直轄市、縣（市）主管機關定之。

政府對就讀幼兒園之幼兒，得視實際需要補助其費用；其補助對象、補助條件、補助額度及其他應遵行事項之辦法，由中央主管機關定之。

第11條

幼兒園教保服務之實施，應與家庭及社區密切配合，以達成下列目標：

一、維護幼兒身心健康。

二、養成幼兒良好習慣。

三、豐富幼兒生活經驗。

四、增進幼兒倫理觀念。

五、培養幼兒合群習性。

六、拓展幼兒美感經驗。

七、發展幼兒創意思維。

八、建構幼兒文化認同。

九、啟發幼兒關懷環境。

第12條

幼兒園之教保服務內容如下：

一、提供生理、心理及社會需求滿足之相關服務。

二、提供營養、衛生保健及安全之相關服務。

三、提供適宜發展之環境及學習活動。

四、提供增進身體動作、語文、認知、美感、情緒發展與人際互動等發展能力與培養基本生活能力、良好生活習慣及積極學習態度之學習活動。

五、記錄生活與成長及發展與學習活動過程。

六、舉辦促進親子關係之活動。

七、其他有利於幼兒發展之相關服務。

幼兒園教保活動課程大綱及服務實施準則，由中央主管機關定之。

第13條

直轄市、縣（市）主管機關應依相關法律規定，對接受教保服務之身心障礙幼兒，主動提供專業團隊，加強早期療育及學前特殊教育相關服務，並依相關規定補助其費用。

中央政府為均衡地方身心障礙幼兒教保服務之發展，應補助地方政府遴聘學前特殊教育專業人員之鐘點、業務及設備經費，以辦理身心障礙幼兒教保服務，其補助辦法由中央主管機關定之。

第14條

幼兒園得提供作為社區教保資源中心，發揮社區資源中心之功能，協助推展社區活動及社區親職教育。

二、《幼兒園教保活動課程大綱》有關「教保服務」的內涵

除《幼兒教育及照顧法》對幼兒教保服務鉅細靡遺的敘述外，《幼兒園教保活動課程大綱》（教育部，2018）對幼兒園教保服務的意義和範圍做以下詮釋：

為達成《幼兒教育及照顧法》所定之目標，幼兒園應依據2歲以上至入國民小學前幼兒的特性，透過教保情境的安排實施教保服務，並與家庭及社區密切配合，以幫助幼兒健全發展。

幼兒園提供幼兒群體活動的機會，以支持幼兒學習在社會文化情境中生活。

透過教保服務人員的引導，幼兒不但要學習與人相處，同時也願意關懷生活環境，培養對周遭人、事、物的熱情與動力。在幼兒園中，教保服務人員需與幼兒建立充分的信賴關係，致力於經營良好的教保環境，以支持或幫助幼兒的成長。

幼兒園是一個多元的社會，教保服務人員可提供各種社會文化活動，讓幼兒有機會從自己的文化出發，進而包容、尊重及體認各種文化的價值和重要。

幼兒園的教保服務需重視此階段幼兒獨特的發展任務，關注幼兒在身體動作與健康、認知、語文、社會、情緒及美感等各方面的成長。為使幼兒能順利由幼兒園銜接到國民小學，在幼兒進入國民小學前，幼兒園宜主動與國民小學聯繫，謀求幼兒園與國民小學在教育理念與教學方法上的溝通與銜接。

🙂 第四節 幼兒園與小學的轉銜 —— 怎麼「轉」？「銜」什麼？

　　教育是人類社會生活中的一種人為的制度，隨著社會進步和家庭結構的改變，5歲幼兒接受教育已然成為趨勢，以往6歲才開始的義務教育制度也應受到檢視與討論。在臺灣，幼兒園和小學截然不同的教育制度、教育論述與實踐，形構了不同的學習樣貌以及對孩子的規訓方式，加上幼兒園和小學師資分流培育，兩個學制的教師對彼此的教學對象的認知卻是迥然不同。針對幼兒園和小學兩個學制之間的轉銜問題，國內外不乏相關的研究，然而大部分研究的提問是，幼兒園畢業前夕，如何提供轉銜的學習機會，讓孩子提早「適應」國小的學習生活，而少數的研究則以國小如何提供小一的新生一個適當的環境，幫助孩子逐步適應國小的學習生活。

　　這些探討「由下而上」或「由上而下」轉銜方案的提問方式，卻忽略了「幼兒為學習主體」的理解途徑。Vygotsky（1978）認為孩子是主動的文化學習者，面對教育情境的轉變，並不只是順服的接受不同環境的要求與安排，而是會積極運用在家庭或幼兒園所學得的各種因應策略，面對或適應新奇的學習環境。這樣積極參與以及因應策略的運用，對他們日後學習過程中所扮演的「學生」生涯非常重要。在探究「國教向下延伸的可能性與可行性」的同時，現行的教育場景和幼兒在此情境中所表現的創意與積極性，可以提供研究者另類的視野，理解幼兒所需要之教育環境。

壹、「斷裂」的教育環境與「轉銜」（transition）的概念

　　雖然從民國11年的新學制開始，已將幼兒園列入正式的教育體系，但因為學前教育機構不同於小學階段的教育目標，國小和幼兒園的教育環境和文化生態本身存在著相當大的差異，再加上兩個學制的師資分開培育，造成了對彼此的教材內容與教學方式完全不熟悉，

形成情境布置、課程內容、教學方式、班級氣氛、上課時間、作業、教師年齡，以及學習評量等客觀學習情境上的差異（臺北市教育局，1992；孫扶志，2005），也導致了孩子在兩個教育環境之間的轉換面臨更大的挑戰。

　　幼兒園和小學兩個不同的教育環境之間的差異如表4-7所示，涵括了課程教學與評量、學習情境親、師關係和其他校園生活習慣上的差異。

表4-7　幼兒園與小學教學型態之比較

項目類別		幼兒園	小學（低年級）
課程教學與評量	課程內容	語文、認知、社會、情緒、身體動作與健康、美感（教材自訂或選編）。	語文、健康與體育、生活、數學、綜合活動（學校選用教科書版本）。
	學習主題	以幼兒生活經驗為核心，適性而活潑。	以學科知識為核心，系統深入。
	教學	教師自訂或自編教材為主；沒有固定的教科書；採大單元活動式教學或主題統整課程；口語而生活化。	有固定的教科書和教學進度；課程編寫嚴謹、有進度的規範。
	作業	沒有硬性規定的作業，強調實作與活動性的多元化。	書寫及計算的作業；有學習單或活動單的設計。
	評量	以生活教育為主，強調認知情意技能等發展平時或形成性的觀察。	以總結性認知紙筆測驗為主，也輔以平時的多元評量方式。
學習情境	班級氣氛	較自由、活潑，允許孩子自由選擇。	強調自律、安靜、紀律合群。
	上課時間	學習時間較為彈性，有多樣化的動、靜活動安排。	以40分鐘為一節課的齊一作息；有統一的學習進度且以靜態的學習為主。
	情境布置	配合主題單元可隨時更換情境與學習區，幼兒可依興趣自由操作；幼兒作品可陳列分享，近年來主題活動漸漸展開。	以生活公約、榮譽欄、學習園地等固定的布置為主；亦陳列分享學生作品；多為一學期更換一次。

表4-7　幼兒園與小學教學型態之比較（續）

項目類別		幼兒園	小學（低年級）
學習情境	空間安排與設備	可配合活動需求變換教室桌椅空間與布置；重視學習區的自由操作、探索和練習。	桌椅排列以個別學習為主；輔以分組變化，活動空間較小且沒有自由操作之學習區。
	校舍建築	強調開放式的活動空間設計、室內戶外之教學資源同等重視。	考慮整體性與實用性，對兒童活動空間並未強調區隔。
親師關係	教師性別與年齡	一般而言較為年輕；教師專業素質差異大。	年齡層較廣；師資素質較齊。
	師生比例	每班師生比一般不超過2：30（一班兩名）	每班師生比為1.5：35（一班一名）
	親師的教育期望	幼兒有較多的遊戲和活動，強調健康安全和社會化學習。	要求兒童獨立自主；強調團體紀律，對課業期望高。
其他		有點心、玩具；全天課程居多，有許多的才藝課程。	沒有點心；不能帶玩具；半天課程之外，還要參加課後托育或補習。

資料來源：盧美貴（1993，2013）。

　　就學習情境上的差異而言，小學一年級的情境不若幼兒園班貼近孩子的生活經驗，加上孩子可以動手操作的機會較少，對學生的學習興趣及動機的引發都是新的挑戰（陳龍安、林育瑋，1989）。以學科知識爲中心的學習主題，對於許多新生而言是極大的挑戰。例如：對於教學進度（尤其是注音符號）太快、練習時間不足、功課太多而感到十分吃力（蔡春美，1993；盧美貴，1993；陳怡君，2004）。另外，不同的規訓方式也是孩子必須面臨的適應重點，因爲小一的新生除了上課時間過長且需維持坐姿之外，還要適應教師與幼兒園差異甚大的上課常規要求（孫良誠，1995；孫扶志，2005），包括小學強調團體規範的要求，有許多新的班級規則、團體常規要遵守，上課與說話的約束、紙筆作業與進行評量測驗的規範等，還有用餐、排隊行進、上下學的規矩等形塑「小學生」角色的規訓方式，因爲對小一的新生而言，以往的行爲模式無法適用於新的情境，以往能夠悠遊於

「校園」環境的行為模式受到否定與質疑，這也是孩子必須面臨和調整的認知衝突。

　　當孩子從某一種公共制度的環境或活動過渡到另一種公共制度的環境或活動時，就面臨了所謂轉銜（transition）的問題。目前許多研究也採用「轉換」這個用詞，並且將「轉換」定義為脈絡的改變（a change of contexts），在教育的連續性中，從某一個公共制度的環境或時期轉移到另一個環境或時期（Lombardi, 1992）。Kagan（2003）也指出了有水平和垂直兩種不同類型的轉換。水平轉換指的是孩子和其家庭在同一個時間架構中，面臨需過渡到不同的環境。反之，垂直的轉換指的是跨越不同時間階段，在保育／教育計畫、健康和社會服務之間的過渡。

　　正因為孩子在這個轉銜過程，需面臨學業、社會、情緒及行為上的重大改變，因此，教育學者和教育實務工作紛紛基於對孩子適應新環境的不同期待，提出各種「轉銜」方式。

貳、「幼小轉銜」模式——「就學準備度」與「做好準備的學校」之間的可能性

　　從幼兒園邁入小學的歷程是一個非常重要的里程碑，轉銜過程是否順暢，會影響孩子後續的發展（Entwisle & Hayduk, 1988）。而且從幼兒園進入小學是所有教育銜接中最為關鍵的一環（Sameroff & Haith, 1996），因為在這個轉換過程中，孩子面臨了學業、社會、情緒及行為上的重大改變，對孩子而言，這些經驗是新鮮的，卻也是困難且充滿挑戰的。Pianta和Kraft-Sayre（2003）更發展出四種銜接模式，包括重視準備度（或成熟度）的唯技巧模式（skill only model）、著重環境因素的環境輸入模式（environmental input model）、強調學習環境和重要他人的連鎖環境模式（linked environmental），以及在所有影響元素之間加入動態的時間變項的發展模式（developmental model）。各種銜接模式的目的，在於幫助孩子順利的度過學

習脈絡的轉換。

依據Dewey（1938: 38）所謂連續性是經驗上的連續體，其中「所謂經驗延續性的原則是指，每一個經驗不僅是接續以往的經驗，而且也會改變未來經驗的質地」。對於「轉銜」而言，連續性與斷裂指的是當孩子從一個環境轉移到另一個環境時所擁有的經驗（Serve, 1992; 2005）。連續性指的是在兩個類似或相配的環境中，有著經驗的連續性。孩子在前一個環境所學得的行為，可以適用於第二個，而成人在第二個環境中對孩子行為的回應，必須與孩子在第一個環境裡所立下的期望相符。相反的，斷裂性指的是在兩個不同或不相干的環境中，孩子從一個環境轉換到另一個不同或不相干的環境時，所呈現的經驗不連續性。孩子可能突然發現他們慣有的回應方式不再適用，或者他們的經驗並沒有形成適當的準備度，讓他們可以知道如何在新環境活動（Lam & Pollar, 2006: 126）。因此，經驗的連續性可以順利的讓孩子從家庭轉銜到學校、從幼兒園轉銜到小學。

教育專業人員對孩子經驗連續性的觀點不同，有些論述強調孩子在前一階段的教育學習，目的是為下一個階段的學習做好準備，於是要求孩子擁有一定水準的「就學準備度」（readiness for school）；有些論述則認為下一個教育階段必須提供符合孩子經驗的環境與活動規劃，於是提出了「已經做好準備的學校」（ready school），兩者從前後教育階段的兩個端點，來看幼兒經驗連續性的延伸。

一、就學準備度

就學準備度指的是孩子入學時所具備的素養（competencies）（技巧和能力）（Pianta et al., 1999; Kagan, 2003）。孩子進入幼兒園的入學準備度是獲自他們的家庭經驗，而孩子轉換到小學的就學準備度則是來自家庭和幼兒園（托兒所）。在實務的面向上，Kangan界定了孩子的條件：(1)健康和身體發展,(2)社會和情緒發展,(3)學習的途徑,(4)語言發展和溝通,(5)認知和常識。

在臺灣的文化脈絡中，劉佳蕙（2007）以國小一年級教師和家

長及幼兒園大班老師和家長為研究對象，調查臺南地區有關幼小銜接實況發現：(1)幼兒園教師提前教注音符號者將近九成，而且有八成幼兒園教師認為他們重視幼兒能專心聽講。在生活適應方面，依序培養幼兒能主動表達自己的需求與生活自理的能力等，顯示出幼兒園教師重視的是新生的生活適應和學習經驗等就學準備度（尤其是在表達自身的需求和注音符號的學習上）。(2)國小教師雖不反對幼兒園教師提前教注音符號，但他們在學習方面較重視學生能專心聽講及學習動機的養成。在生活適應方面，他們比較困擾的是有關於教室班級經營上無法遵守常規，例如上課才要上廁所等。(3)不論是幼兒園或者是小學家長皆以幼兒園提早教注音符號為常態，且是必要的，其次他們較重視幼兒個人需求的表達，最後才重視幼兒是否養成國小教師重視的良好教室行為。

以「學習注音符號」的就學準備度而言，我們可以發現在實務現場上有著不同的看法，雖然家長和部分幼兒園老師（符合家長期望？）提前讓孩子在入小學之前學習注音符號，但是孫扶志（2005：90）訪談國小教師發現，小學低年級教師尤其在意孩子在注音符號學習上，因幼兒園品質與教學模式的差異，導致孩子在語文程度上的參差不齊，更是造成小一階段注音學習的障礙與困擾。蔡其臻（1997）的研究也發現，在幼兒園先學習注音符號、數學等的兒童，在小一並未有較優異的表現。

因此，我們可以運用Graue（1992: 226）提出的社會文化觀點，來看所謂的「準備度」概念：

準備度是一組觀念或工具，當孩子加入了幼兒園的經驗時，在社區家庭和學校當中被人們建構出來的。這些觀念來自於社區的價值和期望，而且與個別幼兒的狀況像是年齡、性別和幼兒園的經驗有關。

對孩子就學準備度的期待，是具有脈絡性的、特定情境的、來自地區性的、而且具有高度的相關性（Graue, 1992; Meisels, 1999; Spencer, 1999）。孩子在不同就學準備度的期待下，被教導需具備、並能使用某些適應新環境的基本能力。

177

二、做好準備的學校——5歲教育的可能性

「做好準備的學校」指的是學校「準備好適應這些真實孩子的多樣性和不斷改變的需求」（Graue, 1999: 109）。由於在一般的情況下，學校的特殊性和家庭的多樣性之間，無可避免的存在著一定程度的差異。在這個銜接上，作為提供孩子學習環境的學校，應該依據幼兒過去的經驗以形成新的學習環境的經驗，減少改變並且降低壓力（Briggs & Potter, 1995）。因為「做好準備的學校」是成人可以回應學童成長中的不同需求，而不只是單方面的要求孩子達到就學準備度（劉慈惠、丁雪茵，2008：160）。

「做好準備的學校」包括適當的課程、適當的教職員的教學與行政措施、年齡上的考量、日課表、教學方法和內容等等（Katz, 1991; Graue, 1999）。Graue（1999: 125）則認為課程應該是：(1)多面向的，增加不同類型的學生發現課程與其舊經驗銜接的可能性；(2)統整的，因為內容的分類都是人為建構的；(3)結合孩子的興趣，因為和孩子是相關的。

Serve（2000）也指出所謂「做好準備的學校」指的是學校就教師、課程教學、學校環境、行政人員和家庭與社區之間的包容力。將學校準備度（school readiness）的責任從孩子和父母轉移到學校，因為學校必須為這些即將入學的孩子提供合適的經驗。因此，傳統上強調孩子（技能）準備度的看法，已經轉向重新審視脈絡因素對孩子在學習場地轉移上的衝擊。

在臺灣脈絡的幼小銜接方式，也包含了加強孩子的就學準備度，實施「由下而上」的銜接模式，以及調整小學的學習情境、課程與教學，以適應小一新生的「由上而下」的幼小銜接模式。然而卻以「由下而上」的銜接方式居多。劉慈惠、丁雪茵（2008：158-159）以其研究的場域為例，指出在此場域中，主要的學習作息與步調是由成人安排、主導與掌控，小一的孩子進入如此既定、特定的新學習環境下，他們大多被要求按照學校與教師所設定的有形與無形（潛在）課

程，以配合者的角色，開展他們在小一學校生活中課業、社會人際與情緒、行為與常規等各方面的適應經驗。此情境中，幼小銜接的經驗與過去國內相關文獻所反映的「由下而上」的銜接模式極為類似。劉慈惠、丁雪茵（2008：159）也指出，從孩子的角度來看，自幼兒園到小學一年級，孩子經歷的是從一個較以兒童為中心的、低結構性的環境，進入一個較以承認或學科為中心的、高結構性的環境。在這個新的學習階段，孩子的先前經驗很少被考量與重視，在很短的時間內，他們就被要求學會當一個「小學生」，快快進入狀況，表現出小學生應有的學習步調與成熟。

　　李駱遜（2004：39）也指出，就幼小銜接的想法與做法上來看，一般園所似乎都只停留在學業上的銜接、環境上的認識等，而忽略了幼兒是一個整體，其各項表現是相關的、連續的、逐漸深化的。但是在幼小銜接的研究和文獻中，幼兒此學習主體的位置卻經常受到忽視。當Spencer（1999：43）將學校適應（school adjustment）界定為「在學校所需要的文化調適或必須的改變程度，將學生特色和多面向的特質與學習環境的要求之間發揮最大的合適性」時，也提醒我們，幼兒在面對新環境時所具有的主動性和能動性。雖然劉慈惠、丁雪茵（2008：158-159）也批評小一學童所展現高度順從的「被動配合」樣貌，從某個層面來說，這些孩子似乎也認定自己要「主動因應」外在環境的要求；不能被動的停留在自己的認知中，期待成人會來了解他們，這也反映了小一學童在新環境中具有不得不然的「主動因應和調適」的潛在能力。因此，她們也主張孩子在新環境中或許具有不得不然的複製、調適或創新的能力和特質，但是握有權力的成人是否宜更主動、積極規劃與提供孩子「由上向下」銜接的措施與經驗，協助他們銜接之路走得更順暢。

　　教育研究者、教育實務工作者在所處的文化脈絡提出對孩子「就學準備度」的期待，也有主張提供「準備好的學校」，不管由下而上還是由上而下的銜接模式，幼兒此一擁有連續經驗的學習主體，如何參與在「就學準備度」與「做好準備的學校」之間以自身的行動力積

極因應，達到幼兒和學校之間最佳的「契合」程度，則是研究者可以探討的另一個觀點。臺灣的教育制度應在以「幼兒」為學習主體的論述為基礎向下延伸，為5歲幼兒提供一個「做好準備的學校」。

參、另一種凝視的觀點——理解孩子參與小學生活的主動性

黃月美、黃齡瑩（2009）的研究指出，孩子在轉換學習場域的過程中，具有能動性和主體位置，她們以J. Dewey的經驗理論、人類學家Arnold van Gennep對「人生大事及其慶祝儀式」（The rites of passage）的見解，以及Vygotsky的社會文化理論為基礎，建構以「幼兒為銜接之主體」的概念架構，從另一個觀看幼小教育情境轉換的角度，理解孩子在經歷其生平第一次的教育現場轉移的過程中，所佔的主體位置，說明在幼小銜接之路上，孩子所具有的主動性，並探討幼小銜接過程中的各項因素如何形塑孩子使用不同的策略，積極在銜接之路上與周遭的情境互動，形成新的學生身分認同。

一、幼小孩子的學習情境轉換，好比生活網絡和社會身分的改變歷程

對於孩子而言，從幼兒園到小學，代表著另一種生活樣式的開端。雖然孩子面臨陌生環境的挑戰，但是卻肯定並喜悅這樣的改變。比利時的人類學家Arnold van Gennep（1873-1957）對「人生大事及其慶祝儀式」的見解（van Gennep, 1960），經常被用來理解「轉換」，理解孩子從家庭轉換到幼兒園、從幼兒園轉換到小學的過程，是一連串生活脈絡和社會地位的改變歷程，標示著個人轉換到一個新的社會地位。這樣的見解提供我們三個主要的特徵來理解孩子從幼兒園到小學之間的轉換：從家庭到幼兒園，從幼兒園到小學脈絡的轉變（人生過程空間的改變）（spatial passage）；從孩子到學生的社會地位的轉變（人生過程地位的改變）；以及轉換的階段。

若教師在教室中運用儀式和禮儀，將孩子初步引進對目前小學生

身分概念的認同，並且促進孩子對此角色的情感依附。這些儀式和禮儀反映出文化中對學生的期待。這些儀式可以存在於像是物質環境、活動、人際關係、儀式、規則和日常的例行事項等教室脈絡。

二、文化工具箱的新裝備：理解可用的文化資源

Vygotsky（1978: 57）指出所有的較高的心理功能都是傳遞的過程，而且「人類的行動，不管是社會或個人，都是藉由工具（技術工具）和符號（心理工具）來傳遞」（Wertsch, 1991: 19）。Wertsch（1998）從上述的主張進一步發展出「傳遞行動」（mediated action）的見解。這個概念強調人類的行動是藉由中介的工具或文化工具，諸如在文化脈絡中的語言、概念、姿態、物件、例行事項、表達的形式，以及做事的方式等來傳遞（Wenger, 1998; Anning & Edwards, 1999）。

在小學的生活場景中，孩子學習新的文化規則和象徵方式，在社會文化理論的架構下，我們看到孩子主動的調適過程。當孩子有如新手般，運用文化的傳遞工具在教室的脈絡中行動或回應，他們的策略行動也不斷的傳遞和接收，逐漸調整成為適應教室生活的脈絡。然而，因為孩子不同「背景架構」的差異而對新教室環境有不同的詮釋，因而產生無法降低變動張力。孩子的目的可能與深置於教室傳遞工具的目的有所不同而產生衝突，因此他們也可能產生不同的反應。如同Pollard和Filer（1999：25）所言：「每個孩子將以不同的方式回應。藉著運用他們累積下來的經驗和個人逐漸累積下來的資源，他們會策略性的採取行動以調適自己符合新情境的要求。」

三、具能動性的主體位置：積極與創意的回應

孩子是主動的、具創造性的、而且是有策略的參與者。雖然教師是課堂活動的主要安排者，但是孩子卻是主動的參與並不斷的建構和重構的學習脈絡，而且也會有各種具創意且不同的反應方式。他們有自己的方式重建課堂的生活，而且這些方式都是適合他們的。

他們在教室中也許遵循或者是協商、轉變，甚至是拒絕進行作為學生的角色，這也是一個動態且不斷磋商的過程。如同Pollard與Filer（1999）所指出的，適應是一種主動的而不是被動被安排、被安置。因此，孩子如何面對或適應這個新奇的幼兒園環境，對他們日後學習過程中所扮演的「學生生涯」非常重要。

四、建構新的「學生」身分認同——不再「幼稚」的5歲精緻教育

黃月美、黃齡瑩（2009）對孩子的訪談與課堂生活的觀察發現，孩子喜歡上學的原因包括：可以學很多東西、可以寫國字、有很多好朋友、可以玩溜滑梯和盪鞦韆，老師比較不會管那麼多，比較自由……。就像愈來愈多教育研究主張教育的目的已經從單純的著重學業的成就，轉向發展孩子的「能力、自信和終身學習的興趣和動力」（Carr & Claxton, 2002: 9；Grolnick et al., 1999）。為了回應新的教育目的，Pollard與Filer（1999：22）對於「學生生涯」的見解所指的構成要素，可以提供一個整體的觀點用來理解孩子如何在幼兒園情境中，成功的調適成為一個稱職的「學生」。他們強調學生生涯也是社會的產物，他們界定了三種學生生涯的構成要素：(1)成果的類型（patterns of outcomes）；(2)策略行動的類型（patterns of strategic action），以及(3)逐漸形成的自我感（身分認同）。當孩子在處理新的學習挑戰時所採用的策略行動，學習成果進而影響了自尊、認同感與自信，因此這三種學生生涯的構成要素彼此之間具有關聯性。從黃月美、黃齡瑩（2009）的研究發現，孩子因為在新的環境中得到成就感和友誼，更加認同自己轉變成小學生的身分，也更喜歡上學。其他研究也有類似的發現，諸如學習和認同有密切的關聯（Lave & Wenger, 1991）、認同和實踐相互輝映（Wenger, 1998）、認同影響學習成果（Siraj-Blatchford & Clark, 2000; Ecclestone & Pryor, 2003）。

在孩子建構新身分認同的過程中，家長和教師扮演著重要的關鍵

角色，孩子可以在家長和教師的耐心與支持行動中，經由日常的學習生活經驗，找到自我肯定、自主性和有能力感。而這樣的研究結果也提供我們進一步思考如何以新的制度形構新的論述和實踐，以5歲精緻教育建構幼兒新的「學習者」的身分認同。

五、孩子的提醒：幼小「轉銜」——怎麼「轉」？「銜」什麼？

從文化理解的角度來看孩子在「轉銜」的過程中所占有的主體位置，我們可以發現更豐富的文化意涵。「轉銜」不再是孩子處於被動、被安排的象徵，而是孩子積極參與社會生活的過程。因為孩子在轉銜的過程中，可以調整所受的文化衝擊、在新的環境中具創意地運用之前所累積的文化工具，在此過程，孩子不再只是一群被對待與被處置的對象，而是具有主動性和創意回應方式的學習主體，並且因為積極的運用各種方式因應環境，與環境互動，因而創塑出更豐富的生命經驗。這樣的見解，不僅讓我們有更多的機會「貼近」在轉銜情境中各種不同的幼兒聲音，也讓我們正視在現實生活中的兒童的主動性、權力的能動性、文化的獨特性與理解經驗世界的特殊途徑。

以幼兒為學習主體這樣的理解架構，讓研究者和教育實務工作者與幼兒學習主體之間，創造更多對話的可能。孩子從「幼兒」到「學生」身分的轉變，不再只是個被代言的概念，而是個擁有主動性的主體，積極形構自我身分認同的鮮活歷程和生命經驗。因而，轉銜不只是制度上、模式上，不只是針對幼兒身心理和課程與教學上，還包含對幼兒主體的重新認識，以及對幼小學習方式的論述重構。

六、豐富的文化資源VS.做好準備的學校——國教向下延伸之5歲教育環境的開拓

經驗有其延續性，孩子在小學的學習經驗不僅是接續來自家庭和學前教育機構的經驗，而且也會改變未來的學習經驗。當孩子開始了他們的小學生活，他們就跨越了從家庭到學前機構、從家庭到小學，

以及從幼兒園到小學的文化疆界，他們創意地運用來自家庭和學習環境的文化工具，積極地回應。國教向下延伸之5歲教育環境的開拓也是大人能夠珍視幼兒為學習主體，提供孩子一個能夠形成完整學習經驗的「做好準備的學校」（學習環境），打破幼兒園和小學截然二分的制度，也開拓了以幼兒為經驗主體的論述，重新形構臺灣幼兒教保內涵的論述與實踐。

肆、幼兒園與小學銜接的案例

一、以日本「小一新鮮人須知」的幼小銜接為例

(一)入學四至六個月前

1. 學校的確認。
2. 就學通知書（內容包括孩子姓名、年齡、即將入學的學校名稱和就學時的健康檢查）。
3. 就學時的健康檢查（了解是否有群體生活的障礙及需特別注意的事項）。

(二)入學三至兩個月前

1. 繳交就學前健康檢查結果。
2. 選讀公立或私立小學，應向居住地區的教育委員會填寫入學許可證，以免給公立小學帶來困擾。
3. 一年級的上課參觀，以建立安全感。
4. 召開家長會。
5. 了解幼兒握筆寫字的小肌肉發展能力。

(三)入學前一個月

1. 認識自己的學校環境與作息時間。
2. 上下學路線的確認。
3. 讀寫自己的姓名、電話。
4. 生活習慣養成（包括早睡早起、穿脫衣服、書包的整理，以及遊戲後的收拾等）。

5. 上學用品的準備與使用（制服、書包、傘的開關、拉鍊的開關、削鉛筆等）。

6. 了解幼兒生活規律的適應力。

(四)入學一週前

1. 再一次確認開學的書包及各項用品。

2. 開學當天要穿的衣服或帽子。

3. 結識社區就讀同一學校或同班級的小朋友。

4. 若有特殊身體狀況或適應問題，宜及早告訴學校或老師。

二、以臺灣國幼班的幼小銜接為例

下面高雄市95學年度公立幼兒園幼小銜接暨幼小教師專業互動計畫，說明如下（陳惠珍，高雄建山國小，2006）：

　　(一)**依據**：高雄市教育局教育願景「優質教育·美麗高雄」。

　　(二)**目的**

　　　　1. 建立幼兒園與國小溝通管道，讓幼兒園與國小教師可藉此了解幼兒的學習背景，設計利於幼兒順利銜接的活動。

　　　　2. 給予幼兒與小一學生互相學習的機會，藉此可增加他們的人際互動機會，增加生活經驗。

　　　　3. 規劃幼小銜接課程，組成學習團隊，探討可實施的學習方式。

　　　　4. 小一與幼兒園課程做結合，融入主題的元素來設計課程。

　　(三)**辦理學校**：建山國小。

　　(四)**實施對象**：建山國小一年級暨幼兒園教師。

　　(五)**實施期程**：自民國96年3月至96年7月止。

　　(六)**辦理方式**

　　　　1. 邀請專業指導教授發現問題、提供策略改善教學狀況，並接受諮詢。

　　　　2. 參與幼小銜接研習，提升幼小教師的專業素養與知能。

　　　　3. 透過幼小混齡教學，增加幼兒園與小一教師相互學習的機

會，增加彼此的了解。

4. 召開教學研究會議，增加幼小教師對話的機會。

5. 舉辦成果分享會，呈現學習歷程經驗，以作為未來辦理的參考。

(七)辦理內容

根據上述目的及辦理方式，辦理下列計畫內容，分別說明如下：

表4-8　高雄市公幼與國小銜接計畫

項目	活動內容	實施時間
專家學者輔導	邀請○○教授蒞臨輔導，並擬定策略，改善教學現況，接受諮詢。	每月一次蒞校指導
成立核心小組	核心小組成員以校長為首，並選出一位負責人。	籌備會議自上學期開始實施
平日預備工作	1.運筆練習前的準備：串珠工、縫線工、夾夾樂、陶土創作等。 2.教學中以全語言方式帶入國字，讓幼兒可以無形中識字與辨字。 3.與小一教師共同布置與主題相關的情境。	自上學期開始實施
幼小混齡教學	1.幼兒園與小一教師共同協商出一個空白時間供幼小混齡教學之使用。 2.一次活動時間計90分鐘（含下課時間），不計學習領域。 3.小一與幼兒園教師於上學期討論出下學期欲推行之相同主題，依共同主題設計具有銜接性的幼小混齡活動。	預計自下學期開始，一個月至少三次幼小混齡活動至五月底
教學觀摩與省思	1.小一及幼兒園教師輪流參與幼小混齡活動的教學，觀摩者並給予意見。 2.混齡活動完畢，將教學心得記於省思單，並建立相互回饋的機制，提供教師專業成長。	每次混齡活動結束後執行
教學研究會議	1.一個月召開一次教學研究會議以及群組會議。 2.研究會議針對混齡活動提出心得、活動檢討、評量等相關議題。 3.群組會議針對混齡活動做更完整的規劃、更深入的檢討。	下學期起，每月一次

表4-8　高雄市公幼與國小銜接計畫（續）

項目	活動內容	實施時間
主題活動： 「我要上小學了」	1.模擬小學生活作息、課桌椅擺放位置，按時發作業，請幼兒背書包上學等。 2.運筆練習：直線、橫線、波浪等。 3.認識注音符號。 4.活動後設計評量表以供檢核。	於5月實施至6月畢業前
成果發表	在成果發表會展現與分享相關成果	成果彙編於6月底前完成

(八)經費：由教育部及高雄市教育局經費項下支應。

(九)獎勵：依據《高雄市政府所屬各級學校教職員獎勵案件獎勵標準》辦理。

(十)本計畫經縣長核定後實施，修正時亦同

　　「專業不只是一種能力，更是一種態度」，期盼產官學攜手合作，針對幼小銜接有關的政策與制度，如：5歲幼兒基本能力與學力指標轉化、兩階段師資培育與課程內容等問題加以解決，好讓這塊土地上有更優質的教育環境。當然，我們更希望與幼小兩階段休戚與共的教師與父母，都能正視幼小銜接的關鍵性與重要性，因為幼兒日後生活與學習的適應，端賴是否跨出「成功」的第一步。

教保服務人員的典範學習

CHAPTER 5

幼兒教保領域已經進入了後現代的世紀，我們面臨了巨大的挑戰和可能性，幼兒教保研究及實務工作者宜重新思考自己和挑戰自己：「為走出對被壓抑者的殖民化，首先要覺醒殖民的情境，尋找新的典範和方法，參照自己的歷史和生命，說我們自己的故事，編織與想像未來。」（Johnson, 2001）Hooks（1994）說：「假如要讓我們的心靈成為抗拒的場域，只有想像能竟其功，想像是轉換現實的開始，沒有想像就不可能實現未來。」（歐用生，2004）

本章以從古至今之中外教保典範人物的學思立論與標竿行誼為「經」，再以國內《幼兒教育及照顧法》施行之省思為「緯」，分述足以為教保服務人員典範學習之標竿人物及其貢獻。

第一節　柯門紐斯的教保思想及其對幼保的貢獻

柯門紐斯（J. A. Comenius, 1592-1670）
——幼兒教保改革的先驅

感官為知識最初和恆久的指引。

壹、生平與著作

柯門紐斯於1592年3月28日生於捷克的摩拉維亞（Moravia）尼維尼士（Nivnitz），是基督教兄弟會的會員，該會以個人虔誠、自我

犧牲和謙遜為教義，而關心教育為斯拉夫族一項顯著的特色。

　　年幼時父母見背，嬸母不善撫育，加上童年所受教育內容的欠缺，因此促發柯門紐斯日後獻身教育運動的動機。1608年進入摩拉維亞兄弟教會所辦的普雷勞（Prerau）拉丁學校，兩年後轉入德國的赫朋學院（The College of Herborn），專攻哲學與神學。神學家柯爾斯臺德介紹他認識拉提克（W. Ratke）的教育思想和荷蘭所實施進步教育的制度，以及日後他閱讀培根（F. Bacon）的《新工具》，同時奠定他終身改革教育的理想。

　　1613年又轉入海德堡（Heidelborg）大學繼續學業。1614年返回故里，任母校普雷勞拉丁學校校長。1616年派赴歐爾米茲（Olmuts）擔任神職。1618年再轉任富那克（Fulneck）地方牧師，並兼任學校監督。同年與一匈牙利籍女子結婚。「三十年戰爭」爆發，戰亂中，柯門紐斯不幸喪失所有財產及文稿，妻兒也於此時不幸相繼去世，1624年再婚，偕妻避難至波蘭的立沙（Lissa），任中學教師、校長，立志改革教育，潛心研究並致力著述，其實施分班教學與導生制，深受歐洲各國重視。

　　1641年應英國國會負改革教育之職，惜因愛爾蘭發生革命，此計畫未克實行。1642年協助瑞典政府編纂學校課本，頗受好評。1650年又應聘匈牙利為其改革教育設立新學校。1654年又返波蘭立沙，不幸波蘭與瑞典交惡，立沙為瑞軍攻陷，柯門紐斯的所有財產及文稿付之一炬，後得友人之助逃至阿姆斯特丹，1670年11月15日以78歲高齡逝世異鄉。

　　柯門紐斯一生致力於教育改革，不但改編教材，創立新法，並潛心著作提出完整體系的教育學，下面四本應屬當時劃時代的代表著作：

　　1. 《語言入門》（*Gate of Languages Unlocked*）
　　1631年用拉丁文寫成，為歐洲各國競相翻譯成本國文字。

　　2. 《大教育學》（*The Great Pedagogics*）
　　1632年用捷克文寫成，二十五年後才用拉丁文在荷蘭出版，全

書三十三章,是一部已略具完整體系的教育學書籍。

3.《幼兒學校》(*The School of Infancy*)

原為《大教育學》一書中第二十八章,是柯門紐斯為母親學校所寫,對今日幼兒教育仍有頗深遠的影響。

4.《世界圖解》(*Orbis Senstualium Pictus*)

1858年在荷蘭出版,是柯門紐斯為幼兒所寫的第一部有插圖的啟蒙教科書,先後被世界各國翻譯出版。

貳、重要的教保思想

一、教保目的

柯門紐斯是一位虔誠的宗教家,他的教育思想充滿了濃厚的宗教色彩。所以他的教保目的即人生目的,也就是宗教目的。他認為教育的目的在使人的生活有良好的準備,形成繼續的生長,以期超升天國與神同在,而享永生的快樂,此種教育的目的是基於他宗教的人生觀。柯門紐斯認為,人類天性中即具備有知識、道德,以及宗教,應賴教育的力量去啟發與培植,而啟發培植需及時,因而提倡幼兒教育。他認為幼兒期是受教育的最佳時期,是知識的播種期,如錯過此時期,則難達教育之目的。

二、教保方法

柯門紐斯的教保原則是淵源於他的自然概念,亦即與其宗教思想有密切的關係。他的教保原則中最主要的兩種基本思想:一是一切教學必須依循自然的秩序;二是對兒童傳授知識必須依靠感官的知覺和理性。

他在《大教育學》一書第十六章到第十九章中,從自然界鳥類的生活、太陽的運行與草木的生長狀態為比擬,舉出確切、容易、徹底與簡速為四個教學原則:

1. 在教與學的「確切」方法上

就如何使青年人確能獲得效益，又提出了九項原則，其最重要者為教育開始於兒童時期，而學科應適合於兒童的年齡及理解；事物的理解先於語文的表達，理解的培養當在記憶的培養之前；教學應自普遍而及於特殊；教學應為漸進的歷程；初學的兒童以知識、道德及信仰三方面的課程為限。

2. 在教與學的「容易」原則方面

以容易獲取效益為目標。他同時提出了教學的十項原則，其重要者為：道德的教導應先於智慧；激發兒童求知和求學的願望，教材的排列由易而難、自近而遠；學習應先運用感官，記憶只限於重要事項；不強記未理解的事物，感官協助記憶，教導實際應用的事物。

3. 在教與學的「徹底」原則方面

他提出了十個原則，可歸納成五項概念，即學校的教導以有益於現世生活為範圍，首先喚醒學生求知的願望，對學科具有一般的概念；各種知識之間應彼此密切相連，教學應兼重理解和應用，「教人」為最徹底、最有效的學習方法。

4. 在教學的「簡速」原則上

他提出八項原則與對應的八個問題，可歸納成四項概念，即採取大班級的施教方式，施教的材料精簡而重質，相關的項目要聯合起來學習，知識的學習以實用為取向。

三、理想的學校

柯門紐斯認為在教育幼兒的過程中，學校擔任著很重要的角色，因為：(1)父母很少有足夠的能力以及充分的閒暇來教育子女；(2)團體生活有許多特殊貢獻，非家庭所能提供；(3)兒童身心的發展需供給豐富的設備，以及布置適宜的環境。

柯門紐斯依兒童的發展，認為理想的學校教育如下：

1. 母親學校（The Mother School，1至6歲）

幼稚時期的教育稱為「母親學校」或「保母學校」，以母親為教

師，養成各種生活常規。幼兒學校的課程包括：語言、勞作、健康生活、數物、遊戲；此階段的學校爲一個愉快的樂園，以培養幼兒的「感官知覺能力」爲其目的。

2. 國語學校（The Vernacular School，7至12歲）

兒童時期的教育稱爲「國語學校」或「初等學校」，教兒童實用學科，如：本國語言的聽、寫、算、音樂及道德，以及本國的政治、經濟、歷史等，此爲人人普遍應受的教育，其以培養「想像能力」爲職責。

3. 拉丁學校（Latin School，13至18歲）

少年時期教育稱爲「拉丁學校」或「中等學校」，學習語言文學以及天文、音樂、幾何、算術、辯證、修辭、文法等「七藝」外，尚需學習物理、歷史、神學，以培養「理解能力」爲任務。

4. 大學（The University，19至24歲）

青年時期教育稱爲「大學」或「高等教育」，爲研究高深學問機關，愼選智力優異學生，讓他們適性發展，以提供「任何科學或學問的完全訓練」，以充分發展其「意志能力」，其辦理方法爲：課程務求眞正廣博，方法務求容易、徹底，學位授與務求嚴格不苟。

參、對幼兒教保的貢獻

談及柯門紐斯的貢獻與批評，我們必須立足於三百多年前的時空來論此事，以現代人的眼光加以考察、批評其立論是有欠公允的。

一、平民主義的教育

自古以來有不少的教育思想家都以爲教育只是少數人的權利，但柯門紐斯卻認爲人人都應當得到完全的生活，都應當得到自由，不應受社會階級或男女性別所限。

二、模仿自然的教育

教育方法要模仿自然，教學時儘量將實物呈現於兒童面前。

三、適應實際生活的教育

柯門紐斯認為教育要適合實際生活，教育需求實用。所以他不贊成僅教授書本上的記問之學，他更注重德行。

四、注重直觀經驗的教育

他以為學問應以感官為媒介，注重實地觀察之所得，他以為實物教學比文字教學有效。

五、教育的目的在求兒童內心的發展

柯門紐斯以為教育是自內而外的發展，學生求學以本人內心有無此種內化動機為學習的條件。

六、主張汎知教育

柯門紐斯最受人誤解的是他的汎知主義，許多人以為「百科全書」實際上做不到，理論上亦未必合宜。其實柯門紐斯並不是要人人都是「百科全書」，他的目的是人人得到完全自由，生活既如此複雜，知識是應付生活的，所以不能不對知識之全部有相當的了解，以為應付生活的準備。

七、教育應以幼兒為中心

他以為教育應當以幼兒為中心，盧梭、裴斯塔洛齊等後人深受其影響，他在《幼兒學校》一書中發揮此義最力。

八、注重母教的重要

1至6歲為一生教育最重要的時期，此時應由母親擔負教育的責任。

九、根據身心發展階段提出學制系統的建議

有其真知灼見之處。

十、重視國語教學

6至12歲兒童入國語學校以習本國語言為主。

十一、編製有插圖的教科書

他所編的《世界圖解》，其中插圖150幅，為插圖教科書之嚆矢。

十二、學習應重部分與部分之間的聯繫性及差別性，並且能夠馬上予以運用

第二節　盧梭的教保思想及其對幼保的貢獻

J.J Rousseau
(1712-1778)

盧梭（J. J. Rousseau, 1712-1778）

——自然主義的教保思想家

上帝創造萬物皆善，因人之干擾而變壞。

壹、生平與著作

盧梭人稱其為「自然主義之父」，是一位曠世的奇才，他的一生一直想從自我的反省與自我的體驗中，探求人性的底蘊；從人我的關係上，探索個人與社會群體的關係；從自我道德生活的

實在經驗，回顧科學對人類行為之提升，是否果真有其不可置疑的價值。經歷宛若滄海顛沛流離般的孤獨生活，忍受了自小失怙的痛苦童年，情感生活的挫折與不完美，使得盧梭終其一生，苦痛的生活經驗中，充滿了悽慘、孤獨與貧困的色彩。

　　盧梭於1712年出生於瑞士的日內瓦（Geneva），父親本籍法國，母親為瑞士人，生後數日母親患病去世，父親為一鐘錶匠，既缺乏知識，性格又怪僻，加上家貧無力教養其子，乃將他寄養於姨母處，姨母對他姑息放縱，任其放蕩不羈，使他早年即表現一種唯情主義（Emotionalism）的傾向，與缺乏自制的能力。10歲時父親因故逃亡，盧梭遂又被送到日內瓦城外博塞村（Bossey）一牧師處受教育兩年，這是他一生中所受的唯一一段正規教育。但他經常逃學，與村童嬉戲於大自然中，養成了愛好自然的天性，也孕育了他自然主義的教育思想。

　　1726年盧梭開始學習職業，學習雕刻、音樂，也曾做過銅板匠、舊教徒、侍僕、書記等工作，但一無所成。1730年由牧師介紹他到一位華侖夫人（Madamed Warens）家中管理財產，至1742年始離開。後與旅館女僕特勒絲（Theresele Vaseur）同居二十三年後結婚，先後共生子女五人，皆送到孤兒院中撫養。盧梭雖未曾接受過正式的學校教育，但因資質聰慧，秉性好學，並與自由派的文學和哲學名流常有來往，深受影響而建立了他自然主義的思想觀念（楊敏，1926）。

　　1749年11月應徵狄強科學院（The Scientific Academy of Dijon）徵文「科學和藝術的進步是否有助於道德的淨化？」（Has The Progress of The Sciences and Arts Contributed to Currupt or to Purity Morals?）而聲名大噪。他以為科學徒示人以學巧，藝術徒昭人以浮華，剝奪人類心靈的自由與本性的發展。1753年又參與第二次徵文：「人類不平等的原因何在？」（What is the Cause of Inequality Among Men?）盧梭以為在原始社會中，人與人不平等的程度極小，以至文明發生後，不平等的程度乃增大，尤其有了私有制度以及法律

之後，強者假法律與道德之名，使弱者不敢反抗，不平等於焉誕生。欲消弭不平等，唯有歸返自然。

1761年他又以小說形式寫了《新海露伊斯》（*The New Heloise*），係討論家庭教育的問題，書中的教育理論可謂次年發表的《愛彌兒》（*Emile*）的導論。1762年，另一部被視為天才的傑作，一為討論政治倫理的《民約論》（*Social Contract*）。《愛彌兒》至今雖為我們所傳頌，惜其主張以自然教學代替形式教育，書中很多觀點被當時認為是邪說謬論，終遭到書焚、人被追捕的命運。1770年的《懺悔錄》（*Les Confessions*）坦誠無掩飾的敘述自己的一生。1778年7月4日在逃亡、貧病與孤獨中離開人世。其墓誌銘刻著：「真理的戰士，自然的驕子，從此長逝了！」

貳、重要的教保思想

一、順應自然的教保原則

盧梭主張兒童的教育應該順乎自然，以兒童為本位。他在《愛彌兒》的開卷第一句話說：「上帝創造萬物皆善，因人之干擾而變壞。」他認為教育是要能發展幼兒天生的稟賦，使其有自然的生活，以為兒童身心發展有其自然之階段，身心每一段落之發展有其自然之規律，違背自然發展即為不良之教育，最自然之教育，即最好的教育。他的教育思想也就是在這樣的觀念下孕育而成。

盧梭反對虛偽文化，憧憬自然，自然的概念不但是盧梭教育理論的開始，也是他教育理論的鵠的。他認為人類最高的理想是自然人的生活，他所謂的自然人是指欲望與能力完全調和的人，也就是絕對幸福的人。他的教育理論不是為兒童準備社會生活，乃是使社會與人類的自然性相一致。

二、直觀教保的原理

盧梭的直觀主義就是從客觀的角度去認識事物，憑主觀的認識能

力去認識事物的方法。他認為幼年時代是人類理性的睡眠時期，他們只有依據具體的事實去了解直觀事物的能力。有些事物乍看兒童似乎很容易學習，但詳細觀後便發現兒童並未真正理解，只不過是死記事物的符號而已，事過境遷，卻一無所存。兒童只保留了語言，反射觀念，這些語言雖然能夠使對方了解，但是兒童本身卻一無所知。所以，所謂的觀念與符號相一致的直觀教學，就是等到兒童可以保留觀念的時候，才去培養觀念的意思，亦即適應兒童身心發展的教育。此外，盧梭亦極力反對以教科書為主的教育，他認為文字記載的書籍只不過是空洞贅語的累積，真正的知識係存在於環繞兒童四周的具體事物。教科書不但不能培養有用的觀念，反而抹殺觀念的產生。他說：「在古今文學時代中，讀書最多的莫過於現代人，而最不懂世故的也莫過於現代的人。」又說：「書籍過剩，使我們忘卻叫做世界的書籍」，「我最恨書籍，因為它教我們說出自己所不知道的話。」

　　盧梭大聲疾呼，以為書籍是教育上有害無益的存在，但有一個例外，那就是《魯賓遜漂流記》，因為它是實施自然教育最理想的教科書。「兒童教育並不是要讀用文字所寫的書籍，乃是要讀自然的書籍。」唯有自然的書籍，才是知識的泉源。

三、自動的學習原理

　　盧梭認為兒童的本性是善的，教育並不是傳授新內容的積極活動，只是對於兒童既有的內容加以保護和誘導的作用。我們不是將既成的判斷傳授給兒童，而是讓兒童自己去判斷。他認為：「一切教育中，最偉大、最重要、最有用的法則，就是對於兒童的教育必須緩緩迂道而實踐。」這是盧梭教育最重要的原則。

　　盧梭的教育雖以消極為名，在實質上可以說是積極教育，他反對在缺乏理解能力的幼年時代，實施注入式教育，他認為要等到理性覺醒後方積極實踐的教育。所謂積極的理性教育就是以順應兒童本性的方法，實踐適當的教育，即兒童本位教育，這是盧梭消極教育的真諦。但唯其兒童有絕對的自動性，才能期待無為而為的消極主義的積

199

極效果。盧梭說：「兒童與生俱有學習的能力」，兒童是內在本性能自發活動的有機體，教育的旨趣在於促進有機體的自發活動，使其自由的發展。

四、個人與社會人的調適原則

盧梭認為人類最高的喜悅，存在於自我滿足中，真正幸福的人，是指脫離一切社會關係的孤獨人。由此可見，盧梭的立場，顯然是個人主義的，且他以自愛為人類最原始、最純真的感情，自愛是一切感情的泉源和原理，而感情居於人類精神生活的王座，一切精神生活莫不隸屬於感情生活。一般人都認為盧梭的教育思想裡是摒棄社會生活的，不過我們從他對嬰兒哭聲的詮釋，或許可以了解他並非絕然的個人主義。他說：「個人與一切環境的關係由這個哭聲而產生。」這個乍看似乎矛盾，其實並不然。盧梭的目的不在培養野蠻狀態的自然人，乃在培養文明狀態的自然人，他是依據兒童身心發展的時期，當他們尚未了解社會人倫關係時，則實施以完成個人為目的的教育；等到兒童的社會意識發展以後，才實施社會生活的訓練。所以，盧梭是在努力調和個人與社會人的職責。

五、《愛彌兒》一書的教保思想

《愛彌兒》代表盧梭的教保思想，對後世教育有很大的影響，此書是應塞朗夫人（Mme de Chenone eaux）的請求，同時也為自己沒有親自教養子女而產生內在的補償作用而為。他著此書時，年已50歲。

全書共分五篇：

1. 出生到5歲的教育

以幼兒的身體養護為主。此期教育要注意幼兒的健康，凡是以妨礙兒童身體發育的，限制幼兒心靈自由的，違反幼兒天性的，都要避免。盧梭反對以襁褓衣包裹嬰兒，因為它妨礙身體及四肢的自由動作，而且孩子能獨力做到的事情，不必假手大人。幼兒必須學習對周

遭環境的適應，若使幼兒不曾有過苦痛或挫折，則其日後可能不堪人生波折。盧梭也強調，兒童應由自己母親哺乳，此不只為兒童身體上的利益著想，也為使母親對兒女有較深的感情。在幼兒時期，由於尚未成熟，關於知識與道德的發展不必過於注意。

2. 5到12歲的教育

注意體育、經驗、感官的教育。此時期多讓兒童去接觸外界的實物，最好用自然的種種問題，使他能權衡輕重、測驗長短、估計高下遠近的距離，並利用繪畫的技術以訓練兒童的感官，因為多習圖畫，能使觀察正確、手腕靈活。

在此階段，盧梭倡導「消極教育」（negative education），它完全不在教德性或真理，只在保護內心使免於罪惡，及保護思想不犯錯誤。對於行為的訓練，最好是靠自然的結果，如愛彌兒打破窗戶就任他受寒，貪吃東西就任他肚子痛……。盧梭稱這些方法為「消極教育」。

3. 12到15歲的教育

知識的教育時代。此期又稱「理性時期」（the age of reason），是由於有理性判斷的出現，也是此時期顯著的特色。

注重知識教育及手工教育，以啟發兒童的好奇心與求知慾，教導兒童謀生技能，一切無用難懂的學科應予以刪除，以自然科學為學習主體。在方法方面，以實務的認識重於書籍的背誦，要讓兒童徜徉山水、觀察星辰、認識花草，使兒童多做自動探求、思考、發明和實驗，不要徒靠書本上的記問之學，培養兒童對知識的嗜好及獲取新知識的能力，在此時期宜被重視。

4. 15到20歲的教育

道德、宗教及感情教育的時期。在此之前，兒童只知有自己，不知有他人，他完全不明瞭社會關係，到了青年期，心情起了變化，不能孤立生活，要注重人我關係，接受道德教育與宗教教育。此時又為感情教育時代，男人一旦有伴侶的需要，他就不再是孤獨的人，人類關係的領悟及社會生活的知覺，都在此時產生。

5. 女子教育

以服從、忍耐及取悅男子為學習內容。他以為女子應服從男子，不必研究高深科學，如愛彌兒之妻蘇菲亞。善於料理家政，懂得裁剪、刺繡，學習可以陶冶性情的技藝，懂得唱歌、愛好音樂，能彈琴、善跳舞，以取悅男子即可。女人一生必須服從禮法，還要服從他人的意思，養成抑止自己內心想法的習慣。女人要常常服從於男子及其判斷。女人第一就是要柔和，從小學習忍耐。

參、對幼兒教保的貢獻

十八世紀中葉，偉大的教育思想家盧梭，有感於當時國家、社會、宗教的形式主義，所造成的上流社會的驕奢淫佚，一般平民的被壓迫、被奴役及被鞭策。他緬懷太古時代社會的日出而作、日入而息的出於天性所使的自然狀態，不免產生一種「回到自然」的思想。他相信人類秉諸自然的天性感情都是好的，順天性感情都是好的，順天性感情的表現都是真的，人在自然的狀態中，才有自由，才有平等。盧梭既反對政治和宗教的形式主義，自然也反對教育的形式主義，因而提出他自然主義的教育學說，因此我們批評和了解他對幼兒教育的貢獻，必須從這個背景來了解，才有意義，也才不致偏頗。下面說明他對幼兒教育的貢獻：

一、以幼兒為教保的中心

盧梭認為，人生的每一個時期、每一個狀態，皆有其各自適應的完美性，與該時期的獨特的成熟性，所以他主張幼兒應該有其本身存在的意義，不能把它當作其他事物之手段，也就是說，讓幼兒真正過著幼兒的生活，尊重其自身之人格與地位，順應其自身的需要與能力。

二、重視幼兒的個性

教育必須重視幼兒的個性，才能因材施教，因為每個幼兒皆有其個別差異。

三、強調幼兒的身體活動

幼兒時期，由於感覺、理性及感情都尚未表現出來，只有健全的四肢及活潑的身體，所以此時期的教育應特別注重身體的鍛鍊，為後期感覺與理性教育的基礎。因為健康的身體是健全精神的基礎，所以盧梭對幼兒身體健康的教育方法非常重視。下面從消極及積極兩方面加以說明：

(一)消極方面

1. 在營養上，主張母親必須親自哺乳。
2. 不在必要時，不看醫生及吃藥。
3. 選擇適於身體健康的自然環境。

(二)積極方面

1. 幼兒應實行冷水浴，用水鍛鍊其忍耐寒暑變化的能力，以促進身體健康。
2. 充分活動，注意幼兒的衣著必須寬鬆，以免妨礙身體手足的活動。
3. 讓幼兒接受飢餓、口渴及疲勞等的考驗。

四、打破形式的教保方式

使教育有其獨立的社會功能，不再附屬於教會、社會與國家。

五、新兒童教育觀

幼兒的獨立性，受到世人的注意，童年不再是附屬於成年的一個階段，幼兒不再是成人的縮影了。此外，把教育的重心由原來重視課程轉移到幼兒興趣的重視，其功亦不可沒。

六、啟迪幼兒教保思想

影響後來德國教育家福祿貝爾、義大利教育家蒙特梭利，甚至近代的杜威、皮亞傑以及尼爾等人的教育學說，亦直接或間接的受其影響。

👶第三節　裴斯塔洛齊的教保思想及其對幼保的貢獻

裴斯塔洛齊（J. H. Pestalozzi, 1746-1827）
——貧苦兒童的導師

使人類本質的內在力量，提升為純潔的人類智慧，才是教保的目的。

壹、生平與著作

1746年生於瑞士的蘇黎士（Zurich），其父為醫生，祖父為牧師，5歲喪父後，由母親及女傭巴貝莉（Babeli）扶養成人。由於受母親忠敬之心及祖父同情貧民的影響，裴斯塔洛齊自幼即有悲天憫人的情懷。

1754年進拉丁學校，1764年入蘇黎士大學的哲學系，因閱讀盧梭的《愛彌兒》和《民約論》深受感動，這兩本書對他後來的教育理念有很大的啟示與影響。1769年與長其7歲的安娜女士結婚，次年長子約克（Jacques）誕生，約克是裴斯塔洛齊根據《愛彌兒》的教育原理，每天加以觀察記錄並用其方式教育成長的。

1774年裴斯塔洛齊在新莊（Neuhof）設一所勞動學校，收容孤兒與貧童並教以讀寫與耕織，後因兒童過多宣告停辦。此後的裴斯塔

洛齊就改而從事教育的著述工作，以宣揚他教育改革社會的思想。
1780出版《隱士的黃昏》（*The Evening Hours of A Hermit*），此
書闡揚了盧梭自然主義的教育思想，並孕育了他自己以後在實際教
育工作上所主張的教育原理。1782年發表名著《林那特與葛楚特》
（*Leonard and Gertrude*），書中主旨在強調教育為改良社會的基
礎。此書出版後甚受大眾歡迎，其聲譽亦隨之散播四方。

　　1798年法軍入侵瑞士，造成無數孤兒流離失所，政府於史坦茲
（Stanz）設一所孤兒院，收容4至8歲兒童數十名，由裴斯塔洛齊主
持，雖不到一年即遭解散，但其教育效果卻甚顯著，尤其對當時歐
洲的幼稚教育及初等教育均有影響。1799年裴斯塔洛齊赴布格多夫
（Burgderf），先執教後辦學校，倡導直觀教學法。1801年其子約克
病亡。1802年拿破崙親訪裴斯塔洛齊的學校，對他推崇備至，此時
出版《葛楚特如何教育子女》、《拼法、讀法教學指導》及《母親
的書》等著作。1805年再於伊弗頓（Yverdum）建一所學校，此校始
建即名聞遐邇，不但遠地家長皆送子女來入學，即許多教師也遠來學
習，而使伊弗頓成為歐洲的教育聖地。後因伊弗頓名望太高，以致漸
成一部分貴族兒童的特殊學校，加上學校同事間相處不睦與地方官署
又不協調，良師次第離去，1825年這所學校終於關門。裴斯塔洛齊
又回新莊過著退隱與整理文稿的生活。1826年出版《天鵝之歌》、
《我的生涯》，1827年8月17日這位貧苦兒童之父與世長辭於布爾
克。

貳、重要的教保思想

　　裴斯塔洛齊是西方教育史上的一位貧民教育家，也是鼓吹教育具
有促進社會進步的思想家。他是一位深信自然主義教育思想的教育
家，受到盧梭的影響極大，他將自然主義的教育理論，實際的應用在
他的學校，使兒童天賦能力得以充分發展。

　　裴斯塔洛齊積極主張普及教育，他一生最引人懷念的莫過於他的

教育愛。盧梭把教育重點指向兒童，裴斯塔洛齊更把教育的對象擴展到貧窮的幼童。他以為政治、社會、經濟權利的贏得，若不能伴以人們能力的發展，那是沒有什麼意義的。個人發展的權利，必須在其他一切權利之前。兒童能力不能發展，則一切權利都是空洞的。

裴斯塔洛齊根據其人道的崇高理想和人性的見解，提出三個挽回人性式微的原則：(1)真正的改革必須由個人出發而非由社會出發；(2)只有使個體把握自立自助的能力才能使人高尚；(3)教育的目的在順乎發展的歷程。也因為這樣的立論基礎，所以裴斯塔洛齊演繹出下列幾個教育方法的原則：(1)發展必須是和諧的；(2)普通教育先於職業教育；(3)強調增強兒童能力的重要；(4)兒童的能力是由內向外開展；(5)教育要順乎自然，按兒童的能力求發展。

基於以上他對人性及教育的看法，我們將其教育思想分為教育意義、目的、方法等三方面作一說明。

一、教保的意義

裴斯塔洛齊反對以成人的思想與看法強迫兒童接受教育，他主張教育應如植物一般，人出生時即像一粒種子具有畢生發展的潛能，教育只在提供適當的環境，避免無謂的干擾，使其循序發展。他在《隱士的黃昏》一書中說：「使人類本質的內在力量，提升為純潔的人類智慧，才是一般的教育目的。」此種把教育當作內在精神力量的「自動發展」，成為後來人們研究教育的一個轉捩點（田培林等，1976）。

二、教保的目的

1. 完人的教保目的

依據裴斯塔洛齊的觀點，教育乃是把一個人充分的加以訓練，使其成為一個完人的一種技術，其目的自然並非培養學者或工人，而在培養完人。正如其在《葛楚特如何教育子女》一書中所說：「我希望人們能了解教育的目的在發展人類的本性，適當的培植其能力與才

智，以及幫助其成為一完人。」

　　完人教育，依裴斯塔洛齊的說法，即是手、腦、心之訓練。手即是身體，包括體力與技能；腦即是智慧，包括知識及思想；心即是精神，包括道德及宗教。手、腦、心雖為人之不同器官，但必須相互為用，不可視為各自獨立的因素，而破壞人性之平衡。也就是說，教育之目的，在求個人體育、德育、智育的均衡發展（楊敏，1986）。

2. 教保的目的在人類本質的改造

　　裴斯塔洛齊的社會改革運動，一開始就把教育工作和社會文化運動連結在一起。他認為人間的一切苦難與悲慘現象來自文化問題，要解決文化問題又非從人類全體的心靈本質徹底改造不可，此即教育的目的。

3. 教育除了重視個人本質的和諧發展，還需重視道德訓練與宗教陶冶

　　裴斯塔洛齊以為人乃社會的動物，必須在社會中才能獲得教育效果。因此，除依兒童身心發展與適性的教育外，還需重視道德訓練、宗教陶冶等文化價值（林朝鳳，1986）。

三、教保的方法

(一)直觀教學法

　　裴斯塔洛齊認為，直觀的三要素是數（number）、形（form）與名（name）。一切教學均需從這三方面開始，也就是說，教學應從實物的數目、形狀、名稱三個要素入手，最後綜結到抽象的概念與文字。換言之，即應用感官，直接去與實際事物接觸，而獲得直接經驗。教育的實施，如果從具體確定的事物入手，以求個別的了解，然後及於一般的觀念，則可得事半功倍之效。裴斯塔洛齊認為教育的基礎不在書本的學習，而是實際的生活，所以主張教育應以實物教授，故而力倡直觀教學法。

(二)慈愛與威嚴並重的教育方法

　　裴斯塔洛齊以為一個完善的家庭教育必須一方面來自母親的慈

愛，另一方面必須得自父親的嚴格要求。所以他認為慈愛可以使幼兒具有情操，但是從嚴格中才能獲得真確的知識。

(三)教學的基本原則

1. 每一種教學必須根據幼兒心理的發展由易至難。
2. 讓幼兒有足夠的時間熟練他所學習的材料內容。
3. 直觀是教學的基礎。
4. 語言必須和直觀連結在一起。
5. 師生之間必須以關愛作為教導基礎。
6. 教師必須尊重兒童。
7. 教育應自內而外，發展兒童固有的潛在能力。
8. 知識必須加以應用，才能發揮其功效。

參、對幼兒教保的貢獻

裴斯塔洛齊以教育改良社會，畢生從事貧民教育、孤兒教育、國民教育和師範教育，他是世界性的教師，對他本國瑞士及歐美各國的教育有極大的影響。

一、瑞士

裴斯塔洛齊在瑞士的地位，如同孔子在中國一樣。他激起了社會大眾對平民教育的關注，並為平民教育的師資培養奉獻畢生的心力。

二、德國

德國是當時全世界的平民教育最發達的地區，與裴斯塔洛齊教學精神有很大的關係。他在德國最大的貢獻是啟發了後來德國兩大教育家赫爾巴特和福祿貝爾的教育思想。

三、英法

英國歐文（Owen）的「幼兒學校」運動受了裴斯塔洛齊仁慈關愛的精神影響，因此對教養工廠的童工及孤兒甚為關心。此外，法國

1831年發表「普魯士公共教學報告書」（Report on Condition of Public Instruction in Germany and Particulary in Prussia），對日耳曼在中、小學教育的優異表現大為讚揚（林玉体，1980）。

四、美國

美國的國民教育及師範教育都帶有濃厚的裴斯塔洛齊的色彩。

至於其對幼兒教育的重要貢獻，像教育意義的闡釋、教育目的的完善，以及教育方法的革新等，均有甚大的貢獻，於此不再贅述。至於對後來福祿貝爾及蒙特梭利幼教思想影響，其功是不可沒的。

第四節　福祿貝爾的教保思想及其對幼保的貢獻

福祿貝爾（F. Froebel, 1782-1852）

——幼兒園及恩物的
　創始人

遊戲起於快樂而終於智慧的學習。

壹、生平與著作

福祿貝爾於1782年4月2日生於德國杜林根，生後九個月母卒，其父為一名新教牧師，後母待其十分冷酷，幼年時因而喜歡在大自然的懷抱中，此為後來思想與哲學的基礎。先入鄉林女子學校就讀，10歲時才由舅父送

往城中公立學校，此後宗教與神學與他結了不解之緣。1799年福祿貝爾17歲，進耶拿大學專攻數學及自然科學。20歲時父親過世，為生活做過各種工作也曾輟學。1805年夏天曾到法蘭克福（Frankfurt）一所裴斯塔洛齊式的學校任教，此時他發現自己對教育的愛好，於是常到伊弗頓見裴斯塔洛齊並向他請教。至伊弗頓任教兩年之後，自認學問不足，又回到德國入大學就讀。

1814年從軍為反拿破崙而戰，但不久旋即離開軍隊，任家庭教師，並從事教育的研究工作。1816年創辦實驗學校，兩年後與柏林大學礦物博物館同事維廉明女士結婚。44歲寫了一本《人類的教育》（*The Education of Man*），內容偏神祕主義的兒童教育哲學。55歲即1837年設幼兒學校於布朗根堡（Blankenburg），收3至7歲的幼兒。在這段時間裡孕育了他「花園即學校，花草如幼兒，老師即為園丁」的思想。1840年正式將幼兒學校命名為幼稚園（kindergarten），這是世界上第一所幼稚園。他並曾寫《母親遊戲與兒歌》（*Mother Play and Nursery Songs*）一書作為幼兒教育的教材。此所幼稚園頗為當時社會所注意，並有許多學校教師前往研究此種制度與組織，惜後因經費短絀，只得於1844年停辦。

1849年得白太男爵夫人（Baronass Berthevon Mareubolty Bulow）協助，在馬里恩達（Marrenthaly）建一所規模稍大的幼稚園，惜後來有人竟將其自然主義的教育學說與其姪子卡爾（Karl Froebel）的社會及政治解放思想混為一談，促使普魯士政府疑其有革命思想，突然下令停止該處的幼稚園，他的教育思想與實際的活動雖贏得了至高尊榮，卻也因此遭受打擊，終於1852年6月21日與世長辭。

貳、重要的教保思想

福祿貝爾的教育思想，乃源自他的哲學思想，而且充滿濃厚的宗教色彩。其哲學思想受其在耶拿大學求學時著名的哲學家如歌德（Goethe, 1749-1832）、謝林（Schelling, 1775-1854）、菲希特

（Fichte, 1762-1814）、黑格爾（Hegel, 1770-1831）等人的影響。至於福祿貝爾教育思想中的宗教色彩，則來自另一位哲學家克勞斯（Krause, 1781-1832）的觀念論。此外，他更受柯門紐斯、盧梭及裴斯塔洛齊等大教育家的學說影響，所以，福祿貝爾的教育思想可以說是綜合前人的教育思想，而為十九世紀的集大成者。

下面說明他重要的教保思想。

一、教保目的

他認為幼兒的天性是善良的，萬物的存在皆賴神及其神聖的統一。他曾說：「教育應引導及指導人對他自己及其本性的清晰與自然相和，並與神成為一體。」且認為教育的目標在引導一位有思想、有智慧的人，漸漸趨向自我覺醒。

因此，他的教保目的大致包括下列四點：

1. 和諧而統一的人格。
2. 具有充分發表的個人能力。
3. 良好的社會適應關係。
4. 培養具有膽識、有智慧的個人。

二、教保原則

1. 重視幼兒的自我發展

他發現幼兒發展是不斷的循序漸進，因此將發展階段分為嬰兒期、兒童期、少年期及青年期，這之間是具有連貫性的，和盧梭的《愛彌兒》分期相同。福祿貝爾認為嬰兒期乃是感官的發展期，也是語言的開始，他特別重視「名稱」，幼兒可從名稱中了解周圍的事物，遊戲為嬰兒期顯著的活動，亦是幼兒發展的最高階段。因為遊戲是內在自我活動的表徵，是最純潔、最富精神性的活動，可以給予幼兒歡樂、自由、滿足，以及外在與內在的休息，使他和平處世，把握善的泉源，可見遊戲對幼兒的重要性。福祿貝爾亦非常重視手工，認為工作是幼兒人格實現的必要條件，透過手工可以訓練幼兒感官發展

及培養幼兒的想像力和創造力。

2. 重視幼兒的自我活動

他的教育方法是提供幼兒種種機會從外界獲得自身的經驗，他認為發展是由內向外的，教育的歷程始於自我發展，因此鼓勵幼兒接觸自然，從體驗中發展幼兒本能的自我活動，如此方有助於幼兒潛能的發展。

3. 重視幼兒的社會參與

認為人是社會的動物，因此要與社會生活在一起，因此要培養幼兒「社會化」的能力。他主張使教室成為社會的雛形，同時在所有的活動中發展幼兒互助、合作、團結與禮讓等社會行為。

三、教保方法

1. 遊戲教學

幼兒的世界是個遊戲的世界，遊戲是幼兒生活中最重要的部分，且具深刻的意義。福祿貝爾把遊戲定義為一種「自發性的自我教育」（Spontaneous Self-instruction），由此可見，遊戲在幼兒成長過程中所扮演的角色。這些在大人眼中看來似乎零碎而不完整，甚至毫無意義的活動，卻往往是幼兒日後面對不同情境時產生應變的動力。所以福祿貝爾把遊戲列為幼稚園中最重要的課程，《母親遊戲與兒歌》即為促進幼兒身心健全發展而作的遊戲教材。

依福祿貝爾之見，幼兒遊戲的價值有三：(1)幼兒在遊戲中，無論對「人」或對「物」都必須接受規律的訓練，藉此培養幼兒的責任感和秩序觀念；(2)在遊戲中，幼兒可以開懷心胸得到自由發揮的機會，如此可以提高教學效果；(3)幼兒遊戲活動對於「物」有各種「動作」，對人有各種「合作」和「語言」，幼兒可以在遊戲中唱歌與舞蹈。

2. 恩物教學

恩物（Gifts）即是「神恩賜給幼兒的玩具」，根據自然界的法則、性質、形狀等用簡易明白的物體製成，作為人類了解自然、認識

自然的初步訓練。恩物的種類共有二十種，這是福氏從1835年開始研究，直到1850年逐步發展完成的，前十種稱分解恩物，著重於導向幼兒發現，是帶遊戲性的恩物；後十種稱為綜合恩物，在導引幼兒的發明與創造，是帶作業性的恩物。茲說明於下：

第一恩物：六色球——用紅、藍、黃、橙、綠、紫的絨線織成球套，分有帶子和無帶子兩種，其目的在使幼兒分辨顏色、數目和方向，球體代表大自然，可以培養個人圓滿的人格。

第二恩物：三體——木頭的球體、圓柱體、正方體，其目的在使幼兒認識三體的名稱、形狀和性質等，藉以培養幼兒自發自覺的能力、理解力和分類能力。

第三恩物：立方體——八塊小積木製成，這是福氏化整為零、化零為整的哲學思想，在培養幼兒思考力、數的觀念及創造力。

第四恩物：立方體——八塊積木組成，可以滿足幼兒的要求和發展幼兒的內在力。

第五恩物：立方體——三十九塊小積木組合而成立方體，此恩物讓幼兒經歷數目的增加和體積的增加，可讓幼兒體會藝術美的建築。

第六恩物：立方體——此恩物是空間利用的建築，可滿足幼兒的要求欲望，進一步發展幼兒的智慧、想像力與創造力。

第七恩物：面——由薄板做成的色板，與我國七巧板相仿。其目的可使幼兒了解立體與平面的關係，是由具體進入抽象的關鍵。

第八恩物：線——材料可由細竹子、小棒子或吸管做成。藉此幼兒可以了解線是無限的長，培養幼兒對數的正確觀念、長短距離的認識和物體正確的形狀、觀察力，以及認識物體的輪廓。

第九恩物：曲線（環）——透過藝術性的花樣，培養幼兒美的創造力、實物遊戲、數的觀念、注意力，以及創造力。

第十恩物：點（粒體）——這個恩物表示物體的極限，可幫助幼兒認識點，了解點只有位置而無形狀，可訓練幼兒手指肌肉的發展並明瞭點、線、面的密切關係。

以上十種恩物可稱為分解恩物，是概念、分解與思考的教具。

　　第十一至二十種恩物是操作、感覺與訓練的教材，亦被稱爲「手工」或「工作」，乃因其最直接的目的是幼兒要在社會生活，不論現在或未來，這些都是重要的各種行動的基礎。

　　第十一恩物：打洞——幼兒藉反覆觸摸中得到快感，以增強他們的手指肌肉。

　　第十二恩物：縫——利用厚紙或薄板在上面穿洞。在把兩種分離的東西接連起來的過程中，可以培養幼兒的細心與忍耐，並且了解縫的功用。

　　第十三恩物：繪畫——讓幼兒自由發展表現潛力，繪畫的取材是多元的，藉此以培養幼兒的思考與創造力。

　　第十四恩物：編織工——由色彩調和的正方形來讓幼兒編織，使幼兒了解面的關係、學習上下，以及由數目學習數學。

　　第十五恩物：摺紙工——透過摺紙的順序，認識角、邊、對角線的關係，可以使幼兒集中注意力，養成其數的觀念，並且可做方向和位置等記憶的訓練。

　　第十六恩物：剪貼——將分解的東西再總和起來，能辨別部分和全部的關係，明確分辨角和邊的關係，可以培養幼兒的注意力並發展其色彩感。

　　第十七恩物：豆細工——此已由半立體進入到立體的表現。此恩物特別注重角和邊的關係。

　　第十八恩物：厚紙細工——使幼兒由角、邊、面來表達立體工，可培養幼兒剪、摺、黏的能力，調和運動訓練，認識點—線—面—立體的關係，滿足幼兒的求知慾和安全使用工具的概念。

　　第十九恩物：玩砂——拿砂在手中時，使幼兒感覺到觸覺和量感。

　　第二十恩物：黏土——此項恩物綜合了創造及藝術的效果，利用黏土的可塑性，訓練幼兒的雙手及手指的靈敏度，藉以培養幼兒的藝術心，增強觀察力、注意力及創造力（劉美淡，1985）。

　　福祿貝爾的幼稚園，在使幼兒用各種「恩物」共同作業，組成有

系統的活動，以啓發幼兒創造、審美及聯想的能力。「恩物教學」的主旨，在從「恩物」的遊戲中，訓練幼兒的感覺以及「規律觀念」。每組恩物的各個部分，必須依照規律整理起來，方能表現出它的價值，且可使幼兒有一個「統一」、「整體」的觀念。福氏認爲「遊戲」、「恩物」是兒童「自動直觀」的基本要素，而「自動直觀」乃是發展兒童內在性質的有效方法。

　　福祿貝爾生平致力於自然研究，對於宇宙有深刻的了解，認爲自然界萬物都可用作教育的資料，這些資料都是上帝所賜的象徵。他主張象徵主義（Symbolism）的教育方法；他以爲用象徵法訓練幼兒知能的發展，是最自然的教育方法，其「恩物」的設計便是作爲自然的具體象徵，恩物中的球、圓形體、方形體、圓柱體是象徵自然界的一切現象，球是宇宙地球的象徵，圓形體表示動物的形體，方形體表示人工，圓柱體表示人工與自然的聯合，每種恩物均有其寓意，使幼兒了解神意，認識自然，進而理解自然。依據福祿貝爾的主張，幼兒在幼稚園的活動，時而在教室，時而到戶外，自由地參與團體活動，充分地自我發展與自我活動，方可達其「自然發展」的教育目的（朱敬先，1986）。

參、對幼兒保育的貢獻

　　福祿貝爾對幼兒教育的貢獻約略有下列幾項：

一、創設幼稚園

　　給予幼稚園名稱、形式，並賦予其精神。

　　福祿貝爾在布朗根堡設立幼兒學校，專收3至7歲之兒童，以幼兒遊戲、兒歌和一套次序連貫的恩物和各種作業作爲指導幼兒的課程。後來又於自然界中獲得新理念，以花草爲幼童，花園爲學校，園丁爲老師，學校爲兒童生長之園地，教師如培育花木之園丁；又於1840年將幼兒學校命名爲幼稚園，1849年成立保母養成所，以訓練

215

幼稚園師資。福祿貝爾的幼稚園視兒童為一種自我活動的存在，所以他倡導活動教學，觀察兒童生活、設計遊戲的種類及玩具，並且注重手工作業，希望發展兒童內部的創造力。

二、重視兒童教育的重要性

福祿貝爾認為人類每一階段的發展，自身是一種目的，兒童時期應有兒童自身的目的，其承續盧梭、裴斯塔洛齊的精神，重視兒童教育與重視兒童的人格思想。教育必須奠立在兒童的活動及自然演進的程序上，教育是一種開展的歷程，是由內向外的發展，而不是由外向內的形成。他認為教育的目的是引出個人更多的潛能，而非加諸個人更多的記憶負擔。整個的兒童教育應著重於兒童的自我活動與自我表現。

三、強調兒童個別與團體活動的協調

在福祿貝爾的幼稚園中，兒童的活動受到最大的尊重，兒童的活動即是其內在本性的發展與表現，他不但重視兒童的個別活動，而且重視兒童團體的遊戲活動，使兒童在團體活動中，明白自由的限度、合作的真諦與紀律的需要，強調兒童個人與社會協調的重要性。

四、認識遊戲的重要性

福祿貝爾是第一位認識「遊戲」在兒童發展中真正意義的教育家。他認為遊戲是一種自我表現，是內在需要衝動的表現，兒童在遊戲中可以發覺自己和他人的關係，遊戲使人得到快樂、自由與滿足內在與外在的寧靜。

五、發明恩物，重視自我創造的活動

恩物的產生是為了配合兒童遊戲的需要，這是根據自然界的法則、性質與形狀，用簡單的物體製成，作為人類初步了解自然的訓練。此外，將工作列入學校教學活動中，逐漸使體力的發展與心靈的成長互相配合，而成為自我創造的活動。福祿貝爾不僅充實了教育活

動的內容，同時也擴大了學習的領域。

☺第五節　蒙特梭利的教保思想及其對幼保的貢獻

蒙特梭利（D. M. Mon-
tessori, 1870-1952）
　──幼兒科學教學法的
　　創始人

　　對孩子來說，學會某些
事情不過是一個出發點罷
了；當孩子學會某種練習
時，他們會覺得反覆去做那
件事非常有趣，而獲得完全
的滿足；想要不受限制一直
重複做下去，他的心理上各
種活動力的展現便由實踐的
行動得到樂趣。

壹、生平與著作

　　蒙特梭利爲義大利人，1870年生於羅馬，父爲一宗教家，對其
天資極爲聰穎的獨生女蒙特梭利的教育非常注意。1895年蒙特梭利
畢業於羅馬大學，爲義大利女性得醫學博士學位之第一人。畢業後在
羅馬大學附屬精神病院任助理醫生，因職務關係常與智能不足兒童接
近，因而潛心加以研究。1898年任國立特殊兒童學校校長，並發表
〈低能兒童教育〉論文，發現精神病兒童的治療，心理治療遠比生理
治療有效。她對智能不足教育的先驅依達（M. G. Itard）、塞根（E.
Segnine）、塞奇（S. Sergi）等著作有深入的研究。

217

　　1898年蒙特梭利出席義大利吐林（Twin）所召集之教育會議，以智能不足兒童教育為題，發表演講大受歡迎，繼而更至倫敦、巴黎等地，研究智能不足兒童教育之種種設施。由於她對智能不足兒童的教育經驗，認為用她的方法，對正常兒童之教育也必更加有效，尤其是對幼兒的教育，於是就轉而從事幼稚教育方法的研究。1907年奉羅馬政府委派創「兒童之家」，依自由活動方式進行教育，從觀察兒童活動中產生新的教育思想，名之為「科學教學法」（Method of Scientific Pedago），後被各國稱為「蒙特梭利教學法」（The Montessori Method），《蒙特梭利博士手冊》（*Dr. Montessoris Own Handbook*）是為詳述其教學法的實施步驟而作。

　　1939年因不滿法西斯政府的專權避居印度，出版《兒童的祕密》（*The Secret of Childhood*）一書，書中指出教育應認識兒童內在尚未顯見之力量而善加利用。1946年出版《新世界的教育》（*Education for A New World*），闡述其幼兒教育的原理與分法。二次大戰結束後，前往義大利山瑞姆（San Remo）出席第八屆蒙特梭利教育會議，後仍回荷蘭居住，於1952年5月6日逝世，重要的著作除前已述及之外，尚有《科學的教育學》、《教育人類學》、《蒙特梭利教學法》、《早期幼兒教育法》等。

貳、重要的教保思想

　　蒙特梭利在教學的過程中，發現孩子有強烈探索環境與周遭一切的本能，這種生命的衝動促使孩子從日常生活中學習並發展自我。提供孩子自我發展的先決條件，便是給孩子一個好的學習環境，有專門的知識引導和豐富的學習內容。這種源於自我法則的學習方式，使孩子成為教育的中心，容許孩子個別學習，使孩子的智能伴隨情緒一起成長，在行動上變得和諧，在工作上獨立，在朋友間互信、互助、互相敬重。要了解蒙特梭利的教育思想，從這些觀點來認識，方可把握其真精神。以下分從1907年「兒童之家」的創辦及蒙特梭利教學法

感覺教育、數的教育及日常生活教育，分述其重要的幼教思想。

一、「兒童之家」的設立及其教保理念（岩田陽子等 著，1987）

(一)「兒童之家」的教育意義

「兒童之家」是蒙特梭利於1907年創設於羅馬貧民區的教育設施，在這裡兒童是主人，所以稱為「兒童之家」（Lasa dei Bambi-ni）。

它是以培養幼兒身心均衡發展的人格為目的，以地理及文化的條件為基礎，特別為2歲半到6歲之間兒童所設置的教育環境。兒童本是好動的一群，他們對任何物品都有想要摸一摸的衝動。兒童人格形成的主要動力，就是這種把內在的生命力「作業」的方式表現出來。「兒童之家」設置的意義，首先老師必須消除對兒童先入為主的偏見，然後才能為兒童準備一個能幫助他們自然發展的環境。這個環境不單是準備適合兒童體型的用具，根本上還是要站在尊重兒童，使其形成健全人格的觀點上。這是為了滿足兒童生命衝動和成長發育期的「敏感期」，讓兒童在操作中養成專注能力，以教育出擁有正常特質的兒童。因此設置「兒童之家」的意義，是為了提高和教育目標有關的教學效果，並重視兒童的活動意義。

(二)「兒童之家」的環境三要件

1. 物的環境條件

(1) 身體的平衡。

(2) 精神上的平衡。

(3) 具有吸引力。

(4) 合乎衛生的。

(5) 生活化的。

(6) 具有民族色彩的。

(7) 有關自然的。

2. 人的環境條件

　(1) 兒童之間互為規範，相互學習。

　(2) 年長的兒童能幫助年紀小的兒童。

　(3) 養成年長兒童的責任感。

　(4) 培養互助合作的精神。

　(5) 尊重每個兒童的能力及自發性。

3. 關於教育內容的環境條件

　(1) 能有反覆練習的環境。

　(2) 能有自我發現、訂正錯誤的環境。

　(3) 可以自由選擇目的物的環境。

　(4) 可以自己進行活動的環境。

　(5) 可以要求分解操作活動的環境。

　(6) 可以要求肅靜的環境。

(三)「兒童之家」的教保內容

1. 日常生活練習（四大類）

　(1) 基本運動（握、搬運、坐、倒水的方法等）。

　(2) 社會行為（打招呼、打哈欠的方法等）。

　(3) 對環境的關心（鋪床的方法、掃除、澆水等的方法）。

　(4) 對自己的照顧（洗手、擦鞋、換衣服等的方法）。

2. 感覺教育（十六種教具）

　(1) 圓柱體。

　(2) 粉紅塔。

　(3) 棕色梯。

　(4) 長棒。

　(5) 彩色圓柱。

　(6) 色板。

　(7) 幾何圖形嵌板。

　(8) 幾何學立體。

　(9) 構成三角形。

(10) 觸覺板。

(11) 溫覺筒。

(12) 重量板。

(13) 實體認識袋。

(14) 音筒。

(15) 味覺瓶。

(16) 嗅覺筒（音感鐘）。

3. 算術教育（教具）

(1) 數棒。

(2) 砂數字板。

(3) 教棒和數字板。

(4) 紡錘棒箱。

(5) 口的活動。

(6) 郵票遊戲。

(7) 取數遊戲。

(8) 奇數和偶數。

(9) 使用數棒的特別練習。

(10) 靜態十進法。

(11) 動態十進法。

(12) 塞根板。

(13) 數的消除等。

4. 語言教育（教具）

(1) 金屬嵌板（感覺教具與語言教具的橋樑）。

(2) 砂紙文字。

(3) 畫卡集等。

5. 文化教育（教具）

(1) 音樂（音感鐘等）。

(2) 地理（地球儀、世界地圖拼圖等）。

(3) 植物（植物卡等）。

(4) 其他。

(四)「兒童之家」的教保方法

蒙特梭利教育課程以及內容，為使教具達到課程化，有關教學的實際方針，大部分集中於教具的使用方法。

圖5-1、圖5-2可以說明師生與教具間的互動關係：

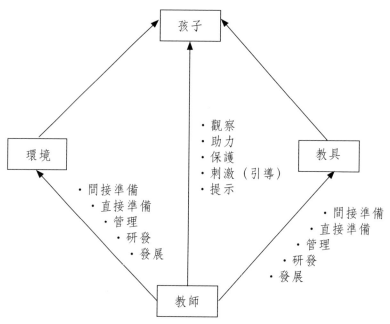

圖5-1　師生環境與教具間的互動關係

教師（提示）　　　　　　　　　　　孩子（活動）

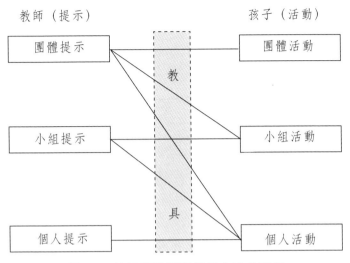

圖5-2　教師與孩子間提示方法的關係

(五)「兒童之家」的入園活動及一天的生活

1.「兒童之家」的入園活動包括團體活動內容、小組活動內容及預備的個人活動內容三方面

　　入園的團體活動內容如表5-1所示，小組活動多半是進行說故事、韻律、歌唱的內容，在選擇教材時，宜考慮兒童的年齡。至於個人活動內容是為那些不想參加團體和小組活動的孩子而設，教師在這方面要準備更有發展性的道具。

表5-1　「兒童之家」入園之初的團體活動內容

基本的運動	社交的行為
走路 坐 站 搬 拿 放	打招呼的方法 感謝和道歉 回答和方法 咳嗽、打噴嚏、打呵欠的方法 門的開關 遞交東西的方法

2. 「兒童之家」的一天生活

「兒童之家」在上午九點開放，下午四點結束活動，其一天生活大致如表5-2（岩田陽子等著，1987）。

表5-2　「兒童之家」的一天生活

9：00～10：00
進入教室　打招呼，服裝儀容檢查，實際生活練習；互相幫助換穿工作服，打掃教室，語言、會話時間，小朋友互相談論昨天發生的事，以及實施宗教課程。
10：00～11：00
認知的訓練　休息片刻後作實物練習。進行名稱練習和感覺練習。
11：00～11：30
簡單的體能活動　為使日常的動作達到優雅，擺出正確的姿勢，走路，排成一列前進，切記姿勢端正，擺置物品時動作要優雅。
11：30～12：00
午餐時間　短暫的祈禱。
12：00～13：00
自由活動。
13：00～14：00
指導遊戲　儘量在室外舉行，這時年長的小朋友輪流進行實際生活的練習，打掃室內，整理清掃用具，作全面性的清潔檢查。會話練習。
14：00～15：00
手工（勞作）　黏土細工、圖案設計等。
15：00～16：00
團體體操和合唱　盡可能在戶外。發展兒童的預測能力的練習：照顧植物及動物。

「兒童之家」是蒙特梭利為兒童創設的家庭生活教育的場所，為兒童布置一個適宜的文化環境，讓兒童能在其中自由、獨立的發展身心。蒙特梭利在羅馬設立第一所兒童之家後，不久旋即於聖羅倫斯（San Lorenzo）設立第二所，此後蒙特梭利學校便如雨後春筍般設立於各國，而其教學法也為世界各國幼兒學校相繼採用。

二、各種感官教育與教具的使用

蒙特梭利的教育內容有五大課程，即日常生活訓練、感覺教育、數學教育、語言教育及文化教育，感覺教育以日常生活訓練為踏板，

而為三個課程的基礎，她深信各種感官的訓練，可以促使兒童智慧上的發展。蒙特梭利為實施感官教育，除取自心理實驗室的測量器材外，另製成16種教具以為訓練各種感官之用。圖5-3和表5-3的說明，讀者或可清晰的明瞭感覺教育承先啓後的重要性，以及各種教具如何達到訓練各種感覺能力（岩田陽子，1988）。

由表5-3，讀者或可看到蒙特梭利特別看重視覺教育和觸覺教育，此乃因為她認為此時期兒童的成長發育，多集中在視覺與觸覺兩方面。這種以教具進行有意義的刺激，教育那些和環境有直接關係的感覺器官，以引導感覺器官的發展和智能的發展，頗值得我們加以重視。

三、算數的教育與教具的使用

蒙特梭利曾說：「閱讀和書寫是人類學習文化的基礎，如果沒有這些，我們就無法學習到文化，但文化具有另一面，那就是數學的領域。」蒙特梭利算數教學透過完整教具的體系，用以培養幼兒邏輯思考，使抽象事物具體化的目的。換言之，其算數教學的直接目的在透過幼兒期的生活經驗，讓孩子熟悉數量，從認識邏輯性的數量概念中進行有系統的學習；其間接目的在培養幼兒對整體文化的吸收、學習，以及形成完美人格時所需要的抽象力、想像力、理解力與判斷力。算數教育由感覺教育為前導，一面給孩子自由，一面刺激他們的感覺器官，並且訓練孩子培養數量概念的邏輯思考的態度（石井昭子等，1987）。

下面以表5-4說明蒙特梭利的算術教具及其可能達到的目的。

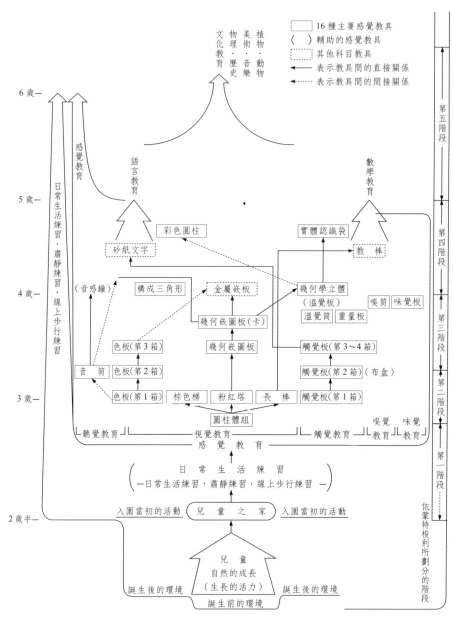

圖5-3　感覺教育與其他教育之關係

表5-3　各種感覺領域的教具和教具的內容

感覺的種類	教具	教具的內容
(一)視覺教育——教育兒童辨別物體大小、顏色、形狀的視覺能力。		
1.大小——(1)圓柱體組…………		高—低、粗—細、大—小，以及高低粗細的組合。
(2)粉紅塔……………		大—小。
(3)棕色梯……………		粗—細。
(4)長棒………………		長—短。
2.顏色——(5)彩色圓柱…………		和圓柱體相同。
(6)色板………………		顏色的種類，顏色的明暗（明亮度）。
3.形狀——(7)幾何圖形嵌板……		各種平面幾何圖形（圓、三角形、四邊形、多邊形等）。
(8)幾何學立體………		基本的幾何學立體（球體、立方體、長方體、三角柱、圓錐、四角錐等）。
(9)構成三角形………		由三角形的種類及三角形的組合所構成（辨別與等值）。
4.其他——(10)二項式……………		顏色和大小的要素之應用。
(11)三項式……………		顏色和大小的要素之應用。
(二)觸覺教育——教育兒童各種觸覺，如手接觸物品的膚覺（觸覺）、溫度感覺、實體認識感覺、用手握持的知覺及壓覺（重量感）等。		
（觸覺教具）		
1.膚覺（觸覺）		
(1)觸覺板……………		物體表面的粗糙—光滑。
(2)（布盒）…………		布的種類與觸感（手指）。
2.溫度感覺		
(3)溫度筒……………		熱的—暖的—溫的—冷的（靠冷水及熱水調配）。
(4)（溫覺板）………		（物體本身的溫度）
3.壓覺（重量感覺）		
(5)重量板……………		重—輕。
4.實體認識感覺		
(6)（布盒）…………		是觸覺及肌肉感覺的同時配合，靠手的觸覺來了解物體（手部觸覺的綜合運用……判斷表面的凹凸、形狀、粗滑、重量等）。

表5-3　各種感覺領域的教具和教具的內容（續）

感覺的種類	教具	教具的內容
	(7)幾何學立體………	基本的幾何學立體（球體、立方體、長方體、三角柱、圓錐、四角錐等）。
(三)聽覺教育——聲音的強弱、高低、種類（樂音的音色）的辨別能力。聲音的種類有無數種，難以製作特別的教具。可從實際生活中聽到的聲音或各種樂音進行分辨。		
	(1)音筒………………	雜音（噪音）的強弱。
	(2)（音感鐘）………	樂音的高低。
(四)味覺教育——用舌頭來感覺味道的教育。		
	味覺瓶………………	基本的味道種類（甜—鹹—酸—苦）。
(五)嗅覺教育——用鼻子來感覺嗅覺的教育。		
	嗅覺筒………………	各種具體物品的味道。

表5-4　蒙特梭利的算術教具與目的

內容	教具名稱	教具的內容與目的
數量概念的基本練習（理解10為止的量與數，認識數量與數字）	1.數棒	以長度（連續量）教導1-10的量，在表示量的10根棒子上有以1為基準的刻度，因此可透過視覺來把握量。
	2.砂數字板	掌握1-10數字（抽象符號）（用手指來描繪，透過觸覺、視覺學習數字的名稱及筆順）。用數棒的量，將名稱與抽象的數字符號連結起來。
	3.數棒與數字板	將上述的數棒（具體的量）與數字（抽象符號）連結起來，也就是掌握住下面的三項關係：
	4.紡錐棒與紡錐棒箱	對應數棒的連續量，透過每一個分開來的量把它束起來，以了解數量。同時學習認識零。

表5-4　蒙特梭利的算術教具與目的（續）

內容	教具名稱	教具的內容與目的
數量概念的基本練習（理解10為止的量與數，認識數量與數字）	5.0的遊戲	將具體的物（果實等）與0-9的數字（卡片）連結起來，加強練習（進行取數遊戲時，知道拿到零就不能拿具體物）。
	6.數字與籌碼（奇數與偶數）	做數字與圓點（具體的量）的配合排列，了解數有奇數、偶數之分。
	7.（使用數棒的基本計算練習）	認識1-10數的合成與分解（學習初步加法、減法）。
十進法（Ⅰ）（認識十進法的基本結構）	1.金色串珠	認識1，10，100，1,000的十進法結構，透過具體物（串珠）的量，知道10個1形成10，10個10形成100，10個100形成1,000。
	2.數字卡片	對應上述串珠（量）的數字及表示數字的位數。
	3.量（串珠）與數字卡片	將上述串珠（量）與數字卡片配合一致。
十進法（Ⅱ）（十進法的加減乘除概念）	1.串珠（交換遊戲用） 2.數字卡片 3.加算 4.減算 5.乘算 6.除算	理解十進法的加強練習。 加強認識十進法及引導認識加減乘除的概念。
十進法（Ⅲ）及併行練習（加強加減乘除的練習）	1.點的遊戲練習紙	加算、乘算加強練習數字的位數及加法運算。
	2.郵票遊戲（加算、減算、乘算、除算）	加強練習數的位數及加減乘除運算。
	3.彩色串珠棒（十黑白珠）——接龍遊戲（加算、減算使用灰色串珠）	做正確的數量與數詞對應的練習，同時也利用具體物練習進位。
	4.（金色串珠棒）	加強加法練習。引導以＋（符號）認識算式，加強10的構成、分解練習加強乘法練習。引導以×（符號）認識算式，加強10的合成、分解練習。

229

表5-4　蒙特梭利的算術教具與目的（續）

內容	教具名稱	教具的內容與目的
連續數的傳統稱呼與排列（認識連續數的數）	1.塞根板（Ⅰ）	教導11-19的數（十位數與個位數之排列）。
	2.塞根板（Ⅱ）	教導11-99的數（11、12、13、……、19、20、21、22、……、29、30……反覆練習、強調十位數進位法）。
	3.數字的消除（練習紙） 4.100數字排列板 5.數字的填空（練習紙）	……記憶0-100的數字排列。
	6.100串珠鍊（短鍊）	將代表10的串珠棒10支串起來，並數1-100的數，同時擺置指標，以視覺來認識位數。將它曲折成正方形，用視覺來了解曲折過後的串珠棒仍代表100。
	7.1,000串珠鍊（長鍊）	與100的串珠鍊做同樣的操作，透過視覺知道1,000可做10個上面做成的正方形，疊成立體，與100串珠鍊做比較。
使用記憶的加減乘除（加強練習基本四則運算）	1.正方形彩色串珠	將1-9各種顏色串珠棒連持成平方的串珠，數一數串珠的數目字做擺置位數的操作或遇倍數就彎曲，讓孩子認識倍數與平方（引導倍數與平方）。
	2.立方體彩色串珠	與正方形彩色串珠進行同樣操作，但是以1-1,000為主，同時將各數的立方彩色串珠鍊曲折成立方體（引導數的立方）。
	1.加法組	練習1加1的加法練習，使用加法板、計算問題集、心算板及填空心算材、問題卡等，自然記憶1加1的答案。
	2.乘法組	以上面所述的同樣教具練習法，進而發展為九九乘法的記憶。
	3.減法組	以加法練習同樣的教具練習，進行個位數中最大的數為減數，答案不超過9的問題（189），自然記憶基礎減法的答案。

表5-4　蒙特梭利的算術教具與目的（續）

內容	教具名稱	教具的內容與目的
使用記憶的加減乘除（加強練習基本四則運算）	4.除法組	練習基礎除法（九九乘法範圍以內），並引導記憶。
幾何	1.幾何卡片 2.幾何卡片訂正表	認識基本的圖形、線、角度，知道它們的名稱。

四、日常生活教育

　　蒙特梭利是以文化人類學以及生物學的立場來探究日常生活訓練的目的。從文化人類的立場來看，日常生活即代表各國的文化遺產，孩子個體的成長與文化遺產息息相關，並且發展積極的人格特質。從生物學的觀點來看，蒙特梭利認為日常生活中的工作，是促使身體機能中，腦、肌肉、感覺，以及精神活動和智能開展的協調發展。其直接的目的在透過學習的過程、指導的練習與活動，養成個體獨立和自主的精神；間接的目的在促進幼兒的意志力、理解力、專注力和秩序感。在「兒童之家」所實施的日常生活教育分為四大類，即有關走路、坐、站、摺、縫等基本活動，其次包括與人打招呼、致謝、應答態度等的社交行為；此外，養成孩子們對環境的關心、對自己的照顧也是日常生活的重要目的。茲將其訓練的內容以表5-5列出供幼稚園參考。

表5-5　「兒童之家」日常生活教育的內容

基本活動	1.走（步行）	2.坐	3.站	4.拿（持）	5.搬（運）
	6.放（置）	7.絞	8.候（移、注）	9.摺	10.切、剪
	11.貼	12.縫	13.編	14.捏	15.夾
	16.轉（旋轉）	17.擦	18.撕	19.打	20.敲
	21.捲	22.削	23.拉	24.揉	25.其他
社交行為	1.門的開關	2.打招呼	3.應答的方法		
	4.與他人接觸的方法	5.感謝和道歉	6.遞交物品的方法		
	7.咳嗽、打噴嚏、打呵欠的方法	8.輪流使用戶外遊戲器材	9.團體遊戲規則		

表5-5 「兒童之家」日常生活教育的内容（續）

社交行為	10. 倒茶	11. 作業的觀察方法	12. 打電話的方法
	13. 問路的方法	14. 洗手間的使用方法	15. 慰問病人
	16. 介紹的方法	17. 車中的禮儀	18. 交通規則
	19. 敲門的方法	20. 入席的方法	21. 穿拖鞋的方法
	22. 其他		
對環境的關心	1. 作業的準備	2. 搬運地毯	3. 打開、捲起地毯
	4. 地毯的清理	5. 掃除	6. 打掃室内
	7. 刷灰塵	8. 使用撢子	9. 擦洗桌子
	10. 擦洗窗户	11. 擦金屬器具	12. 洗濯
	13. 熨斗的使用方法	14. 水中剪枝	15. 點火、熄火
	16. 餐桌的準備	17. 庭院工作	18. 植物栽培
	19. 照顧小動物	20. 洗餐具	21. 蔬菜的削皮
	22. 整理棚架	23. 其他	
對自己的照顧	1. 攜帶物品的整理	2. 東西灑落時的整理	3. 照鏡子
	4. 梳頭髮	5. 擦鼻涕	6. 衣服穿、脱
	7. 穿鞋、脱鞋	8. 鞋的整理保養	9. 洗手
	10. 衣飾框	11. 衣服摺疊的方法	12. 刷衣服
	13. 漱口的方法	14. 刷牙的方法	15. 剪指甲的方法
	16. 擦汗的方法	17. 洗腳的方法	18. 洗澡的方法
	19. 其他		

參、對幼兒教保的貢獻

一、強調幼兒自動學習的精神

蒙特梭利反對藉禁止的命令或規則來強迫兒童做任何的學習，也反對傳統的班級組織和統一教學。她和盧梭等人一樣強調兒童的個性與自由、自主的權利，她不僅以生理、心理、生物學和醫學爲根據，並以自然科學家的精神確立研究的方法，並以自由、自動爲其哲學的基礎，強調兒童的身心具備内在發展的潛能，而教育的主要目的是如

何依幼兒的興趣開發其潛能，因此，她強調教育應以幼兒自由活動和
自我發展爲目的。

二、創製教具與蒙特梭利教學法

目前世界上仍有許多國家盛行「蒙特梭利教學法」，事實上，它
的成功對刺激現代教育的個別化，無疑的有很大的貢獻。蒙特梭利強
調個別學習的另一個結果是使教育家們再度尋求比班級教學更好的方
法，並且對幼兒的個別需要和能力再予考慮，此種教學法甚至影響到
現今在幼兒教育上強調的發現教學法及開放教育。爲達成教學法的目
的，她還特別創製「蒙特梭利教具」，此教具內容已於前面詳述，請
讀者參考。

三、重視日常生活的訓練

蒙特梭利爲了養成兒童的自由與獨立，特別訓練幼兒身體各部分
的動作的協調，培養幼兒能照顧自己、照料四周環境及善於待人接
物，「兒童之家」訓練的也如前文所述，其內容豐富可見一斑。

四、注重感官教育的訓練

視覺、觸覺、聽覺、味覺，以及嗅覺五種感官的訓練，是「兒童
之家」的重要課程，蒙特梭利深信感官的訓練有裨益於兒童智能的發
展。因此，她認爲教導幼兒辨認一致性、對比性、相似性，而其教具
有多種也是爲此而創製。

儘管有人批評蒙特梭利的教學方法偏重智能而忽視情感的陶冶、
「兒童之家」缺少音樂、美術、戲劇，以及未能提供兒童充分的社會
化活動等等，然而她的偉大是世人所肯定的，因爲「兒童之家」的活
動內容以及教具的影響已無遠弗屆；此外，她還爲今日特殊兒童教育
奠定了基礎。

☺第六節　杜威的教保思想及其對幼保的貢獻

杜威（J. Dewey, 1859-1952）

——芝加哥實驗學校的創始人

教師的任務是將學科的材料融進兒童的經驗之中，他所關心的不是教材原來的那個樣子，而是教材成為兒童整體的、生長的經驗中有關因子的那個樣子。

壹、生平與著作

　　杜威於1859年10月20日生於美國的佛蒙特（Vermont），是二十世紀美國最重要的哲學家與教育家之一。父親從商卻好讀書，家庭環境的薰陶養成他具有堅強的意志力與責任感。1884年於霍金斯（Johns Hopkins）大學得哲學博士學位，受赫胥黎（T. H. Huxlex）、赫爾（G. S. Hall）、皮爾斯（C. Pierce）及摩里斯（G. S. Morris）的影響很大；1886年與齊滿女士（A. Chipman）結婚。曾任明尼蘇達、密西根、芝加哥等大學哲學科主任，在芝加哥並任教育科主任，其一系列有關教育的實驗均在芝加哥實驗學校，在哥倫比亞任哲學教授期間，曾到中國、日本、蘇俄、土耳其、墨西哥，以及南非洲等地考察教育與改善學制。他不僅建立了最具美國本土色彩的教育

理論體系，此體系尚且超越本土，成為一國際性、影響很多國家的教育哲學思想。他曾在民國8年應邀來華講學兩個多月，不少中國名人像胡適、蔣夢麟等人都是他的學生（陳迺臣，1988）。

「教師之教師」（The Teacher of The Teachers）對他而言應是實至名歸。杜威提倡「做中學」，他辦實驗學校的基本動機與理念即基於此。這所實驗學校幫杜威澄清有關教學基本歷程的原理，同時也引起許多地方開始做類似的實驗，《學校與社會》一書即這所實驗學校的研究結果。

杜威除了是位著名的哲學家、教育家之外，他還是一位多產作家，從開始著書立說到1952年逝世，六十年間出版的論文及著作不下數百（鄭世興，1967）。重要的教育著作除上述《學校與社會》之外，尚有《我的教育信條》、《學校與兒童》、《思維術》、《兒童與課程》、《倫理學》、《德育原理》、《教育論叢》、《興趣與努力》、《民本主義與教育》、《創造的智慧》、《哲學的改造》、《經驗與自然》、《自由與文化》、《現世的智慧》、《今日的教育》、《人的教育》等書，其子女愛晚煙（Erelyn）等人在教育界亦富盛名，《明日的學校》即為父女合著之大作。

貳、重要的教育思想

杜威是個哲學家，也是個教育家，他不但是教育理論的研究者，也是理論的實驗者，在芝加哥大學時期創辦實驗學校，就是為了印證他自己的兒童教育理論（J. Dewey, 1919, p. 383）。他的教育思想和其「知識只是工具而非目的」、「變的宇宙觀」等哲學，從這個角度來認識杜威的教育思想或可更精確的掌握其要點：

一、以經驗主義、實用主義與民主主義為教育的根本思想

1. 經驗主義

杜威認為經驗是一個單一、動態而完整的有機體，它自身是一個

綿延不絕的發展歷程，也與產生經驗的情境有關。經驗之可貴乃在它能替吾人解決生活問題。

2. 實用主義

杜威認為知識理論之適當與否，端看它能否應付環境與解決困難。這個觀點影響杜威「從做中學」（Learning by Doing）、「設計教學法」，以及學校生活和兒童生活的教育主張。

3. 民主主義

杜威認為教育應該是人群生活的一種理想，在民主社會裡，人人有求知的機會，各個人能自我實現以謀團體的共興共榮。

二、以教育即生活、教育即生長與教育即經驗的改造為教育的本質

1. 教育即生活

杜威以為教育是社會歷程中不可或缺的一環，是人類社會秩序和演進的工具，教育是最有效的社會活動，它與人類的生活相始終。

2. 教育即生長

杜威認為生長不僅是成熟，而且是習慣的養成及適應方法的進步。兒童具有依賴性和可塑性，因此生長有其可能。

3. 教育即經驗的改造

杜威以為教育就是經驗繼續不斷的改造，使經驗的意義豐富，以及使後來經驗的能力增加。教育在改造過去的經驗為新經驗，使成為後來活動的基礎。

三、教育的目的即是生長

杜威以為教育的目的就是生長，生長只是一個過程。對兒童而言，教育的目的就是謀兒童不斷的成長；就家庭、社會與國家方面來說，其所施行的教育當然有其一定的目的。所以杜威說：「教育的本身並沒有什麼目的，只有人、父母、教師才有目的。」

綜合杜威對兒童教育的目的有如下幾項：

1. 教育的目的在發展兒童、而不是學科的及格。

2. 教育的目的在啓發兒童解決困難與適應新環境。

3. 教育的目的在培養兒童服務社會與增進人群的幸福。

四、使用問題教學法以解決問題

杜威提出下列五個思維與解決問題的歷程：

1. 困難或問題意識的產生。

2. 確定問題的所在及其性質。

3. 提出解決問題的假設與方法。

4. 將最好的方案加以實驗。

5. 假設經實驗證實成爲解決問題的結論與方法。

杜威的問題教學法要兒童從生活裡發現問題，多設能顧及兒童興趣的情境以爲刺激兒童之用；要兒童從生活中發現問題，並尋求解答；注意團體活動以彌補個人思考的不足。

五、與兒童整體及生長經驗有關的課程與教材內容

雖然杜威認爲教材的選擇應以兒童的興趣、自由與啓發爲導向，不過他並未忽略教材邏輯組織經驗的價值。教師的任務在把學科的材料融進兒童的經驗之中。教師所關心的不是教材原來的樣子，而是教材成爲「兒童」整體的、生長的經驗中有關因子的那個樣子（轉引陳迺臣，1988）。

因此，他認爲課程及教材內容必須注意下列幾點：

1. 學校的課程在培養兒童的活動能力，教師必須使學習的教材心理化。

2. 課程及教材必須源自兒童的需求，引發其內在動機與眞正的學習興趣。

3. 課程必須適應現代生活的需要，並且使將來的社會比現在更好。

參、對幼兒教保的貢獻

杜威的教育思想對美國及世界教育思想與實施，有深遠的影響與貢獻。他不僅是二十世紀的一位哲學家、教育家、心理學家，在美國，他更是一位積極推動社會改革、倡言民主政治理想，以及致力於民主主義教育思想的實踐者。其思想不僅形成美國實驗主義哲學體系，同時也間接影響進步主義教育的理論與實施。

其重要貢獻約有下列各項：

一、教育民主化的理念

民主主義的社會強調教育機會均等，課程應為全體人民所享有。所以在教育制度方面，各國大多採取單軌制，俾使一般國民在機會平等的前提下，得以發展自己的各種潛能。這種制度與民主的政策是有利於個人與社會國家的。

二、課程的編製

受杜威「兒童本位教育」、「自動教育」、「從做中學」、「教育即生活」、「學校即社會」等學說之影響，在課程方面強調「課程設計」。這種課程的編製，是由學生自己決定目的，編擬學習計畫，然後在教師指導下實施活動與評量。這種課程頗能符合「從做中學」的精神，即學生在實際生活中發現困難，而習得解決困難的工具與知能。

三、教學方法方面

1. 杜威「從做中學」的理論強調自動學習

即教學要以學生為主體，要學生親自觀察與經歷，用腦去想，用手去做，以培養學生自動自發的學習精神。

2. 「教育即生活」注重實際生活的經驗

即教學趨向以社會生活為中心，以擴充學生的生活經驗、增進學生適應生活環境的能力為教學目的。

3. 注重個性的適應

強調「兒童本位教育」，教學注重學生的能力與興趣。

4. 注重群性的陶冶

受杜威「學校即社會」說之影響，教學上注重群性的陶冶，也常常利用團體活動來培養學生互助合作等的社會品格，使兒童成為民主社會中的健全分子。

5. 注重全人的教育

「教育即生活」、「教育即生長」說，認為生長或生活是繼續不斷的歷程，因此主張教學除了知能之外，還要隨機培養學生健全的人格，使成為社會、國家有用的人。

四、對美國及世界各國的影響

杜威實驗主義與民主主義的教育思潮及其主張，影響美國教育制度及其一切設施，使美國學校教育產生莫大的變革。他曾於1918年到中國，前後達兩年之久，自後中國的教育觀念及教育制度、教學方法、課程編製等都受其影響而有所改革。此外，英、法、德、土耳其及其他國家的教育，亦或多或少受其影響。英國納恩教授曾說：「對我們這一代的教師們，思想的開展、知識態度的革新，受杜威的影響很大。」法國的學制改革及新班試驗、教學方法的民主化等，也受杜威的影響；而土耳其於革命之後，聘請杜威為顧問，改革學制，對該國教育的現代化貢獻很大。

杜威的教育學說由上述可見梗概。其主要的學說，即為「教育即生活」、「教育即生長」、「教育即經驗的改造」、「兒童本位教育」、「學校即社會」、「從做中學」等。這些適切之主張，對於近代世界之教育，實有其價值與貢獻。但在應用這些主張於實際教育上時，宜注意下列幾點，方可臻於盡善盡美之境：

1. 教育即生長說

除了生長外，教育無其他目的。事實上，各國可鑑本國的教育事業與需要，明定教育目的。即除了教育有生長之意義外，還有朝著某

239

一方面去發展的。

2. 教育即生活說

固有其見地，但教育倘僅以兒童現在之生活為教育，而忽略未來生活之準備，自有其欠周延之處。

3. 學習活動

杜威強調直接經驗的重要性，但符號或代表式之經驗，由文字的學習以及利用別人的經驗增加自己的經驗，並改造自己的經驗者，亦有其重要性。

第七節　皮亞傑的教保思想及其對幼保的貢獻

皮亞傑（J. Piaget, 1896-1980）

——人類智慧的探索者

從哲學的全面觀點提出問題，以科學實事求是的方法尋求答案。

壹、生平與著作

皮亞傑於1896年8月9日生於瑞士的紐夏迪爾（Neuchatel），父親為一歷史學家，母親虔敬而聰慧。皮亞傑年幼時即對鳥類、魚類、化石貝殼及小動物有著濃厚的興趣，尤其對軟體動物的研究更是具有心得。少年時代曾受教父柯納特（S. Cornut）智慧的啟迪，轉變其對生物學的專注，而廣泛的閱讀宗教、哲

學及邏輯的書籍，因而對認識論產生濃厚的興趣。皮亞傑認為知識的獲得必須從哲學的全面觀點提出問題，以科學實事求是的方法尋求答案，兩者應加以溝通，方能使哲學與科學的研究相得益彰。

1918年獲紐夏迪爾大學自然科學博士學位，此後他又赴蘇黎士（Zurich）一面聽課與研究佛洛伊德、容格（Jung）等人的學說，一面在法國著名的精神分析學家布魯勒（Bleuler）診所實習；1919年又轉經巴黎大學研究邏輯、認識論、變態心理學及科學哲學。1920年在比奈（Binet）心理實驗中心接受西蒙（Simon）的指導，此為皮亞傑認知研究事業開始奠基的一年，他從實驗中心的工作中獲得豐富的經驗，發表許多有關兒童心理與兒童智慧方面的著作，並運用其心得於認識論上。1921年日內瓦盧梭教育科學研究院（The Jean-Jacques Rousseau Institute in Geneva）主任克拉巴雷（E. Claparede）因賞識其有關兒童發展的著作，而請他擔任研究組主任，此時他年方二十五，從此開始他日內瓦的長期生涯，專心致志兒童思想的研究，這時期出版了五本重要的兒童心理方面的著作──《兒童的語言與思想》、《兒童的判斷與推理能力》、《兒童的外在概念》、《兒童的自然因果關係概念》與《兒童的道德判斷》。

1920到1930年間，其二女一子相繼出世，《兒童智慧的起源》（*Origin of Intelligence*）與《兒童的本位結構》（*The Construction of Reality in The Child*）便是他與妻子觀察三個子女行為的研究結果。1933年升任為盧梭教育科學研究院主任，後又兼國際教育局（The International Bureau of Education）主任，此機構後成為國際科學教育文化組織。皮亞傑從經驗中修正他的思想，而其教學又開啓他研究與實驗的新領域，在殷海德（B. Inhelder）與施敏斯克（A. Szeminska）的合作下，著手「兒童早期科學概念」、「智慧本質」、「兒童時間、空間與幾何概念」的研究。1950年出版三本關於「發展認識論」（Genetic Epistemdogy）的著作。56歲時以近四百年來第一位非法籍人士擔任巴黎大學發展心理學教席之位。

1956年，皮亞傑60歲，此時在日內瓦大學理學院設「國際認知

發展研究所」，此研究所每年集合各國著名的生物、心理及數學等專家學者，從各個不同的角度來透視與討論問題，十年內該中心共出版十四本有關「發展認識論的研究」（Studies in Genetic Eprestmology）專輯。1959年出版《兒童初期邏輯發展研究》，此爲一本研究兒童認知結構的重要書籍。

有關皮亞傑的著作相當豐碩，研究範圍大約可分爲下列四大主題：

1. 智力結構（Cognitive Structures）。
2. 基本科學概念的發展（Development of Basic Scientic Concepts）。
3. 知覺論（Theory of Perception）。
4. 認識發展論（Geneftic Epistemology）。

除上文所述各重要篇章與著作外，讀者可參閱各有關資料以便深入了解其思想（俞攸鈞，1982）。

皮亞傑的認知發展理論，影響著許多有關課程設計、學前教育、親職教育和目前許多心理學與教育學上的理論。他早期專攻軟體生物學，對於數學、物理學、化學、邏輯、哲學、實驗心理學、語言學、精神醫學、變態心理學，以及社會學也頗有研究。正如佛洛伊德打開兒童情緒的成長讓我們認識一樣，皮亞傑強調了人們了解兒童智能成長的新觀點。他多次橫渡大西洋出席國際性的心理學會議，曾獲36所大學的榮譽學位。從他有關的專書及刊載於期刊雜誌等近百的作品及其影響，無怪乎哈佛大學認知心理學家卡根（J. Kagan）有如下的讚嘆：「他即使不是空前的，也是本世紀最具影響力的認知發展論者。」（J. Jeo, 1980）又：「論其功勞乃促成認知心理學的復甦，使之與生物學結合，他和佛洛伊德在研究人的發展的科學上，都應算是重要人物。」（J. Kagan, 1980）

貳、重要的教保思想

皮亞傑是認知論的泰斗，其認知理論除受到生物、心理、邏輯及哲學的影響外，其教育觀念亦受盧梭、裴斯塔洛齊、福祿貝爾、蒙特梭利及杜威等人的影響。下面擬從概念的形成、認知發展的重要概念、認知發展階段及其特色來說明皮亞傑的重要教育思想。

一、概念形成在教學上的意義

概念的形成對於知識的獲得與運用，以及解決問題等能力有很大的關係，所以兒童的思想與行動，深受其概念的質與量兩項發展因素的影響。就心理學的觀點而言，概念是由許多相關的感覺、知覺經驗及想像力等組織而成。它主要的作用是幫助個體將從環境中所了解的各種事物，加以整理和組織，使個體獲得一系統的認識。因此，概念具有幫助個體從事學習、增進知識、了解問題困難的功能。皮亞傑以為兒童的概念發展具有一定的歷程，是由具體到抽象、由模糊到明顯、由一般到特殊、由不確定到確定，以及由簡單到複雜（陳青青，1974）。

許多心理學家及教育學家都深信，了解一個孩子智力的發展情形，並配合不同階段的智力發展來進行教學，其效果是最好的。智力的發展尚未到達那個階段，就設法要加速發展，或在認知結構尚無法處理抽象的科學概念時，就要他們加以學習，其結果可能會扼殺他們的學習興趣。皮亞傑並不否認教師可以設法使學生較快達到某一發展程度，但他不相信此一加速發展能夠超越學生本身的發展速度之上。皮亞傑認為認知發展係經歷一定的階段，前一階段與後一階段的差異不僅是程度上或數量上的分別，就是結構方面也不同，發展的特質是由不同素質的序階（qualitative stages）來表現（Piaget, 1967）。換言之，如果學生的智力發展未達到可以學習某一科學概念之前，教師就教以該項概念，則學生不可能真正了解該概念本身，他所了解的只不過是文字表面的意義罷了。科學課程的安排與設計必須考慮到學生的認知發展已達到什麼階段和有何特點或限制，才可收最大的效果。

243

近十幾年，中小學科學教育有驚人的進步和發展，當代S→R派心理學家施金納（B. F. Skinner）和蓋聶（R. M. Gagné），以及認知心理學者布魯納（J. S. Bruner）、奧斯貝（D. P. Ausubel）和皮亞傑等人對此項發展功不可沒，幾個有名的中小學科學課程如SCIS、ESS和ISCS的實驗，均以他們心理學的立論為基礎而設計。

二、認知發展理論

(一)認知發展的假定
1. 兒童是主動的，所以外在的刺激需與發展一致。
2. 兒童的行為是由生理和環境交互作用所決定。

(二)認知發展理論的重要概念
1. **遺傳結構**：皮亞傑早年對生物與心理學的研究，使他發現生理稟賦在一定程度上會阻礙或促進智力作用。
2. **認知結構**：皮亞傑所有的研究或觀點，都從認知結構擴充而來，是由經驗組成的一種形式。皮亞傑指出結構有三大特性：整體性（wholeness）、轉變性（transformation）與自我調節性（self-regulation）。

(1) 認知結構的特性
由因素形成，但是並非各要素的集合即等於全體。一個結構中的元素受法則的支配，此法則係以整體或體系來界定，此一整體不容分解，且只有具統屬的各元素的特性，但各元素特性的總和並不等於整體的特性。就結構的轉變而言，屬於動態性質，不同的認知發展階段或層次有對應的結構組。結構本身應具有穩定性，但也可能缺乏此性質，因此必須自行調整，以維持平衡。皮亞傑認知發展理論中所稱的結構，是動態而非靜態，因之反應於整體認知結構中的特性，應是指著轉變性與自我調節性而言。

(2) 認知結構的基本單位
基模（schema，複數為schemata）是一種行動的組織或結構。它係人類用以對環境理智之適應和組織的基本認知結構，包括明確、有

組織的順序活動，此等活動之間保持有力及密切的聯繫，它是皮亞傑為便於解釋認知發展而提出的認知結構的基本單位。基模反映行為的特質，也反映認知發展的層次。此外，基模與基模間亦能經由彼此的同化與調整而發生作用，隨著認知的發展，基模將依年齡而演化成抽象的認知結構，並對外來的資訊採取較準確的了解。

(3) 認知功能

認知的兩種功能為組織與適應，兩者同屬一種機械作用的兩項互補歷程，組織代表該作用的內在方面，適應則構成此種作用的外界方面。任何有機體的發展都包括在組織功能內，組織的動態面，即構成所謂的適應，亦即為發展方面的同化與調整功能。

① 組織：乃結合兩種以上非連續性的心理結構——基模，成為較高層次較穩定功能之基模的一種心理歷程。

② 適應：是指有機體對外界環境的行動與環境，對有機體的行動兩者之間，有機體為求其平衡，所採取的一種調適的歷程。皮亞傑的平衡原則可用下列的理論來加以說明：

a.發展與學習的歷程是依自我調整（self-regulatory）的循環而進行。

b.此歷程較生理成熟、環境及社會交互作用的範圍為廣。

c.每一個循環在平衡狀態抵達尖峰時，是內在與外在優越學習環境協調的結果。

d.持續平衡與不平衡的循環協調，激發有機體不斷達於更進步、較高的功能序階或層次。

(4) 認知內容

認知內容是指可觀察、原始的、未經說明的行為與反應而言，認知內容隨年齡增加而發生變化。

(三)認知的階段

皮亞傑認為認知發展為結構組織與再組織的歷程，每一個新的組織都將前一個組織容納在內，但其行為特徵並未在新的組織中消失。他把認知發展的歷程分成若干單位，稱為「Period」或「Stage」，因

此亦稱爲階段理論。各個階段雖都列有年齡組距，但只能視爲概數，而非絕對數，階段並非僅指年齡或平均年齡，乃是指著一種連續進行的歷程。

1. 感覺動作期（Sensorimotor Period）：指出生到2歲左右

此時期之所以稱爲感覺動作期，乃此時期嬰兒主要係透過感官、肌肉和環境交互作用，而且很容易受外來刺激所引導。這種以組織和協調來認識他周圍的世界，所以感官和動作之間的協調與合作，是以後心理動作發展的基礎。在最初的幾個月裡，他還不能分辨主體和客體的不同，還沒有「物體恆在」（object permanence）的概念——即看不見就不存在（out of sight out of mind），物體跑出視界，即以爲消失。但根據鮑爾（Bower）的實驗顯示，四、五個月大的嬰兒已有物體再認的能力。此時期的後段，即八、九個月的嬰兒已逐漸能分辨主體與客體了，東西不見，他會試著尋找。除了物體再認及其恆在的觀念外，也漸漸有了簡單的時間和空間的概念。

此時期的發展特徵大致如下：

(1) 反應由外界所引導。

(2) 開始學習著用語言表達。

(3) 經由動作進行思考歷程。

(4) 漸能知覺和辨認物體。

(5) 具有物體恆在的觀念。

(6) 時間知覺只限於現在。

(7) 空間知覺只限於眼前部分。

(8) 後期裡已有方向感，並能辨認家人以及常見的各種動物及活動。

2. 運思準備期（前操作期，Pre-operational Period）：指2到7歲左右

此階段的幼兒開始運用語言，也就是說，幼兒已能藉助語文的符號表徵（representation）作用從事抽象的思考以處理各種問號。惟此時期的思考或考徵作用，只不過是把在感覺動作期所形成的認知結構

加以改組而已。

　　此階段前期（2至4歲間），幼兒的思考顯得非常的自我中心，即不易站在別人的立場及觀點來思考，因此他對事物的相關不了解，對人的相對關係也不清楚。因此教學時必須以具體實物、親自操作及體驗方式。

　　到了後期（4至7歲間），幼兒以直覺（intuition）來判斷事物的結果。所以幼兒不知道當一個物體的形狀改變或分割成幾個部分時，它的質量、重量還保持不變，他也不明白為什麼同一分量的液體倒在不同形狀的容器時，其容積不變，這是因為此時期幼兒尚無這種「保留」（conservation）的概念。智力發展較快的幼兒也許到7歲左右就有了質量、重量及容量的保留概念，但是一般幼兒都要到具體操作（運思）時期才完成這種概念的發展。

　　此時期的發展特徵大致如下：

(1) 自我中心（egocentrism）。

(2) 能藉單字和符號（概念）功能（symbolic functioning）來說明外在世界及內在的自我感覺。

(3) 對自然界的各種現象，採取想像的方式來加以說明。

(4) 用直覺來判斷事物。

(5) 行動易受知覺影響。

(6) 尚不能抽象思考。

(7) 觀察事物只能使注意力集中在某一個顯著的特徵上。

(8) 對一件物體很難看出他具有超過一種以上的性質。

(9) 有短時距的過去、現在和未來的時間觀念。

(10) 空間觀念只限於鄰近的範圍。

3. 具體運思期（Concrete Operation Period）**：指7到11歲左右**

　　此一階段兒童能以具體的經驗或具體事物所獲得的心像作合乎邏輯的思考，不過其運思僅限於解決與具體的、真實的或能觀察的有關事物，尚未進行抽象的邏輯運思。最顯著的是各種保留概念的發展。

　　此時期認知發展的特徵大致如下：

(1) 兒童能將邏輯思考的歷程，應用於解決具體的問題。

(2) 兒童於7、8歲時，已具有了保留概念。

(3) 由籠統而至分化的思考。

(4) 由絕對而至相對的思考。

(5) 由靜態而至動態的思考。

4. 形式運思期（Formal Operation Period）：指11到15歲左右

形式運思期的年齡依皮亞傑後來的研究，有修正延長到20歲左右的年齡。本時期最大特色即「假設演繹思維」（hypothetic-deductive thought）的發展，即運用非現實的素材來進行推理思考。

此時期的認知發展的重要特徵如下：

(1) 此時期的思考多以命題方式呈現，所以又稱命題運思（propositional operation）期。

(2) 可以藉假設去推理和思考，不必再依賴事物的內容或知覺的事實。

(3) 智力的發展是多方面的，已能了解無限、宇宙、時間和空間的概念。

(4) 能用科學方法歸納推理事物。

(5) 能運用各種高層次的邏輯運思。

(6) 理想的自我中心觀。

3至5歲間的幼兒反應並非對抽象的數而起，而是對於事物集合的知覺屬性而發生。知覺的現實是隨狀況變化，其變化不是可逆的。因此知覺的現實會帶動其他認知感覺運動的知能階段，對於數的一對一的不變性、分割、結合的不變性、次序的不變性都無法保持，也就是說，此階段尚不能保存。在這種情形下，數會隨著事物所具有的知覺屬性的變化而變化，所以尚未具有抽象的概念。必須將感覺運動內化，變為可逆性的邏輯操作之時，幼兒才具有了抽象的數概念。由此觀之，幼兒數概念的發展是經過缺乏保存（absence of conservation）的三個階段（吳貞祥，1974）。

感覺動作為學習和發展的基礎，具體概念是概念的基礎，因此父

母及教師宜由適當的具體學習經驗，然後再授以幼兒半具體及抽象的
學習經驗。如何經由親自動手的行動認知，將操作的具體物與相對應
的抽象符號對照起來，對未來具體操作期及形式操作期的抽象概念的
發展是有助益的，學而躐等會造成揠苗助長、事倍功半的結果。

三、幼兒數概念的發展及其實驗

數概念的發展，也和人類其他各種身心特質的發展一樣，都要經
過分化與統整的過程。有關這方面的研究，是進入二十世紀以後才開
始普遍採用科學的觀察或實驗的方法。在此之前，則多用哲學思辨
的方法或是由成人內省臆斷來窮究幼兒數概念的形成與發展。由此可
知，以往以數概念的形成偏於以視覺為中心或以聽覺為中心，或以空
間的要素為主因，或以時間的要素為基本，都犯了以偏概全之弊。因
為一種概念的形成，大都由數種感覺相互關聯而成，數概念的形成，
自需要視覺與聽覺、時間與空間的兼攝與協調。皮亞傑對於數概念
的形成與發展，有其精闢獨創之處。他把數的本質（概念）與其現象
（數字、數詞）分開處理。一方面根據其發生的認識論的構想，一方
面引用現行數學的集合論與群論的觀念，並以一對一的對應、保存、
類別、系列等邏輯操作之成立為前提，來探究自然及數概念的形成與
發展。

「數概念」教學是幼兒的一種認知活動，教師及父母應提供適宜
的教材，使幼兒從實際操作活動中，發現事物的數、量、形與時、空
關係等共同屬性，由了解這些屬性形成的概念及其相互關係，進一步
正確的運用這些概念於生活中，以增進幼兒邏輯推理的能力，養成幼
兒喜愛學習數學的態度。下面將介紹一些有關皮亞傑幼兒數概念的實
驗，作為教師與父母施教時的參考（吳貞祥，1974）：

1. 分割的操作

這個實驗所使用的材料分為連續量與分離量：

(1) 連續量的實驗：此實驗中發現幼兒對於不變性的了解並不容
易，必須經過缺乏保存性的階段（4歲）、對量的保存性尚

未能達到確信無疑的地步（6歲4個月）、分割的保存性已告完成（6歲6個月）等三個階段，幼兒才能了解。

(2) 分離量的實驗：此實驗的材料為珠子和兩個粗細不同的容器。其做法是每次同時放入一個珠子於容器中，使受試者能夠明瞭一對一的對應。這個實驗也和連續量一樣，保存性的成立是經過前述三個發展的階段。在這個階段的實驗中，皮亞傑發現受試者思考中的對可逆性的萌芽，這種數學上的可逆性思考，使同等（equalization）與分解（decomposition）的觀念成為可能。

2. 對應的操作

皮亞傑是以作買賣遊戲和清點物件的數目來實驗幼兒對應的操作能力的。受試者經過下面三個階段的發展：

第一階段（1至4歲前後）的幼兒，不但不能估計手中的硬幣能買到多少東西，而且也不能理解所交換過的硬幣的數目與東西是一樣多。若把所交換的硬幣排成一列而把花堆在一起做個比較，他會以為花少錢多；反之，若把硬幣堆在一起而把花排成一列，他會以為花多錢少。

第二階段（5歲前後）的幼兒便能在視覺上做對應，而且事先能估計到自己可以買到的東西的數目。由此觀之，他們似乎已能了解互為對應的兩個物集合的大小便是相同。但事實上不然，若把錢幣與東西放在空間的位置稍微改變一下，他們有時就不能了解兩個集合的數目是相等的。

第三階段（6歲前後）的幼兒才漸漸對於凡是互相對應的東西其數目相等具有正確的認識，不過也有些受試者要到7歲前後才能完成這種認識。

3. 分類的操作

皮亞傑為試驗幼兒在這方面能力的發展，作了下面的實驗：在一個箱子裡面裝有二十個木製的珠子（A），其中有十八個褐色（B），兩個白色（B）。皮亞傑要知道幼兒是否能由ABB的關係，

導引出BAB或BBA或A > B、B > A的關係。其結果發現：

　　第一階段（1至6、7歲）的幼兒，對於全體比部分為多的這個事實並不了解。此階段的幼兒往往是考慮部分的時候就忘了全體，考慮全體的時候就將部分忘記。所以一旦從全體分割一部分，就不會再顧到全體，結果就把分割出來的部分拿來和其餘的部分做比較了。

　　第二階段（7歲前後）的幼兒已能用嘗試錯誤的方法，或是直觀的方法來理解全體比部分多。

　　第三階段（8歲以後）的兒童就不必經過數算，也可以立刻正確的了解全體與部分的關係了。

　　4. 序列的操作

　　皮亞傑曾用十支長短不一的木棒要幼兒玩「做臺階」的遊戲，藉此試驗幼兒是否具備有自由自在的運用「序列操作」的能力，結果如下：

　　第一階段（4歲前後）的幼兒，無法把十支木棒按其長短的順序排好，充其量只能與全體的順序毫無關聯的情形下，在某一部分排出小的序列而已。

　　第二階段（4歲半至5歲半前後）的幼兒，雖要經過嘗試錯誤的途徑，但已能把十支木棒按其長短的順序排好。

　　第三階段（6歲左右）已能順利的依次序造成臺階了。

參、對幼兒教保的貢獻

　　1. 配合認知發展，提供適合於兒童的課程與教材。

　　2. 實施以兒童活動為主的教育。

　　3. 重視實物教學。

　　4. 有關兒童教育的設計方案，對幼兒及小學低年級階段影響很大。

　　5. 強調教學歷程及教師地位的重要性。

　　6. 重視語文教學的功能。

7. 注重兒童經由「探索─發明─發現」的歷程,來攝取數理知識。

8. 實施分組教學,以增加兒童直接交互作用的效果。

9. 善用兒童實際生活情形作為教學的起點。

10. 改變教材內容,強調整體的結構。

11. 設計教學活動,應參照兒童心智發展,並參照學習經驗與能力。

12. 教學時多給兒童思考、嘗試、討論、求證、發現與發表的機會。

13. 重視遊戲的社會化功能。

14. 強調教育的目的在培養創造力和批判能力。

15. 教學時宜培養幼兒合作、互助尊重等態度,以發展幼兒的社會能力。

第八節　尼爾的教保思想及其對幼保的貢獻

尼爾(A. S. Neill, 1883-1973)

──夏山學校的創始人

教育的目的在適應兒童,而不是讓兒童來適應學校。

壹、生平與著作

尼爾是譽滿全球的夏山學校的創始人。1883年10月17日出生在蘇格蘭(Scotland)恩格斯(Angus)的福法(Forfar)。他在八個兄弟姊妹中排行老三,父親為一名鄉村教師,對其兄弟姊妹管教甚嚴,

此種毫無自由而且宗教氣氛相當濃郁的家庭，對尼爾後來積極提倡自由教育不無影響。他當過學徒、實習老師、助理老師、編輯等工作。1915年出版一本引起社會人士矚目的著作——《一位教師的日記》（*A Dominie's Log*）。1924年尼爾建夏山學校於英國南部都爾薛特（Dorset）的拉姆雷斯基（Lyme Regis），1927年尼爾與諾伊斯特小姐結婚，並遷夏山於倫敦東北薩佛克（Suffolk）的雷斯頓（Leiston）。1944年他的夫人過世後，再與伍德‧安娜（Ena Wood）結婚並育有一女，即現任夏山學校校長左綺（Zoe）小姐。尼爾在1973年去世以前，曾多次前往美國、南非演講，並且出版不少作品〔Croall (ed.), 1983〕。

尼爾每週和教職員、兒童們共同討論生活和生命的問題，他是一個言行一致的人，他關心小孩子的「現在」更甚於小孩的「未來」。他說：「假如小孩現在能以所擁有的愛、自由，同樣地對待他的父母、教師和其他人，他將來也會過著快樂的生活。」（陳伯璋、盧美貴譯，《尼爾與夏山學校》）我們從紐約市校長施尼采（H. Snitzer）在多次親訪夏山學校後，對尼爾的看法，可以知道尼爾的平易近人（Snitzer, 1968）。此外，我們從他和教職員、學生間親切的往來，也可以得知這位使人如沐春風的長者風範。

週六的自治會，尼爾靜聽學生的意見與決議，而表決時他也只有一票的權力，看來我們可以了解尼爾和在夏山的教職員、學生是一律平等的。

他在1960年出版《夏山學校——教養兒童的基本方式》（*Summerhill: A Radical Approach to Child-Rearing*）一書，曾在美國掀起「夏山熱潮」，由於美國人士的經費補助，以及美國兒童紛紛湧向該校，使其拮据的經費有了著落。美國自1960年起的十年之間，全國有六百個大學學院的教育課程，將該書列為必讀書籍。1968到1969年，《夏山學校》一書在美國的銷售量竟達二十萬冊，同時德國、法國、義大利、西班牙、日本、挪威、葡萄牙等先進國家，均相繼譯為本國語文，《夏山學校》對各國的影響可見一斑。

　　尼爾是個突破與超越傳統舊有體制的教育家，他是個有主見，但卻優雅、可愛的人。他熱愛生命，強調尊重和體諒是自主的主要因素，「自由不同於放縱」（Freedom Not License），他希望人們不要對他的教育理想產生誤解。

　　尼爾根據他多年的教育經驗和心得，所發表的著作甚多，摘錄重要者如後以為參考：(1)《一位教師的日記》（A Dominie Log），(2)《一位教師的辭職》（A Dominie Dismissed），(3)《一位教師的迷惘》（A Dominie in Doubt），(4)《問題兒童》（The Problem Child），(5)《問題父母》（The Problem Parents），(6)《厭煩的學校》（That Dreadful School），(7)《問題教師》（The Problem Teacher），(8)《學校的目的在培養感性而非知性》（Hearts Not Heads in The School），(9)《夏山學校》（Summerhill），(10)《尼爾自傳》（Neill! Neill! Orange Peel: A Personal View of Ninety Years）。

貳、夏山學校的師資

一、夏山學校的教職員

　　夏山學校現有十多位學有專精的教職員，他們都能適應該校自由的風氣，高學歷的教師不乏其人。對孩子而言，夏山的教職員和他們一視同仁而沒有差別待遇。沒有任何教職員可以強迫孩子選課或要求孩子做事，而他自己卻不做。夏山的孩子明瞭他們和教職員的不同，只是在年齡和知識，並非由於畏懼。

　　夏山學校教職員的工作是全天候的，他被稱為是「永無止續」的生活體驗。孩子遇到困擾問題，他們往往會到老師那兒，一談就是好幾個鐘頭。教職員的房裡通常是高朋滿座的坐滿一大堆學生。他們有權利，而且也受尊重。夏山的教職員依兒童發展的需要，作為他們個別教學的根據。

二、夏山學校的課程內容與方法

夏山不強迫上課，但選課後不去上課就會被除名，其他學生有權力把他請出教室。學校有「課程表」，但這只是給老師預備的。在夏山不僅沒有考試，也沒有家庭作業。每個星期的晚間活動大致是這樣的：

星期一晚上校外電影欣賞時間。

星期二晚上全校教職員和高年級學生一齊聆聽演講、中低年級分組閱讀。

星期三晚上學生自行安排多彩多姿的晚會。

星期四晚間休息。

星期五晚上留著特別或臨時活動，像話劇演出等等。

星期六晚上是學校一週中最重要的夜晚，全校舉行校務會議（The General School Meeting），一般稱之為學生自治會，在此會議中，學生們討論生活問題、學習問題及其他活動問題，他們學習自治，從討論中做成決議付諸實施。

星期日晚上則為影劇欣賞。

在夏山，學生的學習是自動自發的，他們在生活中學習，而不是在預先安排好的課程上學習。

學校通常把課程安排在早上以及下午的後段時間。寒冷的天氣裡，他們通常會隨孩子或老師的喜歡，到教師房間或到職員宿舍；夏天課程通常安排在戶外。

三、週二的討論會

每個星期二晚上，是尼爾帶領大家討論問題的時間。討論的主題包括心理學、道德的善惡、自治問題、講髒話和課程的學習等等。討論會的開始通常是由尼爾開頭說明，然後提出問題，激發教職員以及孩子們自動自發的暢所欲言。期望藉著討論來解決問題，或對問題有

更深一層的了解與認識。

　　尼爾的評論大部分是採取質疑、詰問的方式，很少採用教條式，他鼓勵孩子們有自己的創新奇想，而不喜歡孩子們沿襲他那已七、八十年的老套生活經驗。

四、演戲活動

　　每個星期天，大夥吃過晚飯，這個時間就是夏山學校的孩子們演戲的活動時間。活動的地方可容納一百人左右。夏山的傳統是學校只演孩子們自己寫的劇本，只有在青黃不接時才演教職員寫的。演員自己預備服裝，劇情內容偏重喜劇與詼諧的鬧劇，悲劇也偶爾上演，夏山的孩子往往是演來認真而不怯場。演戲時演出者除了能力之外，還需把自己和別人合而為一，這樣演來才會生動逼真。此外，「即興演戲」也充分表現孩子們隨機應變的靈敏思考與創造能力。

五、學生自治會

　　夏山的自治會是由一位年長的學生所主持，它的成員包括學校的學生及教職員、保母、訪客，以及任何想聽聽或參加的人。自治的益處很多，除了它是一個真實的民主，所有規條都在公開的大會上決定外，它還是一個很好的練習演說能力的機會。在夏山，我們已經證明自治是行得通，而且效果極佳。一個學校的學生倘若不能自治，它就不能算是一所開放而進步的學校。

　　自治會分成三個部分：議事、議程、會議。首先朗讀議事的報告：這個報告是同學們在聚會之前草擬的，凡是同學們的牢騷、抱怨、不滿或渴望得到的東西，都可以提出於議事之中。在議程中，學生們可以提出在這一週裡的重要建議，並且把他們的名字給自治會的秘書處，這樣他們就可以有發言的優先權。自治會通常在晚上七點開始，八點半結束。

　　孩子們表現敏捷、中肯、切要的言辭。一般說來，會議的規定頗為嚴格，他們往往在一週或兩週內還會提出討論。他們所提出的事

情大都頗富建設性，很少是關於個人利害的問題。每個問題在決議前都會被仔細的討論，連7歲孩子們也會不畏懼的站起來說明事情的原委。在夏山，每一個人都是平等的。

參、對幼兒教保的貢獻

由上觀之，尼爾對兒童教育的影響約有下列幾點：

一、對自由的肯定

目前的教育呈現太多的權威情結，父母、家庭、教師、學校往往把活潑自動的兒童本性，變得拘泥和呆板，不負責任以及無意識的反抗。夏山給予學生自由和愛，不使用權威強迫學生學習，放棄一般學校的獎勵和處罰，促進並引導學生自律及自決，避免兒童思想和感情的疏離和刻板化，頗符合民主社會的教育精神（Barrett, 1981）。

二、兒童具有善良的本性

尼爾相信一般兒童不是生來就是缺陷、膽怯或呆滯的；事實上，他擁有熱愛生命的潛能。

三、「愉快的工作和發現快樂」是教育的目的，也是生命的目的

根據尼爾的看法，快樂就是對生命的喜愛，不是以理性而是以整個人格來面對生命。

四、注重知性和感性的教育內容

教育應該包含知性和感性，在當代社會中，我們發現兩者已逐漸分離，人們以理性面對日常生活，而不是以其內心直接的感受。事實上，這種分離已使得現代人的心理變成處處壓抑的狀態。

五、肯定獨立的個人

夏山所謂的幸福就是指有獨立感的個人及其富於建設性的態度，

它比傳統教育所傳授的知識技能爲重要。兒童要變成眞正獨立自主，他要學著去發現他的安全感並不是建立在共同的基礎上，而是他有能力在知性、感性和創造性上來掌握這個世界。他應該運用自己的力量來尋求與世界的聯繫，而不是透過壓抑或宰制來尋求安全感。

六、師生友誼交融的可貴

學生在學校裡能跟學校及教師認同，彼此能發展溫暖的感情。尼爾在夏山的四十年中，從不向學生撒謊，由此可見師生眞摯的以誠相待。

七、注意兒童心理的需要和能力

兒童天生不會是利他的，因爲他還沒有發展出成人的成熟之愛。尼爾認爲兒童利他主義的表現是後來才發展出來的，因此對孩子的要求，必須注意他的心理需要和發展能力。

八、避免學生的挫敗

當前的教育帶給學生過多的挫敗感，夏山爲解除中小學生的挫敗感，認爲學習必須是自動自發，情、意的學習，比智能的學習重要，教育必須重視現在的生活。

九、對兒童愛和幸福的重視

愛使兒童免於焦慮、不安和懼怕，夏山學校充分表現著這種精神。

十、重視人本教育

透過教師的引導、協助，從身教感化中孕育孩子的氣質、風度或胸襟，並因而發揮人的潛能而自我實現。

這樣一所開放而以兒童爲本位的學校，並非適於全盤將其措施移植國內，不過在過度重視認知的學習以及升學掛帥的我國今日教育，夏山學校教育的確有其發人深省的「宣誓性」意義。

第九節　馬拉古齊的教保思想及其對幼保的貢獻

馬拉古齊（L. Malaguzzi, 1920-1994）
　　——成就瑞吉歐‧艾米利亞市立幼兒園成為全世界最優秀教保機
　　構的領導人

其實有一百

孩子
是由一百組成的
孩子有
　　一百種語言
　　一百隻手
　　一百個念頭
　　一百種思考方式
　　　　遊戲方式及說話方式
還有一百種
　　聆聽的方式
　　驚訝和愛慕的方式
　　一百種歡樂
　　去唱歌去理解
　　一百個世界
　　去探索去發現
　　一百個世界
　　去發明
　　一百個世界
　　去夢想
孩子有
　　一百種語言
　　（一百一百再一百）
　　但被偷去九十九種
　　學校與文明
　　使他的身心分離……

他們告訴孩子
　　不需用手思考
　　不需用頭腦行事
　　只需聽不必說
　　不必帶著快樂來理解
　　愛和驚喜
　　只屬於復活節和聖誕節
他們催促孩子
　　去發現已存在的世界
在孩子一百個世界中
　　他們偷去了九十九個
他們告訴孩子
　　遊戲與工作
　　現實與幻想
　　科學與想像
　　天空與大地
　　理智與夢想
　　這些事
　　都是水火不容的
總之，他們告訴孩子
　　沒有一百存在
然而，孩子則說
　　不！其實真的有一百……

Loris Malaguzzi
(1920~1994)

壹、生平與著作

馬拉古齊於1920年2月23日出生於義大利瑞吉歐‧艾米利亞省（Reggio Emilia）的可瑞吉歐（Corregio）。他在義大利羅馬國際研究中心及尤畢諾大學（the University of Urbino）榮獲心理與教育學位；由於父親的鼓勵，在1939年成為教師訓練中心的成員，並在二次大戰期間完成學業，取得教師資格。

瑞吉歐教育系統是由義大利北方Reggio地區Romana，維拉賽勒（Villa Cella）距離艾米利亞有幾英哩路程的小村莊開始，馬拉古齊聞知當地居民要為他們的子女建蓋學校，自願前往當老師，並和大家一起討論打造這所學校的願景。

第一個學校即是由賣掉戰爭後被德軍丟棄一旁的一輛坦克車、六匹馬和三輛軍事貨車所得的經費拿來建設新校舍，八個月後，馬拉古齊成為這所由當地父母所開辦的幼兒園的第一位教師。根據馬拉古齊的說法，這個學校是當地婦女和全國教育委員會共同努力下的成果，這所瑞吉歐教育系統的創始學校，至今仍在運作中，並於1963年轉型為第一所市政府經營的幼兒學校。馬拉古齊的教育理念持續影響這個學校的環境和課程的發展（Anonymous, 2001）。1980年馬拉古齊帶著他的老師和孩子們的作品，首航到瑞典推廣他們的教育理念「當眼睛躍過高牆」（When the Eye Jumps Over the Wall），其展覽在1981年首度開幕，從此展開了瑞吉歐教育系統的國際旅程，引起全

世界幼教專家熱切的興趣及討論；最近展出名之為「孩子的一百種語言」（The Hundred Language of Children）；瑞吉歐的老師們拒絕用「模式」這個名詞，而改用「我們的方案」或「我們的經驗」名之。

馬拉古齊擔任心理師工作多年，也在嬰幼兒教保中心從事活動與研究；1980年出任義大利教育部在瑞吉歐·艾米利亞的教育顧問，同時創立the Grppo National Nidi-Infanzia國立幼兒中心；1963年在義大利創設第一所由市政府經營的幼兒學校；瑞吉歐·艾米利亞的教育工作人員在馬拉古齊的指導下，以他們的作品進行了兩次卓越優異的巡迴展覽。1981年首次在歐洲開展以來，他們的展覽足跡更遍及拉丁美洲、日本與澳洲，這也是自1987年瑞吉歐·艾米利亞在美國展出英文版「孩子的一百種語言」之後，另次豐富的展覽分享之旅。

瑞吉歐國際關係的網絡包括：加拿大、格陵蘭、墨西哥、哥斯大黎加、瓜地馬拉、古巴、波多黎各、千里達、巴西、玻利維亞、巴拉圭、智利、挪威、瑞典、丹麥、芬蘭、冰島、西班牙、大英國協、荷蘭、德國、比利時、以色列、瑞士、法國、葡萄牙、坦尚尼亞、塞內加爾、印度、尼泊爾、中國、韓國、日本、臺灣、香港、泰國、馬來西亞、菲律賓、新加坡、澳洲、紐西蘭和美國，影響所及，無遠弗屆。

1991年瑞吉歐·艾米利亞被譽為全世界「最優秀」（best in the world）的幼兒園，也曾被美國《新聞周刊》（*News Week*）推舉為「世界十大傑出學校之一」。馬拉古齊因此在1992年獲得the Ygdrasil-lego「教育工作」貢獻獎之榮譽。

美國著名的雜誌《新聞周刊》評選瑞吉歐市的黛安娜幼兒園為世界最富創意與最優秀的幼兒園。美國兒童發展協會（NAEYC）的「Young Children」、「Scholastic Pre-Today」，以及「The Bing Times」（史丹佛大學附幼）等，對瑞吉歐幼兒園幼教專題報導，更是給予嘉許與推崇的肯定。

1993年馬拉古齊得到美國芝加哥Kohl基金會the Kohl Award之頒獎，此外也榮獲安徒生獎與地中海地區國際學校協會的頒獎。瑞吉歐

的幼教系統受到像Gardner（多元智能大師）、Katy（曾任NAEYC主席），以及Hawkins（科羅拉多大學教授）、Edwards（肯塔基大學教授）與Forman（麻薩諸塞州大學教授）等各學者專家的讚譽。

誠如Moss（2001）所說的，瑞吉歐·艾米利亞相異性的包容，「otherness」是將文化和教育之間密不可分的關係放在首要的地位，其最大的成就係為幼兒園的全心努力與市民共同合作樹立典範。我們從兩個版本的《孩子的一百種語言》（*The Hundred Language of Children*）（Edwards, Gandini & Forman, 1998）和一卷有關瑞吉歐·艾米利亞嬰幼兒中心及幼兒園故事錄影帶《Not Just Anywhere》（Washington, DC: Reggio Children, USA, 2002），以及《0到6歲》與《兒童》期刊的發行；另外，我們更可以從「鞋子和尺」、「獅子的畫像」、「鳥的樂園」、「人群」、「影子」，以及「城市和雨」等方案，了解瑞吉歐·艾米利亞對社會的貢獻。瑞吉歐兒童中心（Reggio Children）成立，它還是一個保護和發展兒童權利和潛力的國際機構，1994年此中心主要工作在推展瑞吉歐幼托機構的理論和實際經驗，促進國際交流，同時組織瑞吉歐教育經驗研習會和出版有關書籍及錄影帶等。義大利教育部長不僅公開肯定與讚許此一教育體系之價值，更提出其與瑞吉歐共同規劃培訓全國教育人員之方案。

1994年元月23日，這位義大利的教育家、心理學家和哲學家，因心臟病逝世於他一生奉獻教育而繫念的故鄉——瑞吉歐·艾米利亞。

貳、重要的教保思想

馬拉古齊指稱瑞吉歐系統的理論是來自多元而不同的領域，將這些領域內涵加以調整為其所需之元素。在瑞吉歐·艾米利亞取向的幼兒教育有一個具體的核心，這個核心是來自積極教育的理論和經驗，並尋求對幼兒、教師、學校、家庭，以及社區，各個獨特現象的了解，這些共同產生一個積極、有創意且結合個人與社會成長的文化與

社會（Edwards, Gandini, & Forman, 1988）。

　　Ferriere、Dewey、Vygotsky、Bruner、Piaget、Bronfenbrener
及Hawkins等人的理論，為瑞吉歐教育帶來許多啟示與應用；加上
Kaye提出成人指導角色，Shaffer研究語言與社會之間的關係，Serge
Moscovici和Gabriel Mugny兩人對於象徵圖像的起源和人際間的認
知，Gardner在多元智能形構與開放心智方面，都提供瑞吉歐學校在
經營時的見解。此外，瑞吉歐教育也參酌了社會語言學，研究成人
與幼兒如何共同建構有意義的情境，以及建構理論者、符號互動學者
和社會建構學者們對認知發展研究的理論（Edwards, Gandini, & For-
man, 1988），並將這些理論精華運用到合宜於學校的經營與實踐的
動力。

一、三個傳統與社會服務的教育理念

　　學校有三個傳統即：進步主義學派、Piaget和Vygotsky學派建構
式心理學，以及義大利戰後的左派改革的政治思想。

　　家長、教師和幼兒三者的合作關係一開始就十分明確，這是一個
以社區為基礎而經營與管理的學校。

　　瑞吉歐‧艾米利亞教育取向（the Reggio Emilia approach）中，
「市民」（civil）是常被提及的名詞，它代表幼兒因教育而謙遜（ci-
vility）、受教化（civiligation）而具公民良知（civic conscience）的
人。

　　強調「互動關係」和「合作參與」的價值成了學校經營的特色。
瑞吉歐學校創辦人馬拉古齊強調互動關係，指的是幼兒、老師、家
長、學校和環境，教學時不可視「個體」為一單獨的要素，應該將學
生與其生存環境視為一個整體；也就是說，在發展與學習間、在不同
的符號語言間、在思想與行動間、在個人與人際關係間，都應該有著
合作參與的緊密關係。

二、互惠、交流與對談開展幼兒潛能與應有的權利

在瑞吉歐‧艾米利亞，安排新進教師與有經驗的資深教師共事，資深教師可以作為新進教師的楷模，資深教師也可從新進教師那裡獲得新的觀點。以互惠觀念的強調在教師與家長間，或教師與教師間都是一樣的重要，藉此確定兩者都能成長與改變。互惠的目標在工作中更是一個廣泛的文化原則；在瑞吉歐中，衝突的結果並不被視為輸或贏，而是所有牽涉其中的人的一種改變與成長（LeeKeenan & Nimmo, 1993）。

教師平等的地位強化互惠關係的重視，同時也支持以新方式質疑和解決問題的能力（羅雅芬等譯，C. Edwazds編著，2000）。教師鼓勵幼兒經由他們隨手可得的「表達性」、「溝通性」和「認知性」語言，探索環境和表達自我。「語言」可以是文字、動作、圖形、繪畫、建築、雕塑、皮影戲、拼貼、戲劇或音樂等。

教育的核心來自「互惠」、「交流」與「對談」，其目的在提升與維護幼兒的潛能與權利。Project work為了探索孩子的心靈，因此幼兒學校是仿家庭與社區互動模式加以經營與規劃。學校的成員除了教師以外，還有教學協同人員、家長，瑞吉歐透過記錄的方案課程，便是由這些人共同企劃的。

「工作坊」是保護教師免於冗長而單調枯燥演講的學習方式之一，它是一個擁有豐富材料、工具，以及專業能力人士的空間；它造就教師之間的相互支持，以及運用各種不同的媒材、學習途徑、溝通表達，使學習得以更深入。

三、創造力源自日常生活中的經驗

1. 創造力不應被視為一種獨立的心智功能，而是思考、認知和抉擇的特質。
2. 創造力來自各式各類的經驗伴隨資源而發展，包括冒險超越已知事物的一種感受。
3. 創造力藉由認知、情意與想像的過程表達出來，三者結合往

往會有出人意料之外解決問題的技巧。

4. 不強調既定的教學法，創造力便能源源不絕地展現它的力量。

5. 創造力要求「求知的學校」（the school of knowing）能與「表達的學校」（the school of expressing）相結合，以便開啟學習語文之鑰（林育瑋、王怡方、鄭立俐譯，1997）。

6. 當成人不再使用命令式教學，而成為問題情境的觀察與對話時，幼兒的創造力會更具力量（簡楚瑛，1994）。

四、強調協議式學習的意義

　教師扮演「夥伴」、「園丁」及「嚮導」角色，瑞吉歐的課程是透過規劃、紀錄和對談的協議式學習。

　「規劃」指幼兒們記錄下他們的計畫或解決方式的任何相關活動。一幅畫也可屬於是一種「規劃」，「對談」表達出了解他人談話的深入欲望，「對談」比說話（talking）有更深一層的意義。對談意味著對他人的意見做一種反思性的探索和掙扎著去了解其中的涵義，在過程中，談話的幾方有建設性地面對彼此，歷經衝突及在不斷改變觀念的過程中尋求立足點。在成效上，對談是對溝通的分析，是為求成長與了解，而不斷地對意義產生質疑的超越語言學的過程。

　「紀錄」指以足夠的細節報告成果和表現，並協助他人了解所記載的行為背後的意涵與相關活動，「紀錄」的目的在為解釋，「紀錄」是協議式學習的核心，「規劃」是事先的，「紀錄」則是回顧的。「規劃」、「對談」與「紀錄」這三個教學系統是唇齒相依，密不可分。

　「協議式學習」的精神展現瑞吉歐‧艾米利亞教育重要的元素與特色，如圖5-4所示：

全是大贏家——協議式學習（negotiated learning）

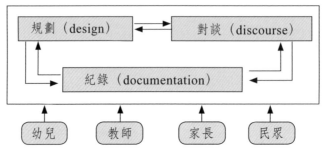

圖5-4　協議式學習三要素：「規劃」、「對談」與「紀錄」

（轉自羅雅芬、連英式、金乃琪譯，2000）

五、重視方案進行三階段五個重點工作

　　三個階段係指主題「開始」、「發展」與「結束」，五個重點工作係指「團體討論」、「實地參訪」、「發表」、「調查」與「展現」等活動時需掌握的工作內涵與功能的實踐。此外，瑞吉歐教學針對教師與幼兒在每個階段的任務和工作關係，也都有詳細的重點規劃，由表5-6的系統彙整說明此互動關係（林育瑋等譯，L. G. Katz原著，2012）。

表5-6　五個重點工作在主題或方案發展三階段中的功能

重點 階段	團體討論	實地參訪	發表	調查	展現
階段一 主題 開始	*分享對此主題的先前經驗和目前的知識	*孩子與父母談論他們先前的經驗	*以素描、寫作、建構活動、戲劇扮演等方式分享先前的經驗和知識	*根據現有的知識提出問題	*分享個人對主題的經驗發表

表5-6　五個重點工作在主題或方案發展三階段中的功能（續）

重點 階段	團體討論	實地參訪	發表	調查	展現
階段二 主題 發展	*準備實地參訪工作 *回顧實地參訪工作 *從二手資源中學習	*走出教室調查實地參訪的環境 *在現場或教室裡訪談此領域的專家	*簡單報告實地速寫和筆記 *以素描繪畫、寫字、數學、圖表、地點等來表示新的學習	*調查最初的問題 *實地參訪和圖書館研究 *提出更進一步的問題	*分享發表新經驗、新知識
階段三 主題 結束	*準備分享主題過程 *回顧、評估方案	*經由外在團體的觀點評估此方案	*將研究過程歸納濃縮以便與其他人分享	*思考新問題	*總結主題中的學習

參、對幼兒教保的貢獻

　　「馬拉古齊」被稱譽為「瑞吉歐」的領導天才，這位瑞吉歐幼教系統的創始人，亦即此位思想家與教育家的名字的確可與他心目中的英雄—Froebel、Montessori、Dewey及Piaget相提並論其在幼保學術與實務的地位。

　　瑞吉歐社區學校是馬拉古齊重要成就的代表傑作，世界上很難再找出一個教育機構在這種革新哲學理論與實踐之間，發展出如此共存共榮，而又將幼兒園—家庭—社區間之緊密關係發展得淋漓盡致。

　　下面說明馬拉古齊對幼兒教保的貢獻：

一、「家庭」為文化價值與教育信念的核心

　　瑞吉歐・艾米利亞是義大利北部一座小城，此一城市的市民擁有許多共同的文化價值觀，這個文化價值觀係以「家庭」為社區的中心，教育幼兒是社會的共同責任，這個對幼兒服務的價值觀一如這個城市的酒和起士，不僅是傳統，更是這個城市人們所珍愛的「寶貝」。

　　1993年和1998年馬拉古齊（Edwards, Forman, 1998）多次在書中的文本提出下列瑞吉歐‧艾米利亞幼兒園新與舊結合的教學準則（蔡明昌等人，2008）：

1. 與家長建立超過目前親職教育概念範圍的夥伴關係。
2. 學校是人際關係的系統，幼兒的福祉建立在教師和家庭的福利之上。
3. 教育空間必須符合所使用這個空間的幼兒需求，幼兒中心被定位為幼兒、教師與家庭溝通意見與建立關係的中心。
4. 「家長參與」的重要性，直接關係著學校作為「關係」體制之基本理論，但是瑞吉歐‧艾米利亞的詮釋遠超過這個概念，他們更要確認家長在這個環境裡，受到歡迎與融入的地位與尊榮。

二、以動態系統連結親、師、幼兒與社區的關係

　　瑞吉歐‧艾米利亞的家長、教師和其他市民討論他們對幼兒學習的了解與責任，還有一些聚會是幼兒長期方案的高潮活動。每一個瑞吉歐‧艾米利亞學校，都會在學年當中舉辦一些邀請家庭成員和社區分享，並讚賞幼兒工作的活動。這些策略都是設計來增進學校和家庭的雙向關係，以及社區的參與；從這個超過四十年的市立幼兒教育服務課程的品質中，我們可以看到其成就的展現。

　　瑞吉歐‧艾米利亞所創造的這個學校環境非常注重成人和幼兒的關係，他們將「課程」詮釋成幼兒和教師合作探索的催化劑，確認彼此能持續進行溝通，以及和家庭與社區人員的意見交換，這一切所代表的意義，遠超過一般幼兒教育課程模式。這種態度來自如何過生活，並且促成民主社區有關政治、哲學和文化之意識（New, 1998；蔡明昌，2008）。

　　此種動態發展系統中，每間教室有兩位地位專業同等的教師，也是臺灣再檢視《幼兒教育及照顧法》第18條「每班應有一人以上為幼兒園教師」之省思，卓越的幼兒教保先需有優厚的人力與物力的投

入與經營。這種兩人彼此互惠而非「主副」之分的平等地位，讓兩位老師可以針對每一個班級經營情況，不止只有一種觀點，而是互相合作解決問題與平等考慮他人觀點的機會，當然更是一種充滿互惠的意見交流與教師專業發展的環境；高品質專業與服務的熱忱，造就今日瑞吉歐‧艾米利亞幼兒教保的卓越表現。

三、「環境」是瑞吉歐‧艾米利亞幼兒園的第三位老師

　　瑞吉歐‧艾米利亞理想中「新幼兒文化」是建構在「對環境有期許就會帶來結果」（Prawat & Floden, 1994），以及「教育將因團體中的生活品質而改變」的哲學信念。社會文化中「我就是我們」（I am who We are）的本質意義與內涵，在學校獨特的社會文化與環境——除了眾所皆知有關知識的建構，來自幼兒以學習者的角色參與生活中各種儀節、典禮或例行活動之中，幼兒透過家庭、幼兒園與社會獲得種種學習外，Super和Harkness（1986）更闡釋環境的特質如何支持這種學習經驗，而這些特質又怎樣帶動硬體設施與社會環境友善優質的互動，同時也與成人和幼兒間如何發展組織、目標與策劃活動進行等等的意識型態息息相關（羅雅芬、連英式、金乃琪譯，2000）。因此，「環境」為瑞吉歐‧艾米利亞學校的「第三位」老師實不為過。

　　瑞吉歐‧艾米利亞學校對軟硬體環境的設施，其用心幾達「巧思」的境界，隨時在提醒幼兒園空間設計要反映文化的特質，注意精緻規劃後的空間如何與學校周邊環境的展延；因為空間不只是有助於各種互動的「容器」，也需具有教育性的「內容」，因為內空間的結構往往因不同的教保計畫與活動而有所更迭和改變（簡楚瑛，1994）。瑞吉歐‧艾米利亞幼兒園的空間設計一如義大利城市的文化特質，學校的中心是一個廣場，所有的教室基本上都朝向這個中心而開放，教職員工、幼兒、父母和社區利害關係人的互動也都在此產生。

四、「方案」的探索展現課程與教學的特色

二十世紀初期，Dewey以及他的同事所推動的進步教育運動中，方案教學就是其中一項重要的特色；在1960以及70年代英國的普羅登時代（Plowden Year），已廣泛的運用方案教學，許多美國學者在當時也採用此種教學方式，並稱之為「開放教育」（open education）。

「方案教學」（project work）乃是協助幼兒能全面、深入而理解他們周遭環境和經驗，探索值得他們注意的事物和現象。方案活動是課程的一部分，通常在其他同儕合作以及教師的輔導之下，幼兒可以自己決定並且選擇方案的進行方式。這一類的活動往往可以增加幼兒對自己的自信心，並且強化他們持續學習的意圖（Katz & Chard, 1989；羅雅芬等譯，2000）。

瑞吉歐教學認真看待幼兒的表現作品，讓他們以真實或想像的方式呈現；他們認為使用視覺和圖像語文來表達對世界的探索或理解，對尚未具備正式書寫和閱讀能力的幼兒而言，是最直接而有效的方式。

我們在「幼兒」身上發現「課程」──這是瑞吉歐「方案教學」的特色。幼兒能透過老師、成人或同儕的「鷹架」，廣泛運用不同的圖像與媒介來表達，以及溝通彼此的認知世界。駐校「藝術教師」是促發老師把方案當成一種「探險」刺激與多變化活動的「催化劑」，這種諮詢員的角色，往往對老師們想法與做法的系統彙整有很大的助益。「工作坊」的環境促成駐校藝術教師與幼兒園老師更加密切而互動的關係，也影響其與瑞吉歐幼兒間學習成長的關係，儼然漸漸成為「文化」素養的發展中心。這種將視覺表現的方法與科學的假設實驗結合，讓美感表現與意識性探索行為的活動，不斷在瑞吉歐‧艾米利亞的幼兒園展開……。

馬拉古齊的學思行誼不斷的湧現腦海省思著，誠如迦納所說（羅雅芬等譯，H. Gardner著，2000）：「我們要求幼兒間的合作學習，

但我們卻極少維持教師與行政人員之間的合作關係；我們要求藝術性的工作，但是我們卻很少用心塑造一個可以真正支持並激發幼兒靈感的環境；我們要求家長的參與，但卻不願與家長共同享有所有權、責任，以及成就；我們了解社區的需要，但是卻時常只是立即分化爲幾個小的利益團體；我們歡迎探索式的方法，但是卻沒有信心讓幼兒跟隨他們自己的嗅覺及感受；我們要求辯論，但卻時常摒斥他；我們要求傾聽，但卻更愛說話；我們是富足的，但是我們並沒有保護那些能使我們維持如此局面，同時也支持他人富足的資源。」或許這是在系統整理「馬拉古齊」經營瑞吉歐・艾米利亞幼兒學校時，給國內幼兒教保生態系統中各種利害關係人的當頭棒喝……。

第十節　迦納的教保思想及其對幼保的貢獻

迦納（H. Gardner, 1943-）

──多元智能的創始人

多元智能的建構在協助學生建立知己的能力，因為自知是通往學習與自我成就之路。

壹、生平與著作

迦納1934年出生於美國賓州的斯克蘭頓（Scrantow），父母是從德國納粹逃出來的難

271

民。喜好鋼琴和讀書，音樂始終是迦納生命中重要的一部分。迦納的學習幾乎都在哈佛大學完成，發展心理學與神經心理學是他兩個學習與成就的重大領域，因為這樣的基礎，成就了迦納對正常及資優兒童，以及腦傷成人的研究。因為這兩方面的努力成就迦納「多元智能」的理論，並於1983年完成《心智的架構》（*Frames of Mind*）一書。1986年後任教於哈佛大學教育學院，並進行「零計畫」（Project Zero）的研究之作，此計畫的重點在人類認知與藝術方面的發展，迦納帶領研究人員將多元智能理論運用於教育的實踐，包括建立以表現為基礎的評量、個人化的指導教材與評量（陳修元譯，2001）。

迦納是哈佛大學教育學院John H.和Elisabeth A.、Hobbs任與教育講座教授，同時也曾在該校心理系、波士頓大學醫學院神經學擔任兼任教授、Harvard Project Zero決策委員會主席。迦納曾獲多項殊榮，包括1921年macArthur Prize Fellowship，以及十八所大學的榮譽學位，包括美國普林斯頓大學、加拿大muGill大學、以色列特拉維夫大學等。迦納教授更在1990年成為第一個獲得Grawemeyen教育獎的美國人，2000年亦獲得學術界極高尊榮的「古根漢」講座，可謂集成就與榮耀於一生的學者。

迦納著作等身，目前完成近二十本著作以及數百篇學術論文。多元智能理論挑戰單一智能以及使用標準心理測驗的傳統想法。教授近年來更傾心專注於Good Work Projece，「Good Work」意即在工作中追求卓越、展現責任感，以及重視與工作相關的各種因素及心態。迦納最近還投入跨學科教學與課程的研究，其作品目前被譯成二十一國語言，最新的著作包括《*The Pisciplined Mind: Beyond Facts and Standardized Tests*》、《*The K-12 Education That Every Child Deserves, Intelligence Reframed*》，以及《*Good Work: When Exeellence and Ethics Meet*》等（請參見臺北市立師院「華人地區多元智能——課程發展與學習評量系統建構」研討會）。此外，迦納及其相關著作，國內亦有不少譯著，讀者可自行參閱，如：李瑩譯（2000）《再建多元智慧》（遠流）、郭俊賢與陳淑惠譯（2000）

《多元智慧的教與學》（遠流）、陳瓊森譯（1997）《開啟多元智能新世紀》（信誼），以及林佳儒譯（2005，吳鳳技術學院「臺灣幼保課程模式在地化建構」研討會）《彙整豐富的本土相關的多元智能研究》，均可提供讀者在研究時的參考。

貳、重要的教保思想與實踐——光譜計畫簡介

迦納（Gardner, 1983）的多元智能（Multiple Intelligence, MI）包括：語文智能（Linguistic Intelligence）、邏輯─數學智能（Logical-mathematical Intelligence）、空間智能（Spatial Intelligence）、肢體─動覺智能（Bodily-Kinesthetic Intelligence）、音樂智能（Musical Intelligence）、人際智能（Interpersonal Intelligence）、內省智能（Intrapersonal Intelligence），以及自然觀察智能（Naturalist Intelligence）。

迦納提出人類多元智能正如弗勒（Fuller）所言：「如果我們堅持只用一張濾光板觀看心靈，那原本像彩虹般七彩繽紛的智能，就會變成索然無味的白光。」教師是幼兒生活與學習的重要鷹架，如何經由：(1)喚醒（Awaken）幼兒沉睡的潛能，(2)擴展（Amplify）幼兒以多元方式解決問題，(3)提供機會讓幼兒展現與教他人（Teach）自己所長，(4)利用優勢智能遷移（Transfer）弱勢智能，把每個孩子帶上成功人生的舞臺，更是每一位教師刻不容緩的要務。

光譜計畫（Project Spectrum）的立論基礎來自反對所有的孩子都被期待以同樣的方式學習相同的事物的前提，因為人類的心智並非全然一致（Gardner, 1983; Sternberg, 1985）。教師和父母愈了解孩子的人格發展思維與學習方式，便愈能幫助孩子發展所能。

光譜計畫是迦納領導下一個有關MI的研究計畫，此研究小組成員包括哈佛大學零方案（Harvard University's project zerc）、塔虎茲大學（Tufts University）兒童發展伊利特─皮爾森中心（Eliot-Pearson），初期的研究包括Tufts大學的費德曼（Feldman）、史塔

克（Stork）和哈佛大學的迦納（Gardner）。

一、情境布置——引起內發學習動機的第一步

1. 光譜中心（或學習區、學習中心）設立的意義

基於(1)給孩子一個更為寬廣的學習領域，(2)認同與支持孩子的優勢智能，以及(3)利用孩子的優勢智能改善課業表現（academic-performance）的三個重要前提，光譜計畫採用學習中心，作為學習活動場域及引導孩子學習的方法，促使學校課程和孩子的好奇心及活力連結起來（Chen, Krechevsky & Isberg, 1998）。

2. 光譜中心（或學習區、學習中心）設置的內容

光譜中心設置八個學習區域，其名稱是：語文、數學、自然科學、機械與建構、藝術、社會知覺、音樂與動作領域。每個學習中心都設有各式各樣吸引人的材料，無論是手工製品、商業成品、回收再製品，或聽覺筒、敲擊樂器，以及一些老舊的打字機、木桌、損壞的時鐘或益智積木，均能吸引孩子從事理解與建構活動。其次，光譜中心的設置建構是有彈性的，它可以是角落、桌子或其他教室，當然也可視需要延伸到整個學校、甚至社區。光譜中心其實並非新概念，它與學習中心（角）有許多共同的特徵，這些理念包括讓孩子親自動手操作、小團體活動，並經由自己的興趣與愛好，作為選擇活動的參考。兩者不同的是光譜計畫建構在多元智能理論上，同時發展「關鍵能力」，教師可以藉此一系列關鍵能力，作為觀察學生學習時的指導方向，因為豐富的記錄資料以及各種作品等，引導老師注意到孩子在不同領域中，特殊表現的優勢與弱勢。

光譜學習中心所提供的，不只是豐富的材料與特殊引導的活動，當孩子探索這些材料或參加這些活動時，更成為引導教師觀察孩子各種活動時的工具。

二、學習活動的進行

學習活動的進行必須注意到孩子的紀律以及活動的銜接，如此方可使孩子的學習更具系統與意義。

光譜計畫的進行包括下列七個步驟（Chen, Isberg, & Krechevsky）：

1. 引導期（Orientation Period）

為了讓孩子舒適自在且獨立自主的進行工作，初期導入的工作包括：多次聚會中，告訴甚至秀出實物，讓幼兒了解其中關鍵意義、進行的程序，同時讓幼兒明白規則。以「教師為指導中心」（Teacher-directed）的大團體活動（large-group activities）可用在此一階段，因為導入初期，孩子可能需要較多的指導，以便了解、覺察幼兒優勢智能及興趣所在。

2. 活動實施（Implementing the Activities）

採逐漸開放學習中心的方式，初期可以每週開放二至四個學習中心，在幼兒園或自由活動時間；學習中心的材料內容也可依幼兒熟稔度及小組的需求，逐步充實。

3. 活動室設計（Classroom Design）

活動室宜儘量依區分功能使用，將各個學習中心分別用不同的顏色或圖案區別，方便幼兒辨識。科學中心與藝術中心的設計應接近水槽，以便幼兒取水及清洗；有些中心如語言及社區中心，可以用毗鄰或共同設計，已達到互通有無之用；至於音樂及肢體動作區，為了減低音效干擾，宜另闢較獨立之處。

4. 建立規則（Establishing Rules）

師生共同訂定學習中心的規則，同時讓幼兒了解一個清晰明白的規則，可以幫助幼兒遊戲和工作得更有效率，一遇規則不適用時，師生可以隨時進行修正。

5. 迷你課程（Mini-Lessons）

對特殊議題的學習中心的使用，教師可以利用五到十分鐘的討論

或辯論對話，這些過程可以協助幼兒重新檢視規則與方法，並且更確切的了解自己在學習過程中的角色。

6. 活動領導者與合作學習（Activity Leaders and Coperative Learning）

提供機會讓幼兒展現與發揮自己所長，是多元智能重大的教育目的。因此在學習中心內，培養一些小老師，使小老師充分發揮所長與建立自信心，同時也讓弱勢智能的幼兒得到協助。每個活動可以因每個人優勢智能的不同，而有不同的領導者，共同合作的學習在光譜中心可以表露無遺。

7. 分享時間（Sharing Time）

在學習中心結束後，教師可以引導幼兒進一步探索問題或反思，以及分享感覺和學習成果。初期分享可以把重點放在：(1)幼兒是如何清晰而建設性的提問相關的問題（How），(2)為什麼專注傾聽別人的提問是必須的（Why），(3)如何讓每個幼兒充分表達意見而不傷及他人感覺（How）。

三、學習與評量

1. 真實評量（authentic evaluation）──發展多元智能的門鑰

「真實評量」又稱為「表現評量」（performance evaluation），或者「另一種評量」（alternative evaluation），評量是在真實的生活情境中進行，是評量被評量者在真實情境中的表現過程。Garcia和Pearson（1994）指出，真實評量與實際教學息息相關，其評量活動和評量方式皆衍生自實際的教學脈絡，評量完全是由教學的老師所設計，其評量與教學同步，教學即評量，評量即教學，兩者密切配合。在真實評量中，教師是透過觀察、與幼兒談話，以及幼兒的作品，蒐集各個幼兒學習情形的資料；其評量是一個不斷的歷程，隨著教學活動不斷調整（Calfee & Hiebert, 1991；黃秀文，1998）。

「真實評量」主要透過系統化，實地觀察記錄孩子的學習過程和表現，即孩子的作品來蒐集資料。評量是建立於資料之上，因此資

料的蒐集必須愼始，其蒐集、記錄與整理，必須自始就有妥善計畫（Mehrens, 1992）。

　　教學過程是個連續不斷的過程，而評量統整整個教學歷程，成爲與教學不可分割的重要部分（Meisels, 1993; Hiebert, 1987）。除少數基本能力的結構性評量外，幼兒階段最宜用「表現評量」（performance evaluation），它可以兼顧個人的、文化的與語文上的差異。這種眞實評量對教室中師生互動具有重大意義——教師關心的是幼兒眞正學了什麼，以及如何學習。眞實評量，亦即表現評量提供教師可靠的事實與資訊（盧美貴，1999）。因此，「眞實評量」必須符合下列特徵：

(1) 以實地觀察和作品樣本爲基礎。

(2) 包含長時間蒐集的各種教室經驗的資料。

(3) 指出孩子基本知能、思考和學習動機態度的進步狀況。

(4) 評量者基於對發展觀念和個別學習型態的了解做評量。

(5) 提供有助於個別教學計畫的訊息（Gnezda, Garduque, & Schultz, 1991）（引述自Smith, et al., 1993；黃淑苓，1996）。

2. 檔案評量（portfolio assessment）

　　檔案評量是有計畫的蒐集幼兒作品，這些作品包含幼兒藝術創作表現的作品和語文作品，可以不同形式保存，譬如積木或捏塑品或舞蹈活動可以照片或錄影方式保存，圖畫或塗寫作品可以原樣保存，作品集也可以加入教師的記錄。作品集往往可以眞實的顯示幼兒的發展與進步。教師必須事先訂定蒐集的範圍和種類，最好依不同的發展領域分門別類，並且兼顧個別化自發創作和表現及成人指導之下完成的作品。定期和家長及幼兒檢討，定期和幼兒一起篩選留下或取回的作品。評量時應該著重前後進步情況，幫助幼兒建立自信（Cole, Ryan, 1996; Benjamin, 1994; Brannigan, Lahey, & Stockton, 1993; Heck, 1994; Meisels, 1993；黃淑苓，1996）。

3. 檔案評量的特色

(1) 多元化的評量方式

教師所能用以評估與診斷幼兒學習過程與結果的方法，甚為多樣化，因而幼兒也會在具有比較多元的機會當中，表現自己的學習過程。

(2) 增加互動及參與的機會（Engel, 1993）

幼兒、教師、乃至家長在整個學習與評量的過程中，皆可以針對幼兒實作的成果，提出改進意見，也可協助其記載、檢視與評估學習進步的情況，而增加了與幼兒互動及參與的機會。從這些互動當中，幼兒可以因為解釋自己實作經驗，省思自己的思考過程，而獲益良多。在檔案評量的過程中，十分重視師生的互動、同儕的互動，以及家長與幼兒、學校間的互動。

(3) 了解幼兒的能力

從檔案中的資料，可以了解幼兒能力的強弱以及學習問題所在。

(4) 實現開放的精神

　　①行動和思想自由：它容許幼兒以自己意志挑選並組合自己的檔案。

　　②參與機會均等：每個幼兒皆有自評，對自己的檔案負責，老師、家長與幼兒三方面的評量同時呈現。

　　③資源與訊息流通：評量的結果互相交換回應。

　　④個別差異得到尊重：檔案之中沒有等第或百分位數，每一分檔案包含的是各個不同的描述。

　　⑤重歷程也重結果，讓幼兒了解他的學習過程及成果。

(5) 注重自我比較

檔案評量可讓幼兒看出自己在評量過程中，自我成長的進步情形，可避免同儕間的對立與緊張情形。

(6) 強調幼兒學習的整體表現

檔案評量以作品集錦方式呈現，可明顯看出幼兒努力的過程、進步情形、最終的作品，將一切活動綜合後，才給予較公平、客觀的評

價，實現教學與評量合一的教育理想。

(7) 評量者特性

這是實施檔案評量可能遇到的難處。在自評、互評、教師評，以及其他人士評鑑時，所有評鑑者要能摒除主觀態度，並熟知受評鑑者的背景、能力，以及完成檔案呈現的過程，才能真切的加以評鑑。

檔案評量在發展幼兒多元智能上，確實是一大幫手。

參、對幼兒教保的貢獻

1979年，哈佛教育研究學院（Harvard Education Study College）的小組研究員接受凡利爾基金會（Bernard Van Leer Foundation Committee）的邀請，進行有關人類潛能的本質和實現的研究，並將當時的結果於1983年結集成《心智的架構》（*Frames of Mind*）一書，迦納教授即為其中之一員。迦納從研究天才兒童、腦傷病患、白痴學者（idiot-savant）（封四維，1999）、正常兒童及成人、不同行業的專家，以及不同文化的個體，來檢驗證據並形成多元智能理論（Gardner, 1983）。

過去二十年裡，迦納早上到波士頓榮民總醫院觀察中風病人的認知表現，下午去哈佛大學零方案研究室觀察正常和資優兒童在認知能力方面的發展，這個獨特的經驗使他看到了智能的多元性質（Gardner, 1999）。如：一個邏輯—數學優勢的人，他可能方向感不佳，連走路或搭車都會搞錯，空間的能力不是很理想，光是測量他（她）的邏輯—數學能力並不能預測他（她）的空間能力是優或劣。心智的能力可以是相互獨立的模組，他認為人的智能是多元的，除了語文、邏輯—數學等一般智力測驗所偏向的智能之外，還有空間、肢體動覺、音樂、人際、內省、自然觀察等智能，一反通俗的傳統智力觀。迦納的貢獻如下所述。

一、挑戰傳統智能的偏狹

傳統智能理論信奉：(1)人類的認知一元化；(2)只要用單一、可量化的智能，就可適切地描述每個個體的狀況。在這兩個基本假設之下，我們只用單一的量表就去評定並斷言孩子的未來。美國哈佛大學雷德立夫學院莫瑞研究中心主任Colby博士，對兒童心理以及道德發展有深入的研究，他認為IQ量表並不能測出一個人的全部智能（Gardner, 1993；陳瓊森，1997）。比奈—西蒙比西量表（Binet-Simon Scale）以數個項目來評定孩子的學習而獲得一個標準結果，但IQ所得之商數也無法斷定一切。狹隘的傳統智能概念多年以來一直是我們升學所依據的中心，它使得我們的教學目標窄化、教學內容僵化，使學生無法呈現多元及更開闊的學習。迦納的多元智能觀點主張每個人或多或少都擁有八種智能，如：語文、數理圖解、空間、肢體動覺、音樂、人際、內省、自然等，這樣的觀點已超越了傳統智能狹隘的限制，企圖尋求擴展人類潛能的範圍。

二、易於親近引人共鳴的立論

許多與智能有關的理論都具有相當的學理背景，如：比奈—西蒙的比西量表，堪稱世界上第一個標準化的智力測驗工具；塞斯通（Thurstone）的基本心智能力論；斯登伯格（Sternberg）的智力三元論及基爾福特（Guilford）的智力結構論，雖有理論背景，但卻抽象不易理解；多元智能理論雖是後來提出的，但此理論所提內容較貼近於日常生活，能令讀者產生共鳴，同時獲得熱烈迴響，在實用的影響上頗有一席地位。

三、因應社會變遷的教改風潮

我國升學主義掛帥的教育一向偏重在認知，聯考制度更是加重智育的地位，這使得家長與老師認定語文、邏輯—數學等基本學科好的學生才是可造之才（Gardner, 1993；陳瓊森，1997）。我們的教育要談改革，必須從此部分著手改變觀念，改變對學生智力的看法，嘗試以不同

的角度肯定孩子，如此才能發現每個不同個體所擁有的不同潛能。

四、教學角色與方法的改變

1. 以學生為學習主角

從老師填鴨主導的過去，將學習的主動權還給學生；今後的教育應以學生為中心，老師必須了解學生的學習特質，敏銳而有計畫的引導學生的能力與興趣（陳瓊森譯，1997）。

2. 課程強調統整

改變以往傳統的單一學科學習（如：計算數學題、背單字……），而走向整合性的學習。如多元智能理論所主張的所有的人都有自己所具備的能力與興趣，不同的個體往往有其不同的學習風格。因此，應以公平、多元、開闊的態度，重新檢視及規劃活動，期許每一個孩子均能符合多元智能「適性、適才」的發展理想。

五、腦神經的認識與發展

人類的腦是一個複雜的組織，不同的區域所掌管的功能也不盡相同，優勢左右腦所表現出來的能力不同，每一個半球分別控制或主宰著相對的另一半身體，對右利者而言，右手的運動是由左半球主宰（Gardner, 1993；陳瓊森譯，1997）。在腦神經病變和認知行為的關係研究中，腦傷病人在心智受損之後，行為異常的現象是特定能力的缺陷，並非認知能力的全面損傷，而是選擇性的保留某些特定能力，這些沒有被破壞的認知島嶼（spared islands of cognition），絕不是零散隨機，而是隱約指出人類智能的多元性質（Gardner, 1993），所以腦神經的研究支持了多元智能理論的形成。

六、新思維與新評量的建構

傳統的評量，大多依靠單一的紙筆測驗所獲得的結果來斷定，採行的是一種標準化的測驗（如：智力測驗），只著重於語文與邏輯─數學的智能，對於這兩方面較弱的學生來說就顯得不利。俄國心理學家維高斯基（Vygotsky）認為，智力測驗並無法指出一個人的「最佳

發展區」（Zone of Potential Development, ZPD）。教學與評量是一體兩面，好的教學，「評量」在其歷程中應占有舉足輕重的地位，我們實施評量的目的，並不是只爲了下結論而已，它可以扮演一個催化的角色。站在多元智能理論的角度來看，評量應該是在學習的情境中與生活相結合，眞實而多元的方式，是要被遵守的原則。

七、眞正適性教育理想的實踐

每個人都是獨立的個體，彼此之間的個別差異大。依多元智能理論的觀點是每個人都擁有不同的智能範疇，每個人都是可造之才，只要給予適當的啓發，都可發展到一定的水準。古代偉大教育家「孔子」得天下「英才」教育之，依其不同的個別差異，施以個別化教育，應是多元智能近日廣受教育界認同的最大原因。

多元智能特質及其內涵分析如圖5-5，教師是幼兒生活與學習的鷹架者，如何提供環境與運用適當的教學方式，就是班級經營的重要工作了。

八、提供幼兒學習風格與班級經營的互動成效

希勒弗（Silver, 2000）所提四種學習風格，對教師認識學生及引發其投入學習頗有助益。Silver（參考田耐青譯，2002）以爲人的學習可分成下列四風格（見圖5-6、表5-6）：

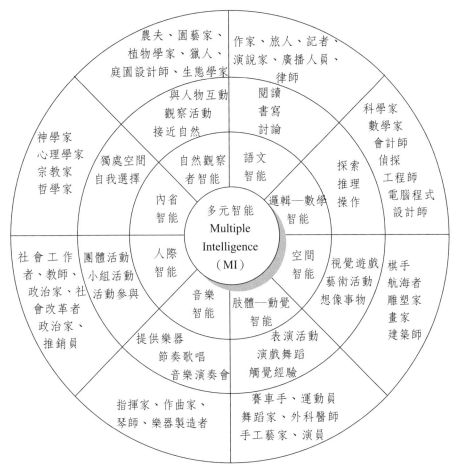

圖5-5　多元智能特質及其內涵分析

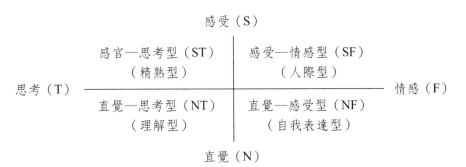

圖5-6　Silver的學習風格

283

表5-6　學習風格與班級經營要點

感官－思考型 （ST） （精熟型）	直覺－思考型 （NT） （理解型）	直覺－感受型 （NF） （自我表達型）	感受－情感型 （SF） （人際型）
學習風格象徵物			

學習風格特質表現			
1.善用五官思考。 2.喜動手實際操作及練習。 3.循序漸進別人按部就班的建議。 4.希望立即對錯的回饋。	1.知性與複雜問題的探討與思考。 2.喜邏輯、組織及系統評估資訊，解決問題。 3.關心為什麼的問題。 4.注意客觀真理非事實。	1.好奇、想像、沉思，感於夢想，對自己價值多所承諾。 2.常依自己內在時鐘運作事情。 3.喜另類解決問題的方法。 4.獨創力很強。	1.喜歡受到別人的注意與關懷。 2.對自己及他人的感覺敏銳且在意。 3.與人在一起出聲思考討論。 4.團隊合作力強。
班級經營注意要點			
1.經常給予操作和動手機會，維持該生忙碌工作狀態。 2.給予有正確答案及示範的作業或活動。 3.常進行比賽性質的競賽或遊戲活動。 4.開放式學習或論文作業較不喜歡。	1.課程中宜規劃高難度與挑戰性問題。 2.給予足夠思考時間，比較異同解決問題。 3.儘量減少刻板及教條式教學。 4.讓討論活動有更大的探討空間。	1.不過於強調細節及僵化程序。 2.給予自我規則及追求個人興趣的空間。 3.提供個人專注及興趣發展的機會。 4.允許行動上的彈性與跟別人不同的表現。	1.常予班級當小幫手及分享經驗的機會。 2.角色扮演、小組活動是很好的教學方式。 3.經常給予個人讚賞與鼓勵。 4.學習與生活內容必須配合不脫節。

🙂第十一節　張雪門的教保思想及其對幼保的貢獻

張雪門（1891-
1973）

——行為課程
　　教學法的
　　創始人

生活即是教
育，5、6歲的孩子
們在幼兒園生活的
實踐，就是行為課
程。

張雪門
(1891-1973)

壹、生平與著作

　　張雪門，浙江
寧波人，生於清光
緒17年（1891年）2月11日，由私塾、小學而浙江省立第四中學、北
京大學教育學系。在校時受系主任高仁山及陶行知兩位先生的啟迪與
指引，對幼兒教育發生濃厚的興趣。民國8年張雪門先生參加江蘇省
教育參觀團，到京滬等地參觀蒙養園，開始注意幼兒教育的問題。民
國13年得福祿貝爾《母親遊戲》一書的註解本，決定以一年的時間
研究福祿貝爾，另一年的時間研究蒙特梭利，再一年的時間探究世界
各國的幼兒教育，然後以畢生的時間與精力研究並發展我國的幼兒教
育。

　　民國17年主辦孔德幼稚師範學校，先生本著「做中學」的原
則，定下師範生半日實習、半日授課的辦法。民國18年應熊芷女士
之聘，主持香山慈幼院並主編幼稚師範叢書。

　　民國19年秋在北平香山慈幼院見心齋辦幼稚師範，採半道爾頓制的教學方法，也就是部分教學科目仍採班級教學方式，其餘學科則儘量給學生自動合作和時間支配的自由，他非常注重行動的實施和技能習慣的培養。首創師範生兩年實習的計畫，「參觀、參與、支配」（培養主持園務能力）是實習的三個重要目標，一直到21年，張雪門先生始終孜孜矻矻對其幼稚行為課程做有系統的實驗。

　　九一八事變之後，先生眼見國難當頭，乃發起「改造民族」的幼兒教育思想。21年改辦香山慈幼院幼稚師範，民國22年任河北省立師範學院教育系幼稚教育講師；民國26年日軍入侵，離開北平南下，由滬轉湘，復轉桂林成立香山慈幼院桂林分院，且兼任廣西省女子師範校長，31年赴陝西城固任國立西北師範學院家政系兒童保育的教職。次年，移廣西幼稚師範至重慶，從事兒童福利制度的實驗，著手訓練「導生」並試辦幼兒團。34年日本無條件投降，張雪門先生原想搭機返北平使幼師復校，結果未成，乃應臺灣省民政處之邀，於35年7月26日來臺創辦臺北育幼院，並任院長之職；41年受社會處委託辦理保育人員訓練班；42年因眼疾奉令退休；民國62年因高血壓逝世於臺北市立和平醫院，享壽83歲。

　　綜觀先生的教育思想，可以分為三個階段：第一階段在抗戰之前，是兒童本位的觀點；第二階段在抗戰期中，極力倡導民族改造的幼兒教育；第三階段在來臺之後，主張培植民主思想與行動，配合國策，時時刻刻作反攻大陸、重建教育、改造社會的準備。先生以為兒童是未來社會的中堅分子，則教育必須配合社會改進的步調，進而深植建設的力量和思想。誠如先生在《幼稚教育五十年‧自序》中所說：「這五十年中，我對教育有兩次重大的轉變；一次是從美化的人生轉變到了現實的社會，一次是從單純的兒童教育轉變到配合社會國家的建設。」先生的重要著作如下：《新幼稚教育》、《幼稚園教育概論》、《實習三年》、《幼稚園教材教法》、《增訂幼稚園行為課程》、《論今日的我國教育》、《幼稚教育五十年》、《閒情集》，以及《幼教論叢》等著作。

貳、重要的教育思想

張雪門畢生致力於幼兒教育的理論與實際，代表其教育思想者為其所倡導的「幼稚園行為課程」。下面分從此課程的意義、教學方法、教學原則及其特色加以說明（王靜珠等人，1974）：

一、行為課程教學法的意義

張雪門先生認為5、6歲的孩子在幼兒園裡的生活實踐，就是行為課程。這份課程完全根據生活，它從生活而來，從生活而開展，也從生活而結果，不像一般完全限於教材的活動（張雪門，1952）。幼兒園實施行為課程應注意幼兒實際行為，舉凡掃地、抹桌、養雞、養蠶、種植花草蔬果等，只要幼兒能自己做的，都應該給幼兒機會去做。唯有從行動中所得的認識，才是真實的知識；從行動中所發生的困難，才是真實的問題；從行動中獲得的勝利，才是真正制馭環境的能力。

二、行為課程教學法

此種教學是使幼兒起於活動而終於活動的一種方法。行為課程係單元教學，實施前應編擬單元計畫，根據幼兒的動機，決定學習的目的，根據目的再估量行為的內容。行為課程的內容包括幼兒的工作、遊戲、音樂、故事兒歌，以及常識等教材。在實施行為課程時，應徹底打破各學科的界限。行為課程的主旨，以其行為為中心，以設計為過程。只有行為而沒有計畫、實行和檢討的設計步驟，算不得有價值的行為；只有設計而沒有實踐的行為是空中樓閣。課程結束後，評量與檢討也是重要的一環。因為根據教學結果的評量，可以了解幼兒在知識、思考、習慣、技能、態度、理想、興趣等方面的成就，作為教師改進的參考，如此方能使各科教材統整而融入幼兒的生活中。

三、實施行為課程的重要原則

1. 課程固然由於自然的行為，卻需經過人工的精選。

2. 課程固由於勞動行為，卻需在勞動上勞心。

3. 課程固雖由兒童生活中取材，但需有遠大客觀的標準。

四、行為課程的特色

1. 教材方面

以實際生活為取材的對象。

行為課程的取材，是老師依據兒童生活上的經驗，以及配合兒童的需要和興趣加以編擬而成。

2. 教學主體

以教師為主體，強調兒童實際行為的發展。

教學主題的選擇、單元的決定、教室的情境布置、教材的準備、動機的引發等等，雖然都是以老師為主，但也常有讓兒童參與活動的機會。

3. 單元時限

通常以一週為主。

兒童在學習過程所需的時間，教師為了顧及兒童興趣、能力等問題，可做適當的調整。但大致上仍以一週之內完成一個單元的教授為主。

4. 教室布置——較缺乏教具

在行為課程的教學活動中，都在強調兒童實際行為的發展，所以在設計活動時，都拿實物讓兒童親自感受，較少有教具的呈現。

5. 學習的結果——較不能獲得完整的知識經驗

行為課程的內容教學法，並不是一組完整的教材，而是以實際生活行為為中心，所以沒有很明確的目標，幼兒在學習之後，所得到的是較零碎的知識，無法達到完整的學習。

綜上所述，行為課程教學法的優點是能切合實際生活的需要，幼兒也較感興趣；而其缺點則是著重實際行為的發展，有時無法達成完整的學習。雖然行為課程教學法在課前的取材方面，老師是依據幼兒實際生活經驗，而且是事先已擬好單元活動，但往往會因偶發事件，

必須暫停原單元的計畫活動，所以在教材上往往不能密切的銜接，以致不能達到完整的學習，學習的效果也因此受到影響。

參、對幼兒教保的貢獻

一、他是中國第一位力倡幼兒教育的人

早年提倡兒童本位的教育，尊重幼兒的自由生長。抗戰時期又提出加強幼兒民族精神教育，養成勤儉耐勞的習性。臺灣光復後又強調中華民族文化復興應自幼兒教育生根，使這一代幼兒能在倫理、民主、科學的中華文化本質下，茁壯成長。

二、依杜威「教育即生活」及陶行知「知行合一」的理論

「生活即教育」，首創「行為課程教學法」，此種注重幼兒行為實踐的教學法，盛行於民國49到56年。

三、強調幼兒科學教育的重要

先生認為真正探究事理、喜歡研究科學的人是「幼兒」。幼兒科學教育就是幼兒生活教育，也就是利用幼兒「好奇」與「好問」的天性，在日常生活行為中，培養幼兒研究科學的興趣、習慣及態度，啟發幼兒思考、想像及創造力。來日幼兒成長時，將會有良好的研究科學的基礎。張先生不僅提倡幼兒教育，尤其對於我國科學教育往下扎根的基礎工作有極大的貢獻。

四、創立導生制度

民國39年臺北育幼院首創導生班，此種制度在張先生、華霞菱，以及李蟾桂等人的指導下，訓練在院的超齡兒童，一方面培養其自學自助能力與服務社會的精神，一方面把幼兒教育普及到各鄉鎮角落。實施辦法是對教育有興趣、有能力、有活力、有社交能力的超齡兒童，或無法升學之幼兒，施以兩年有計畫的訓練，內容包括精神陶

冶、知識培養與實習活動。每天上午導生出外組織幼兒團施教，下午則在院內做準備活動及接受學科指導。導生畢業後陸續成為各私立幼兒園的老師，在本省幼兒教育的拓荒史上，有其不可磨滅的貢獻（黃寶珠，1976）。

五、開幼兒園課程與師範生實習的先河

先生於孔德師範時，就注意到師範生實地實習的重要，半日上課，半日實習，將理論付諸實踐，並要學生從行動中獲取經驗、為用而學、為用而教。師範生除了參觀、見習、試教及輔導的一般實習外，又學習做家庭訪問、親職教育、個案工作、社區調查等活動，使行為課程的實驗與師範生實習的工作相輔相成。

六、開展臺灣的幼教工作

抗日勝利後，先生應邀來臺籌辦幼兒保育院，在院中除訓練導生推廣幼教外，同時輔導全省師範學校科學生實驗行為課程。民國42年退休後仍協助軍中眷區成立幼兒團，培植軍中幼教師資，編輯幼教輔導月刊，經常演講及參與研習，對臺灣幼教的開拓與發展功不可沒（劉穎，1988）。

「教育從生活發生，也從生活而展開，它不是文化的點綴品，也不是文化的櫥窗。在有組織、有計畫的實行和檢討中，求快樂圓滿的境界，才是幼教的最高理想。」（張雪門，1973）

第十二節　陳鶴琴的教保思想及其對幼保的貢獻

陳鶴琴（1892-1982）
——五指教學法的創始人

課程的學習，是來自當時當地幼兒自動自發，而非模仿習得。

壹、生平與著作

陳鶴琴先生，浙江人，生於1892年，在美國哥倫比亞大學攻讀教育學及心理學後轉攻幼兒教育，其思想頗受杜威影響。

1919年先生自美返國任教於南京高等師範，擔任兒童心理學的講授。他看到當時國內的幼兒園不是模仿日本，就是歐美式的移植，為配合實驗工作及落實幼兒教育本土化的

陳鶴琴
(1892~1982)

理想，先生在自宅闢建「鼓樓幼兒園」，並於1926年發行幼稚教育月刊，翌年成立中華兒童教育社，以研究小學教育、幼兒教育及家庭教育等問題。

1940年陳鶴琴奉命籌組的江西省立實驗幼稚師範學校正式成立，附屬小學及幼稚園亦誕生，後又設嬰兒園，先生擔任校長職位。此校1943年易名為國立幼稚師範學校，增設幼稚師範專科，後又擴大為江西國民教育實驗區，這是一所強調教育要生動、活潑的學校。

抗戰勝利，先生出任上海國立幼稚師範專科學校、市立女子師範學校校長，及中央大學兼任教授。先生的重要著作約有如下：《兒童心理之研究》、《家庭教育》、《測驗概要》、《語體應用字彙》、《活教育的理論與實際》及《我的半生》等書。此外，在幼兒園教材及設備、玩具與教具，以及編寫幼兒讀本方面，先生更有不少獨到的見解與創作（宋海蘭，1988）。

貳、重要的教保思想

　　民國29年教育部在江西創辦國立實驗幼稚師範，陳鶴琴校長創用五指活動教學法。五指活動是由設計教學法蛻變而來，當時在幼教界很受重視。下面分別從「五指教學法」的源起、內容、教學設計及活動內容加以說明。

一、五指教學法（莊貞銀、盧美貴，1987）

1. 源起

　　民國29年教育部在江西文江村創辦一所國立實驗幼稚師範。抗戰勝利後，在上海擴充創設國立幼稚師範專科學校，陳鶴琴校長提出五指教學法，充實教學法，充實設備，開始實驗工作。民國41年臺灣省教育廳指定女師附幼研究幼稚教學單元。43年該園熊慧英主任以「五指活動」編寫《幼兒活動單元教材教法》乙書，此種教學法盛行於民國41至48年。

2. 內容

　　五指教學法將課程分為健康、社會、科學、藝術、語文五項。此種教學法強調主體不分支，好像手指與手掌，手指只是手掌的一部分，其骨肉相連、血脈相通。此法以為生命以健康為第一，所以要有健康活動；人不能離群遺世，所以必須有社會活動；為了認識自己、認識環境、了解自然與生命，所以必須有科學生活；人是情感的動物，生活是富情趣的，因此藝術活動是不可少的；此外，語言是人與人間溝通的基本工具，所以也被列為重要的活動課程。幼兒生活的本質和大人一樣涵蓋五方面，教學應提供此五種活動來配合幼兒的生活。它是一種整體、連貫的教學方式，惜後來沿用者往往採分科教學而忽略整體的精神。

3. 教學活動設計

　　開學了（範例）（轉引黃寶珠，1976）：

表5-7　教學活動設計範例

1.教的目的
  (1)指導幼兒適應環境，利用環境。
  (2)使幼兒「做」「學」有一個好的開始。
  (3)使新舊小朋友獲得感情的聯絡。
2.學的綱要
  (1)社會活動：
      ①參觀本園各場所。
      ②認識並使用各種設備。
      ③研討環境的布置。
      ④計畫本學期要做的事。
      ⑤籌備舉行同樂會。
  (2)科學活動
      ①計畫本學期各班組人數，配合應有的設備。
      ②研討各班組設備的使用和保管方法。
      ③擬定各場所生活規律。
      ④分配各班組活動室、工具、設備、材料等。
      ⑤規劃並計算每天上學、放學時間。
  (3)藝術活動
      ①整理舊有設備及材料等。
      ②欣賞比較各場所設置。
      ③蒐集布置環境用的材料。
      ④擬劃並進行各場所的布置。
      ⑤擬繪自己的標記。
      ⑥練唱早會、放學、升旗等歌。
      ⑦試選幾個「同樂會」的表演節目。
  (4)語文活動
      ①講述「一個好孩子」的故事。
      ②練習通常相見的話語。
      ③念述取放東西要小心。（兒歌配合）
      ④認寫自己的姓名或號碼、標記。
  (5)健康活動
      ①清潔環境。
      ②自由運用各種運動器具。
      ③練習健身操。
      ④調配本週的餐點。
      ⑤做猜拳遊戲。
3.做的步驟
  (1)第一天
      ①介紹新朋友、新老師。
      ②參觀比較各場所並認識各項設備的使用方法。
      ③分配各班組活動室及用具、玩具等。
      ④分配整理清潔各活動室。

表5-7　教學活動設計範例（續）

⑤清理計算餐櫥、餐具，並講解餐點時禮貌。
⑥練唱早會、升旗歌。
(2)第二天
①講述「一個好孩子」的故事，並講述本學期大家要做到些什麼。
②研討怎樣幫助別人，並開始選請小老師。
③研討每天要做的事情，並實行清潔檢查，繪畫日記圖。
④分配各人的工作櫃，並自由繪製標記，書寫自己的姓名或號碼。
⑤練習健身操。
⑥擬劃本週每天的餐點調配。
(3)第三天
①研討各種工作材料用具的置放地點，及其蒐集工作材料的方法。
②研討各種材料的取放整理方法，並試用各種材料，自製作品。
　（以兒歌、工作配合）
③研討對新舊朋友的禮貌和態度。
④研討怎樣向新老師、新朋友表示歡迎。
⑤籌劃同樂會，並複習幾個舊有表演節目。
⑥每人各認領一位新朋友一同遊玩。
(4)第四天
①研討環境的布置。
②分組製作布置物。（以各項工作配合、繼續指導材料之取放整理
　方法。）
③研討舉行同樂會的時間、地址。
④選定參加表演的節目，並繼續練習表演。
⑤推選小主席、司儀，招待並練習小主席的話語。
(5)第五天
①計算並排定各表演節目的時間次序。
②選定並試作幾個團體遊戲。
③推選負責布置環境的人數，並開始布置。
④擬定同樂會上食用的點心。
⑤欣賞比較新布置的環境。
⑥預演各表演節目。
(6)第六天
①布置同樂會會場，並排定各班組坐位。
②舉行同樂會，節目包括：小主席說話、表演節目、分發點心及團
　體遊戲。
③檢討一週以來的生活：
　a.每天應做的事，大家是否都做到了？
　b.玩過、用過的東西，是否已放回原處整理好了？
　c.各種用具、玩具使用的情形。
　d.對老師、新朋友的態度、禮貌。
　e.誰是最乖的孩子，選作本週的好寶寶。

二、中國化幼兒教育的理念與實踐

鼓樓幼兒園的課程包括音樂、遊戲、工作、常識、故事、讀法、數法、餐點和靜息九種，該園的創辦及其課程內容都是依中國國情與需要而設。課程的設計有如下四項基本原則（宋海蘭，1988）：

1. 一切的課程是幼兒自己的，不是教師或父母的。
2. 注意身體的健康、動作的活潑，不願幼兒受過多的知識和拘泥的禮節。
3. 教師的責任在提供幼兒諮詢以及各種的學習材料。
4. 課程的學習是來自當時當地幼兒自動自發而非模仿習得。

陳鶴琴鑑於當時幼兒園不是抄襲日本就是模仿歐美，因此鼓樓幼稚園中國化的理念與實踐引起沈百英於1925年於上海設立幼兒教育研究會、商務印書館編集印行幼稚教育叢書、1926年張雪門在北平創孔德及香山幼兒園、1927年商務印書館的教育雜誌出版幼稚教育專號，陳鶴琴對幼兒教育中國化的貢獻，具有領導風氣之先。

三、活教育的實驗

活教育有別於死讀書的教育，教育的目的在培養活活潑潑、堂堂正正的兒童和青少年，能做現代的中國人為目的。為達到此教育目的，健康、自然、社會、藝術及文學成了教學的重要內容。活教育的內容包括下列幾項（轉引宋海蘭，1988）：

1. 教育目標

做一個有健全身體、建設能力、創造能力，能合作、能為大眾服務的現代中國人。

2. 教學原則

(1) 凡是幼兒能做的，讓他自己做。

(2) 凡是幼兒能想的，讓他自己想。

(3) 要幼兒怎麼做，就教他怎麼學。

(4) 鼓勵幼兒發現自己的世界。

(5) 積極鼓勵代替積極制裁。

(6) 大自然、大社會是活教材。

(7) 比較教學法。

(8) 用比賽的方法來增進學習效率。

(9) 積極暗示勝於消極命令。

(10) 替代教學法。

(11) 注意並利用環境。

(12) 分組學習兩同研究。

(13) 教學遊戲化。

(14) 教學故事化。

(15) 教師、幼兒皆可相互學習。

3. 做法

(1) 做中教、做中學、做中求進步。

(2) 自動自發的學習都以「做」為出發點。

(3) 經過自己用腦思考、動手做的知識，才是真知識。

4. 步驟

(1) 實驗觀察。

(2) 閱讀參考。

(3) 發表創作。

(4) 批評研討。

5. 活動內容

(1) 健康活動。

(2) 社會活動。

(3) 科學活動。

(4) 藝術活動。

(5) 語文活動。

6. 教育的特色

(1) 一切設施、一切活動以幼兒為中心、為主體，學校的活動就是幼兒的活動。

(2) 教育的目的在培養做人的態度，養成優良的習慣，發現內

在的興趣,訓練人生的基本技能。

(3) 一切教學集中在做,做中學、做中教、做中求進步。

(4) 分組學習,共同研討。

(5) 以愛以德來感化幼兒。

(6) 幼兒自訂法則管理自己。

(7) 課程是根據幼兒的心理和社會需要來編訂的,教材也依此來選定,所以課程是有伸縮性的,教材也有活動性而可隨時更改。

(8) 幼兒天眞浪漫、活潑可愛,工作時很靜很忙,遊戲時很起勁、很高興。

(9) 師生共同生活、教學相長。

(10) 學校是社會的中心,師生集中力量改造環境,服務社會。

參、對幼兒教保的貢獻

　　陳鶴琴先生開創我國第一所實驗幼兒園,園內的課程、教材教法、教具、園舍建築均屬於中國本土的設計與安排。其創五指教學法,該教學法盛行於民國41到48年。先生的一生提倡平民化的幼兒教育、起草幼教法令,並主張普及幼兒園。其一生重要的貢獻約計如下:

1. 提倡平民化幼兒園,並開創我國第一所實驗的幼兒園。

2. 創五指教學法,對幼兒的課程分爲健康、社會、科學、藝術及語文等五項。

3. 確定幼兒教育的地位與重要性。

4. 重視幼兒園師資的質與量發展。

5. 賦予幼兒教育中國化的內涵與實質。

教保服務人員的專業與敬業

CHAPTER 6

「有怎樣的教師，便有怎樣的學生」（As The Teachers Go, So Goes The School）。遠在1970年第十九屆「世界教師組織聯合會」在澳洲雪梨即以「學識與事業品質」、「倫理與道德品質」及「地方和社會關係品質」等三方面來討論教師的專業品質與提升品質之道（林邦傑等，1976）。「良師興國」是個老掉牙的「歷史名詞」，至今卻在人口不到臺灣四分之一的芬蘭應驗：「教育」是芬蘭最成功的「出口」產品，他們憑著「擬定長期策略」、「堅持核心價值」與「改革師資」政策，摘下全世界教改的「桂冠」，三十年前主導芬蘭教改會前任主委Aho便不諱言的說：配合師資改革政策，芬蘭有全球最嚴格的師資標準，如果不是因為有這一群「最愛學習的動物（老師）」，芬蘭教育絕對不會有今天的成果。因此，教保服務人員的職責攸關國家社會的命脈。

本章將分述幼教師及教保員的職責內涵與角色任務；其次說明教保服務人員的專業知能、生涯發展與專業倫理；最後從「情緒覺察」、「情緒表達」、「情緒調適」及「情緒運用」等四方面，檢測當一名教保人員情緒管理能力的表現。

🙂第一節　教保服務人員的職責內涵

目前國內在幼保的「應然面」與「實然面」之間存在著不少經營上的紛歧觀點與實踐，此股力量或多或少影響著我們幼兒教保的品質，因此在論及此議題之前，我們先釐清一些有關問題。首先我們要釐清的是：(1)我們希望培養什麼樣的孩子？(2)幼兒園中應該有哪些教保的工作項目？(3)運用什麼方法進行幼兒教保最有效？(4)如何提供更廣泛而精緻的服務？(5)教保服務如何因應幼兒的個別差異？(6)如何促進幼兒教育機會均等？(7)如何加強幼兒園教保人員與父母間的合作關係？(8)如何培養具有認同感、使命感與責任感的教保人員專業的生涯規劃？(9)如何使完善的幼兒教保服務成為日後孩子學習

的基礎？(10)幼兒園是不是小學認知與才藝的先修機構？兩者應有怎樣的銜接？

根據盧美貴、蘇雪玉、馮燕，以及廖鳳瑞「臺北市幼稚園與托兒所整合規劃研究」（1999）指出，教保員需具備下列五大項知能：

1. **教學知能**：活動設計能力、實施教學能力、情境布置能力、觀察與評量能力、行為輔導、課室管理能力、教育理論的認識。

2. **管理知能**：園所行政事務處理能力（社區、家長、教師之間的整合）。

3. **溝通知能**：親師溝通、行政溝通、同事間溝通的能力。

4. **專業知能**：反思能力、開創的能力、自我成長、心理調適、專業認同、團隊合作能力。

5. **照護能力**：發展與保育常識、兒童保護、簡易醫護常識、生活教育。

賈美琳（1992）在其「幼稚園教師角色之研究」中認為，幼稚園教師在幼稚園園長與幼兒家長的期待下，幼兒教師扮演著教學組織者、診斷者、課程設計者、學習管理者和諮商顧問者五種不同的角色。

林惠娟（1996）認為，教師最大的職責就是觀察幼兒的需求及興趣，因此，幼兒教師扮演著資源的提供者、教導者、遊戲支持者、管理者、觀察者、評量者和省思者等的角色，以滿足幼兒的興趣與需求。

林春妙（2004）有關「幼兒教師專業能力研究」認為：(1)幼教專業知能，(2)教學能力，(3)保育能力，(4)班級經營能力，(5)園務行政能力，(6)溝通能力，(7)專業成長能力，是一位幼教師必備的專業知能。

「幼兒園教保活動課程」暫行大綱（教育部，2013）實施通則說明教保人員需具備下列十項專業職責：(1)根據課程目標編擬課程計畫，以統整方式實施；(2)依據幼兒發展狀態與學習需求，選擇適宜的教材，規劃合宜的教保活動課程；(3)配合統整的教保活動課程計畫，規劃動態的學習情境，展開多元的學習活動；(4)重視幼兒自

由遊戲及在遊戲中學習的價值，讓幼兒得以自主的探索、操弄與學習；(5)嘗試建構學習社群，以分齡、混齡或融合教育的方式進行，在協同合作溝通中，延展幼兒的學習；(6)關照特殊需求的幼兒，提供合宜的教育方式；(7)在課程進行中根據目標扮演多重角色，並在課程規劃前、進行中和進行後省思自己；(8)幼兒的學習評量需在平常有計畫而持續的蒐集資料，定期整理與分析，以了解幼兒的能力與學習狀況，同時提供教保服務人員檢討其教保活動課程與教學，進而規劃後續的課程；(9)幼兒園宜主動扮演幼小銜接角色，協助幼兒面對新情境的挑戰；(10)建立幼兒園與家庭、社區的網絡，經營三者間的夥伴關係，透過教保活動課程，培養幼兒對文化的投入與認同；面對多元文化的社會，培養幼兒面對、接納和欣賞不同文化的態度。

《幼兒教育及照顧法》第12條有關幼兒園之教保服務內容如下（教育部，2012）：

1. 提供生理、心理及社會需求滿足之相關服務。
2. 提供營養、衛生保健及安全之相關服務。
3. 提供適宜發展之環境及學習活動。
4. 提供增進身體動作、語文、認知、美感、情緒發展與人際互動等發展能力與培養基本生活能力、良好生活習慣及積極學習態度之學習活動。
5. 記錄生活與成長及發展與學習活動過程。
6. 舉辦促進親子關係之活動。
7. 其他有利於幼兒發展之相關服務。

第二節　教保服務人員的角色任務

在「幼兒園教保活動課程」暫行大綱（教育部，2013）說明在以幼兒為學習主體的教保活動中，教保人員與幼兒間互動多樣而豐富，教保人員應時時省思與觀察幼兒的需要，而扮演不同的角色。其

角色包括：

一、班級文化和學習情境的經營者

教保服務人員與幼兒共同建構和諧溫馨的班級文化，從幼兒園、家庭及其社區取材，提供幼兒多樣的社會文化及自然環境經驗，鼓勵幼兒嘗試與體驗，並予以眞誠的接納和肯定。

二、幼兒生活與學習的夥伴

教保服務人員與幼兒一起生活，一起遊戲；樂於傾聽，分享彼此的生活經驗，參與幼兒的探索與遊戲，回應幼兒的需求，支持鼓勵幼兒創意的表現。

三、幼兒學習的引導者

了解幼兒的舊經驗，提供與生活相符合的學習經驗，引導幼兒整合與連結舊經驗，讓幼兒在與同儕的互動及協商中學習。

四、幼兒家庭的合作夥伴

教保服務人員需與家庭建立夥伴關係，相互尊重、合作、協商，以共同分擔教保責任，與家庭共同關注幼兒的學習與發展，作爲教保活動課程計畫的參考。

教保人員根據上述職責分析及幼兒園教保活動課程大綱之分析，其角色包括決策／管理者、輔導者／顧問、保母、幼兒園觀察者、資源提供者、遊戲支持者及行政者的職責。依其互動的對象可分爲幼兒、家長、園內相關人員和園外相關人員等，其角色互動關係如圖6-1。

學者專家對幼兒教師角色分析，幼兒教師因各種需要而扮演著不同的角色；當幼兒教師面對幼兒時，他扮演著診斷者、設計者、教學統合者、管理者、輔導者／顧問、決策者、遊戲支持者、保母、計畫者、觀察者、評量者和省思者；當幼兒教師面對家長時，他扮演著成人教育者、父母的資源與諮商顧問者；當幼兒教師面對園內相關人員

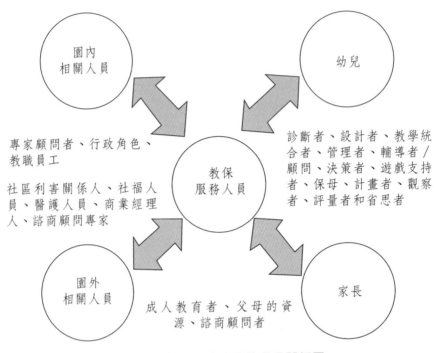

幼兒

專家顧問者、行政角色、
教職員工

社區利害關係人、社福人
員、醫護人員、商業經理
人、諮商顧問專家

教保
服務人員

診斷者、設計者、教學統
合者、管理者、輔導者／
顧問、決策者、遊戲支持
者、保母、計畫者、觀察
者、評量者和省思者

園外
相關人員

成人教育者、父母的資
源、諮商顧問者

家長

圖6-1　教保服務人員的角色關係圖

時，他扮演著專家顧問、行政角色；其中最為複雜多變的挑戰，應屬
面對幼兒的教保服務與家長的溝通和諮詢。

　　幼教師與教保員角色與任務之間，如何明確區隔與掌握，實屬不
易之事，尤其教保工作是整體不可分離。教保工作具有整體統合的
特性，幼兒在年齡與發展上的差異，是影響教保工作內涵與比例的關
鍵因素，幼兒年齡愈小，教保工作的內涵愈以成人照顧為主；年齡愈
大，照顧內涵漸轉為培養幼兒照顧自己的能力與教師的教學為主，此
時照顧的比例下降，教學的比例增加。教師與教保員都必須擔任教
育、照顧與教學的角色，助理教保員則擔負「協助」教保服務的角
色，如圖6-2所示。

　　然為更明確定位教保員的角色與任務，盧美貴、張孝筠、孫良誠
與鄭玉珠等人，明列以表6-1加以說明幼兒園教保員的角色及其任務
的執行，以利組織功能順暢的運作。

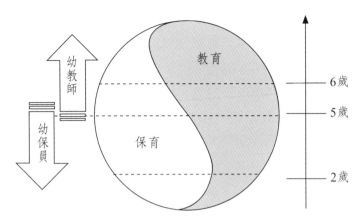

圖6-2　幼教師與教保員職責範圍區分圖

表6-1　教保員的角色及其任務

定位 職稱	角　　色	任　　務
教保員	1.服務對象的了解 2.教保與教學任務的執行 3.工作職場的認識	1.引導幼兒探索環境及提供幼兒生理、心理和社會需求的滿足活動 2.增進幼兒身體動作、語文、認知、美感、情緒與健康社會的發展能力 3.提供幼兒多元文化的認識與學習環境 4.觀察與記錄幼兒的需求，輔導其生活與學習 5.發展與設計合宜幼兒發展狀態及學習需求的教保活動課程 6.促進幼兒園、家庭與社區合作夥伴的關係

第三節　教保服務人員的專業知能

　　有關幼教師與教保員專業知能的研究，「專業能力」包括：照顧能力、溝通能力、管理能力、教學能力、研究能力、與幼兒及家長的互動能力、輔導能力、發問技巧、教學與評量能力、課程設計能力、環境布置能力、經營能力、觀察記錄能力與園務參與能力等。一般而

言包括教學、人際關係、輔導、管理及行動研究等方面；以「專業知能」觀點來看教保服務人員的專業，大抵可包括：教學知能、溝通知能、照護知能與專業成長知能等方面。幼兒園教保服務人員的專業內容應該更正視的是我們怎麼看幼兒？怎麼看幼兒的學習與發展？怎麼看教保活動課程？（教育部，2013）經省思以後再來檢視「教保服務人員的專業」會較貼近幼兒所需，也更能符應真正教保人員的專業的真義與內涵。

本節將以賴春金（2003）分析美國幼教學會（NAEYC）專業幼教人員新標準內涵，再利用問卷調查臺北市公私立幼兒園園長對各項關鍵能力的重要程度，來說明臺灣教保人員的專業內涵。其次，以國際幼兒教育協會（ACEI, 2011）全球指南評定量表（第三版）幼兒教育與保育園所評量（Global Guidelines Assessment-An Early Children Care And Education Program Assessment，簡稱GGA），提出具有全球指標意義的教保人員應具備的專業內涵；最後本節將再以2012年教育部公布「幼保專業培訓」有關幼兒教保相關系所學位學程認定標準（教育部，2013），說明教保服務人員的專業以及期望。

壹、教保人員專業內涵與項目

一、美國幼兒教育協會（NAEYC）專業幼教人員的標準內涵

利用問卷調查方式，普查臺北市公私立幼兒園園長對於各項關鍵能力重要程度的看法，歸納共17項關鍵能力，如表6-2所示：

表6-2　17項臺灣教保人員之專業內涵（NAEYC版）

構　　面	項　　目
1.促進幼兒發展與學習	(1) 了解幼兒的特性與需求 (2) 分析幼兒發展與學習的多元影響因素 (3) 應用幼兒發展知識、創建健康、尊重、支持和挑戰的學習環境

表6-2　17項臺灣教保人員之專業內涵（NAEYC版）（續）

構　面	項　目
2.建立家庭和社區的良好關係	了解家長和社區特性及其對幼兒的影響
3.利用觀察、檔案文件和評量，以支持幼兒和家長	(1) 了解幼兒評量的目標、功能和應用 (2) 運用觀察、檔案文件和其他適當評量工具與方式，了解幼兒發展與學習情形 (3) 實施有專業道德、負責任且有助於改善幼兒發展與學習之活動的評量 (4) 聯絡家長及其他專業人員一起做幼兒發展與學習的評量
4.實施有效教學	(1) 採取正面和支持的人際關係與幼兒互動 (2) 採用有助於幼兒發展與學習的有效教學方式、策略和教材 (3) 了解幼兒教育的知識內容，包括各領域的重要性、核心概念、探究工具和內容結構等 (4) 運用本身知識和其他資源，設計、實施和評鑑有意義且具挑戰性的課程，以促進幼兒全人發展
5.成為幼教專業教師	(1) 認同和投入幼兒教育專業領域 (2) 遵守倫理標準和其他專業指引 (3) 參與持續學習及合作學習改善教保實務 (4) 統整幼教各種知識性、省思性和批判性觀點 (5) 參與重視幼兒及推動幼教專業的活動

二、ACEI教保人員專業內涵與項目

國際幼兒教育協會（ACEI）在2011年提出有關幼兒教保人員專業評量（GGA）76項指標，重要項目如表6-3所示。

表6-3　ACEI教保人員專業內涵與項目

構面	專業項目
知識與表現（Knowledge and Performance）	1.在實踐中表現自己具備關於幼兒成長、發展和學習的知識，並能活用這些知識 2.在實踐中表現出自己擁有關於善用空間、教材和實踐的知識，能適當的滿足幼兒和園所的需求 3.能有效的與他人談論專業知識 4.在工作上能互相合作與他人建立夥伴關係 5.能反思並適當調整自己的教學方法

307

表6-3　ACEI教保人員專業內涵與項目（續）

構面	專業項目
個人與專業特質 （Personal and Professional Characteristics）	1.教保人員對他人表現關懷、接納、善解人意、同理心和熱情等性格 2.教保人員在幼兒有困難時，能及時給予安慰和協助 3.以尊重的態度對待幼兒，鼓勵他們自我價值的發展 4.是幼兒權益的倡導者
倫理／道德規範 （Moral/Ethical Dimensions）	1.能尊重幼兒及其所處文化與家庭風俗 2.能表現道德勇氣以維護幼兒權益，並在必要時挺身而出

資料來源：ACEI GLOBAL GUIDELINES ASSESSMENT-AN EARLY CHILDHOOD CARE AND EDUCATION PROGRAM ASSESSMENT (2011).

三、幼托整合後「教保員」與「幼教師」之專業課程內涵

　　幼教師與教保員、助理教保員角色與任務之間，如何明確區隔與掌握，實為不易之事，尤其教保工作是整體不可分離。嚴格說來，助理教保員係一「協助」角色，幼教師和教保員在教育與保育的職責範圍與區分，係呈消長狀態，但卻緊密連結在一起，如圖6-3所示。

圖6-3　幼教師與教保員職責範圍區分

四、幼教師、教保員及助理教保員專業構面與任務分析

　　然為更明確定位幼教師、教保員與助理教保員的角色和任務，本研究以表6-4說明，期待幼兒園三種教保員能分工合作，發揮組織的功能與順暢的運作。

表6-4　教保人員的專業構面與任務分析

類別 內容	幼教師	教保員	助理教保員
專業構面	1.服務對象的了解 2.教育任務的執行 3.工作職場的認識	1.服務對象的了解 2.教保任務的執行 3.工作職場的認識	1.服務對象的了解 2.照護任務的執行 3.工作職場的認識
任務項目	1.引導幼兒探索環境及提供幼兒生理、心理和社會需求的滿足活動 2.增進幼兒身體動作與健康、語文、認知、美感、情緒發展與人際互動的發展能力 3.提供與規劃幼兒多元文化的認識與學習活動	1.輔導幼兒養成良好的習慣 2.觀察與記錄幼兒的需求，輔導其生活與學習 3.提供與規劃適宜幼兒發展的教保情境與學習活動	1.協助幼兒建立生活自理能力 2.協助幼兒健康與安全的生活照護 3.協助保育工作的執行

五、幼兒園、教保員及教師資格與專業課程形構

　　根據2012年1月1日教育部公布的《幼兒教育及照顧法》（教育部，2012）有關本研究之規定，摘錄如下：

第18條

　　幼兒園2歲以上未滿3歲幼兒，每班以十六人為限，且不得與其他年齡幼兒混齡；3歲以上至入國民小學前幼兒，每班以三十人為限。但離島、偏鄉及原住民族地區之幼兒園，因區域內2歲以上未滿3歲幼兒之人數稀少，致其招收人數無法單獨成班者，得報直轄市、縣（市）主管機關同意後，以2歲以上至入國民小學前幼兒進行混齡編班，每班以十五人為限。

　　幼兒園除公立學校附設者及分班免置園長外，應設置下列專任教保服務人員：

　　1. 園長。

2. 幼兒園教師、教保員或助理教保員。

幼兒園及其分班除園長外，應依下列方式配置教保服務人員：

1. 招收2歲以上至未滿3歲幼兒之班級，每班招收幼兒八人以下者，應置教保服務人員一人，九人以上者，應置教保服務人員二人；第一項但書所定情形，其教保服務人員之配置亦同。

2. 招收3歲以上至入國民小學前幼兒之班級，每班招收幼兒十五人以下者，應置教保服務人員一人，十六人以上者，應置教保服務人員二人。

幼兒園有5歲至入國民小學前幼兒之班級，其配置之教保服務人員，每班應有一人以上為幼兒園教師。

公立學校附設幼兒園除依第二項及第三項規定配置教保服務人員外，每園應再增置教保服務人員一人。

幼兒園之行政組織及員額編制標準，由中央主管機關定之。

為符合《幼兒教育及照顧法》中的規定，在臺灣現有將近4,000家左右的托兒所其保育員及助理教保員，必須提升其幼教專業至大學（專）幼教（保）系或幼保科之學歷，以達相同年齡的幼兒必須接受相同品質的幼兒教育之理念，此為幼托整合政策師資「最基本」之期望。其次，針對臺灣幼教普查，有53.32%不合格之幼稚園教師（托兒所則只需保育員資格）（教育部，2002），如何經由進修、研習、輔導、研究與發表的專業學習，教學資源與支持系統的不斷挹注與發展，幼兒園教保員與幼教師才有可能建構一個「有機」學習型的專業發展組織。

根據《幼照法》第18條，「教保服務人員」包括園長、幼兒園教師、教保員或助理教保員。本研究以《幼照法》公布後，幼兒園「可能」占最大比例之「教保員」為論述對象。

六、幼兒園「教保員」的資格與規定

針對「教保員」的資格，《幼照法》第21條有如下之規定（幼照法，2012）：教保員除本法另有規定外，應具備下列資格之一：

1. 國內專科以上學校或經教育部認可之國外專科以上學校幼兒教育、幼兒保育相關系、所、學位學程、科畢業。

2. 國內專科以上學校或經教育部認可之國外專科以上學校非幼兒教育、幼兒保育相關系、所、學位學程、科畢業，並修畢幼兒教育、幼兒保育輔系或學分學程。

前項相關系、所、學位學程、科、輔系及學分學程之認定標準，由中央主管機關定之。

《幼照法》第21條的規定，雖確保未來教保員的專業訓練課程，可具有相當程度的一致性，同時也將長期以來為人詬病「急就章式」短期訓練，導入正統學校教育之人才培育。

這與過去《兒童及少年福利機構專業人員資格及訓練辦法》第3條之規定，在「法治化」與「專業化」方面，的確是有其很大的變革與保證。

《兒童及少年福利機構專業人員資格及訓練辦法》第3條「教保員」資格如下：

1. 專科以上學校幼兒教育、幼兒保育相關學院、系、所、學位學程、科畢業或取得其輔系證書者。

2. 專科以上學校畢業，並修畢幼稚園教師教育學程或取得教保人員專業訓練結業證書者。

3. 高中（職）學校畢業，於本辦法施行前，已修畢兒童福利專業人員訓練實施方案乙類、丙類訓練課程，並領有結業證書者，於本辦法施行日起十年內，得遴用為教保人員。

4. 普通考試、相當普通考試以上之各類公務人員考試社會行政、社會工作職系及格，或具社會行政、社會工作職系合格實授委任第三職等以上任用資格者。

　　換言之，過去相關規定中，專科以上學校幼兒教育、幼兒保育相關學院、系、所、學位學程、科畢業，以及取得其輔系證書或修畢幼稚園教師教育學程者，即具備當然之教保員資格；若非本科系或相關科系者，則可透過教保人員專業訓練課程管道取得資格（盧美貴、邱志鵬、黃月美，2010）。

　　然而，就目前《幼照法》第18條及第21條明文規定，經教育部認可之國內外專科以上學校有關幼教（保）系所科等畢業者，再修畢規定之課程學分，即具「教保員」資格。以國內現況而言，是大學、專科及高中（職）三級的教保人員的培育體制，《幼照法》卻只規定教保員及助理教保員兩級的資格。教保員分級或不分級，有其理想面與現實面的斟酌考量。

　　然就「理想面」而言，臺灣目前高等教育的現況，將教保員學歷提升為「大學」，因應未來國家層級「教保師」專技人員考試，實有其必要。分級以「學歷」為主；「晉級」是一種教保人員的評鑑，主要取決於工作用心與專業的表現，兩者相輔相成，教保員「全品質」之養成可臻完善。至於「現實面」而言，大學、專科與高中職三級的教保人才培育體制，《幼照法》只規定教保員及助理教保員兩級資格，人才「培育」分三級、「資格」卻只分兩級，實難符合公平合理原則。

七、幼兒園教保員專業課程內涵之形構

　　有關「幼托整合後幼兒園教保員專業課程」研究起自2006年（盧美貴、江麗莉、馬祖琳，2006）至2010年《研擬幼托整合後幼教、幼保科系培育教保員及助理教保員學程及其審查認定辦法》（盧美貴、邱志鵬、黃月美，2010）；中間歷經《兒照法》與《幼照法》正名之爭，以及教育部為審慎且符應13所大學院校幼兒教育學系、25所科技院校四年制幼兒保育系、7所相關系所，以及10所二年制專科學校幼兒保育科共55所大專院校及其利害關係人之最大權益，召集各系科主任與幼教（保）學者專家多次共識會議，直至

2012年3月，始訂定公布教保員專業課程至少修習32學分之規定。定案及公布的專業核心課程，如圖6-4及表6-5所示。

圖6-4　教保員教保專業知能課程構面

　　上述「課程構面」所包括「教保員」必備專業核心課程，如表6-5所示。

表6-5　幼兒園教保員核心專業課程

課程構面	必備課程名稱
服務對象的了解 (8)	幼兒發展(3)
	幼兒觀察(2)
	特殊幼兒教育(3)
教保任務的執行 (18)	幼兒教保概論(2)
	幼兒學習評量(2)
	幼兒園教保活動課程設計(3)
	幼兒健康與安全(3)
	幼兒園、家庭與社區（含社區關係、多元家庭、親師生溝通）(2)
	幼兒園課室經營(2)
	幼兒園教材教法Ⅰ(2)
	幼兒園教材教法Ⅱ(2)

表6-5　幼兒園教保員核心專業課程（續）

課程構面	必備課程名稱
教保職場的認識 (6)	教保專業倫理（含職場溝通、政策法規、教保員情緒管理）(2)
	幼兒園教保實習(4)
學分數合計	至少必備32學分

八、幼兒園教師課程類別及學分數

　　有關「國民小學教師（含幼兒園）師資職前教育課程、教育專業課程科目及學分」專案（楊思偉、陳盛賢等人，2010），教育部於2008年委託國立臺中教育大學之後，旋即在歷次師資培育審議委員會中提出計畫報告；2012年第82次委員會再就「課程規劃特色與重點」，提出教育素養以「有效教學」為核心，多元評量和補救教學為特色。

　　後因考慮不宜變動太大，乃以小幅度調整。茲將2013年公布施行的幼兒園教師師資職前教育課程教育專業課程科目及學分對照表臚列，表6-6與表6-7供比較參考。

表6-6　幼兒園教師師資職前教育課程教育專業課程科目及學分（2003）

課程類別	課程	學分
一、必修科目及學分：採學科領域計，20學分		
1.教學基本學科學程 （至少修習兩學科，且修滿4學分以上）	幼兒語文表達	至少2學分
	幼兒文學	至少2學分
	幼兒體能與遊戲	至少2學分
	幼兒餐點與營養	至少2學分
	幼兒自然科學與數概念	至少2學分
	幼兒社會學	至少2學分
	幼兒藝術	至少2學分
	幼兒音樂與律動	至少2學分

表6-6 幼兒園教師師資職前教育課程教育專業課程科目及學分（2003）（續）

課程類別	課程	學分
2.教育基礎課程 （至少修滿2學分以上）	幼兒發展與保育	至少2學分
	特殊幼兒教育	至少2學分
	幼教人員專業倫理	至少2學分
3.教育方法學課程 （至少修習兩學科，且修滿4學分以上）	幼稚教育概論	至少2學分
	幼稚園課程設計	至少2學分
	幼兒行為觀察	至少2學分
	幼稚園行政	至少2學分
	幼兒學習環境設計	至少2學分
	幼兒教具設計與應用	至少2學分
	親職教育	至少2學分
	幼兒行為輔導	至少2學分
4.教育實習及教材教法課程 （至少修習兩學科，且修滿6學分以上）	幼稚園教育實習	至少4學分
	幼稚園教材教法	至少2學分
二、選修科目及學分：至少6學分，由各校依其師資及發展特色自行開設		

資料來源：幼兒園教師師資職前教育課程教育專業課程科目及學分表

表6-7 幼兒園教師師資職前教育課程教育專業課程科目及學分（2013）

類型	科目名稱	學分數	備註
教學基本學科課程	幼兒文學	2	至少2科4學分
	幼兒藝術	2	
	幼兒體能與律動	2	
	幼兒音樂	2	
	幼兒數學與科學之探索與遊戲	2	
	幼兒戲劇	2	
	幼兒社會探究與情緒表達	2	
教育基礎課程	教育概論	2	至少2科4學分
	教育心理學	2	
	教育哲學	2	
	教育社會學	2	

表6-7　幼兒園教師師資職前教育課程教育專業課程科目及學分（2013）（續）

類型	科目名稱	學分數	備註
教育方法課程	教學原理	2	至少2科4學分
	幼兒園課程發展	2	
	幼兒輔導	2	
	幼兒學習環境設計	2	
	幼兒遊戲	2	
	幼兒多元文化教育	2	
	幼兒園行政	2	
教學實習課程	※幼兒園教學實習	4	※為必修
教保專業知能課程	依《幼兒教育幼兒保育相關系所科與輔系及學位學程學分學程認定標準》規定辦理，應修至少32學分。		
說明			

一、幼兒園教師師資職前教育課程教育專業課程科目，應修至少48學分，其中：
　　1. 教學基本學科課程，應修至少2科4學分。
　　2. 教育基礎課程，應修至少2科4學分。
　　3. 教育方法課程，應修至少2科4學分。
　　4. 教學實習課程，應修至少4學分。
　　5. 教保專業知能課程，應依《幼兒教育幼兒保育相關系所科與輔系及學位學程學分學程認定標準》規定辦理，應修至少32學分，並取得教保專業知能課程學分證明。
二、各大學規劃各類科教育專業課程應包括至擬任教類科實地學習，提供師資生修習教育專業課程期間至高級中等以下學校及幼兒園見習、試教、實習、補救教學、課業輔導或服務學習（幼兒園至少54小時），並經各大學認定其內容符合教育專業知能。

　　過去要成為一名幼兒園教師，應先於大學幼兒教育學系（所）與相關系所，或各大學師資培育中心之幼兒教育組修畢幼教課程26學分者，由教育部核發「修畢幼兒教育學分認證書」，再經過實習半年成績合格，由教育部核發「幼兒園合格教師證」。至於現階段幼兒園教師檢定考試內容及應試科目，如表6-7所示（教育部，2013）：幼兒園教師師資職前教育課程教育專業課程科目，應至少修習48學

分，亦即「教保專業知能課程32學分」外，教學基本學科課程、教育基礎課程、教育方法課程三類型均應各至少修習2科4學分共計12學分，再加上至少4學分的「教學實習課程」共16學分。換言之，要成為一位幼兒園教師至少需修習「教保專業知能」32學分（表6-7），以及教師職前教育專業課程16學分，取得此項資格共計至少修習48學分的課程。

第四節　教保服務人員的生涯發展

「生涯發展」（career development）是指個人決定進入某一職涯，適應其規定或守則，扮演和學習各種角色，逐漸由「生手」到「熟手」的歷程。

幼教師生涯發展的意義，就「個人」而言，本質上是成熟而又能夠不斷學習的教師，促進個人精熟專門知能與教學方法、發揮熱忱與專業精神、發展良好的人際或師生關係、建立理想的生活方式，以及形塑獨特的風格等，都是教師生涯發展的具體內涵。其次，就「組織」而言，建立適當的幼兒園職務和教師職業生涯階梯（career ladder）、提升教師的職業抉擇與計畫能力、與教師人力資源做正確的規劃設計、配合成人的發展階段來設計教師的在職進修、結合個人生涯發展動機與組織的創新進步，以及鼓勵教師參與組織革新等，都是教師生涯發展廣義的內涵（張瓊瑩、林鑫琪、陳瑞玲，2006）。

壹、影響教保服務人員生涯發展的因素

費斯勒（Fessler, 1992）採取社會系統理論觀點，提出教師生涯階段循環發展的動態、複雜與非線性的論點，指出除了「個人環境因素」外，「組織環境因素」亦會影響生涯發展，其論點對於教保服務人員生涯發展因素探討，具有重要的影響（圖6-5）（轉引曹榮祥，2013）。

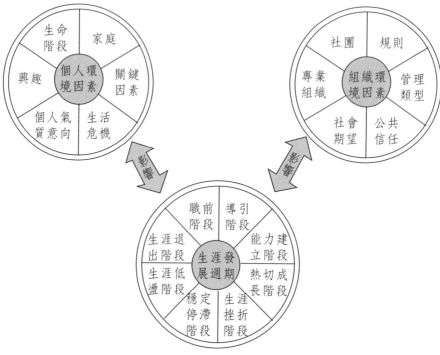

圖6-5　教保人員生涯發展動態關係圖

資料來源：Fessler, R. (1992). The teacher career cycle-understanding and guiding the professional development of teacher.

貳、教保人員生涯與專業發展的關係

　　Burden（1990，轉引修正曹榮祥，2013）說明教師四個階段的生涯與專業發展相互關聯的影響，如表6-8。

表6-8　教師專業發展類型各階段主要特徵

階段發展特徵 階段名稱	專業與經驗發展	理念的轉變
萌發階段	1.教學僅關注於與知識傳授、服從行政命令、保護幼兒等一般性任務 2.教學經驗較為不足	1.教育目標與本質的認識 2.醞釀教學歷程中的教師角色期望

表6-8　教師專業發展類型各階段主要特徵（續）

階段發展特徵 階段名稱	專業與經驗發展	理念的轉變
成長階段	1.教師對於幼兒、課程、教材與自我的了解逐漸增加 2.部分教師可能會拒絕接受新的經驗	1.教學策略、班級經營、親師互動與職責等理念皆在形成之中 2.逐步釐清與建立自我的教育觀
成熟階段	1.靈活運用幼兒園各項資源 2.重新思考教學目標 3.適時調整教學方法、教材與教師扮演的角色	1.不斷省思教育與自我、他人、課程及環境之相關理念 2.轉化教育的責任與壓力，產生新理念及成就感
專業階段	1.自我了解，不斷充實自我成為優質的專業教師 2.致力發展教師的專業知能	1.不斷檢視與重組自我的教育哲學觀 2.建立正向教育理念 3.建構對教育的信心

　　楊思偉等人（2006）在「建構我國進修體系之研究」，精細表列教師「探索期」、「建立期」、「成熟期」與「精進期」的生涯發展中有關專業內涵的說明表，茲略調整與修改如表6-9。

表6-9　教師專業生涯研修內涵表

專業生涯 研修內涵	探索期 （1-2年） 了解及應用	建立期 （3-6、6-10年） 應用及評價	成熟期 （11-20年） 評價及創新	精進期 （21年以上） 創新及精進
教育信念與教育發展（一）	1.了解教育趨勢 2.了解教育時事及議題 3.了解幼兒園的定位與功能	1.建立自己的教育理念 2.統整教育趨勢及理念 3.統整及掌握生活與時事議題	1.系統化應用及檢視自己的教育理念 2.以系統化觀點關切生活與教育時事	1.檢視、省思及精進自己的教育理念 2.檢視與省思生活及教育時事議題

表6-9　教師專業生涯研修內涵表（續）

專業生涯＼研修內涵	探索期（1-2年）了解及應用	建立期（3-6、6-10年）應用及評價	成熟期（11-20年）評價及創新	精進期（21年以上）創新及精進
教學新知與教學技巧（二）	1.了解幼兒的發展與學習理論 2.熟悉各種教學法及評量方式 3.應用自己的有效教學模式 4.熟悉資訊科技融入教學的技巧	1.分析教學新知 2.設計自己的有效教學及評量模式 3.應用資訊科技融入教學	1.評價教學新知 2.進行創新教學及多元評量 3.設計資訊科技融入教學方法	1.應用有效教學進行創新活動 2.創發教學新知 3.運用e化能力於多元教學
班級經營與幼兒輔導（三）	1.與幼兒說明生活常規並執行 2.處理幼兒突發狀況 3.活用課室管理技巧 4.了解基本輔導與諮商知能	1.培養與發展幼兒獨立自理的能力 2.解決幼兒突發狀況 3.了解並應用諮商與晤談技巧	1.熟稔運用班級團體動力 2.融合活用各項輔導諮商方法	1.活用班級團體動力 2.帶領團體活動及幼兒園個殊性教學
領域知識與教材教法（四）	1.熟悉領域知識內容 2.熟悉各領域特有的教材教法 3.選擇適合的教材及活動 4.熟悉社區教學與活動資源	1.了解專門領域的新知與發展 2.掌握各領域的相關知識與教學資源 3.精熟教學領域內容 4.編製課程領域的補充教材	1.促進教師有效的教學 2.發展主題或方案教學 3.結合與運用家庭、社區教學資源	1.整合領域科際的專業知識 2.整合運用各項社區教學資源

表6-9　教師專業生涯研修內涵表（續）

專業生涯／研修內涵	探索期（1-2年）了解及應用	建立期（3-6、6-10年）應用及評價	成熟期（11-20年）評價及創新	精進期（21年以上）創新及精進
專業態度與研究知能（五）	1.提升教師自我教學效能 2.遵守教育人員專業倫理（法規與規範） 3.接受教學工作與任務 4.認知教育與教學研究活動	1.提升教師的自我教學效能 2.進行教學檔案分析 3.願意投入教學工作與任務 4.提升教育專業與倫理之認知	1.促進教師有效教學 2.進行行動研究 3.維持教學工作與任務的熱忱	1.促進教師有效教學 2.獨立研究 3.提升專業認知並協助後進
教育管理與課程領導（六）	1.了解與配合幼兒園行政 2.認知與家長、社區的關係 3.了解幼兒園本位課程	1.建立與家長、社區的良好關係 2.規劃與設計領域課程 3.積極參與學校行政工作	1.參與園務規劃與領導 2.合作發展學校特色 3.分享各種教學輔導心得	1.參與幼兒園行政決策運作 2.進行課程評鑑 3.帶領團隊學習 4.示範、推廣各種輔導與諮商心得
生活品質與實用智能（七）	1.培養理性思維能力 2.建立人際關係技巧 3.認識婚姻與家庭生活 4.培養健康保健與休閒活動	1.培養批判思考能力 2.適應婚姻與家庭生活 3.注重健康保健與休閒活動	1.培養問題解決能力 2.維持及發展個人生活風格	1.培養創新思考能力 2.生涯回顧與再出發 3.建立個人生活哲學與品味 4.生涯回顧與再出發

資料來源：楊思偉等人（2006）。

教保人員如何配合生涯發展之需安排專業成長活動，如：參訪標竿幼兒員與優良教師典範學習、研習活動、讀書會、工作坊、成長團體、行動研究與教學觀摩等，都是未來形塑「名師」不可或缺的歷程與學習。

第五節　教保服務人員的專業倫理

「智慧」沒有煩惱，「慈悲」沒有敵人；教保人員在幼兒園與家長、同事、幼兒、雇主老闆（或園長）、社區利害關係人互動時，常常會面臨兩難情境；「智慧」的訂定專業倫理守則，「慈悲」的運作在執行人與人之間的互動行為，成就一位有為有守的優良教師應能指日可待。

壹、專業倫理的意義與重要性

「專業倫理」是用於從事某一專門職業或角色的行為標準，藉以規範與專業服務有密切關係的行為，保護被服務者權力，同時解釋兩難事例的道德倫理規範。

美國學者Rich（1984）認為專業倫理可發揮下列四種功能：(1)對專業人員確保一件事：對專業人員來說，強制執行的專業倫理準則，可讓專業服務的提供達到合理的標準，且符合道德行為的規範；另外，也可讓專業人員實施獨立的判斷。(2)對大眾確保一件事：專業人員為大眾的利益服務，專業人員應持續的享有大眾的信任、信心，以及支持。(3)提供一個一致的準則與行為標準：專業人員知道什麼是可被接受的行為，以使其行為受到適當的規範；保護專業人員免於不利的批評、法律的案件，以及證照的撤回；避免政府介入專業，使其喪失自主權。(4)專業倫理準則是一項職業擁有專業地位的標誌之一，由此促使半專業或未達專業標準的職業邁向專業之境（汪惠玲、沈佳生，2007）。

　　「倫理」說明人與人之間的關係，包括個人對群體的關係，個人與個人間的關係，更具體說明人與人之間應如何相處。「專業倫理」說明人際間的關係是有原則、有標準的，通常在約束一群人，遵守大家共同訂定的行為準則，使人際間複雜的交往，能辨別是非對錯的行為標準。專業倫理也能讓我們隨時內省，知道自己的行為是否合適，也能讓被服務者相信服務者，並且尊重服務者的專業（汪惠玲、沈佳生，2007）。「專業倫理」用以確保專業人員之倫理行為，因此訂定倫理守則，以利成員的規範與惕勉。

貳、教保服務人員專業倫理及其準則

　　幼兒的學習環境或教室，基本上是較孤立而為一般人無法得知其活動全貌的場域，教保人員面對的是一群受到不當對待也很少覺知與無力改變的幼兒，因此經由宣導與內化職場的專業倫理守則，就顯得格外的重要而深具意義。下面分從美國全國幼兒教育協會（2005年修訂版）及中華民國幼兒教育改革研究會（2001）所訂定有關教保人員倫理準則說明。

一、美國幼兒教育協會的「倫理準則」

　　美國幼兒教育協會（National Association for the Education of Young Children, NAEYC）於2005年4月再次修訂之「倫理準則」內容分為「導言」、「系列核心價值觀」、「概念框架」、「對幼兒、家庭、同事、社群和社會的倫理責任」，並附有「承諾聲明」等五部分，其重點在於為0到8歲幼兒及家長提供教保實務的服務。

　　在第一部分（幼兒部分）──「對幼兒的倫理責任」提到，幼兒期是生命週期中一個獨特、重要而有價值的時期，教保人員的主要責任在提供安全、健康，促進其成長的狀態下，受到負責的照顧和教育，以及對幼兒的需求有所回應的環境。教保人員承諾要為孩子們的發展和學習提供支援、尊重個別差異、協助幼兒學習生活與分工合

作、增進健康、自我認識、能力、自尊心、適應身心狀態。其「原則」有十一點，與教保人員和幼兒情緒層面較為相關的則占半數，茲將此五點分列如下（Feeney & Freeman, 2005）：

P-1.1－我們不能傷害幼兒。不能對幼兒做有精神損害、身體傷害、不尊重、不名譽、危險、剝削與脅迫，造成幼兒情緒傷害或身體傷害的種種行為。這項原則的重要性與優先，遠超過所有其他原則。

P-1.2－我們應該讓幼兒在積極的情緒狀態和社會環境中，受到看護和教育，這種環境能夠刺激幼兒的認知，能夠對幼兒的文化、語言、民族和家庭有所支持。

P-1.8－我們應該熟悉幼兒受虐的危險因素和徵兆，包括身體的、性的、言語的和情緒的虐待，以及身體的、情緒的、教育的和醫療上的疏忽等。我們應該了解並遵守保護幼兒免受虐待以及忽視的國家法律和社區處理程序。

P-1.9－當我們對於幼兒受虐或被忽視的情形存有合理的懷疑時，應該向有關部門報告並持續關注，了解有關方面是否採取適當的行動。必要時，可以告知家長或監護人，此事準備或已經向有關部門報告。

P-1.10－當有人告訴我們，他對幼兒受虐或被忽視有所懷疑時，我們應該支持他，並對幼兒採取適當的保護措施。

二、中華民國幼兒教育改革研究會的「幼教專業倫理守則」

為了協助幼兒園教保人員凝聚共識，形成專業規範，中華民國幼兒教育改革研究會於1998年開始推動「幼教專業倫理守則」，2000年公布守則草案，並於2001年通過該草案。該守則之目的在提供幼兒園教保人員專業知識與實際實務工作的專業對話基礎，以協助教保人員表現專業服務品質，提升教保之專業化（中華民國幼兒教育改革研究會，2001）。

教保人員應有的共同認知包括下列六項：(1)幼兒期是人類生命

週期中獨特且重要的階段；(2)幼兒教育工作乃是以幼兒發展的知識為基礎；(3)尊重及支持幼兒與家庭之間的親密關係；(4)了解幼兒的最佳方法是由其家庭、文化和社會脈絡著手；(5)尊重每個個體的尊嚴、價值和獨特性；(6)在信任、尊重和關心的關係之中，幫助幼兒和成人發揮其最大的潛能。

1. 對幼兒的倫理

*理念：尊重幼兒權利與獨特性，善盡照顧與保護之責，提供適性發展之教保方案。

*原則

1-1：在任何情況下，我們絕不能傷害幼兒，不應有不尊重、脅迫利誘或其他對幼兒身心造成傷害的行為。

1-2：應公平對待幼兒，不因其性別、宗教、族群、家庭社經地位等不同，而有差別待遇。

1-3：我們應了解幼兒的需要和能力，創造並維持安全、健康的環境，提供適性發展的方案。

1-4：我們應熟悉幼兒被虐待和被忽略的徵兆，採取合宜的行動保護幼兒。當握有確切的證據時，應向主管機構通報。

1-5：我們應知道早期療育系統之運作過程，能及早發現、通報、轉介及給予相關的協助。

2. 對家庭的倫理

*理念：尊重及信任所服務的家庭，了解家長的需求，協助或增進家長的幼教理念及為人父母的技巧。

*原則

2-1：應尊重每個家庭之習俗、宗教及其文化，並尊重其教養的價值觀和為幼兒做決定的權利。

2-2：我們應該讓家庭知道我們的辦學理念、政策和運作方式。

2-3：如涉及影響幼兒權益的重要決定，我們要讓家長參與。

2-4：如有意外或特殊狀況發生時，我們應即時讓家長知道。

2-5：如涉及與幼兒有關的研究計畫，我們事前應該讓家長知

道，並尊重其同意與否的決定。

2-6：我們應尊重幼兒與家庭的隱私權，謹慎使用與幼兒相關的紀錄與資料。

2-7：當家庭成員對幼兒教養有衝突時，我們應坦誠的提出我們對幼兒的觀察，幫助所有關係人做適當的決定。

3. 對同事的道德責任

*理念：基於專業知識，與工作夥伴、雇主或部屬建立及維持信任與合作的關係，共同營造有益於專業成長的工作環境。

(1) 對工作夥伴間的倫理

*原則

3-1：我們應與工作夥伴共享資源和訊息，並支持工作夥伴，滿足專業的需求與發展。

3-2：當我們對工作夥伴的行為或觀點覺得擔心時，應讓對方知道我們的擔憂，並和他一起以專業的知識和判斷解決問題。

3-3：我們應與工作夥伴共同討論、分工，並接納工作夥伴給予的建議，並適當地調整自己。

(2) 對雇主的倫理

3-4：當我們不贊同任職機構的政策時，應先在組織內透過建設性的管道或行動表達意見。

3-5：當我們代表組織發言時，應以維護組織權益的角度來發言與行動。

3-6：我們應積極參與機構舉辦之活動，並給予適當的建議。

(3) 對部屬的倫理

3-7：我們應創造一個良好的工作環境，使工作人員得以維持其生計與自尊。

3-8：我們應配合法令制訂合宜的人事政策，並以書面明示所有工作人員。

3-9：對於無法達到任職機構標準的部屬，應先給予關切，並盡
　　　可能協助他們改善。如必須解僱時，一定要讓部屬知道被
　　　解僱的原因。

3-10：應發展合理明確的考核制度，對部屬的考核與升遷，應根
　　　據部屬的成就紀錄以及他在工作上的能力來考量。

4. 對社會的倫理

*理念：讓社會了解幼兒的權利與幼教的專業，提供高品質的教
　　　務，重視與社區的互動，並關懷幼兒與家庭福祉的政策
　　　與法令。

*原則

4-1：我們應為社區提供高品質、符合社區需求和特色的教保方
　　　案與服務。

4-2：我們有義務讓社區了解幼兒及其權益，提升社區家長的親
　　　職知能。

4-3：當我們有證據顯示機構或同事違反保護幼兒的法令時，應
　　　先循內部管道解決；若在合理的時間內沒有改善，應向有
　　　關當局舉報。

　　專業倫理守則是一種專業領域的規範，也是各行各業的「行
規」，透過專業倫理守則的公布或實施，專業組織企圖「對內」規範
成員的專業行為，「對外」贏得社會大眾的信任而賦予專業自主權，
應是每位教保人員的期許與樂見其成。

參、教保服務人員的情緒管理

　　《幼兒教育及照顧法》為了監督幼兒園的運作、提升教保人員的
專業素養、保障幼兒的學習權益與家長的權利及義務而訂定；教保人
員專業倫理的信守與執行，與其情緒管理息息相關。本章的最後並提
出「幼兒園教保人員」情緒管理能力量表，藉使幼兒園教保人員有發
而中節的情緒管理，並得以發展其成熟創新而精進的教保專業。

　　《幼兒教育及照顧法》與教保人員「情緒內涵」具有直接或間接關係之條文，如第二章第12條強調幼兒園之教保服務內容必須要「提供幼兒增進身體動作、語文、認知、美感、情緒發展與人際互動等發展能力與培養基本生活能力、良好生活習慣及積極學習態度之學習活動」。第三章第16條：「各級主管機關應協助教保服務人員成立各級教保服務人員組織，並協助其訂定工作倫理守則。」第三章第27條：「教保服務人員或其他人員有下列情事之一者，不得在幼兒園服務：一、曾有性侵害、性騷擾或虐待兒童行為，經判刑確定或通緝有案尚未結案。二、行為不檢損害兒童權益，其情節重大，經有關機關查證屬實……」（教育部，2011）不管是國外或國內訂定的教師專業倫理守則，都將教保人員應有的行為分際明文規定，讓教保人員能有所依循，當察覺自己即將情緒失控之前，能在腦海中提取「溫暖」、「尊重」、「正向態度」、「接納」、「不霸凌幼兒」，以及「營造關愛、健康及安全之學習環境」，以提醒自己要冷靜以待，切勿衝動而釀成大錯。此外，教保人員的專業倫理內涵應以培養個人的專業知能，與善盡照顧與保護幼兒之責為首要任務，並提醒教保人員應具備情緒覺察、情緒調適、情緒表達和情緒運用的管理能力，恪守絕不傷害幼兒身心靈發展的基本信念，並正視「情緒管理」對幼兒在身教上潛移默化的影響。

　　《幼兒園教保活動課程暫行大綱》有關「情緒領域」的目標有四點：(1)指引教保人員教導每一位孩子都能成為接納自己情緒，(2)以正向態度面對困境，(3)擁有穩定的情緒並自在表達感受，(4)培養關懷與理解他人情緒的幼兒（教育部，2012）。

　　綜合情緒領域有關「覺察與辨識」、「表達」、「理解」與「調節」四項領域能力，以及「自己」、「他人與環境」兩個學習構面，茲說明情緒領域的課程目標如表6-10。

表6-10　情緒領域課程目標一覽表

能力＼構面	自己	他人與環境
覺察與辨識	覺察與辨識自己的情緒	覺察與辨識生活環境中，他人和擬人化物件的情緒
表達	合宜的表達自己的情緒	適當的表達生活環境中，他人和擬人化物件的情緒
理解	理解自己情緒出現的原因	理解生活環境中，他人和擬人化物件情緒產生的原因
調節	運用策略調節自己的情緒	

註：《幼兒園教保活動課程暫行大綱》，教育部（2012）。

　　情緒、行為與認知三者之間有著互相牽動的關係，情緒若適應不良，必然會影響其他兩者，導致個人的身心狀態失去和諧而影響個人生活（藍乙琳，2007）。教保人員情緒管理能力的四大構面，如：情緒覺察、情緒表達、情緒調適和情緒運用等概念，和《幼兒園教保活動課程暫行大綱》中，情緒領域內涵所指「情緒能力——培養幼兒處理情緒的能力」，兩者有著異曲同工之妙，同樣皆重視情緒的內在感受和外在表達。當幼兒進入幼兒園就讀，接受有關認知、語文、社會、美感、情緒和身體動作與健康等六個領域的薰陶，其中最重要的學習基礎乃在於「情緒」的維護。幼兒園教保人員若能時時提醒自己做好「情緒管理」，當有利其專業能力及專業倫理之展現。下面列表6-11「幼兒園教保人員情緒管理能力量表」（黃淑嫆、盧美貴、楊淑朱、張家銘，2013），提供教保人員以及即將成為教保人員的自我了解與反思之參考。

表6-11　幼兒園教保人員情緒管理能力量表

	完全符合	大致符合	部分符合	很少符合	全不符合

(一)情緒覺察能力

1.我能從自我生理變化（如：心跳加速、呼吸急促），察覺自己的情緒起伏…………………………………………	5	4	3	2	1
2.我能辨別自己內心真實的情緒感受…………………………	5	4	3	2	1
3.我能知道自己產生某種情緒起伏的前因後果……………	5	4	3	2	1
4.我能察覺影響自己當下情緒變化的可能原因…………	5	4	3	2	1
5.我能試著找出他人產生某種情緒的可能原因…………	5	4	3	2	1
6.我能察覺出自己受到他人（如：臉部表情／語調變化／身體動作）影響後的情緒狀態……………………………	5	4	3	2	1

	完全符合	大致符合	部分符合	很少符合	全不符合

(二)情緒表達能力

7.我能先評估自己的情緒狀態，再表達情緒……………	5	4	3	2	1
8.我能以適當的言語／表情／動作／文字回應他人的情緒	5	4	3	2	1
9.我能掌握自己的負面情緒，表現出合宜的言行舉止……	5	4	3	2	1
10.我能同理他人所表現的情緒………………………………	5	4	3	2	1
11.我能建立自我適切的情緒表達管道……………………	5	4	3	2	1
12.我能表達對他人情緒的關心……………………………	5	4	3	2	1
13.我能表達自己真實的想法和感受……………………	5	4	3	2	1
14.我能依據不同對象，如：主管、同事、幼兒、家長等，合宜表達自我情緒…………………………………	5	4	3	2	1

	完全符合	大致符合	部分符合	很少符合	全不符合

(三)情緒調適能力

15.我能保持穩定的心情來面對各種狀況…………………	5	4	3	2	1
16.我能轉換思考角度以調整自我的情緒變化…………	5	4	3	2	1
17.我能以正面的態度看待事情，避免負面情緒過度起伏	5	4	3	2	1
18.當負面情緒出現時，我能轉換注意力以調適心情……	5	4	3	2	1

表6-11　幼兒園教保人員情緒管理能力量表（續）

19. 我能以適當的方式紓解因情緒引發的身心失衡狀態……　5　4　3　2　1

20. 遇到突發狀況時，我能轉化自身情緒避免影響他人……　5　4　3　2　1

21. 當負面情緒出現時，我能緩和情緒以調適心情…………　5　4　3　2　1

22. 面對他人情緒發洩時，我能保持適當的情緒因應………　5　4　3　2　1

	完全符合	大致符合	部分符合	很少符合	全不符合
(四)情緒運用能力					
23. 我能善用正向情緒迎接各項任務／挑戰………………………	5	4	3	2	1
24. 我能根據不同對象，如：主管、同事、幼兒、家長等，善用正向情緒策略來解決問題………………	5	4	3	2	1
25. 我能引導他人以正向策略解決情緒困擾……………………	5	4	3	2	1
26. 我能在分析自己情緒不佳的原因後，正向思考解決問題的方式…………………	5	4	3	2	1
27. 我能運用溝通技巧以增進人際關係…………………………	5	4	3	2	1
28. 面對衝突事件時，我能掌控自我情緒並理性溝通………	5	4	3	2	1
29. 我能保持冷靜與理性，避免負面情緒影響自我判斷能力	5	4	3	2	1

附錄一　幼兒教育及照顧法

總統華總一義字第10700069331號

107年6月27日施行

第一章　總則

第 1 條　為保障幼兒接受適當教育及照顧之權利，確立幼兒教育及照顧方針，健全幼兒教育及照顧體系，以促進其身心健全發展，特制定本法。幼兒之居家式托育服務，依兒童及少年福利與權益保障法之規定辦理。

第 2 條　本法所稱主管機關：在中央為教育部；在直轄市為直轄市政府；在縣（市）為縣（市）政府。本法所定事項涉及各目的事業主管機關業務時，各該機關應配合辦理。

第 3 條　本法用詞，定義如下：

一、幼兒：指二歲以上至入國民小學前之人。

二、幼兒教育及照顧：指以下列方式對幼兒提供之服務：

(一)居家式托育。

(二)幼兒園。

(三)社區互助式。

(四)部落互助式。

(五)職場互助式。

三、教保服務機構：指以前款第二目至第五目方式，提供幼兒教育及照顧服務（以下簡稱教保服務）者。

四、負責人：指教保服務機構依本法及其相關法規登記之名義人；其為法人者，指其董事長。

五、教保服務人員：指提供教保服務之園長、教師、教保員及助理教保員。

第 4 條　各級主管機關為整合規劃、協調、諮詢及宣導教保服務，應召開諮詢會。前項諮詢會，其成員應包括主管機關代表、衛生主管機關代表、勞動主管機關代表、身心障礙團體代表、教保與兒童福利學者專家、教保與兒童福利團體代表、教保服務人員團體代

表、家長團體代表及婦女團體代表；其組織及會議等相關事項之辦法及自治法規，由各主管機關定之。

第 5 條　中央主管機關掌理下列事項：

一、教保服務政策及法規之研擬。

二、教保服務理念、法規之宣導及推廣。

三、全國性教保服務之方案策劃、研究、獎助、輔導、實驗及評鑑規劃。

四、地方教保服務行政之監督、指導及評鑑。

五、全國性教保服務基本資料之蒐集、調查、統計及公布。

六、協助教保服務人員組織及家長組織之成立。

七、其他全國性教保服務之相關事項。前項第五款教保服務基本資料，至少應包括全國教保服務機構之收費項目與數額、評鑑結果、不利處分及其他相關事項。

第 6 條　直轄市、縣（市）主管機關掌理下列事項：

一、地方性教保服務方案之規劃、實驗、推展及獎助。

二、教保服務機構之設立、監督、輔導及評鑑。

三、公立幼兒園、非營利幼兒園、社區、部落或職場互助式教保服務之推動。

四、親職教育之規劃及辦理。

五、地方性教保服務基本資料之蒐集、調查、統計及公布。

六、其他地方性教保服務之相關事項。前項第五款教保服務基本資料，至少應包括直轄市、縣（市）主管機關主管之教保服務機構之收費項目與數額、評鑑結果、不利處分及其他相關事項。

第二章　教保服務機構設立及其教保服務

第 7 條　教保服務應以幼兒為主體，遵行幼兒本位精神，秉持性別、族群、文化平等、教保並重及尊重家長之原則辦理。推動與促進教保服務工作發展為政府、社會、家庭、教保服務機構及教保服務人員共同之責任。政府應提供幼兒優質、普及、平價及近便性之教保服務，對處於離島、偏遠地區，或經濟、身心、文化與族群之需要協助幼兒，應優先提供其接受適當教保服務之機會，並得

補助私立教保服務機構辦理之。公立幼兒園及非營利幼兒園應優先招收需要協助幼兒，其招收需要協助幼兒人數超過一定比率時，得報請直轄市、縣（市）主管機關增聘專業輔導人力。前二項補助、招收需要協助幼兒之優先順序、一定比率及增聘輔導人力之辦法或自治法規，由各級主管機關定之。政府對接受教保服務之幼兒，得視實際需要補助其費用；其補助對象、補助條件、補助額度及其他相關事項之辦法，由中央主管機關定之。

第 8 條　直轄市、縣（市）、鄉（鎮、市）、直轄市山地原住民區、學校、法人、團體或個人，得興辦幼兒園；幼兒園應經直轄市、縣（市）主管機關許可設立，並於取得設立許可後，始得招收幼兒進行教保服務。公立學校所設幼兒園應為學校所附設，其與直轄市、縣（市）、鄉（鎮、市）及直轄市山地原住民區設立者為公立，其餘為私立。但中華民國一百年十二月三十一日以前已由政府或公立學校所設之私立幼稚園或托兒所，仍為私立。幼兒園得設立分班；分班之設立，以於同一鄉（鎮、市、區）內設立為限。但學校於同一直轄市、縣（市）內設立之分校、分部或分班，其附設或附屬幼兒園分班，不在此限。幼兒園分班之招收人數，不得逾本園之人數，並以六十人為限。私立幼兒園得辦理財團法人登記，並設董事會。幼兒園與其分班基本設施設備之標準，及其設立、改建、遷移、擴充、招收人數、更名與變更負責人程序及應檢具之文件、停辦、復辦、撤銷或廢止許可、督導管理、財團法人登記、董事會運作及其他相關事項之辦法，均由中央主管機關定之。第一項所定法人為公司者，得自行或聯合興辦幼兒園；其設立之幼兒園，以招收該公司員工子女為主，有餘額者，經直轄市、縣（市）主管機關核准後，始得招收其他幼兒。以高級中等以下學校教學場所辦理幼兒園者，得繼續適用原建築物使用類組，不受建築法第七十三條應申請變更使用執照規定之限制。

第 9 條　非營利幼兒園應以下列方式之一設立：

一、由直轄市、縣（市）政府、中央政府機關（構）、國立各級學校、鄉（鎮、市）公所及直轄市山地原住民區公所委託經

依法設立或登記之非營利性質法人辦理。

二、由非營利性質法人申請經直轄市、縣（市）主管機關核准辦理。前項非營利幼兒園之辦理方式、委託要件、委託年限、委託方式、收退費基準、教保服務人員及其他服務人員薪資、審議機制、考核、契約期滿續辦、終止契約、代為經營管理及其他相關事項之辦法，由中央主管機關定之；其退費之方式及金額或比率，由直轄市、縣（市）主管機關定之。第一項非營利性質法人為學校財團法人者，得自行設立附設或附屬非營利幼兒園，或由其設立之私立學校以附設或附屬方式辦理非營利幼兒園。直轄市、縣（市）主管機關為辦理第二項事項之審議，應召開審議會，由機關首長或指定之代理人為召集人，成員應包括勞工團體代表、教保與兒童福利學者專家、教保與兒童福利團體代表、教保服務人員團體代表、家長團體代表及婦女團體代表。直轄市、縣（市）政府辦理非營利幼兒園需用國有土地或建築物者，得由國有財產管理機關以出租方式提供使用；其租金基準，按該土地及建築物當期依法應繳納之地價稅及房屋稅計收年租金。

第10條　直轄市、縣（市）主管機關應協助離島、偏遠地區國民小學附設幼兒園。離島、偏遠地區為因應地理條件限制及幼兒生活與學習活動之需要，得採社區互助式方式對幼兒提供教保服務；其機構經直轄市、縣（市）主管機關許可設立後，始得招收幼兒進行教保服務。為提供原住民族幼兒學習其族語、歷史及文化機會與發揮部落照顧精神，得採部落互助式方式對幼兒提供教保服務；其機構經直轄市、縣（市）主管機關許可設立後，始得招收幼兒進行教保服務。政府機關（構）、公司及非政府組織為照顧員工子女，得採職場互助式方式對幼兒提供教保服務；其機構經直轄市、縣（市）主管機關許可設立後，始得招收幼兒進行教保服務。前三項地區範圍、辦理方式、招收人數、人員資格與配置、許可條件與程序、環境、設施與設備、衛生保健、直轄市、縣（市）主管機關輔導與協助、檢查、管理、撤銷或廢止許可、收退費及其他相關事項之辦法，由中央主管機關會商中央原住民族

主管機關及中央勞動主管機關定之。以高級中等以下學校教學場所辦理第二項至第四項教保服務者，得繼續適用原建築物使用類組，不受建築法第七十三條應申請變更使用執照規定之限制。

第11條　教保服務之實施，應與家庭及社區密切配合，以達成下列目標：

一、維護幼兒身心健康。

二、養成幼兒良好習慣。

三、豐富幼兒生活經驗。

四、增進幼兒倫理觀念。

五、培養幼兒合群習性。

六、拓展幼兒美感經驗。

七、發展幼兒創意思維。

八、建構幼兒文化認同。

九、啓發幼兒關懷環境。

第12條　教保服務內容如下：

一、提供生理、心理及社會需求滿足之相關服務。

二、提供健康飲食、衛生保健安全之相關服務及教育。

三、提供適宜發展之環境及學習活動。

四、提供增進身體動作、語文、認知、美感、情緒發展與人際互動等發展能力與培養基本生活能力、良好生活習慣及積極學習態度之學習活動。

五、記錄生活與成長及發展與學習活動過程。

六、舉辦促進親子關係之活動。

七、其他有利於幼兒發展之相關服務。幼兒之父母或監護人得依幼兒之需求，選擇參與全日、上午時段或下午時段之教保服務；教保服務機構於教保活動課程以外之日期及時間，得視父母或監護人需求，提供延長照顧服務。教保服務機構並得視其設施、設備與人力資源及幼兒父母或監護人之需求，經直轄市、縣（市）主管機關核准後，提供幼兒臨時照顧服務。幼兒教保活動課程大綱及服務實施準則，由中央主管機關定之。離島、偏遠地區教保服務機構得結合非營利組織、大專校院及社區人力資源，提供幼兒照顧服務及相關活動。

第13條　直轄市、縣（市）主管機關應依相關法律規定，對接受教保服務之身心障礙幼兒，主動提供專業團隊，加強早期療育及學前特殊教育相關服務，並依相關規定補助其費用。中央政府為均衡地方身心障礙幼兒教保服務之發展，應補助地方政府遴聘學前特殊教育專業人員之鐘點、業務及設備經費，以辦理身心障礙幼兒教保服務；其補助辦法，由中央主管機關定之。

第14條　教保服務機構得作為社區教保資源中心，發揮社區資源中心之功能，協助推展社區活動及社區親職教育。

第三章　教保服務機構組織與服務人員資格及權益

第15條　除本法另有規定外，教保服務機構應進用具教保服務人員資格，且未有教保服務人員條例第十二條第一項所列情事者，從事教保服務。教保服務機構不得借用未在該機構服務之教保服務人員資格證書。教保服務機構於進用教職員工後三十日內，應檢具相關名冊、學經歷證件、身分證明文件影本，並應附最近三個月內核發之警察刑事紀錄證明書等基本資料，報直轄市、縣（市）主管機關備查；異動時，亦同。直轄市、縣（市）主管機關應主動查證並得派員檢查。

第16條　幼兒園二歲以上未滿三歲幼兒，每班以十六人為限，且不得與其他年齡幼兒混齡；三歲以上至入國民小學前幼兒，每班以三十人為限。但離島、偏遠及原住民族地區之幼兒園，因區域內二歲以上未滿三歲幼兒之人數稀少，致其招收人數無法單獨成班者，得報直轄市、縣（市）主管機關同意後，以二歲以上至入國民小學前幼兒進行混齡編班，每班以十五人為限。幼兒園有招收身心障礙幼兒之班級，得酌予減少前項所定班級人數；其減少班級人數之條件及核算方式，由直轄市、縣（市）主管機關定之。幼兒園除公立學校附設者及分班免置園長外，應置下列專任教保服務人員：

一、園長。

二、幼兒園教師、教保員或助理教保員。幼兒園及其分班除園長外，應依下列方式配置教保服務人員：

　　(一)招收二歲以上至未滿三歲幼兒之班級，每班招收幼兒八

人以下者，應置教保服務人員一人，九人以上者，應置
教保服務人員二人；第一項但書所定情形，其教保服務
人員之配置亦同。

(二)招收三歲以上至入國民小學前幼兒之班級，每班招收幼
兒十五人以下者，應置教保服務人員一人，十六人以上
者，應置教保服務人員二人。

公立學校附設幼兒園者，除依前二項規定配置教保服務人員外，
每園應再增置教保服務人員一人。直轄市、縣（市）主管機關為
因應天然災害發生或其他緊急安置情事，有安置幼兒之必要者，
應依下列規定辦理，不受第一項、第四項規定及核定招收人數數
額之限制：

一、當學年度招收二歲以上至未滿三歲幼兒，或依第一項但書規
定混齡招收二歲以上至入國民小學前幼兒之班級，每招收幼
兒八人，得另行安置一人。

二、當學年度招收三歲以上至入國民小學前幼兒之班級，每招收
幼兒十五人，得另行安置一人。

三、幼兒園於次學年度起，除該學年度無幼兒離園者仍應依前二
款規定辦理外，每班招收人數，應依第一項規定辦理。

第17條　幼兒園有五歲至入國民小學前幼兒之班級，其配置之教保服務人
員，每班應有一人以上為幼兒園教師。幼兒園助理教保員之人
數，不得超過園內教保服務人員總人數之三分之一。幼兒園得視
需要配置學前特殊教育教師及社會工作人員。幼兒園及其分班應
置護理人員，其合計招收幼兒總數六十人以下者，以特約或兼任
方式置護理人員；六十一人至二百人者，以特約、兼任或專任方
式置護理人員；二百零一人以上者，以專任方式置護理人員。但
國民中、小學附設之幼兒園，其校內已置有專任護理人員者，得
免再置護理人員。幼兒園達一定規模或其分班，得分組辦事，並
置組長，其組長得由教師、教保員或職員兼任之；附設幼兒園達
一定規模及直轄市、縣（市）、鄉（鎮、市）、直轄市山地原住
民區設立之幼兒園得置專任職員；幼兒園應以專任或兼任方式置
廚工。直轄市、縣（市）、鄉（鎮、市）及直轄市山地原住民區

設立之公立幼兒園，其人事、主計業務，得由直轄市、縣（市）人事及主計主管機關（構）指派專任之人事、主計人員兼任，或經有關機關辦理相關業務訓練合格之職員辦理。公立學校附設之幼兒園，其人事、主計業務，由學校之專任（或兼任、兼辦）人事、主計人員兼辦。幼兒園之行政組織及員額編制標準，由中央主管機關定之。幼兒園教保服務人員、主任及組長依規定請假、留職停薪，或其他原因出缺之職務，幼兒園應建立代理制度，由代理人代理之；情形特殊者，代理人資格得不受教保服務人員條例第二十六條第二項規定之限制；其代理人之資格、薪資及其他相關事項，於本法施行細則及第二十二條第一項所定辦法定之。

第18條 教保服務人員之培育、資格、權益、管理、申訴及爭議處理等事項，依教保服務人員條例之規定辦理。為促進離島、偏遠地區教保服務發展，各級主管機關得定期辦理該地區教保服務人員培訓課程。

第19條 依本法進用之社會工作人員及護理人員，其資格應符合相關法律規定。

第20條 提供延長照顧服務之人員，應具備下列資格之一：

一、高級中等以下學校或幼兒園（包括幼稚園）合格教師、幼兒園教保員、助理教保員。

二、曾依中小學兼任代課及代理教師聘任辦法或國民中小學教學支援工作人員聘任辦法聘任之教師。但教學支援工作人員為高級中等以下學校畢業者，應經直轄市、縣（市）教育、社政或勞動相關主管機關自行或委託辦理之一百八十小時課後照顧服務人員專業訓練課程結訓。

三、公私立大專校院以上學校畢業，並修畢師資培育規定之教育專業課程。

四、符合兒童及少年福利機構專業人員資格。

五、高級中等以上學校畢業，並經直轄市、縣（市）教育、社政或勞動相關主管機關自行或委託辦理之一百八十小時課後照顧服務人員專業訓練課程結訓。離島、偏遠或原住民族地區遴聘前項資格人員有困難時，得報直轄市、縣（市）主管

機關核准，酌減前項第二款或第五款人員之專業訓練課程時數。

第21條　公立托兒所改制為公立幼兒園後，原公立托兒所依公務人員任用法任用之人員及依雇員管理規則僱用之人員，於改制後繼續於原機構任用，其服務、懲戒、考績、訓練、進修、俸給、保險、保障、結社、退休、資遣、撫卹、福利及其他權益事項，依其原適用之相關法令辦理；並得依改制前原適用之組織法規，依規定辦理陞遷及銓敘審定；人事、會計人員之管理，與其他公務人員同。公立幼稚園、公立托兒所依本法改制為公立幼兒園，原依行政院暨所屬機關約僱人員僱用辦法僱用之人員，及現有工友（含技工、駕駛），依其原適用之相關法令規定辦理。

第22條　前條以外公立幼兒園之其他服務人員，依勞動基準法相關規定，以契約進用，契約中應明定其權利義務；其進用程序、考核及待遇等相關事項之辦法，由中央主管機關定之。公立幼兒園以外教保服務機構之其他服務人員，其勞動條件，依勞動基準法及其他相關法規辦理；法規未規定者，得經直轄市、縣（市）主管機關邀集代表勞資雙方組織協商之。

第23條　教保服務人員以外之其他服務人員，有下列第一款至第三款情事之一者，教保服務機構應予免職、解聘或解僱；有第四款情事者，得依規定辦理退休或資遣；有第五款情事者，依其規定辦理：

一、曾有性侵害、性騷擾、性剝削或虐待兒童及少年行為，經判刑確定或通緝有案尚未結案。

二、有性侵害行為，或有情節重大之性騷擾、性霸凌、損害兒童及少年權益之行為，經直轄市、縣（市）主管機關查證屬實。

三、有非屬情節重大之性騷擾、性霸凌或損害兒童及少年權益之行為，經直轄市、縣（市）主管機關認定有必要予以免職、解聘或解僱，並審酌案件情節，認定一年至四年不得進用或僱用。

四、教保服務機構諮詢相關專科醫師二人以上，有客觀事實足認

其身心狀況有傷害幼兒之虞，並由直轄市、縣（市）主管機關邀請相關專家學者組成審查小組認定不能勝任教保工作。

五、其他法律規定不得擔任各該人員之情事。前項經免職、解聘或解僱之人員，適用勞動基準法規定且符合該法所定退休之條件者，應依法給付退休金。有第一項第一款、第二款、第四款、第五款情事，或教師法第十四條第一項第八款、第九款情事者，不得於教保服務機構服務，已進用或僱用者，應予免職、解聘或解僱；有第一項第三款情事或教師法第十四條第二項後段涉及性騷擾、性霸凌情事者，於該認定或議決一年至四年期間，亦同。教保服務機構進用或僱用教職員工前，應向直轄市、縣（市）主管機關查詢有無前項情事。

教保服務機構之負責人或其他服務人員於執行業務時，知悉有任何人對幼兒有第一項第一款至第三款行為之一時，除依其他相關法律規定通報外，並應通報直轄市、縣（市）主管機關。各級主管機關為處理第四項之查詢，得使用中央社政主管機關建立之依性騷擾防治法第二十條、兒童及少年福利與權益保障法第九十七條規定受處罰者之資料庫。

第一項、第三項至前項之認定、通報、資訊蒐集、任職前及任職期間之查詢、處理、利用及其他應遵行事項之辦法，由中央主管機關定之。

教保服務機構之其他服務人員，有第一項第一款至第三款情事之一，且適用公務人員相關法律者，其免職或撤職，依各該法律規定辦理；其未免職或撤職者，應調離現職。

教保服務機構之其他服務人員涉有第一項第一款至第三款情形，於調查期間，教保服務機構應令其暫時停職；停職原因消滅後復職者，其未發給之薪資應予補發。

第24條　有下列情事之一者，不得擔任教保服務機構之負責人，或財團法人幼兒園之董事或監察人：

一、有前條第一項第一款至第三款所列事項。

二、曾犯內亂、外患罪，經判刑確定或通緝有案尚未結案。

三、曾服公務因貪污瀆職，經判刑確定或通緝有案尚未結案。

四、褫奪公權尚未復權。

五、曾任公務人員受撤職或休職處分，其停止任用或休職期間尚
　　未屆滿。

六、受破產宣告尚未復權。

七、無行為能力或限制行為能力。

八、受輔助宣告尚未撤銷。

　　負責人有前項第一款情形者，直轄市、縣（市）主管機關應
　　廢止其設立許可；董事或監察人有前項第一款情形者，直轄
　　市、縣（市）主管機關應令其更換。

　　負責人、董事或監察人有第一項第一款情事者，其認定、通
　　報、資訊蒐集、任職前及任職期間之查詢、處理、利用及其
　　他相關事項，於前條第七項所定辦法定之。

第四章　幼兒權益保障

第25條　教保服務機構之負責人及其他服務人員，不得對幼兒有兒童及少
　　　　年福利與權益保障法第四十九條規定、體罰、不當管教或性騷擾
　　　　之行為。教保服務機構應就下列事項訂定管理規定、確實執行，
　　　　並定期檢討改進：

一、環境、食品安全與衛生及疾病預防。

二、安全管理。

三、定期檢修各項設施安全。

四、各項安全演練措施。

五、緊急事件處理機制。

第26條　幼兒進入及離開教保服務機構時，該機構應實施保護措施，確保
　　　　其安全。幼兒園接送幼兒，應以經直轄市、縣（市）主管機關核
　　　　准之幼童專用車輛為之，車齡不得逾出廠十年；其規格、標識、
　　　　顏色、載運人數應符合法令規定，並經公路監理機關檢驗合格；
　　　　該車輛之駕駛人應具有職業駕駛執照，並配置具教保服務人員資
　　　　格，或年滿二十歲以上之隨車人員隨車照護，維護接送安全。前
　　　　項幼童專用車輛、駕駛人及其隨車人員之督導管理及其他應遵行
　　　　事項之辦法，由中央主管機關會同交通部定之。

　　　　幼兒園新進用之駕駛人及隨車人員，應於任職前二年內，或任職

後三個月內，接受基本救命術訓練八小時以上；任職後每二年應接受基本救命術訓練八小時以上、安全教育（含交通安全）相關課程三小時以上及緊急救護情境演習一次以上。直轄市、縣（市）主管機關應至少每季辦理相關訓練、課程或演習，幼兒園應予協助。

第27條 教保服務機構應建立幼兒健康管理制度。直轄市、縣（市）衛生主管機關辦理幼兒健康檢查時，教保服務機構應予協助，並依檢查結果，施予健康指導或轉介治療。教保服務機構應將幼兒健康檢查、疾病檢查結果、轉介治療及預防接種等資料，載入幼兒健康資料檔案，並妥善管理及保存。前項預防接種資料，父母或監護人應於幼兒入園或學年開始後一個月內提供教保服務機構。

父母或監護人未提供前項資料者，教保服務機構應通知父母或監護人提供；父母或監護人未於接獲通知一個月內提供者，教保服務機構應通知衛生主管機關。

教保服務機構、負責人及其他服務人員，對幼兒資料應予保密。但經父母或監護人同意或依其他法律規定應予提供者，不在此限。

第28條 教保服務機構為適當處理幼兒緊急傷病，應訂定施救步驟、護送就醫地點，呼叫緊急救護專線支援之注意事項及父母或監護人未到達前之處理措施等規定。

幼兒園應依第八條第六項之基本設施設備標準設置保健設施，作為健康管理、緊急傷病處理、衛生保健、營養諮詢及協助健康教學之資源。幼兒園之護理人員，每二年應接受教學醫院或主管機關認可之機構、學校或團體辦理之救護技術訓練八小時。

第29條 教保服務機構應辦理幼兒團體保險；其範圍、金額、繳退費方式、期程、給付標準、權利與義務、辦理方式及其他相關事項之自治法規，由直轄市、縣（市）主管機關定之。

幼兒申請理賠時，教保服務機構應主動協助辦理。各級主管機關應為所轄之教保服務機構投保場所公共意外責任保險，其經費，由中央主管機關按年度編列預算支應之。

第五章　家長之權利及義務

第30條　幼兒園得成立家長會；其屬國民中、小學附設者，併入該校家長會辦理。

前項家長會得加入地區性家長團體。幼兒園家長會之任務、組織、運作及其他相關事項之自治法規，由直轄市、縣（市）主管機關定之。

第31條　父母或監護人及家長團體，得請求直轄市、縣（市）主管機關提供下列資訊，該主管機關不得拒絕：

一、教保服務政策。

二、教保服務品質監督之機制及做法。

三、許可設立之教保服務機構名冊。

四、教保服務機構收退費之相關規定及收費數額。

五、幼兒園評鑑報告及結果。

第32條　教保服務機構應公開下列資訊：

一、教保目標及內容。

二、教保服務人員及其他服務人員之學（經）歷、證照。

三、衛生、安全及緊急事件處理措施。

四、依第十六條及第十七條規定設置行政組織及員額編制情形。

五、依第二十九條第一項規定辦理幼兒團體保險之情形。

六、第三十八條第三項所定收退費基準、收費項目及數額、減免收費之規定。

七、核定之招收人數及實際招收人數。

第33條　父母或監護人對教保服務機構提供之教保服務方式及內容有異議時，得請求教保服務機構提出說明，教保服務機構無正當理由不得拒絕，並視需要修正或調整之。

第34條　直轄市、縣（市）層級家長團體及教保服務人員組織，得參與直轄市、縣（市）主管機關對幼兒園評鑑之規劃。

第35條　教保服務機構之教保服務有損及幼兒權益者，其父母或監護人，得向教保服務機構提出異議，不服教保服務機構之處理時，得於知悉處理結果之日起三十日內，向教保服務機構所在地之直轄市、縣（市）主管機關提出申訴，不服主管機關之評議決定者，

得依法提起訴願或訴訟。直轄市或縣（市）主管機關爲評議前項申訴事件，應召開申訴評議會；其成員應包括主管機關代表、教保與兒童福利團體代表、教保服務人員團體代表、家長團體代表、教保服務機構行政人員代表及法律、教育、兒童福利、心理或輔導學者專家，其中非機關代表人員不得少於成員總數二分之一，任一性別成員應占成員總數三分之一以上；其組織及評議等相關事項之自治法規，由直轄市、縣（市）主管機關定之。

第36條 父母或監護人應履行下列義務：

一、依教保服務契約規定繳費。

二、參加教保服務機構因其幼兒特殊需要所舉辦之個案研討會或相關活動。

三、參加教保服務機構所舉辦之親職活動。

四、告知幼兒特殊身心健康狀況，必要時並提供相關健康狀況資料，並與教保服務機構協力改善幼兒之身心健康。各級主管機關對有前項第四款幼兒之父母或監護人，應主動提供資源協助之。

第六章　教保服務機構管理、輔導及獎助

第37條 教保服務機構受託提供教保服務，應與幼兒之父母或監護人訂定書面契約。

前項書面契約之格式、內容，中央主管機關應訂定書面契約範本供參。幼兒園有違反第八條第六項所定辦法有關招收人數之限制規定，父母或監護人得於知悉後三十日內，以書面通知幼兒園終止契約，幼兒園應就已收取之費用返還父母或監護人，不受依第三十八條第一項或第五項所定退費基準之限制。

第38條 教保服務機構之收費項目、用途及公立幼兒園收退費基準之自治法規，由直轄市、縣（市）主管機關定之。

私立教保服務機構得考量其營運成本，依直轄市、縣（市）主管機關所定之收費項目及用途訂定收費數額，於每學年度開始前對外公布，並報直轄市、縣（市）主管機關備查後，向就讀幼兒之父母或監護人收取費用。

教保服務機構之收退費基準、收費項目及數額、減免收費規定，

應至少於每學期開始前一個月公告之。

前項收退費基準、收費項目及數額、減免收費規定，直轄市、縣（市）主管機關應主動於資訊網站公開其訂定或備查之內容。

幼兒因故無法繼續就讀而離開教保服務機構者，教保服務機構應依其就讀期間退還父母或監護人所繳費用；其退費項目及基準之自治法規，由直轄市、縣（市）主管機關定之。

前五項收費項目、數額、減免及收退費基準，應包括第十二條第二項及第三項所定之教保服務、延長照顧服務及臨時照顧服務。

第39條　直轄市、縣（市）主管機關對主管之教保服務機構，其優先招收離島、偏遠地區，或經濟、身心、文化與族群之需要協助幼兒，應提供適切之協助或補助。前項協助或補助之辦法，由中央主管機關定之。

第40條　教保服務機構各項經費收支保管及運用，應設置專帳處理；其收支應有合法憑證，並依規定年限保存。

私立教保服務機構會計帳簿與憑證之設置、取得、保管及其他應遵行事項，應依相關稅法規定辦理。法人附設教保服務機構之財務應獨立。

第41條　直轄市、縣（市）主管機關應對教保服務機構辦理檢查及輔導，並應對幼兒園辦理評鑑。

教保服務機構對前項檢查、評鑑不得規避、妨礙或拒絕。第一項評鑑應由直轄市、縣（市）主管機關自行或委託設有幼兒教育、幼兒保育相關科系、所之專科以上學校辦理，並應於資訊網站公布評鑑報告及結果。

第一項評鑑類別、評鑑項目、評鑑指標、評鑑對象、評鑑人員資格與培訓、實施方式、結果公布、申復、申訴及追蹤評鑑等相關事項之辦法，由中央主管機關定之。

第42條　教保服務機構辦理績效卓著者，直轄市、縣（市）主管機關應予以獎勵；其獎勵事項、對象、種類、方式之自治法規，由直轄市、縣（市）主管機關定之。

第43條　中華民國一百年十二月三十一日以前，已依兒童及少年福利法許可兼辦國民小學兒童課後照顧服務之托兒所，於一百零一年一月

一日以後，改制為幼兒園者，得繼續兼辦之。

中華民國一百零一年一月一日以後，幼兒園於提供教保服務外，其原設立許可之空間有空餘，且主要空間可明確區隔者，得報直轄市、縣（市）主管機關核准後，將原設立許可幼兒園幼兒總招收人數二分之一以下之名額，轉為兼辦國民小學階段兒童課後照顧服務之兒童人數，招收兒童進行課後照顧服務，並不得停止辦理幼兒園之教保服務。

前項兼辦國民小學階段兒童課後照顧服務之幼兒園，其服務內容、人員資格及收退費規定，準用兒童課後照顧服務班與中心設立及管理辦法之規定；有購置或租賃交通車載運兒童之需要者，應準用學生交通車管理辦法相關規定辦理。

第一項及第二項核准條件、人員編制、管理、設施設備及其他應遵行事項之辦法，由中央主管機關定之。

第44條　負責人不得以非教保團體代表之身分，擔任教保服務諮詢會、審議會及申訴評議會之委員。

違反前項規定者，主管機關應重新聘任。

審議會、申訴評議會委員之迴避，依行政程序法之規定辦理。

第七章　罰則

第45條　有下列情形之一者，處負責人或行為人新臺幣六萬元以上三十萬元以下罰鍰，並命其停辦；其拒不停辦者，並得按次處罰：

一、違反第八條第一項規定，未經許可設立即招收幼兒進行教保服務。

二、違反第十條第二項至第四項規定，未經許可設立即招收幼兒進行教保服務。

三、違反第四十三條第二項規定，未經核准即招收兒童進行課後照顧服務。

有前項各款情形之一者，直轄市、縣（市）主管機關並應公布場所地址及負責人或行為人之姓名。

第46條　教保服務機構之負責人或其他服務人員，違反第二十五條第一項規定者，除有兒童及少年福利與權益保障法第四十九條規定之行為依該法第九十七條規定處罰外，應依下列規定處罰負責人或其

他服務人員，並公布行為人之姓名及機構名稱：

一、體罰：處新臺幣六萬元以上五十萬元以下罰鍰。

二、性騷擾：處新臺幣六萬元以上三十萬元以下罰鍰。

三、不當管教：處新臺幣六千元以上三萬元以下罰鍰。

第47條　教保服務機構違反第十五條第三項或第二十三條第四項規定者，處負責人新臺幣五萬元以上二十五萬元以下罰鍰，並命其限期改善，屆期仍未改善者，得按次處罰；必要時並得為命其停止招生或廢止設立許可之處分。教保服務機構之負責人或其他服務人員，違反第二十三條第五項規定者，處新臺幣三萬元以上十五萬元以下罰鍰。

第48條　教保服務機構、負責人或其他服務人員，違反第二十七條第五項規定者，處負責人或其他服務人員新臺幣三萬元以上十五萬元以下罰鍰，並得按次處罰。

第49條　幼兒園有下列情形之一者，處負責人新臺幣六千元以上三萬元以下罰鍰，並命其限期改善，屆期仍未改善者，得按次處罰；其情節重大或經處罰三次後仍未改善者，得依情節輕重為一定期間減少招收人數、停止招生六個月至一年、停辦一年至三年或廢止設立許可之處分：

一、違反第八條第六項所定標準或辦法有關設施設備或招收人數之限制規定。

二、違反第二十條第一項規定，進用未符資格之服務人員。

三、違反第二十三條第一項、第三項或第九項規定，知悉園內有不得於幼兒園服務之人員而未依規定處理。

四、違反第二十四條第二項規定，幼兒園之董事或監察人有不得擔任該項職務之情形而未予以更換。

五、違反第二十六條第二項規定，以未經核准之幼童專用車輛載運幼兒、車齡逾十年、載運人數不符合法令規定、配置之隨車人　員未具教保服務人員資格或未滿二十歲。

六、違反依第二十六條第三項所定辦法有關幼童專用車輛車身顏色與標識、接送幼兒、駕駛人或隨車人員之規定。

七、違反第二十九條第一項規定，未辦理幼兒團體保險。

八、未依第三十七條第三項規定返還費用、違反第三十八條第二項規定，未將收費數額報直轄市、縣（市）主管機關備查、以超過備查之數額及項目收費，或未依第三十八條第五項所定自治法規退費。

九、違反依第四十一條第四項所定辦法有關評鑑結果列入應追蹤評鑑，且經追蹤評鑑仍未改善。

十、違反第四十三條第二項規定，停止辦理幼兒園之教保服務。

十一、違反第四十三條第三項準用兒童課後照顧服務班與中心設立及管理辦法所定服務內容、人員資格或收退費之規定。

十二、違反第四十三條第三項準用學生交通車管理辦法規定，以未經 核准或備查之車輛載運兒童，或違反有關學生交通車車輛車齡、車身顏色與標識、載運人數核定數額、接送兒童、駕駛人或隨車人員之規定。

十三、違反依第四十三條第四項所定辦法有關人員編制、管理或設施設備之規定。

第50條 提供社區、部落或職場互助式教保服務之機構，有下列情形之一者，應命其限期改善，屆期仍未改善者，處負責人新臺幣三千元以上三萬元以下罰鍰，並得按次處罰；其情節重大或經處罰三次後仍未改善者，得依情節輕重為一定期間減少招收人數、停止招生六個月至一年、停辦一年至三年或廢止設立許可之處分：

一、違反依第十條第五項所定辦法有關招收人數、人員資格與配置、收退費、環境、設施與設備、衛生保健、檢查、管理之強制或禁止規定。

二、違反第十五條第二項規定，借用未在該機構服務之教保服務人員資格證書。

三、違反第二十條第一項規定，進用未符資格之服務人員。

四、違反第二十三條第一項、第三項或第九項規定，知悉有不得於教保服務機構服務之人員而未依規定處理。

五、違反第二十四條第二項規定，董事或監察人有不得擔任該項職務之情形而未予以更換。

六、違反第二十九條第一項規定，未辦理幼兒團體保險。

七、違反第三十八條第二項規定，未將收費數額報直轄市、縣
　　（市）主管機關備查、以超過備查之數額或項目收費，或未
　　依第三十八條第五項所定自治法規退費。

第51條　教保服務機構有下列情形之一者，應命其限期改善，屆期仍未改
　　　　善者，處負責人新臺幣三千元以上三萬元以下罰鍰，並得按次處
　　　　罰；其情節重大或經處罰三次後仍未改善者，得依情節輕重為一
　　　　定期間減少招收人數、停止招生六個月至一年、停辦一年至三年
　　　　或廢止設立許可之處分：

一、違反依第八條第六項所定標準有關幼兒園之使用樓層、必要
　　設置空間與總面積、室內與室外活動空間面積數、衛生設備
　　高度與數量，及所定辦法有關幼兒園改建、遷移、擴充、更
　　名、變更負責人或停辦之規定。

二、違反依第十二條第四項所定準則有關衛生保健之強制規定或
　　教保活動課程之禁止規定。

三、違反第十六條第一項、第三項、第四項或第五項規定。

四、違反第十七條第一項、第二項、第四項規定，或違反依第七
　　項所定標準有關置廚工之規定。

五、違反依第二十三條第七項所定辦法有關教保服務機構辦理認
　　定、通報、資訊蒐集、任職前及任職期間之查詢、處理及利
　　用之強制或禁止規定。

六、違反第二十八條第一項規定，未訂定注意事項及處理措施。

七、違反第四十一條第二項規定，規避、妨礙或拒絕檢查或評
　　鑑。

八、經營許可設立以外之業務。

第52條　教保服務機構違反第十七條第八項、第二十五條第二項、第
　　　　二十六條第一項、第二十七條第一項、第二項或第四項、第
　　　　二十八條第二項、第二十九條第二項、第三十二條、第三十三
　　　　條、第三十七條第一項、第三十八條第三項或第四十條規定者，
　　　　應命其限期改善，屆期仍未改善者，處負責人新臺幣三千元以上
　　　　一萬五千元以下罰鍰，並得按次處罰；其情節重大或經處罰三次
　　　　後仍未改善者，得依情節輕重為一定期間減少招收人數、停止招

生六個月至一年、停辦一年至三年或廢止設立許可之處分。教保服務機構為法人，經依前項或第二十四條第二項、第四十七條第一項、第四十九條、第五十條、前條、第五十三條第三項規定廢止設立許可者，直轄市、縣（市）主管機關應通知法院令其解散。

第53條　駕駛人、隨車人員或護理人員有下列情形之一者，應命其限期改善，屆期仍未改善者，處新臺幣一千元以上六千元以下罰鍰，並得按次處罰：

一、違反第二十六條第四項規定，未於規定期限內接受基本救命術訓練八小時以上、安全教育（含交通安全）相關課程三小時以上或緊急救護情境演習一次以上。

二、違反第二十八條第三項規定，未每二年接受救護技術訓練八小時。有前項各款情形之一，係因不可歸責於該駕駛人、隨車人員或護理人員之事由所致，並經直轄市、縣（市）主管機關查證屬實者，不予處罰。

前項情形可歸責於幼兒園者，應命其限期改善，屆期仍未改善者，處負責人新臺幣一千元以上六千元以下罰鍰，並得按次處罰；其情節重大或經處罰三次後仍未改善者，得依情節輕重為一定期間減少招收人數、停止招生六個月至一年、停辦一年至三年或廢止設立許可之處分。

第54條　本法所定命限期改善及處罰，由直轄市、縣（市）主管機關為之；直轄市、縣（市）主管機關並得依行政罰法第十八條第二項規定，酌量加重罰鍰額度。

教保服務機構違反本法規定，經直轄市、縣（市）主管機關處以罰鍰、減少招收人數、停止招生、停辦或廢止設立許可者，直轄市、縣（市）主管機關應公布其名稱及負責人姓名。

第八章　附則

第55條　中華民國一百年十二月三十一日以前之公立托兒所或經政府許可設立、核准立案之私立托兒所，已依本法改制為幼兒園者，其五歲至入國民小學前幼兒之班級，至遲應於一百十四年八月一日起符合第十七條第一項所定，每班配置之教保服務人員應有一人以

上為幼兒園教師之規定。

中華民國一百年十二月三十一日以前之公立托兒所，其未依本法一百零七年五月二十九日修正之條文施行前第五十五條第一項規定改制為幼兒園經廢止設立許可者，中央主管機關應視其財力補助直轄市、縣（市）主管機關於其所在地或鄰近地區設置公立幼兒園或非營利幼兒園。

第56條　中華民國一百年十二月三十一日以前，已依建築法取得F-3使用類組（托兒所或幼稚園）之建造執照、使用執照，或已依私立兒童及少年福利機構設立許可及管理辦法規定取得籌設許可之托兒所，或依幼稚教育法規定取得籌設許可之幼稚園，自一百零一年一月一日起至一百零二年十二月三十一日止之期間內，得依取得或籌設時之設施設備規定申請幼兒園設立許可，其餘均應依第八條第六項設施設備之規定辦理。

第57條　各級主管機關為了解與規劃幼兒接受教保服務或補助情形、教保服務機構員額配置或人員進用，得蒐集、處理或利用學前教育階段幼兒及人員之個人資料，並建立相關資料庫。

第58條　本法施行細則，由中央主管機關定之。

第59條　本法自公布日施行。

附錄二　幼兒教育及照顧法施行細則

教育部臺教授國部字第1080056144B號
108年1月1日施行
108年5月29日修正

第 1 條　本細則依幼兒教育及照顧法（以下簡稱本法）第五十八條規定訂定之。

第 2 條　本法所定幼兒年齡之計算，以幼兒入教保服務機構當學年度九月一日滿該歲數者。

幼兒於前項日期尚未滿二歲，而於當學年度滿二歲之當月時，尚有缺額之教保服務機構，得予招收。

第 3 條　本法第三條第四款所定負責人，依法代表教保服務機構負責有關事宜，並以一人為負責人。但私立托兒所依本法中華民國一百零七年六月二十七日修正施行前第五十五條改制為幼兒園，負責人經直轄市、縣（市）主管機關核准為二人以上者，其改制為幼兒園時，不在此限。

第 4 條　本法第七條第三項及第四項所定需要協助幼兒，指幼兒入教保服務機構當學年度符合下列情形之一者：

一、低收入戶子女。

二、中低收入戶子女。

三、身心障礙。

四、原住民。

五、特殊境遇家庭子女。

六、中度以上身心障礙者子女。

前項第一款所稱低收入戶，指依社會救助法第四條第一項規定，經戶籍所在地直轄市、縣（市）主管機關審核認定，並領有證明文件者。

第一項第二款所稱中低收入戶，指依社會救助法第四條之一第一項規定，經戶籍所在地直轄市、縣（市）主管機關審核認定，並領有證明文件者。

第一項第三款所稱身心障礙，指依特殊教育法第三條規定，經直轄市、縣（市）主管機關所設特殊教育學生鑑定及就學輔導會鑑定安置，並領有證明文件者。

第一項第四款所稱原住民，指依原住民身分法第二條規定，經認定具有山地原住民或平地原住民之身分者。

第一項第五款所稱特殊境遇家庭，指依特殊境遇家庭扶助條例第四條第一項規定，經戶籍所在地直轄市、縣（市）主管機關審核認定，並領有證明文件者。

第一項第六款所稱中度以上身心障礙者，指符合法定中度以上身心障礙資格領有身心障礙手冊或證明者。

第 5 條　本法第七條第四項所定專業輔導人力，指下列人員：

一、本法第十九條所定之社會工作人員。

二、特殊教育法第十四條所定之特殊教育教師、特殊教育相關專業人員、教師助理員及特教學生助理人員。

三、學生輔導法第三條所定具有臨床心理師、諮商心理師或社會工作師證書之專業輔導人員。

第 6 條　本法第八條第三項所定幼兒園以於同一鄉（鎮、市、區）內設立分班為限，及第八條第四項所定幼兒園分班之招生人數，不得逾本園之人數，並以六十人為限規定，不適用於中華民國一百年十二月三十一日以前經直轄市、縣（市）主管機關許可設立之分所（園）。但改制為幼兒園後，其新設之分班或原分所（園）之擴充，應依本法相關規定辦理。

第 7 條　本法所稱離島、偏遠地區及原住民族地區，定義如下：

一、離島：指與臺灣本島隔離屬我國管轄之島嶼。

二、偏遠地區：指人口密度低於全國平均人口密度五分之二之鄉（鎮、市、區）。

三、原住民族地區：指原住民族基本法第二條第三款所定之地區。依偏遠地區學校教育發展條例及其相關規定，經中央主管機關核定之偏遠地區學校，其附設幼兒園為偏遠地區之幼兒園。

第 8 條　教保服務機構依本法第十四條規定提供作為社區教保資源中心，

應擬定相關計畫，報直轄市、縣（市）主管機關核准後，始得為之；經核准之計畫內容變更時，亦同。

前項社區教保資源中心，其服務項目如下：

一、教保問題之諮詢。

二、親職教育講座及親子活動之辦理。

三、圖書借閱，教具、玩具及遊戲場所之提供使用。

第一項計畫，其內容應包括服務目的、服務內容、服務時間、場地及人員之安排；其有收取場地清潔費之必要者，並應於計畫中載明收費額度計算方式。

第 9 條　中華民國一百年十二月三十一日以前設立之托兒所，其原依兒童及少年福利機構設置標準所置助理教保人員，於改制為幼兒園後，得繼續在園服務，不受本法第十七條第二項幼兒園助理教保員之人數不得超過園內教保服務人員總人數三分之一之限制。

第10條　本法第十七條第四項所稱特約，指幼兒園與醫療機構簽訂，具資格之護理人員，於必要時提供專業服務之契約；所稱兼任，指幼兒園聘請具資格之護理人員，以部分工時於幼兒園從事指定工作者。公立幼兒園依醫事人員人事條例任用之護理人員，準用本法第二十一條第一項規定。

第11條　幼兒園園長、主任依規定請假、留職停薪或其他原因出缺之職務，依下列順序代理之：

一、組長。但組長由職員兼任，且未具教保服務人員資格者，不得代理。

二、教師或教保員。公立幼兒園無專任教師或教保員代理園長、主任，或情形特殊者，得於報直轄市、縣（市）主管機關核准後，以依第十二條第一項第一款及第二款規定進用之代理教師或代理教保員代理之。

幼兒園之教保服務人員代理園長或代理專任主任者，幼兒園應進用代理人員執行該教保服務人員原職務。

園長具公務人員資格者，其代理人依各機關職務代理應行注意事項規定辦理。

私立幼兒園園長依規定請假、留職停薪或其他原因出缺之職務，

其代理人應具教保服務人員條例第六條規定資格。

第12條　幼兒園教師、教保員或助理教保員依規定請假、留職停薪或其他原因出缺之職務，應依下列順序進用代理人員；代理人因故有請假必要時，亦同：

一、以具相同資格之教保服務人員代理。

二、前款人員難覓時，得於報直轄市、縣（市）主管機關核准後，教師以具教保員、助理教保員資格者依序代理，教保員以具助理教保員資格者代理。

三、前二款人員難覓時，得於報直轄市、縣（市）主管機關核准後，以具大學以上畢業，且於任職前二年內，或任職後三個月內，接受基本救命術八小時以上及安全教育相關課程三小時以上者代理之。

本法所稱離島、偏遠、原住民族地區之幼兒園，及依偏遠地區學校教育發展條例認定之偏遠地區學校附設幼兒園，進用符合前項規定資格之代理人員仍有困難者，得於報直轄市、縣（市）主管機關核准後，以具專科以上學校畢業，且於任職前二年內或任職後三個月內，接受基本救命術八小時以上及安全教育相關課程三小時以上者代理。

依本法第二十一條第一項規定，於改制後繼續於原機構任用之人員，因請假、留職停薪等原因之職務代理，依各機關職務代理應行注意事項及公務人員留職停薪辦法規定辦理。

依第一項規定以原有教保服務人員代理他人職務者，該幼兒園之人力配比，仍應符合本法第十六條第四項規定。

前條、第一項及第二項代理期間，以不超過一年為限。但因請假、留職停薪或公立幼兒園園長因機關裁撤控管員額並經直轄市、縣（市）主管機關核准之代理期間，不在此限。

第13條　公立幼兒園代理教師之聘任，應辦理公開甄選，經教師評審委員會審查通過後，由校（園）長聘任之。但代理期間未滿三個月者，得免經公開甄選及教師評審委員會審查程序，由校（園）長就符合資格者聘任之。

公立幼兒園聘任三個月以上經公開甄選之代理教師，其服務成績

優良且具幼兒園教師資格者，經教師評審委員會審查通過後得再聘之，並報直轄市、縣（市）主管機關備查；再聘至多以二次為限。第一項甄選作業辦理完竣，應檢附甄選簡章、錄取名單及相關會議紀錄報直轄市、縣（市）主管機關備查。但經直轄市、縣（市）主管機關核准免報者，不在此限。

公立幼兒園代理教師之權利、義務及解聘、停聘之相關事項，準用中小學兼任代課及代理教師聘任辦法第七條、第八條及第十一條規定。

公立幼兒園代理教師之待遇，依下列規定辦理：

一、本薪及其學術研究費，比照國民小學代理教師規定支給。但未具幼兒園教師資格者，其學術研究費，依相當等級專任教師八成數額支給。

二、前款本薪及學術研究費之計算方式如下：

(一)代理期間三個月以上，並經公開甄選聘任者，依實際代理之月數，按月支給。但服務未滿整月部分，按實際在職日數覈實計支；其每日計發金額，以當月全月薪給總額除以該月全月之日數計算。

(二)代理期間未滿三個月或未經公開甄選聘任者，按實際代理之日數，按日支給；其每日計發金額，依前目規定辦理。

三、代理未滿一日者，按實際代理之時數，按時支給；其每小時計發金額，以日薪資除以八小時計。

第14條 本法第二十三條第一項第二款及第二十四條第一項第一款之情節重大，為教保服務機構之教保服務人員以外之其他服務人員、負責人或財團法人幼兒園之董事、監察人有下列情形之一，並經直轄市、縣（市）主管機關認定確屬損害兒童權益者：

一、依兒童及少年福利與權益保障法第九十七條、性騷擾防治法第二十條、兒童及少年性剝削防制條例第四十四條或第四十五條規定裁罰。

二、有教師法第十四條第一項第八款至第十二款情形之一。

三、有補習及進修教育法第九條第六項第二款情形之一。

四、有其他重大情事，足以影響兒童身心健康，經有罪判決確
　　定。

第15條　本法第三十八條第二項所定每學年度，自八月一日起至翌年七月
　　　　三十一日止。

　　　　本法第三十八條第三項所定每學期，第一學期為八月一日至翌年
　　　　一月三十一日，第二學期為二月一日至七月三十一日。

　　　　前二項每學年度或每學期起訖日期，依學校型態實驗教育實施條
　　　　例及公立高級中等以下學校委託私人辦理實驗教育條例規定辦理
　　　　實驗教育之學校，經各該主管機關核准另定日期者，其附設或附
　　　　屬幼兒園從其規定。

第16條　本法所定中央或直轄市、縣（市）主管機關應公布或公告之相關
　　　　事項，依政府資訊公開法之相關規定辦理。

　　　　本法第三十二條及第三十八條第二項所定教保服務機構應公開或
　　　　公布之相關事項，應衡酌就讀幼兒之家長或監護人取得資訊之便
　　　　利性，就下列方式選擇其適當者為之：

　　　　一、發送正式紙本通知，並張貼於園舍範圍明顯處。

　　　　二、利用電信網路傳送或其他方式提供線上查詢。

　　　　三、其他足以使家長或監護人得知之方式。

第17條　中華民國一百年十二月三十一日以前已依法設立之托兒所、幼稚
　　　　園，應由本法施行前之原主管機關依原有法令管理。但不包括該
　　　　托兒所及幼稚園於本法施行後之增建、改建、擴充、遷移或增加
　　　　招收人數。

第18條　本細則自發布日施行。

附錄三　幼兒園及其分班基本設施設備標準

101年1月1日施行
108年7月10日修正

第一章　總則

第 1 條　本標準依幼兒教育及照顧法（以下簡稱本法）第八條第六項規定
　　　　訂定之。

第 2 條　本標準用詞，定義如下：
　　　　一、設施：指提供幼兒學習、生活、活動之建築、附屬空間及空
　　　　　　地等。
　　　　二、設備：指設施中必要之遊戲器材、教具、媒體器材、教具
　　　　　　櫃、儲藏櫃、桌椅等用品及器材。
　　　　三、直轄市高人口密度行政區：指內政部公布直轄市最新人口密
　　　　　　度高於每平方公里一萬四千人，或可供都市發展用地之最新
　　　　　　人口密度高於每平方公里一萬四千人之行政區。
　　　　前項第三款所稱行政區，指直轄市依地方制度法第三條第三項所
　　　　劃分之區；所稱可供都市發展用地，指依都市計畫書該行政區土
　　　　地總面積扣除農業區、保護區、河川區、行水區、風景區等非屬
　　　　開發建築之用地。

第 3 條　幼兒園及其分班之設施設備，除依本標準之規定外，並應符合建
　　　　築、消防及衛生等相關法規之規定。

第二章　建築基地及空間規劃

第 4 條　幼兒園及其分班之用地，應符合都市計畫法及都市土地使用分區
　　　　管制或區域計畫法及非都市土地使用管制等相關法規之規定。

第 5 條　幼兒園及其分班與下列特殊設施或場所之距離，應符合相關規
　　　　定：
　　　　一、加氣站：加氣站設置管理規則規定。
　　　　二、公共危險物品及可燃性高壓氣體：公共危險物品及可燃性高
　　　　　　壓氣體設置標準暨安全管理辦法規定。
　　　　三、殯葬設施：殯葬管理條例規定。但於中華民國一百零一年四

　　　　　月三日前已依建築法取得F3使用類組（幼稚園或托兒所）
　　　　　之建造執照或使用執照者，不在此限。
　　　　除前項規定外，幼兒園及其分班與特殊設施或場所之距離，亦應
　　　　符合其他中央法規或地方自治法規規定。
第 6 條　幼兒園及其分班，其為樓層建築者，除第二十條第一項第三款另
　　　　有規定外，應先使用地面層一樓，使用面積不足者，始得使用二
　　　　樓，二樓使用面積不足者，始得使用三樓；四樓以上，不得使
　　　　用。
　　　　建築物地板面在基地地面以下之樓層，其天花板高度有三分之二
　　　　以上在基地地面上，且設有直接開向戶外之窗戶及直接通達戶外
　　　　之出入口，經直轄市、縣（市）主管機關核准者，視為地面層一
　　　　樓。
　　　　幼兒園及其分班有下列情形之一者，一樓至三樓使用順序，不受
　　　　第一項之規定限制：
　　　　一、設置於直轄市高人口密度行政區。
　　　　二、位於山坡地，且該樓層有出入口直接通達道路，並經直轄
　　　　　　市、縣（市）主管機關核准。
第 7 條　幼兒園及其分班，均應分別獨立設置下列必要空間：
　　　　一、室內活動室。
　　　　二、室外活動空間。
　　　　三、盥洗室（包括廁所）。
　　　　四、健康中心。
　　　　五、辦公室或教保準備室。
　　　　六、廚房。
　　　　設置於國民小學校內之幼兒園，其前項第一款至第三款之空間應
　　　　獨立設置，第四款至第六款之空間得與國民小學共用。
　　　　設置於國民中學以上學校內之幼兒園，其第一項必要空間，除第
　　　　六款得與學校共用外，均應獨立設置。
　　　　設置於公寓大廈內之幼兒園及其分班，其第一項必要空間，均不
　　　　得與公寓大廈居民共用。
第 8 條　幼兒園及其分班得增設下列空間：

一、寢室。

二、室內遊戲空間。

三、室內、外儲藏空間。

四、配膳室。

五、觀察室。

六、資源回收區。

七、生態教學園區。

八、其他有利教學活動之空間。

第三章　基本設施

第 9 條　室內活動室之設置，應符合下列規定：

一、為樓層建築者，其室內活動室之設置，應先使用地面層一樓，使用面積不足者，始得使用二樓，二樓使用面積不足者，始得使用三樓，且不得設置於地下層。

二、二歲以上未滿三歲幼兒之室內活動室，應設置於一樓。

三、應設置二處出入口，直接面向避難層或走廊。

建築物地板面在基地地面以下之樓層，其天花板高度有三分之二以上在基地地面上，且設有直接開向戶外之窗戶及直接通達戶外之出入口，經直轄市、縣（市）主管機關核准者，視為地面層一樓。

幼兒園及其分班有下列情形之一者，其室內活動室設置於一樓至三樓，不受第一項第一款使用順序及第二款之規定限制：

一、設置於直轄市高人口密度行政區。

二、位於山坡地，且該樓層有出入口直接通達道路，並經直轄市、縣（市）主管機關核准。

第10條　室內活動室之面積，應符合下列規定：

一、招收幼兒十五人以下之班級，其專用之室內活動室面積不得小於三十平方公尺。

二、招收幼兒十六人以上三十人以下之班級，其專用之室內活動室面積不得小於六十平方公尺。

前項室內活動室面積不包括室內活動室內之牆、柱、出入口淨空區等面積。

第一項室內活動室面積，得採個別幼兒人數計算方式爲之。每人室內活動空間不得小於二點五平方公尺。

第11條　室外活動空間應設置於幼兒園基地之地面層，且集中留設。

前項室外活動空間面積不足，或室外活動空間無法設置於基地之地面層，經直轄市、縣（市）主管機關實地會勘後核准者，得以下列各款方式之一或合併設置，不受前項規定之限制：

一、使用二樓或三樓之露臺（直上方無頂蓋之平臺）作爲室外活動空間，並加強安全措施，所設置之欄杆，其高度不得低於一百十公分，欄杆間距不得超過十公分，且不得設置橫條；其爲裝飾圖案者，圖案開孔直徑不得超過十公分。

二、使用毗鄰街廓之土地作爲室外活動空間，並符合幼兒學習環境及行徑安全，且行進至該土地之路線爲一百公尺以內，路徑中穿越之道路不超過十二公尺。

第12條　幼兒每人室外活動空間面積，不得小於三平方公尺；私立幼兒園及其分班設置於直轄市高人口密度行政區者，不得小於二平方公尺。

室外活動空間依前條規定設置者，其個別面積應符合下列規定：

一、設置於基地地面層、二樓或三樓之露臺：每一面積不得小於二十二平方公尺。

二、設置於毗鄰街廓之土地：面積不得小於四十五平方公尺。

室外活動空間面積之計算，不包括一樓樓地板面積、騎樓面積、法定停車面積、道路退縮地及依法應留設之公共開放空間面積。

室外活動空間總面積未符合第一項規定，而達二十二平方公尺及招收幼兒人數二分之一所應具有之面積者，其室外活動空間面積不足部分，得以室內遊戲空間面積補足。

第13條　盥洗室（包括廁所）應符合下列規定：

一、二歲以上未滿三歲幼兒使用之盥洗室（包括廁所），應設置於室內活動室內，並設置冷、溫水盥洗設備等。

二、三歲以上至入國民小學前幼兒使用之盥洗室（包括廁所）得設置於室內活動室內；其採集中設置者，應避免位置偏僻、動線過長及通路無遮蔽。

三、每層樓至少設置一處教職員工使用之廁所；照顧二歲以上未滿三歲幼兒之教保服務人員，其使用之廁所應併同幼兒盥洗室（包括廁所）設置。

四、設置清潔用具之清洗及儲藏空間。

五、注意通風、採光及防蟲，且地面應使用防滑材質，避免積水或排水不良。

前項第一款至第三款盥洗室（包括廁所）之面積，不得納入室內活動室之面積計算。

第14條　健康中心之設置，應符合下列規定：

一、招收幼兒人數達二百零一人之幼兒園：獨立設置。

二、前款以外之幼兒園或分班：得設置於辦公室內。但應區隔出獨立空間，並注意通風、採光。

第15條　辦公室及教保準備室得合併或分別設置，並應符合下列規定：

一、留設可供教保服務人員與家長或幼兒單獨晤談之空間。

二、空間光線及照度充足、通風良好。

三、滿足教保服務人員準備教學、製作教材教具及交流研討之使用。

第16條　廚房應符合下列規定：

一、維持環境衛生。

二、確保衛生、安全且順暢之配膳路線。

三、避免產生噪音及異味。

第17條　走廊應符合下列規定：

一、連結供幼兒使用空間之走廊，若兩側有活動室或遊戲室者，其寬度不得小於二百四十公分；單側有活動室或遊戲室者，其寬度不得小於一百八十公分。

二、走廊之地板面有高低差時，應設置斜坡道，且不得設置臺階。

三、確保走廊之安全且順暢之動線機能，轉角處應注意照明。

四、使用適當之遮雨設施，避免走廊濕滑。

第18條　樓梯應符合下列規定：

一、幼兒園樓梯之淨寬、梯級尺寸，除於中華民國一百零一年四

月三日前已依建築法取得F3使用類組（托兒所）之建造執
照或使用執照，並於一百零二年十二月三十一日以前申請幼
兒園設立許可者外，應符合下列規定：

類別	樓梯寬度	級高尺寸	級深尺寸
供幼兒使用之主要直通樓梯	一百四十公分以上	十四公分以下	二十六公分以上
設置於室內活動室或室內遊戲空間內部使用之專用樓梯	七十五公分以上		

二、樓梯應裝設雙邊雙層扶手，一般扶手高度應距梯級鼻端
　　七十五公分以上，供幼兒使用之扶手高度，應距梯級鼻端
　　五十二公分至六十八公分範圍內。

三、扶手之欄杆間隙，不得大於十公分，且不得設置橫條，如為
　　裝飾圖案者，其圖案開孔直徑不得超過十公分。扶手直徑應
　　在三公分至四公分範圍內。扶手外側間若有過大之間隙時，
　　應裝設材質堅固之防護措施。

四、樓梯位置之配置，應注意整體動線之暢通、方便使用，並注
　　意照明：其踏面，應使用防滑材料。

第19條　幼兒園及其分班之停車空間，得依建築法及其相關法規規定，以
　　　　繳納代金方式免設置於基地內。

　　　　幼兒園基地內設置之停車空間，應與室外活動空間作適當之安全
　　　　區隔，並應減少進出噪音及排放廢氣。

第20條　室內遊戲空間之設施，應符合下列規定：

一、獨立設置，面積不得小於三十平方公尺。

二、設有固定大型遊戲器材者，其天花板淨高度，不得小於三公
　　尺。

三、位於山坡地或因基地整地形成地面高低不一，且非作為防空
　　避難設備使用之地下一層，得作為室內遊戲空間使用。

　　　　前項第三款設置於地下一層之室內遊戲空間，應符合下列規定：

一、其週邊應留設有兩側以上，寬度至少四公尺及長度至少二公

尺之空間，兼顧逃生避難及通風採光。

二、設置二處進出口，其中一處，應通達可逃生避難之戶外。

第四章　基本設備

第21條　室內活動室之設備，應符合下列規定：

一、符合幼兒身高尺寸，並採用適合幼兒人因工程，且可彈性提
　　供幼兒集中或分區活動之傢俱。

二、設置可布置活動情境之設備器材、教具、活動牆面、公布
　　欄、各種面板等。

三、平均照度至少五百勒克斯（lux），並避免太陽與燈具之眩
　　光，及桌面、黑（白）板面之反光。

四、均能音量（leq）大於六十分貝（dB）之室外噪音嚴重地
　　區，應設置隔音設施。樓板振動噪音、電扇、冷氣機、麥克
　　風等擴音設備及其他機械之噪音，應予有效控制。

五、配置學習區及幼兒作品展示空間。學習區內擺設之玩具、
　　教具及教材，應滿足適齡、學習及幼兒身體動作、語言、認
　　知、社會、情緒及美感等發展之需求。

六、提供足夠幼兒使用之個人物品置物櫃，及收納玩具、教具、
　　書籍等儲存設備。

七、考量教學器材及各學習區單獨使用之需要，適當配置開關及
　　安全插座。

八、使用耐燃三級以上之內部裝修材料及附有防焰標示之窗簾、
　　地毯及布幕。

九、幼兒每人應有獨立區隔及通風透氣之棉被收納空間。

十、供教保服務人員使用之物品或其他相關物品，應放置於
　　一百二十公分高度以上之空間或教保準備室內。

十一、設置簡易衣物更換區，並兼顧幼兒之隱私。

招收二歲以上未滿三歲幼兒之室內活動室，應設置符合教保服務
人員使用高度之食物準備區，並得設置尿片更換區；其尿片更換
區，應設置簡易更換尿片之設備、尿片收納櫃及可存放髒汙物之
有蓋容器。

第22條　室內遊戲空間，應規劃玩具、器材、桌椅等收納及儲存空間；並

得設置大型固定或小型移動型遊戲器材。前項室內遊戲空間之設備，自地面以上至一百二十公分以下之牆面，應採防撞材質。

第23條　室外活動空間地面，應避免有障礙物，除得設置下列空間外，並應有空間供幼兒活動：

一、非遊戲空間：包括種植區、飼養區及庭園等。

二、遊戲空間：包括遊戲空地、遊戲設備區、沙坑或沙桌及戲水池等。

前項第二款遊戲空間之遊戲設備應適合各年齡層幼兒之需求，其安全及衛生應符合中華民國國家標準及相關法規之規定。

第24條　每層樓至少應設一盥洗室；盥洗室（包括廁所）之衛生設備，應符合下列規定：

一、設置符合幼兒使用之下列設備：

(一)大便器：以坐式為原則，其高度（包括座墊）為二十五公分（得正負加減四公分）；採蹲式者，應在其前方或側邊設置扶手。但二歲以上未滿三歲幼兒應使用坐式大便器。大便器旁應設置衛生紙架。

(二)小便器：高度不得逾三十公分，且不得採用無封水、無防臭之溝槽式小便設施。

(三)水龍頭：間距至少四十公分，水龍頭得採分散設置。但至少有三分之二以上設置於盥洗室（包括廁所）內。水龍頭出水深度，供二歲以上未滿三歲幼兒使用者，不得逾二十四公分；供三歲以上至入國民小學前幼兒使用者，不得逾二十七公分。

(四)洗手臺：供二歲以上未滿三歲幼兒使用者，高度不得逾五十公分；供三歲以上至入國民小學前幼兒使用者，高度不得逾六十公分。洗手臺前應設置鏡子。

(五)淋浴設備：

1.每樓層至少一處盥洗室設置冷、溫水淋浴設備。

2.二歲以上未滿三歲幼兒班級，每班均設盥洗室；盥洗室均設置冷、溫水淋浴設備。

3.二歲以上未滿三歲班級內盥洗室之淋浴設備，得計入

每樓層盥洗室設置淋浴設備之數量。

(六)隔間設計：在兼顧幼兒隱私及安全之原則下，依下列規定辦理：

1.第一目、第二目及前目衛生設備，其雙側應以軟簾或小隔板，及前側應以門扇或門簾隔間，且不得裝鎖。但供二歲以上未滿三歲幼兒使用者，其前側得不隔間。

2.隔間高度，不得逾一百二十公分。但淋浴設備設置於專供教職員工使用之廁所內者，不在此限。

二、前款第一目至第三目衛生設備之數量，不得少於下列規定：

(一)大便器：男生每十五人一個；女生每十人一個。

(二)男生小便器：男生每十五人一個。

(三)水龍頭：每十人一個。

前項第二款衛生設備數量，依下列規定計算之：

一、按同時收托男女幼兒數各占一半計算。

二、大便器、小便器及水龍頭之數量計算，未達整數時，其零數應設置一個。

三、男生大便器及小便器數量，得在其總數量不變下，調整個別便器之數量。但大便器數量不得少於前項第二款所定個數二分之一。

本標準中華民國一百零八年七月十日修正施行前已設置之盥洗室（包括廁所），其隔間高度不受第一項第一款第六目之二規定之限制。但不得高於教保服務人員之視線。

第25條 健康中心之設備，應符合下列規定：

一、幼兒園招收人數在一百人以下者，至少設置一張床位，一百零一人以上者，至少設置二張獨立床位。

二、設置清洗設備，方便處理幼兒嘔吐及清潔之用。

三、存放醫療設施設備、用品及藥品之櫥櫃，其高度或開啓方式應避免幼兒拿取。

368

第26條 辦公室或教保準備室，應依需要設置教材教具製作器材、辦公桌椅、電腦及事務機器、業務資料櫃、行事曆板、會議桌及教保服

務人員個別桌椅或置物櫃等設備，並視個別條件及需求，增加其
他必要設備。

第27條　廚房之設備，應符合下列規定：

一、出入口設置紗門、自動門、空氣簾、塑膠簾或其他設備。

二、設置食物存放架或棧板，作為臨時擺放進貨食物用。

三、設置足夠容量之冷凍、冷藏設備，並在該設備明顯處置溫度
　　顯示器或指示器，且區隔熟食用、生鮮原料用，並分別清楚
　　標明。

四、設置數量足夠之食物處理檯，並以不銹鋼材質製成。

五、爐灶上裝設排除油煙設備。

六、設置具洗滌、沖洗、殺菌功能之餐具清洗設施。

七、設置足夠容納所有餐具之餐具存放櫃。

八、製備之餐飲，應有防塵、防蟲等貯放食品之衛生設備。

九、餐具洗滌及殘餘物回收作業，應採用有蓋分類垃圾桶及廚餘
　　桶。

十、設置完善之給水、淨水系統，依飲用水管理條例等相關規定
　　辦理。

十一、注意排水、通風及地板防滑。

第28條　幼兒園提供過夜服務時，應提供專用寢室，並符合下列規定：

一、設置於一樓，幼兒每人之寢室面積不得小於二點二五平方公
　　尺，教保服務人員或護理人員每人不得小於三平方公尺。

二、幼兒及教保服務人員或護理人員均應有專用床具。幼兒專用
　　床具應符合人因工程，床面距離地面三十公分以上，排列以
　　每行列不超過二床為原則，並有足夠通道空間供幼兒夜間行
　　動，及教保服務人員巡視照顧及管理。

三、幼兒寢具應一人一套不得共用，且定期清潔及消毒，注意衛
　　生。

四、應安裝紗窗紗門，及配置兼顧安全與睡眠舒適之照明設備。

五、應提供毗鄰且具隱私之盥洗室，供幼兒清洗、更衣及沐浴。

第29條　幼兒園有下列情形之一者，設施設備得依其許可設立、核准立案
　　之設施設備規定辦理：

一、中華民國一百年十二月三十一日以前設立之公立托兒所、幼稚園或經政府許可設立、核准立案之私立托兒所、幼稚園，已依本法改制為幼兒園者。

二、一百年十二月三十一日以前已依建築法取得F3使用類組（托兒所或幼稚園）之建造執照、使用執照，或已依私立兒童及少年福利機構設立許可及管理辦法規定取得籌設許可之托兒所，或依幼稚教育法規定取得籌設許可之幼稚園，於中華民國一百零二年十二月三十一日前，依取得或籌設時之設施設備規定申請幼兒園設立許可者。

前項幼兒園或其分班於改制或設立後，有新建、增建、改建、修建或遷移者，應依本標準之規定辦理。前項新建、增建、改建、修建，指建築法第九條各款所定之建築行為；擴充，指園舍增加使用毗鄰空間或相鄰樓層；遷移，指搬遷至同一直轄市、縣（市）內其他地址。

第一項幼兒園或其分班有增加招收幼兒人數者，其增加招收部分，應依第十條至第十四條、第二十四條及第二十五條規定辦理。

第30條　第三十條本標準自中華民國一百零一年一月一日施行。

本標準修正條文，除中華民國一百零一年八月十五日修正發布之條文，自一百零一年一月一日施行外，自發布日施行。

附錄四　幼兒園園長專業訓練辦法

101年1月1日施行
108年3月27日修正

第 1 條　本辦法依教保服務人員條例（以下簡稱本條例）第六條第五項規定訂定之。

第 2 條　符合下列規定資格者，得參加幼兒園園長專業訓練（以下簡稱本訓練）：

一、具幼兒園教師或教保員資格。

二、具下列各目之一之實際服務年資滿三年以上：

(一)幼兒園教師或教保員。

(二)幼稚園教師。

(三)托兒所教保人員。

(四)幼兒教育、幼兒保育相關科、系、所畢業之幼兒園（包括托兒所及幼稚園）負責人。

(五)中華民國一百年十二月三十一日以前，服務於幼稚園，同時符合下列規定之代理教師：

1.大學以上學歷。

2.代理期間具專科以上學校幼兒教育、幼兒保育相關學院、系、所、學位學程、科畢業或取得其輔系證書。

3.其代理報經直轄市、縣（市）主管機關備查，且代理期間連續達三個月以上。

(六)一百年十二月三十一日以前，服務於依兒童及少年福利法設立之托嬰中心，同時符合下列規定之教保人員：

1.任職期間具專科以上學校幼兒教育、幼兒保育相關學院、系、所、學位學程、科畢業或取得其輔系證書。

2.其任職報經直轄市、縣（市）主管機關備查。前項第二款服務年資之證明，依本條例第六條第四項規定辦理。

第 3 條　本訓練由各直轄市、縣（市）主管機關自行辦理或委託設有幼兒

教育、幼兒保育相關科系、所、學位學程之專科以上學校（以下簡稱受託學校）辦理。

第 4 條　直轄市、縣（市）主管機關或受託學校應訂定本訓練實施計畫，並於開始辦理訓練二個月前公告。

前項實施計畫內容，應包括受訓總人數、訓練班級數與每班人數、訓期、報名程序與期限、應檢附之文件、報名人數超過受訓總名額之比序、課程內容、授課講師及學經歷、允許請假之假別與時數、成績考核、收退費額度與方式、證書發給方式、保留受訓資格、補訓或重新訓練、停止訓練、廢止受訓資格及其他有關本訓練應注意事項。

受託學校擬具之實施計畫，應報委託之直轄市、縣（市）主管機關核定後，始得辦理。

學校未經直轄市、縣（市）主管機關委託，不得以幼兒園園長專業訓練相關課程對外辦理訓練。

第 5 條　本訓練課程之授課時數至少一百八十小時，每班之受訓人員（以下簡稱受訓人）以不超過五十人為限；其課程如附表。

前項課程之授課，以案例討論、問題解決導向方式為主，並得輔以課堂講述、實作練習、專題報告、成果分享等方式為之。

第 6 條　本訓練採分散式授課，並以於夜間及假日開課為原則；其有於平日上班時段上課之必要者，直轄市、縣（市）主管機關得核予參訓之公立幼兒園教師與教保員公假。

第 7 條　本訓練課程之師資，應具下列資格之一：

一、專科以上學校教師，並具與授課內容有關之專業者。

二、國內外大學以上畢業，並與授課內容有關之實務經驗四年以上者。

前項第二款之實務經驗年資證明，應由服務單位開立。

第 8 條　本訓練向受訓人收取之總費用，不得超過新臺幣一萬五千元。受訓人因故無法繼續參與訓練，直轄市、縣（市）主管機關或受託學校應依其參與訓練總時數，按下列原則退費：

一、開訓日前即提出無法參與訓練者，全數退費。

二、開訓日後未逾受訓總時數三分之一者，退還三分之二之費

用。

三、開訓日後逾受訓總時數三分之一未逾三分之二者，退還三分之一之費用。

四、開訓日後逾受訓總時數三分之二者，不予退費。

第 9 條　受訓人符合下列各款規定者，為成績及格：

一、扣除第四條實施計畫所定允許請假之假別與時數後，出席率達授課總時數百分之九十以上。

二、每一科目之學習成績達七十分以上。

訓練期滿後，直轄市、縣（市）主管機關或受託學校應依前項規定考評，成績及格者，由直轄市、縣（市）主管機關發給幼兒園園長專業訓練及格證書。

第10條　中華民國一百年十二月三十一日以前，已修畢兒童福利專業人員訓練實施方案戊類訓練課程，或已依兒童及少年福利機構專業人員資格及訓練辦法規定修畢托育機構主管核心課程並領有結業證書者，視同本條例第六條第一項第三款之幼兒園園長專業訓練及格。

第11條　教育部為了解直轄市、縣（市）主管機關或受託學校辦理本訓練之成效，必要時，得對直轄市、縣（市）主管機關或受託學校進行訪視；經訪視結果成效不佳者，應令其改善。

第12條　本辦法自中華民國一百零一年一月一日施行。本辦法修正條文，自發布日施行。

附錄五　幼兒教保及照顧服務實施準則

101年1月1日施行
108年6月14日修正

第 1 條　本準則依幼兒教育及照顧法（以下簡稱本法）第十二條第四項規定訂定之。

第 2 條　幼兒園教保及照顧服務，應以幼兒為主體，遵行幼兒本位精神，秉持性別、族群、文化平等、教保並重、尊重家長之原則辦理，並遵守下列原則：

一、營造關愛、健康及安全之學習環境。

二、支持幼兒適齡適性及均衡發展。

三、支持家庭育兒之需求。

第 3 條　教保服務人員實施教保及照顧服務，應遵守下列規定：

一、尊重、接納及公平對待所有幼兒，不得為差別待遇。

二、以溫暖、正向之態度，與幼兒建立信賴之關係。

三、以符合幼兒理解能力之方式，與幼兒溝通。

四、確保幼兒安全，不受任何霸凌行為，關注幼兒個別生理及心理需求，適時提供協助。

五、不得基於處罰之目的，親自、命令幼兒自己或第三者對幼兒身體施加強制力，或命令幼兒採取特定身體動作，致幼兒身心受到痛苦或侵害。

第 4 條　幼兒園教保活動課程之起訖日期，第一學期為八月三十日至翌年一月二十日，第二學期為二月十一日至六月三十日。但依學校型態實驗教育實施條例及公立高級中學以下學校委託私人辦理實驗教育之學校經主管教育行政機關核准調整學年學期假期起訖日期者，其附設或附屬幼兒園教保活動課程之起訖日期，從學校所定日期辦理。

幼兒園教保活動課程之實施時間為上午八時至下午四時；偏鄉地區有另為規定之必要者，應報直轄市、縣（市）主管機關核准後為之。

幼兒園依本法第十二條第二項規定提供延長照顧服務，班級人數及照顧服務人員之配置，應符合本法第十六條第一項及第四項規定。但二歲以上未滿三歲幼兒班級因人數稀少，致其無法單獨成班者，得進行混齡編班，每班以十五人為限。

第 5 條　幼兒園得視園內設施設備與人力資源及幼兒法定代理人之需求，經各直轄市、縣（市）主管機關核准後，提供幼兒過夜服務；其過夜服務之相關資料應予留存，以供查考。

幼兒園提供前項過夜服務者，所照顧幼兒之總人數不得超過六人。幼兒三人以下者，至少應置教保服務人員一人；幼兒四人至六人者，至少應置教保服務人員二人。

提供過夜服務之人員應保持警醒，並定時確認幼兒狀況。

第 6 條　幼兒園依本法第十二條第三項規定提供臨時照顧服務者，其全園幼兒人數，不得超過設立許可證書所載之核定招收總人數。

前項服務於教保服務時間提供者，班級人數及教保服務人員之配置，應符合本法第十六條第一項及第四項規定；於延長照顧服務時間提供者，班級人數及照顧服務人員之配置，依第四條第三項規定辦理。

第一項臨時照顧服務之相關資料，應予留存，以供查考。

第 7 條　幼兒園應依據各年齡層幼兒之需求，安排規律之作息。

幼兒園應視幼兒身體發展需求提供其點心，對於上、下午均參與教保活動課程之幼兒，應提供其午餐，並安排午睡時間。

幼兒園點心與正餐時間，至少間隔二小時；午睡與餐點時間，至少間隔半小時。

第二項所定午睡時間，二歲以上未滿三歲幼兒，以不超過二小時為原則，三歲以上至入國民小學前幼兒，以不超過一小時三十分鐘為原則；並應安排教保服務人員在場照護。

第 8 條　幼兒園每日應提供幼兒三十分鐘以上之出汗性大肌肉活動時間，活動前、後應安排暖身及緩和活動。

第 9 條　幼兒園每學期應至少為每位幼兒測量一次身高及體重，並依本法第二十七條第二項規定，載入幼兒健康資料檔案，妥善管理及保存。幼兒園應定期對全園幼兒實施發展篩檢，對於未達發展目

標、疑似身心障礙或發展遲緩之幼兒，應依特殊教育法及兒童及少年福利與權益保障法之相關規定辦理。

第10條　幼兒園應保持全園之整潔及衛生。幼兒個人用品及寢具應區隔放置，並定期清潔及消毒。

第11條　幼兒園應準備充足且具安全效期之醫療急救用品。

幼兒園應訂立託藥措施，並告知幼兒之法定代理人。

教保服務人員受幼兒之法定代理人委託協助幼兒用藥，應以醫療機構所開立之藥品為限，其用藥途徑不得以侵入方式為之。

教保服務人員協助幼兒用藥時，應確實核對藥品、藥袋之記載，並依所載方式用藥。

第12條　幼兒園應提供符合幼兒年齡及發展需求之餐點，以自行烹煮方式為原則，其供應原則如下：

一、營養均衡、衛生安全及易於消化。

二、少鹽、少油、少糖。

三、避免供應刺激性及油炸類食物。

四、每日均衡提供六大類食物。

第13條　幼兒園實施教保活動課程，應依下列規定為之：

一、每學期應至少召開一次全園性教保活動課程發展會議。

二、訂定行事曆、作息計畫及課程計畫。

三、落實健康教育、生命教育、安全教育、品德教育及性別平等教育。

四、以統整方式實施，不得採分科方式進行。

五、以自行發展為原則，並應自幼兒生活經驗及在地生活環境中選材。

六、有選用輔助教材之必要時，其內容應符合幼兒園教保活動課程大綱之精神。

七、不得採全日、半日或分科之外語教學。

八、不得進行以精熟為目的之讀、寫、算教學。

第14條　幼兒園教保活動課程設計，應考量下列原則：

一、符合幼兒發展需求，並重視個別差異。

二、兼顧領域之均衡性。

三、提供幼兒透過遊戲主動探索、操作及學習之機會。

四、活動安排及教材、教具選用應具安全性。

五、涵蓋動態、靜態、室內、室外之多元活動。

六、涵蓋團體、小組及個別等教學型態。

第15條　幼兒園為配合教保活動課程需要，得安排校外教學。

幼兒園規劃校外教學，應考量幼兒體能、氣候、交通狀況、環境衛生、安全及教學資源等，並應依下列規定為之：

一、訂定實施計畫。

二、事前勘察地點，規劃休憩場所及參觀路線。

三、出發前及每次集合時應清點人數，並隨時留意幼兒健康及安全狀況。

四、照顧者與三歲以上至入國民小學前之幼兒人數比例不得逾一比八；與二歲以上未滿三歲之幼兒人數比例不得逾一比三；對有特殊需求之幼兒，得安排幼兒之法定代理人或志工一對一隨行照顧。

五、需乘車者，應備有幼兒之法定代理人同意書；有租用車輛之必要時，應依相關規定辦理。

第16條　幼兒園活動室應設置多元學習區域，供幼兒自由探索。

前項學習區域，應提供充足並適合各年齡層幼兒需求之材料、教具、玩具及圖書；其安全、衛生及品質應符合相關法規及中華民國國家標準規定。

第17條　幼兒園二歲以上未滿三歲幼兒之室外活動，其空間或時間應與三歲以上幼兒區隔。

第18條　幼兒園應提供幼兒之法定代理人教保活動課程及幼兒學習狀況之相關訊息。幼兒園應舉辦親職活動，並提供幼兒之法定代理人教養相關資訊。

第18-1條

社區互助教保服務中心或部落互助教保服務中心之教保及照顧服務實施，準用第二條、第三條、第五條、第六條第一項及第三項、第七條至第十五條規定。

職場互助教保服務中心之教保及照顧服務實施，準用第二條、第

三條、第七條至第十一條、第十三條至第十五條及第十八條規
定。

第19條　本準則自中華民國一百零一年一月一日施行。本準則修正條文，
　　　　自發布日施行。

附錄六　幼兒園評鑑辦法

101年1月1日施行
108年5月10日修正

第 1 條　本辦法依幼兒教育及照顧法（以下簡稱本法）第四十一條第四項
　　　　規定訂定之。

第 2 條　幼兒園應依本辦法規定接受評鑑。幼兒園設有分班者，應與其本
　　　　園於同學年度分別接受評鑑。

第 3 條　為建立完善幼兒園評鑑制度，中央主管機關應規劃下列幼兒園評
　　　　鑑事項：
　　　　一、研究及規劃幼兒園評鑑制度。
　　　　二、建立幼兒園評鑑指標。
　　　　三、蒐集分析國內外幼兒園評鑑相關資訊。
　　　　四、其他與評鑑制度相關之事項。

第 4 條　幼兒園評鑑之類別如下：
　　　　一、基礎評鑑：針對設立與營運、總務與財務管理、教保活動
　　　　　　課程、人事管理、餐飲與衛生管理、安全管理等類別進行評
　　　　　　鑑。
　　　　二、追蹤評鑑：針對基礎評鑑未通過之項目，依原評鑑指標辦理
　　　　　　追蹤評鑑。
　　　　前項評鑑，應以實地訪視為之；第一款評鑑指標，由中央主管機
　　　　關公告之。

第 5 條　基礎評鑑，由直轄市、縣（市）主管機關自行規劃辦理，自中華
　　　　民國一百零二年八月起，至多以每五學年為一週期，進行轄區內
　　　　所有幼兒園之評鑑；幼兒園均應接受該評鑑。
　　　　幼兒園於接受前項評鑑前，應依中央主管機關公告之基礎評鑑指
　　　　標完成自我評鑑，並將自我評鑑結果報直轄市、縣（市）主管機
　　　　關，作為實施各該評鑑之參考。

第 6 條　直轄市、縣（市）主管機關應依下列規定辦理基礎評鑑：
　　　　一、組成評鑑小組，統籌整體評鑑事項，並得下設分組。

二、遴聘符合下列各款資格之一者，擔任評鑑委員：
(一)各直轄市、縣（市）主管機關相關業務人員。
(二)具五年以上幼兒園（包括本法施行前之幼稚園及托兒所）園（所）長、教師或教保員經驗。
(三)具三年以上大專校院幼兒教育、幼兒保育相關領域課程教學經驗之教師。
(四)具四年以上學校附設幼兒園（包括本法施行前之幼稚園及托兒所）之學校校長經驗。
三、編訂評鑑實施計畫，並於辦理評鑑之學年度開始六個月前公告及通知受評鑑幼兒園；計畫內容應包括評鑑對象、程序、期程、評鑑結果處理、申復、申訴、追蹤評鑑及其他相關事項。
四、辦理評鑑說明會，向受評鑑幼兒園詳細說明評鑑實施計畫、評鑑指標及判定基準。
五、辦理評鑑講習會，向評鑑委員說明評鑑實施計畫、評鑑指標及判定基準、評鑑委員之任務與角色。
六、公告評鑑結果，並將評鑑報告函送受評鑑幼兒園。
七、辦理評鑑檢討會，邀集評鑑小組及評鑑委員針對評鑑實施計畫、評鑑指標與判定基準、評鑑委員之任務與角色及其他相關執行情形，予以檢討。

第 7 條 直轄市、縣（市）主管機關辦理基礎評鑑及追蹤評鑑，應於該學年度所有幼兒園評鑑結束後一個月內，完成評鑑報告初稿。
前項評鑑報告初稿完成後，應函送各受評鑑幼兒園。

第 8 條 受評鑑幼兒園對前條評鑑報告初稿，認有下列情形之一者，得於收到報告初稿二星期內，載明具體理由，並檢附相關證明文件，向直轄市、縣（市）主管機關申復：
一、評鑑程序有重大違反相關評鑑實施計畫規定之情事，致生不利於受評鑑幼兒園之情形。
二、報告初稿所依據之數據、資料或其他內容，與受評鑑幼兒園接受評鑑當時之實際狀況有重大不符，致生不利於該幼兒園之情形。但不包括因評鑑當時該幼兒園所提供之資料欠缺或

　　　錯誤致其不符。

　　三、幼兒園對報告初稿所載內容有要求修正事項。

　　直轄市、縣（市）主管機關認申復有理由者，應修正評鑑報告初稿；申復無理由者，維持評鑑報告初稿，並完成評鑑報告及函送受評鑑幼兒園。

第9條　受評鑑幼兒園對前條評鑑報告不服者，應於收到評鑑報告後一個月內，載明具體理由，並檢附相關證明文件，向直轄市、縣（市）主管機關申訴。

　　直轄市、縣（市）主管機關認申訴有理由者，應修正評鑑結果或重新辦理評鑑，其最終之評鑑報告應函送受評鑑幼兒園。

　　直轄市、縣（市）主管機關對受評鑑幼兒園之前條申復意見及第一項申訴意見，應制定處理機制。

第10條　基礎評鑑結果及追蹤評鑑結果公布，應包括該學年度全部接受評鑑之幼兒園園名、接受評鑑之時間，及各園評鑑報告。

　　直轄市、縣（市）主管機關應將前項評鑑報告登錄於中央主管機關指定之網站，並報中央主管機關備查。

第11條　幼兒園未通過基礎評鑑者，直轄市、縣（市）主管機關應令其至遲於評鑑結果公布後六個月內完成改善；期限屆滿後，應就未通過之項目，依原評鑑指標辦理追蹤評鑑，經追蹤評鑑仍未通過者，依本法第四十九條規定辦理。

第12條　通過評鑑之幼兒園，於評鑑過程有虛偽不實情事，足以影響結果認定者，直轄市、縣（市）主管機關應即重新評鑑，並依評鑑結果辦理；其涉及刑事責任者，移送司法機關辦理。

第13條　評鑑委員及其他參與評鑑相關人員應依行政程序法相關迴避規定辦理，並對評鑑過程所獲取之各項資訊，應負保密義務，不得公開。

第14條　中央主管機關得成立訪視小組，對直轄市、縣（市）主管機關辦理之幼兒園評鑑進行實地訪查；必要時，得就評鑑規劃、設計、實施、結果報告及檢討會相關資料等進行後設評鑑。

第15條　本辦法自發布日施行。

附錄七　國內專科以上學校教保相關系科認可辦法

修正日期：民國107年10月12日

第 1 條　本辦法依教保服務人員條例第十條第三項及幼兒教育及照顧法第二十一條第二項規定訂定之。

第 2 條　本辦法所稱教保相關系科，指幼兒教育、幼兒保育相關系、所、學位學程、科、輔系、學分學程。

第 3 條　專科以上學校（以下簡稱學校）設有教保相關系科者應於每年四月三十日以前，向中央主管機關申請認可，逾期不予受理。但學校因學年度中師資異動申請重新認可者，不在此限。

前項申請，經中央主管機關認可後，始得招收學生，培育其為教保員。

第一項教保相關系科學生，依規定修畢教保專業課程至少三十二學分，且成績及格，經學校發給學分證明，並取得專科以上學校畢業證書者，認定其具教保員資格。

前項學分證明，應註記已修畢之教保專業課程科目。

第三項教保專業課程，其科目及學分數之對照如附表一。

第 4 條　學校依前條第一項規定提出申請，應填具申請書，並檢附下列資料：

一、學制班別及培育人數。

二、教保專業課程規劃，包括課程架構、科目名稱、學分數及教學計畫。

三、師資：包括教授教保專業課程之專（兼）任教師名單、各科目之任教師資、學經歷及師資員額。

四、已具教保員資格或專科以上學校畢業且曾修習部分教保專業課程之學生，其抵免教保專業課程科目及學分數之相關規定或提供其修習之課程內容。

五、學校無法開設完整教保專業課程者，並應檢具協助學生至他校教保相關系科修習教保專業課程之配套方案及合作契約。但學生於本校修習之學分數，至少應達三分之二以上。

六、幼兒教育及照顧相關圖書、專業期刊、教學設備及器材之清冊。

七、相關專業教室與其設施、設備及儀器清冊。

前項第一款學制班別應符合專科以上學校總量發展規模與資源條件標準之規定，其實際招生人數應依當學年度教育部核定各校各系科之招生名額辦理，並進行培育。

第 5 條　前條第一項第二款課程應符合下列規定之一：

一、科目名稱及學分數符合附表一規定者，經審查其課程目標及各週教學計畫，符合審查重點。

二、科目名稱符合附表一所定科目名稱，其學分數少於附表一規定者，得以二科目以上併列，經審查其課程目標及各週教學計畫，符合審查重點。

三、科目名稱符合附表一所定相似科目名稱，其學分數不少於附表一規定者，經審查其課程目標及各週教學計畫，符合審查重點。

四、科目名稱符合附表一所定相似科目名稱，其學分數少於附表一規定者，得以二科目以上併列，經審查其課程目標及各週教學計畫，符合審查重點。

前項課程目標及各週教學計畫之審查重點如附表二.

第 6 條　第四條第一項第三款教保專業課程授課師資應符合下列規定之一：

一、專任：

(一)具二歲至六歲幼兒教育、保育或發展相關之碩士或博士學位。

(二)最近七年內具二歲至六歲幼兒教育、保育或發展相關之研究成果，並具碩士以上學位。

(三)具教保專業課程科目五學期以上授課經驗，且具碩士以上學位。

二、兼任：兼任教師符合前款專任教師之規定，或最近十年內具二歲至六歲幼兒園（包括幼稚園及托兒所）現場五年以上園長、教師或教保員實務經驗，且具碩士以上學位。

第 7 條　第四條第一項第四款教保專業課程科目及學分數之抵免，應依學校學則規定辦理。但下列課程不得抵免：

一、依中華民國一百零一年五月三十日修正施行前之兒童及少年福利機構專業人員資格及訓練辦法第三條第三款取得教保人員資格者，其所修習之兒童福利專業人員訓練方案乙類、丙類訓練課程。

二、專科以上學校推廣教育實施辦法所開設之推廣教育學分班，修習之教保專業課程。

第 8 條　第四條第一項第六款幼兒教育及照顧相關圖書、專業期刊、教學設備及器材，應符合下列規定：

一、具幼兒教育及照顧相關之圖書、視聽資料及電子資源等出版品一千冊以上。

二、具幼兒教育及照顧相關之專業期刊或報紙十五種以上。

三、具配合教學或研究用之教學設備及器材。

第 9 條　中央主管機關受理第四條申請後，應於二個月內完成審議。但情形特殊者，不在此限。

前項申請經審議未通過者，中央主管機關應將結果連同其理由通知申請學校；通過者，發給認可證明文件。

第10條　學校經認可之教保相關系科，有違反第三條至第八條規定之情事者，中央主管機關得撤銷或廢止其認可。

第11條　本辦法適用於中華民國一百零七年八月一日起入學之教保相關系科學生；一百零二年八月一日起至一百零七年七月三十一日間入學之教保相關系科學生，依本辦法一百零七年三月三十一日修正施行前之幼兒教育幼兒保育相關系所科與輔系及學位學程學分學程認定標準辦理。

中華民國一百零二年七月三十一日以前培育教保員之幼兒教育、幼兒保育相關學院、系、所、學位學程、科，其認定，依一百零一年五月三十日修正施行前之兒童及少年福利機構專業人員資格及訓練辦法第三條第一款及第十七條之一第二項規定辦理。

第12條　本辦法自發布日施行。

附錄八　幼兒園兼辦國民小學兒童課後照顧服務辦法

101年1月1日施行
108年5月7日修正

第 1 條　本辦法依幼兒教育及照顧法（以下簡稱本法）第四十三條第四項
　　　　規定訂定之。

第 2 條　幼兒園具下列各款條件者，得依本法第四十三條第二項規定，將
　　　　原設立許可幼兒總招收人數二分之一以下之名額，申請轉為兼辦
　　　　國民小學階段兒童課後照顧服務之人數：
　　　　一、原設立許可空間有空餘。
　　　　二、有國民小學階段兒童課後照顧服務專用之室內活動室。
　　　　三、幼兒專用室內活動室與國民小學階段兒童課後照顧服務專用
　　　　　　室內活動室可明確區隔。
　　　　前項兼辦國民小學階段兒童課後照顧服務之人數，每班以三十人
　　　　為限。幼兒園分班，不得兼辦國民小學階段兒童課後照顧服務。

第 3 條　前條申請，應填具申請書，並檢具下列文件，向直轄市、縣
　　　　（市）主管機關為之，經核准後始得辦理：
　　　　一、負責人國民身分證影本。
　　　　二、兒童課後照顧服務計畫書。
　　　　三、幼兒園與兒童課後照顧服務人員編制及人力運用計畫。
　　　　四、建築物位置圖、平面圖、使用圖說及其概況，並以平方公尺
　　　　　　註明樓層、各隔間面積、用途說明及室內外總面積。
　　　　五、兒童課後照顧服務專用之設施及設備檢核表。

第 4 條　前條第五款之設施及設備，應符合下列規定：
　　　　一、招收兒童十五人以下之班級，其專用之室內活動室面積不得
　　　　　　小於三十平方公尺；十六人以上之班級，每室不得小於六十
　　　　　　平方公尺。但室內活動室面積得採個別兒童人數計算方式為
　　　　　　之，每人室內活動空間不得小於二點五平方公尺。
　　　　二、提供符合國民小學階段兒童需求之桌椅、用品及教具等設

　　　　　備。

三、提供符合國民小學階段兒童尺寸之衛生設備。

　　　　前項第一款之面積，不包括陽臺、牆、柱、出入口淨空區及
　　　　盥洗室（含廁所）等非供兒童活動之空間。

　　第一項第三款之衛生設備，應與二歲以上至入國民小學前幼兒明
　　確區隔，且不得共用；其數量應依建築法及其相關法規有關小學
　　建築物之規定辦理。

　　國民小學階段兒童與二歲以上至入國民小學前幼兒使用室外活動
　　空間之時間，應有區隔。

第 5 條　幼兒園兼辦國民小學階段兒童課後照顧服務，每招收兒童二十
　　　　人，至少置課後照顧服務人員一人；未滿二十人以二十人計。

　　前項國民小學階段兒童不得與幼兒園幼兒混合編班。

第 6 條　直轄市、縣（市）主管機關受理幼兒園申請兼辦國民小學階段兒
　　　　童課後照顧服務後，應於二個月內完成審查。但情形特殊者，不
　　　　在此限。

　　經直轄市、縣（市）主管機關審查未通過者，直轄市、縣（市）
　　主管機關應連同理由通知申請人。

第 7 條　幼兒園經直轄市、縣（市）主管機關核准兼辦國民小學階段兒童
　　　　課後照顧服務者，直轄市、縣（市）主管機關應換發設立許可證
　　　　書。前項換發之設立許可證書，應載明兼辦國民小學階段兒童課
　　　　後照顧服務之業務。

第 8 條　幼兒園有停止兼辦國民小學階段兒童課後照顧服務之必要，應填
　　　　具申請書，敘明理由及在園兒童之安置方式，並檢具相關文件，
　　　　向直轄市、縣（市）主管機關申請，經核准後始得辦理，並應對
　　　　外公告。

　　前項停止兼辦國民小學階段兒童課後照顧服務之人數，有再轉為
　　原招收幼兒人數之必要時，應重新申請或併前項申請為之，經直
　　轄市、縣（市）主管機關核准後，始得辦理。

第 9 條　（刪除）

第 10 條　幼兒園兼辦國民小學階段兒童課後照顧服務及其他相關管理事
　　　　項，依本辦法、本法與其相關法規及建築法與其相關法規規定辦

理。

幼兒園除依本法第四十三條第一項規定或依本辦法申請經核准兼辦國民小學階段兒童課後照顧服務者外,不得辦理國民小學階段兒童課後照顧服務。

第11條　（刪除）

第12條　本辦法自發布日施行。

附錄九　國內外幼兒教保重要資源網站

網站	網址
全國教保資訊網	https://www.ece.moe.edu.tw/
中華民國幼兒教育改革研究會	https://www.facebook.com/aecer.org/
財團法人中華民國兒童福利聯盟文教基金會	https://www.children.org.tw/
臺灣嬰幼兒教保學會	https://www.facebook.com/atecce.org/
臺北市學前教育資訊網	http://www.kids.tp.edu.tw/
臺南市幼兒教育發展協會	http://cdit.topschool.com.tw/
新北市幼兒教育資訊網	https://kidedu.ntpc.edu.tw/bin/home.php
靖娟兒童安全文教基金會	https://www.safe.org.tw/
新北育兒資訊網	https://lovebaby.sw.ntpc.gov.tw/#/index
財團法人臺灣世界展望會	https://m.worldvision.org.tw/

附錄十　108年幼兒園教師資格檢定題目

108年度高級中等以下學校及幼兒園教師資格考試第二次考試試題本

類科：幼兒園

科目：幼兒園課程與教學

一、選擇題每題2分，共60分（請以黑色2B鉛筆於答案卡上作答，單選題；答錯不倒扣）

1. 有關幼兒園全語言（whole language）教學的敘述，下列何者正確？
   (A)應設置視聽教室來學習語言
   (B)應重視正確文法及拼音的教導
   (C)應強調眞實、功能性的語言活動
   (D)應依照幼兒說、聽、讀、寫發展的順序來教學

2. 有關幼兒園出入口的配置，下列敘述何者正確？　甲、可將幼兒園大門入口向內縮，留出緩衝空間　乙、娃娃車的出入口最好跟幼兒、家長進出校園的出入口設置在一起　丙、幼兒園若同時面臨主要道路和次要道路，大門入口最好設於次要道路上　丁、從幼兒園大門口到園舍的通道上，可設置鞦韆、溜滑梯和腳踏車等動態設施
   (A)甲乙　　　　(B)甲丙　　　　(C)乙丁　　　　(D)丙丁

3. 依據《幼兒園教保活動課程大綱》，下列何者爲美感領域期望培養的能力？　甲、探索與覺察　乙、表現與創作　丙、回應與賞析　丁、愛護與尊重　戊、組合與創造
   (A)甲乙丙　　　(B)甲乙戊　　　(C)乙丁戊　　　(D)丙丁戊

4. 瑞吉歐愛蜜利亞（Reggio-Emilia）學校視環境爲第三位老師，有關其空間規劃的敘述，下列何者錯誤？
   (A)空間規劃必須確保每一位幼兒擁有幸福感和團體的歸屬感
   (B)牆面上呈現幼兒學習的紀錄，主要目的是對家長進行親職教育

(C)有較大的中庭設計，可延伸教室空間，也可作為訊息交流的地方

(D)教室應該像工作室，大小不同的空間可適合不同人數的小組進行合作學習

5. 幼兒教師進行全班討論教學時，下列何項做法較為適當？　甲、教師依活動目標提出相關問題，聚焦討論　乙、每次討論都需要讓每位幼兒有說話的機會　丙、教師有時也可直接教學，提供幼兒和討論問題相關的訊息　丁、主要目的在於即時的意見溝通，教師不需事先設計提問問題

(A)甲乙　　　　(B)甲丙　　　　(C)乙丁　　　　(D)丙丁

6. 大班幼兒在扮演區以代幣進行買賣活動後，丁老師帶幼兒至文具店以硬幣購買20元內的商品。丁老師的教學運用了下列何項原則？

(A)準備原則　　(B)增強原則　　(C)類化原則　　(D)個別化原則

7. 劉老師發現許多幼兒在用積木搭建臺北101大樓的過程中，能夠將積木疊高，但沒有掌握它的建築外貌特徵，於是他帶領幼兒實地觀察拍攝101大樓並進行討論後，請幼兒重畫設計圖，修改101大樓的搭建。此活動較著重《幼兒園教保活動課程大綱》中的何項領域經驗？

(A)認知領域　　(B)社會領域　　(C)美感領域　　(D)語文領域

8. 下述三種觀點，分別代表何種遊戲理論？　甲、遊戲可以增進幼兒的創造力和變通力　乙、遊戲可以調整幼兒的情緒，具淨化的效果　丙、幼兒遊戲不具目的性，是為了消耗精力的行為

(A)認知理論、能量過剩論、心理分析論

(B)心理分析論、能量過剩論、認知理論

(C)能量過剩論、心理分析論、認知理論

(D)認知理論、心理分析論、能量過剩論

9. 發展課程時強調幼兒的主動學習，從幼兒有興趣的課題出發，關注教學的方式與幼兒學習過程中的經驗，產生各種學習結果。此為下列何種課程發展模式？

(A)歷程模式　　(B)寫實模式　　(C)情境模式　　(D)目標模式

10. 下列何項不符合當前幼兒園課程發展之精神？

(A)課程與真實世界聯結

(B)進行分齡、分領域教學

(C)以生活化的議題為教學主題

(D)幼兒主動參與建構知識的歷程

11. 鄭老師發現小明連續一個月在學習區時間都選擇到積木區，下列何項做法較為適當？

(A)請小明每週嘗試不同的學習區

(B)建議小明選擇其好友選擇的學習區

(C)請小明先去沒去過的學習區，再去積木區

(D)觀察小明在積木區做些什麼，再思考如何介入及延伸

12. 有關維高斯基（L. Vygotsky）理論對教學或評量的影響，下列敘述何者正確？　甲、教師需教導幼兒近側發展區之外的技巧和能力，才能發揮教學的效果　乙、教師在評量的過程中提供幼兒協助，可以測得幼兒有潛能發展的能力　丙、幼兒在遊戲中的心智技能水準比在其他活動時更高，應多提供扮演遊戲的機會　丁、為了幫助幼兒使用書寫語言拓展心智能力，教師應從小教導幼兒以正式的方式書寫

(A)甲乙　　　　　(B)甲丁　　　　　(C)乙丙　　　　　(D)丙丁

13. 三歲幼兒較能勝任下列何項體能活動？

(A)單腳跳　　　　　　　　　(B)雙腳跳

(C)在平衡木上倒著走　　　　(D)前滾翻或後滾翻

14. 依據《幼兒園教保活動課程大綱》，有關身體動作與健康領域的敘述，下列何者正確？

(A)應避免加入童玩、民俗等與鍛鍊身體動作能力相關的活動

(B)學習面向包括「身體健康」、「心理健康」及「安全行動」三項

(C)包括「覺察與模仿」、「協調與控制」及「自主與合作」能力的培養

(D)三歲至五歲幼兒每日身體活動時間以40分鐘為主，五至六歲約可延長至50分鐘

15. 有關幼兒園實施評量的敘述，下列何者正確？

(A)課程本位評量是以課程為主的評量，不適合依評量結果調整課程

(B)發展篩檢屬於常模參照測驗，可以用來辨識需要早期介入的幼兒

(C)進行檔案評量時檔案內須放置幼兒的作品，不宜放入軼事紀錄或檢核表

(D)實作評量主要用來測量幼兒在眞實任務上的表現，其設計需與教學相關

16. 下列有關學習理論及其教學應用的敘述，何者正確？

甲、社會學習理論強調透過觀察和模仿而學習，可提供楷模來教導幼兒學習新行爲

乙、訊息處理論認爲了解心理運作的結構與歷程是重要的，教學時訊息輸入的「量」較「質」重要

丙、行爲論強調循序漸進的學習，運用於基本知能的教學時，有助於提升能力較低幼兒之學習成效

丁、社會建構論強調人際互動對學習的影響，成人或同儕的鷹架有助於幼兒從接受協助的表現水準提升至獨立的表現水準

(A)甲丙　　　　　(B)甲丁　　　　　(C)乙丙　　　　　(D)乙丁

17. 下列哪一項做法最能呈現幼兒對於「花」的表徵能力？

(A)提供各種花的立體拼圖讓幼兒拼組

(B)提供各種花的著色卡片，讓幼兒選擇想塗的顏色

(C)提供各種繪畫素材和畫板，讓幼兒畫一朵自己最喜歡的花

(D)提供各種著名畫家所繪製的花卉圖片與水彩畫紙供幼兒臨摹

18. 陳老師在科學區提供手電筒、雪花片、樂高積木等物品，讓幼兒進行光影探索。下列哪個提問較無法引導幼兒高層次的認知能力？

(A)爲什麼這些東西會有影子？

(B)怎麼樣才能讓雪花片的影子變大？

(C)雪花片和樂高積木的影子一樣嗎？

(D)怎麼用這些東西變出各種影子來說故事？

19. 張老師給幼兒觀看安東尼布朗的《大猩猩》繪本和賴馬的《愛哭公主》繪本後，與幼兒進行討論。老師：「這兩本繪本是同一個人畫的嗎？」小明：「兩本書裡都有很多動物，所以是同一個人畫的。」小花：「《愛哭公主》的動物像卡通裡的，感覺很可愛；另一本的動物都畫得很像照片。應該不是同一個人畫的。」之後張老師收集更多幼兒的想法和意見。

依據《幼兒園教保活動課程大綱》，張老師的教學活動較符應下列何項學習指標？

(A)知道能使用圖像記錄與說明

(B)理解故事的角色、情節與主題

(C)看圖片或圖畫書敘說有主題的故事

(D)辨認與欣賞創作者的圖像細節和風格

20. 李老師開學後發現小蓮常常推擠其他幼兒而造成衝突，也常不遵守班級的規範，不與大家一起行動，李老師嘗試的獎懲做法似乎都沒有用。下列哪一種方法較有助於李老師了解小蓮行為的原因？

(A)用檢核表記錄小蓮的正向行為

(B)用計次法記錄小蓮每天違規的次數

(C)運用軼事記錄法記錄並分析小蓮的違規行為

(D)訂定利社會行為目標並評定小蓮的發展情形

21. 幼兒聽完故事後，教師設計了一系列活動。依據布魯姆（B. Bloom）的認知領域目標層次，下列這些活動目標由低至高層次的順序為何？甲、能改編和另創故事　乙、能描述故事發展的順序　丙、能評論故事中角色的做法　丁、能解釋故事情節的因果關係

(A)乙丙甲丁　　(B)乙丁丙甲　　(C)丁乙甲丙　　(D)丁丙乙甲

22. 快樂幼兒園教師團隊參加科學教育研習後，反省自己對於科學的態度及活動設計能力，檢視為何各班未規劃科學探究活動或科學學習區。這是對於下列何種課程的關注？

(A)懸缺課程　　(B)行為課程　　(C)外顯課程　　(D)非正式課程

23. 四位幼兒在扮演區進行假扮遊戲，扮演的角色分別為：拿公事包剛下班的媽媽、拿毛線當麵條為家人準備晚餐的爸爸、拿繪本在閱讀的小孩以及迎接媽媽下班的小狗。依據遊戲轉換理論（play as transformation），下列敘述何者錯誤？

(A)以玩物而言，演媽媽的幼兒比演爸爸的幼兒有較佳的表徵品質

(B)以角色而言，演小狗的幼兒比演小孩的幼兒有較佳想像的表徵層次

(C)以主體而言，演其他角色的幼兒比演自己的幼兒有較多的取替表徵

(D)以主題而言，遊戲的主題內容和日常生活越相似則表徵範圍較有限

24. 布魯納（J. Bruner）提出發現式學習（discovery learning）的概念，下列何項敘述符合其理論觀點？

(A)教師需要具有教學的熱誠，積極介入幼兒的學習歷程

(B)學習環境需要有明顯的結構性，指引幼兒進行有系統的學習

(C)二歲至六歲幼兒屬於動作表徵期，因此需多提供幼兒各種動作的經驗

(D)內在性動機對於學習有正向影響，因此不宜過度使用外在性的獎賞與懲罰

25. 依據「幼兒園及其分班基本設施設備標準」，下列咪咪幼兒園之現狀何項<u>不符合</u>規定？

(A)室內學習活動區桌面照度為400勒克斯（lux）

(B)將三歲至六歲幼兒之室內活動室，設置於一樓

(C)幼兒25人之班級，室內活動室面積為70平方公尺

(D)供教保服務人員使用之物品，放置於90至120公分高度之空間

26. 有關對於特殊需求幼兒的教學支持，下列敘述何者<u>錯誤</u>？

(A)具一致性及結構性的環境，有助於自閉症幼兒的行為表現

(B)教師運用長且複雜的語句，能為語言理解困難的幼兒提供有效鷹架

(C)在生活情境中，結構性高的幼兒本位活動較易讓幼兒學會單一概念和技能

(D)律動活動中，教師可握住視覺障礙幼兒的手，幫助他在空間移動時較有安全感

27-28為題組

閱讀下文後，回答27-28題。

　　實習教師連續四天在上午9：30至10：30學習區時間中輪流觀察混齡班特定四位幼兒（小艾、小強、小忠、小杰）在積木區的遊戲行為，每天觀察記錄20次，每次觀察10秒，再以10秒做記錄後，休息40秒，之後間隔2分鐘再觀察下一位幼兒。

幼兒遊戲行為記錄表（3月8日～3月11日）

	小艾 （3歲）	小強 （4歲）	小忠 （5歲）	小杰 （5歲）
沒有參與行為	正			
旁觀者的行為	正	正		
單獨遊戲	正正	一	正正一	正
平行遊戲		正	正正	正
聯合遊戲		正		正正
合作遊戲		正		
合計次數	20	20	20	20

27. 實習教師採用的是下列哪一種觀察記錄方法？

(A)連續記錄法　(B)時間取樣法　(C)事件取樣法　(D)軼事記錄法

28. 依據上表，有關四位幼兒的遊戲行為之推論，下列何項較為適合？

甲、小強較不喜歡和同儕互動　乙、小艾已能和同儕在同處玩積木，但未和他人互動　丙、小忠已能和同儕分工，從事有特定目的的搭建活動　丁、小杰和小強都已能和同儕在積木區進行搭建積木活動，協商合作或共用器材

(A)甲乙　　　(B)甲丙　　　(C)乙丁　　　(D)丙丁

29-30為題組

閱讀下文後，回答29-30題。

　　邱老師很認同蒙特梭利的教學理念並接受相關培訓，在園長的支持下，她試圖將原有的主題教學轉型為蒙特梭利教學，也相繼增添了許多蒙特梭利教具。

29. 邱老師想讓幼兒體驗「切」的工作，她在團體時間發給每位幼兒一把水果刀及一根香蕉。依據蒙特梭利的教育理念，下列何者論述正確？

甲、蒙特梭利強調教具的安全性，邱老師應將水果刀改為玩具刀

乙、蒙特梭利認為幼兒喜愛重複練習，邱老師應將切香蕉的工具和材

395

料放入日常生活區

丙、蒙特梭利重視幼兒的社會性，邱老師應將幼兒兩兩分為一組，全班同時完成切香蕉的工作

丁、蒙特梭利強調自由選擇，邱老師應將團體活動改為個人操作活動，讓幼兒可以選擇想操作的工作

(A)甲丙　　　　(B)甲丁　　　　(C)乙丙　　　　(D)乙丁

30. 邱老師將粉紅塔及棕色梯加入感官教具區後，隨即讓幼兒自由探索與操作。依據蒙特梭利教學的觀點來評論邱老師的做法，下列論述何者適切？

(A)應該先示範教具的操作方式，因此邱老師的做法不適合

(B)粉紅塔和棕色梯不屬於感官教具，因此邱老師的做法不適合

(C)粉紅塔和棕色梯並沒有操作的次序，因此邱老師的做法是適合的

(D)應該讓幼兒藉由自由探索來建構知識，因此邱老師的做法是適合的

二、問答題每題10分，共40分

（請以黑色、藍色原子筆或鋼筆於答案卷上由左而右、由上而下、橫式書寫）

1. 林老師預備為大班幼兒規劃一系列的幼小銜接活動。幼小銜接的教育涵義為何（4分）？請舉出三項活動，並分別加以說明（6分）。

2. 日常作息的安排是課程實踐的重要環節，試根據「幼兒園教保服務實施準則」，列出以下大班作息表之四項缺失（4分），並分別提出對應的改善方法（6分）。

時間＼星期	一	二	三	四	五
7：30～8：40	迎接寶貝到園				
8：40～9：00	律動時間				
9：00～9：20	學習區時間				
9：20～10：00	點心時間				
10：00～10：50	語文	繪本賞析	主題活動	數學	語文
10：50～11：30	數學	美語	主題活動	美語	體能
11：30～12：30	午餐時間				
12：30～14：30	午睡時間				
14：30～14：50	起床了（生活自理）				
14：50～15：30	美勞	奧福音樂	體能	電腦	陶土
15：30～16：00	下午點心				
16：00～17：30	放學				

3. 周老師觀察幼兒的學習區活動時，發現在益智區的幼兒常說：「老師，我不會。」請舉出上述問題產生的三項可能原因，並針對原因各提出一個改善方法。

4. 皮亞傑（J. Piaget）認為個體的認知改變是如何發生的（4分）？請以「好玩的球」為主題舉一教學實例，說明幼兒的認知改變如何發生（6分）？

☺「108年度高級中等以下學校及幼兒園教師資格考試」第二次考試選擇題參考答案

類科：幼兒園

科目：幼兒園課程與教學

題號	1	2	3	4	5	6	7	8	9	10
答案	C	B	A	B	B	C	A	D	A	B

題號	11	12	13	14	15	16	17	18	19	20
答案	D	C	B	D	D	A	C	C	D	C

題號	21	22	23	24	25	26	27	28	29	30
答案	B	A	A	D	D	B	B	C	D	A

108年度高級中等以下學校及幼兒園教師資格考試第二次考試試題本

類科：幼兒園

科目：國語文能力測驗

一、選擇題每題2分，共60分（請以黑色2B鉛筆於答案卡上作答，單選題；答錯不倒扣）

1. 梁實秋〈駱駝〉：「我嘗想：公文書裡罷黜一個人的時候常用『□□□□』四字，總算是一個比較體面的下臺的藉口。」依據文意，□□□□中最適合填入的是下列哪一選項？

   (A)不勝其任　　(B)人謀不臧　　(C)人地不宜　　(D)俯順輿情

2. 鄭栗兒、鄭順聰《基隆的氣味》：「上山的路既陡且窄，一條幾乎不容會車的路斜斜直上，彷彿身體一仰，就會如土甕翻倒，碎裂山腳下。急轉急轉，轉啊轉眼冒出協和電廠的大煙囪，簡直就是好萊塢的科技特效。」上述文字未使用的修辭手法是下列哪一選項？

   (A)摹寫　　　(B)排比　　　(C)誇飾　　　(D)譬喻

3. 下列商用對聯內容與營業項目最相配的是哪一選項？

   (A)願世人皆能容忍，惟此地必較短長——文具店
   (B)時光冉冉春永駐，風度翩翩笑長存——照相館
   (C)察及秋毫如照燭，看來老眼不生花——中藥行
   (D)萬千星斗心胸裡，十二時辰手腕間——命相館

4. 下列語句，用字完全正確的是哪一選項？

   (A)她那深邃閃亮的雙眸，宛若蒼穹裡璀璨的明星
   (B)社會上自栩為專家的人太多了，教人無所適從
   (C)沒有金剛鑽，別攬瓷器活，是教人不要不自量力
   (D)一聽到親人的噩號，她當場傷心欲絕，嚎啕大哭

5. 臺灣的諺語，淺顯而意味雋永。下列臺灣諺語，前後語義對應<u>不適切</u>的是哪一選項？

   (A)歹竹出好筍／大器晚成　　　(B)吃緊弄破碗／欲速則不達

(C)吃果子拜樹頭／飲水思源　　　(D)龜笑鱉無尾／五十步笑百步

6. 林婉瑜〈愛的24則運算〉：

「打開窗戶遼闊的天空，漫漫無邊的日子是發散數列但無論看著哪裡眼睛的注意力始終以收斂數列的方式向你集中」若為上則作品重新下個標題，最適切的是下列哪一選項？

(A)聽說愛情回來過　　　　　　　(B)愛在虛無縹緲間
(C)你就是我的唯一　　　　　　　(D)愛你在心口難開

7. 語文中的數量詞有實指及虛指之別，下列詩詞中的「一片」，屬於實指的是哪一選項？

(A)一片春愁，漸吹漸起，恰似春雲
(B)稻花香裡說豐年，聽取蛙聲一片
(C)卷中正有家山在，一片傷心畫不成
(D)一片風帆望已極，三湘煙水返何時

8. 依「一鳴驚人／一飛沖天」的語義關係，下列詞語與「罄竹難書」語義關係相應的是哪一選項？

(A)獨木難支　　(B)擢髮難數　　(C)暗箭難防　　(D)沒齒難忘

9. 蔣勳〈捨得、捨不得〉：「每到春分，河谷間雲霧繚亂湧動，彷彿紫黑石硯上一層滲水散開的松煙。有時河口落日明滅變換，無端使我想起柴山西子灣看過的一個夏至，也是這樣如火綻放的鳳凰花，紅花與落日燦爛鮮豔到讓人心痛。夏日最後山林間突然響起整山晚蟬的聲音，高亢激昂，會讓人停了工作，聆聽那肺腑深處一聲一聲的嘶叫，在歲月盡頭，仍然毫不疲軟萎弱。」下列對於本文的說明，最正確的是哪一選項？

(A)本文先以時間引出空間，再描寫空間的壯闊
(B)本文寫作以時間為主軸，從春分鋪寫到夏至
(C)本文善於運用顏色摹寫技巧，抒發悲涼心境
(D)本文寫作因景生情，抒發對美好事物的眷戀

10. 凌性傑《有故事的人》：「真正高明的詩總是不清不楚，答案留給讀者自行詮釋。就情感來追蹤，便說是詩人自傷青春愛戀消逝；就政治來索解，則說是影射大唐帝國運勢衰落，終將一蹶不振。」以上內容所評賞的詩句，最可能是下列哪一選項？

(A)夕陽無限好，只是近黃昏　　(B)野火燒不盡，春風吹又生

(C)飄飄何所似，天地一沙鷗　　(D)少婦今春意，良人昨夜情

11. 由二個詞組成，卻只取其中一個詞的意義而另一個詞沒有意義的複詞，稱為「偏義複詞」。下列「　」中的詞語屬於「偏義複詞」的是哪一選項？

(A)多年以後，小張終於在同學會上和小李一笑泯「恩仇」

(B)老陳每天早出晚歸，搭高鐵「往返」於公司和住家之間

(C)國人遇婚喪喜慶常占卜「吉凶」，據以行事，以求心安

(D)老闆獎善罰惡「是非」分明的個性，總讓員工十分信服

12. 下列詞語「　」中的字，意義兩兩相同的是哪一選項？

(A)以假「亂」真／「亂」世英雄　(B)倚老「賣」老／「賣」弄聰明

(C)頻「送」秋波／「送」舊迎新　(D)百般刁「難」／「難」言之隱

13. 「選擇複句」是指列舉兩個或兩個以上的情況，表達二者擇一或數者擇一的選擇關係。下列屬於「選擇複句」的是哪一選項？

(A)我和他談不攏，於是便分手了　(B)只有面對現實，才能克服困難

(C)與其在此枯等，不如回家睡覺　(D)我們既然不懂，就要從頭學起

14. 農民曆的「歲次」，即是以十天干和十二地支，兩兩相配，始於甲子，終於癸亥，六十為一循環，並以十二生肖配十二地支。林小姐生於民國63年，歲次甲寅，生肖屬虎。弟弟比她小五歲，其生辰歲次和生肖，正確的是下列哪一選項？

(A)歲次戊戌／生肖屬狗　　　　(B)歲次己未／生肖屬羊

(C)歲次庚戌／生肖屬狗　　　　(D)歲次丁未／生肖屬羊

15. 下列詞語中的數字，全為「虛數」的是哪一選項？

(A)聞一知十／推三阻四／五光十色

(B)三心二意／五臟六腑／七葷八素

(C)接二連三／三皇五帝／四平八穩

(D)三綱五常／四分五裂／九牛二虎

16. 下列「　」中的詞彙，使用最適切的是哪一選項？

(A)這種一廂情願的做法，實在是太過「盲目」

(B)他穿著拖鞋走進晚會的會場，十分引人「反目」

(C)這次升遷，因為他的認真，獲得了上司的「瞠目」

(D)清亮的歌聲，出眾的外表，使她在舞臺上備受「側目」

17. 下列「 」中的讀音，兩兩相同的是哪一選項？

　　(A)暈頭「轉」向／峰迴路「轉」　　(B)名實相「稱」／「稱」心如意

　　(C)「數」見不鮮／不可勝「數」　　(D)「奇」貨可居／「奇」偶相生

18. 下列語句中，詞語及用字完全正確的是哪一選項？

　　(A)如果失業率不斷攀升，將造成社會動盪不安

　　(B)由於經濟衰退，國民所得可望降到一萬美元

　　(C)他出生書香門第，未料今日墜落到販毒地步

　　(D)比賽時，教練鼓勵大家上下其手，團結奮戰

19. 下列人物事蹟，<u>不能</u>說明「生於憂患」道理的是哪一選項？

　　(A)陳金錫在悶熱的房間內，將清掃雞舍時辛苦蒐集的雞毛，清洗曬
　　　　乾黏貼成獨樹一幟的羽毛畫

　　(B)幼年因病失聰而成為聽障的王曉書，勇於融入群眾，進而走上伸展
　　　　臺，還擔任公視手語主播

　　(C)楊恩典自小喪失雙手卻能以腳作畫，不但成為有名的口足畫家，還
　　　　曾應邀至美國舉辦巡迴畫展

　　(D)吳寶春生於臺灣屏東鄉下，早年喪父，不斷自學致力麵包研發，
　　　　終於獲得歐式麵包組世界冠軍

20. 李煜〈相見歡〉：「無言獨上西樓，月如鉤。寂寞梧桐深院鎖清秋。
剪不斷，理還亂，是離愁。別是一般滋味在心頭。」這闋詞所呈現的
風格最適切的是下列哪一選項？

　　(A)穠麗細緻　　(B)壯闊悽惻　　(C)委婉淒涼　　(D)直率淺俗

21. 房慧真〈採訪心法〉：「法國哲學家羅蘭‧巴特在《明室》中提到
照片裡『刺點』（punctum），他說：『它從景象中，彷彿箭一般飛
來，射中了我。』刺點不能事先安排，更多的是天外飛來的機遇。刺
點一點也不講究和諧，它給的是撞擊，或者就如字面上說的，它會刺
痛你。挪用進報導中，我對刺點的理解是畫面中的不協調、矛盾與衝
突。遭遇一個人，來到一個陌生的場域，通常我印象中最深刻的，是
破壞和諧、格格不入的一個小細節，擾動後形成張力。」下列敘述最
符合本文意旨的是哪一選項？

　　(A)由於刺點的意外出現，常使人忽略了小細節

(B)刺點雖然造成衝突與矛盾，卻使畫面更和諧

(C)透過刺點的安排，能使畫面於矛盾中見張力

(D)刺點於擾亂後形成的張力，常使人印象深刻

22. 梁啓超〈學問的趣味〉：「趣味總是慢慢的來，越引越多，像倒吃甘蔗，越往下才越得好處。假如你雖然每天定有一點鐘做學問，但不過拿來消遣消遣，不帶有研究精神，趣味便引不起來。或者今天研究這樣，明天研究那樣，趣味還是引不起來。趣味總是藏在深處，你想得著，便要入去。這個門穿一穿，那個窗戶張一張，……如何能有趣味？」下列敘述最符合本文意旨的是哪一選項？

(A)求學貴在躬行實踐　　　　(B)為學務求融會貫通

(C)學問講究博大精深　　　　(D)治學首重探索推尋

23. 古人名與字之間的關係，有些是兩者具有正向關係，如岳飛，字鵬舉；有些是兩者具有相反關係，如韓愈，字退之。下列古人之名與字具有正向關係的是哪一選項？

(A)呂蒙，字子明　　　　　　(B)陶潛，字元亮

(C)曾鞏，字子固　　　　　　(D)晏殊，字同叔

24. 閱讀下列書信，依序填入的用語，正確的是哪一選項？

> 某某經理【①】：敬啟者，頃閱網路求職網，藉悉貴公司徵聘行政人員，因不揣冒昧，願效毛遂之自薦。鄙人今夏甫自某某大學某某系畢業，在校期間，尚知兢兢業業，不敢自逸。敢乞賜予機會，俾能發揮所學。茲將簡歷表、畢業證書影本及自傳等隨函奉呈察閱，敬祈【②】為荷。
>
> 【③】李大同【④】

(A)公鑒／示覆／晚／拜啓　　(B)崇鑒／示覆／晚／敬啓

(C)賜鑒／德音／後學／手啓　(D)青鑒／德音／後學／敬書

25. 下列成語，運用最適切的是哪一選項？

(A)求學需要有「臨渴掘井」的精神，才能不斷進步

(B)上臺演講前，他緊張到「胼手胝足」，不知所措

(C)面對不速之客，他「倒屣相迎」，態度頗不耐煩

(D)爲提高行政效率，應先裁掉「尸位素餐」的冗員

26. 王老師帶學生參觀故宮博物院，下列是學生對參觀展品的介紹，敘述不恰當的是哪一選項？

　(A)陳祖章的雕橄欖核舟，將一個橄欖核雕琢成一艘小船，船上乘載八人，每人的動態、表情各有不同，堪稱鬼斧神工

　(B)懷素的自敘帖，用細筆勁毫寫大字，筆畫圓轉遒逸，如曲折盤繞的鋼索，收筆出鋒，銳利如鉤斫，眞所謂鐵畫銀鉤也

　(C)清代的翠玉白菜，潔白的菜身，象徵新嫁娘的純潔；葉尖上的兩隻昆蟲，寓含螽斯衍慶，祈願皇室多子多孫綿延萬代

　(D)唐代的三彩天王像，雙眉緊蹙，雙眼圓睜，表情威猛。通體以綠、褐、白三色釉爲主，釉色鮮豔明亮，果然是明察秋毫

27-28爲題組

閱讀下文後，回答27-28題。

　　巴黎咖啡店有一千間以上，爲歐洲各國首都之最多者，亦是巴黎之特色者也。蓋巴黎人之看咖啡店，爲一種不可缺之娛樂場所，是以若是之多。

　　歐洲咖啡店之最好者爲柏林，其椅桌、地氈種種設備皆甚美麗，又有演奏音樂，可以悠游半日坐聽管絃。倫敦茶店之設備次之，雖亦有一二有音樂之處，但飲茶已竟，略坐片刻即行，無有久坐之者。巴黎咖啡店與柏林、倫敦大異，他的店是一半在屋內，一半在屋外。若寒冷之時，來客則多在屋內；若溫暖之時，來客則在屋外，蓋屋外可以看見街上行人車馬的往來。故有一句的俗語云：「巴黎出行」，蓋謂巴黎人物皆從我目前經過，無異巴黎全市出行也。

　　咖啡店不是僅飲咖啡與茶，而各種酒類亦皆可飲。……往來之人，大概多是中流以下，故甚複雜，或圍棋、或讀報、或看書、或賭博、或商量事情，種種不一，而其秩序整然，無叫囂鬧動之聲音，故雖複雜，並不使人討厭。

（改寫自林獻堂《環球遊記》）

27. 作者於文中敘寫三座城市咖啡店、茶店的主要目的，最可能的是下列
哪一選項？
(A)藉由批判其他城市的咖啡店、茶店，強調巴黎咖啡店之優點
(B)從不同城市咖啡店、茶店的比較中，凸顯巴黎咖啡店的特色
(C)藉此說明作者曾親自遊歷倫敦、柏林及巴黎的咖啡店與茶店
(D)由倫敦和柏林咖啡店、茶店的優點，反思巴黎咖啡店之不足

28. 請從文中描繪的場景判斷，下列情境<u>不會</u>出現在當年巴黎咖啡店的是
哪一選項？
(A)失戀的凱蒂在咖啡店外喝著黑咖啡，看著人來人往
(B)退休的威爾夫婦每天都到咖啡店喝下午茶打發時間
(C)湯姆在咖啡店點了葡萄酒，與合夥人討論經營模式
(D)學校下課後，約翰和同學在咖啡店裡喧嘩打鬧聊天

29-30為題組
閱讀下文後，回答29-30題。

　　難得糊塗其實是一種人生境界，人生難免會遇到一些尷尬的事情，做
不做都處於左右為難的狀態，不妨睜一隻眼閉一隻眼裝糊塗解脫。用得好
的話，大的可以化解個人危機，小的可以增進人際關係及生活和諧。

　　「難得糊塗」的處世態度，看似頭腦不清楚，實則大智若愚。一些日
常生活的小事，自己吃點虧，順著對方的意思，換來皆大歡喜、和樂融
融，此為假糊塗、真聰明也。

　　人生無常，有些人爭名奪利，爭強好勝，而有些人平淡度日，悠閒自
在，不與人爭。人生在世只有數十年光陰，看來做人還是糊塗一點好，不
必斤斤計較成敗得失，心靈也就會寧靜一點。

　　因此，人生短暫，用寬容之心去容納周圍的人、事、物，也讓我們灑
脫自在些。　　　　　　　　　　　　　　　　　　（佚名〈難得糊塗〉）

29. 下列敘述最符合本文意旨的是哪一選項？
(A)人生只有短短數十寒暑，絕對不能糊塗虛度
(B)糊塗過活，將陷入尷尬為難不能解脫的危機
(C)難得糊塗的處世態度，其實就是聰明的表現

(D)糊塗的人能為社會帶來和諧，自己也不吃虧

30. 下列行為與本文所謂難得糊塗意境最接近的是哪一選項？

　　(A)老王寫信給兒子，提醒他：「如果沒有收到這封信，一定要立刻回信以便補寄。」

　　(B)老陳忽然想起忘了關瓦斯，自忖：「幸好我也忘了關水龍頭，應該不會釀火災。」

　　(C)老謝創業失敗，不但虧了很多錢還丟了工作，笑著說：「總算可以好好休息了。」

　　(D)老張看到兒子把他珍藏的酒打破，對他說：「這下媽媽可以不用擔心我偷喝了。」

二、作文40分（請以黑色、藍色原子筆或鋼筆於作文卷上由左而右、由上而下、橫式書寫）

題目：牽手

提示：「牽手」可以是父母子女之間的牽手，也可以是老師牽引著學童，或者只是扶持一位長者、盲人過馬路。無論是親情、友情、愛情的牽手，都可以感受人間的溫暖。試以「牽手」為題，作文一篇。

「108年度高級中等以下學校及幼兒園教師資格考試」第二次考試選擇題參考答案

類科：幼兒園

科目：國語文能力測驗

題號	1	2	3	4	5	6	7	8	9	10
答案	C	B	B	C	A	C	D	B	D	A

題號	11	12	13	14	15	16	17	18	19	20
答案	A	B	C	B	A	A	B	A	A	C

題號	21	22	23	24	25	26	27	28	29	30
答案	D	D	C	B	D	D	B	D	C	D

☺108年度高級中等以下學校及幼兒園教師資格考試第二次考試試題本

類科：幼兒園
科目：教育原理與制度

一、選擇題每題1.5分，共60分（請以黑色2B鉛筆於答案卡上作答，單選題；答錯不倒扣）

1. 賈老師在判斷王同學的操行成績時，受到王同學的學科成績表現的影響。這種情形是屬於下列何種效應？

   (A)月暈效應　　　(B)初始效應　　　(C)漣漪效應　　　(D)霍桑效應

2. 有關動機理論的敘述，下列何者較不正確？

   (A)人本論鼓勵學習者發展潛力與重視外在動機

   (B)行為論主張運用增強來提升學習者的學習動機

   (C)社會學習論認為學習者透過觀察與模仿，可提升學習動機

   (D)認知論主張學習者的動機是來自於個人對目標重要性與期望的思考

3. 餐桌上有2杯一樣多的蘋果汁，媽媽將其中一杯蘋果汁倒入另一個比原來高且瘦的長頸鹿杯子中，這時小明搶著要喝長頸鹿杯子的蘋果汁，小玲覺得沒關係，反正2杯蘋果汁一樣多。根據皮亞傑（J. Piaget）的理論，小玲的反應顯示她已經具備下列何者？

   (A)類包含（class inclusion）

   (B)守恆概念（conservation）

   (C)知覺集中（perceptual centration）

   (D)命題推理（propositional reasoning）

4. 張老師在進行教學時，經常會提供學生與其原有知識「矛盾的訊息」，讓學生探究其原因，並提出解釋。下列何者較能詮釋張老師的目的？

   (A)提升學生的近側發展區

   (B)引發認知失衡，形成基模的調適

(A)知道能使用圖像記錄與說明

(B)理解故事的角色、情節與主題

(C)看圖片或圖畫書敍說有主題的故事

(D)辨認與欣賞創作者的圖像細節和風格

20. 李老師開學後發現小蓮常常推擠其他幼兒而造成衝突，也常不遵守班級的規範，不與大家一起行動，李老師嘗試的獎懲做法似乎都沒有用。下列哪一種方法較有助於李老師了解小蓮行爲的原因？

(A)用檢核表記錄小蓮的正向行爲

(B)用計次法記錄小蓮每天違規的次數

(C)運用軼事記錄法記錄並分析小蓮的違規行爲

(D)訂定利社會行爲目標並評定小蓮的發展情形

21. 幼兒聽完故事後，教師設計了一系列活動。依據布魯姆（B. Bloom）的認知領域目標層次，下列這些活動目標由低至高層次的順序爲何？甲、能改編和另創故事　乙、能描述故事發展的順序　丙、能評論故事中角色的做法　丁、能解釋故事情節的因果關係

(A)乙丙甲丁　　(B)乙丁丙甲　　(C)丁乙甲丙　　(D)丁丙乙甲

22. 快樂幼兒園教師團隊參加科學教育研習後，反省自己對於科學的態度及活動設計能力，檢視爲何各班未規劃科學探究活動或科學學習區。這是對於下列何種課程的關注？

(A)懸缺課程　　(B)行爲課程　　(C)外顯課程　　(D)非正式課程

23. 四位幼兒在扮演區進行假扮遊戲，扮演的角色分別爲：拿公事包剛下班的媽媽、拿毛線當麵條爲家人準備晚餐的爸爸、拿繪本在閱讀的小孩以及迎接媽媽下班的小狗。依據遊戲轉換理論（play as transformation），下列敍述何者錯誤？

(A)以玩物而言，演媽媽的幼兒比演爸爸的幼兒有較佳的表徵品質

(B)以角色而言，演小狗的幼兒比演小孩的幼兒有較佳想像的表徵層次

(C)以主體而言，演其他角色的幼兒比演自己的幼兒有較多的取替表徵

(D)以主題而言，遊戲的主題內容和日常生活越相似則表徵範圍較有限

24. 布魯納（J. Bruner）提出發現式學習（discovery learning）的概念，下列何項敍述符合其理論觀點？

(A)教師需要具有教學的熱誠，積極介入幼兒的學習歷程

(B)學習環境需要有明顯的結構性，指引幼兒進行有系統的學習

(C)二歲至六歲幼兒屬於動作表徵期，因此需多提供幼兒各種動作的經驗

(D)內在性動機對於學習有正向影響，因此不宜過度使用外在性的獎賞與懲罰

25. 依據「幼兒園及其分班基本設施設備標準」，下列咪咪幼兒園之現狀何項不符合規定？

(A)室內學習活動區桌面照度為400勒克斯（lux）

(B)將三歲至六歲幼兒之室內活動室，設置於一樓

(C)幼兒25人之班級，室內活動室面積為70平方公尺

(D)供教保服務人員使用之物品，放置於90至120公分高度之空間

26. 有關對於特殊需求幼兒的教學支持，下列敘述何者錯誤？

(A)具一致性及結構性的環境，有助於自閉症幼兒的行為表現

(B)教師運用長且複雜的語句，能為語言理解困難的幼兒提供有效鷹架

(C)在生活情境中，結構性高的幼兒本位活動較易讓幼兒學會單一概念和技能

(D)律動活動中，教師可握住視覺障礙幼兒的手，幫助他在空間移動時較有安全感

27-28為題組

閱讀下文後，回答27-28題。

　　實習教師連續四天在上午9：30至10：30學習區時間中輪流觀察混齡班特定四位幼兒（小艾、小強、小忠、小杰）在積木區的遊戲行為，每天觀察記錄20次，每次觀察10秒，再以10秒做記錄後，休息40秒，之後間隔2分鐘再觀察下一位幼兒。

幼兒遊戲行為記錄表（3月8日～3月11日）

	小艾 （3歲）	小強 （4歲）	小忠 （5歲）	小杰 （5歲）
沒有參與行為	正			
旁觀者的行為	正	正		
單獨遊戲	正正	一	正正一	正
平行遊戲		正	正正	正
聯合遊戲		正		正正
合作遊戲		正		
合計次數	20	20	20	20

27. 實習教師採用的是下列哪一種觀察記錄方法？

(A)連續記錄法　(B)時間取樣法　(C)事件取樣法　(D)軼事記錄法

28. 依據上表，有關四位幼兒的遊戲行為之推論，下列何項較為適合？
甲、小強較不喜歡和同儕互動　乙、小艾已能和同儕在同處玩積木，但未和他人互動　丙、小忠已能和同儕分工，從事有特定目的的搭建活動　丁、小杰和小強都已能和同儕在積木區進行搭建積木活動，協商合作或共用器材

(A)甲乙　　　　　(B)甲丙　　　　　(C)乙丁　　　　　(D)丙丁

29-30為題組

閱讀下文後，回答29-30題。

　　邱老師很認同蒙特梭利的教學理念並接受相關培訓，在園長的支持下，她試圖將原有的主題教學轉型為蒙特梭利教學，也相繼增添了許多蒙特梭利教具。

29. 邱老師想讓幼兒體驗「切」的工作，她在團體時間發給每位幼兒一把水果刀及一根香蕉。依據蒙特梭利的教育理念，下列何者論述正確？
甲、蒙特梭利強調教具的安全性，邱老師應將水果刀改為玩具刀
乙、蒙特梭利認為幼兒喜愛重複練習，邱老師應將切香蕉的工具和材

料放入日常生活區

丙、蒙特梭利重視幼兒的社會性，邱老師應將幼兒兩兩分爲一組，全班同時完成切香蕉的工作

丁、蒙特梭利強調自由選擇，邱老師應將團體活動改爲個人操作活動，讓幼兒可以選擇想操作的工作

(A)甲丙　　　　　(B)甲丁　　　　　(C)乙丙　　　　　(D)乙丁

30. 邱老師將粉紅塔及棕色梯加入感官教具區後，隨即讓幼兒自由探索與操作。依據蒙特梭利教學的觀點來評論邱老師的做法，下列論述何者適切？

(A)應該先示範教具的操作方式，因此邱老師的做法不適合

(B)粉紅塔和棕色梯不屬於感官教具，因此邱老師的做法不適合

(C)粉紅塔和棕色梯並沒有操作的次序，因此邱老師的做法是適合的

(D)應該讓幼兒藉由自由探索來建構知識，因此邱老師的做法是適合的

二、問答題每題10分，共40分

（請以黑色、藍色原子筆或鋼筆於答案卷上由左而右、由上而下、橫式書寫）

1. 林老師預備爲大班幼兒規劃一系列的幼小銜接活動。幼小銜接的教育涵義爲何（4分）？請舉出三項活動，並分別加以說明（6分）。

2. 日常作息的安排是課程實踐的重要環節，試根據「幼兒園教保服務實施準則」，列出以下大班作息表之四項缺失（4分），並分別提出對應的改善方法（6分）。

時間＼星期	一	二	三	四	五
7：30～8：40	迎接寶貝到園				
8：40～9：00	律動時間				
9：00～9：20	學習區時間				
9：20～10：00	點心時間				
10：00～10：50	語文	繪本賞析	主題活動	數學	語文
10：50～11：30	數學	美語	主題活動	美語	體能
11：30～12：30	午餐時間				
12：30～14：30	午睡時間				
14：30～14：50	起床了（生活自理）				
14：50～15：30	美勞	奧福音樂	體能	電腦	陶土
15：30～16：00	下午點心				
16：00～17：30	放學				

3. 周老師觀察幼兒的學習區活動時，發現在益智區的幼兒常說：「老師，我不會。」請舉出上述問題產生的三項可能原因，並針對原因各提出一個改善方法。

4. 皮亞傑（J. Piaget）認為個體的認知改變是如何發生的（4分）？請以「好玩的球」為主題舉一教學實例，說明幼兒的認知改變如何發生（6分）？

「108年度高級中等以下學校及幼兒園教師資格考試」第二次考試選擇題參考答案

類科：幼兒園

科目：幼兒園課程與教學

題號	1	2	3	4	5	6	7	8	9	10
答案	C	B	A	B	B	C	A	D	A	B

題號	11	12	13	14	15	16	17	18	19	20
答案	D	C	B	D	D	A	C	C	D	C

題號	21	22	23	24	25	26	27	28	29	30
答案	B	A	A	D	D	B	B	C	D	A

108年度高級中等以下學校及幼兒園教師資格考試第二次考試試題本

類科：幼兒園

科目：國語文能力測驗

一、**選擇題每題2分，共60分（請以黑色2B鉛筆於答案卡上作答，單選題；答錯不倒扣）**

1. 梁實秋〈駱駝〉：「我嘗想：公文書裡罷黜一個人的時候常用『□□□□』四字，總算是一個比較體面的下臺的藉口。」依據文意，□□□□中最適合填入的是下列哪一選項？
   (A)不勝其任　　(B)人謀不臧　　(C)人地不宜　　(D)俯順輿情

2. 鄭栗兒、鄭順聰《基隆的氣味》：「上山的路既陡且窄，一條幾乎不容會車的路斜斜直上，彷彿身體一仰，就會如土甕翻倒，碎裂山腳下。急轉急轉，轉啊轉眼冒出協和電廠的大煙囪，簡直就是好萊塢的科技特效。」上述文字未使用的修辭手法是下列哪一選項？
   (A)摹寫　　(B)排比　　(C)誇飾　　(D)譬喻

3. 下列商用對聯內容與營業項目最相配的是哪一選項？
   (A)願世人皆能容忍，惟此地必較短長 —— 文具店
   (B)時光冉冉春永駐，風度翩翩笑長存 —— 照相館
   (C)察及秋毫如照燭，看來老眼不生花 —— 中藥行
   (D)萬千星斗心胸裡，十二時辰手腕間 —— 命相館

4. 下列語句，用字完全正確的是哪一選項？
   (A)她那深邃閃亮的雙眸，宛若蒼穹裡璀璨的明星
   (B)社會上自栩為專家的人太多了，教人無所適從
   (C)沒有金剛鑽，別攬瓷器活，是教人不要不自量力
   (D)一聽到親人的噩號，她當場傷心欲絕，嚎啕大哭

5. 臺灣的諺語，淺顯而意味雋永。下列臺灣諺語，前後語義對應<u>不適切</u>的是哪一選項？
   (A)歹竹出好筍／大器晚成　　　　(B)吃緊弄破碗／欲速則不達

(C)吃果子拜樹頭／飲水思源　　　　(D)龜笑鱉無尾／五十步笑百步

6. 林婉瑜〈愛的24則運算〉：

「打開窗戶遼闊的天空，漫漫無邊的日子是發散數列但無論看著哪裡眼睛的注意力始終以收斂數列的方式向你集中」若為上則作品重新下個標題，最適切的是下列哪一選項？

(A)聽說愛情回來過　　　　　　　(B)愛在虛無縹緲間

(C)你就是我的唯一　　　　　　　(D)愛你在心口難開

7. 語文中的數量詞有實指及虛指之別，下列詩詞中的「一片」，屬於實指的是哪一選項？

(A)一片春愁，漸吹漸起，恰似春雲

(B)稻花香裡說豐年，聽取蛙聲一片

(C)卷中正有家山在，一片傷心畫不成

(D)一片風帆望已極，三湘煙水返何時

8. 依「一鳴驚人／一飛沖天」的語義關係，下列詞語與「罄竹難書」語義關係相應的是哪一選項？

(A)獨木難支　　　(B)擢髮難數　　　(C)暗箭難防　　　(D)沒齒難忘

9. 蔣勳〈捨得、捨不得〉：「每到春分，河谷間雲霧繚亂湧動，彷彿紫黑石硯上一層滲水散開的松煙。有時河口落日明滅變換，無端使我想起柴山西子灣看過的一個夏至，也是這樣如火綻放的鳳凰花，紅花與落日燦爛鮮豔到讓人心痛。夏日最後山林間突然響起整山晚蟬的聲音，高亢激昂，會讓人停了工作，聆聽那肺腑深處一聲一聲的嘶叫，在歲月盡頭，仍然毫不疲軟萎弱。」下列對於本文的說明，最正確的是哪一選項？

(A)本文先以時間引出空間，再描寫空間的壯闊

(B)本文寫作以時間為主軸，從春分鋪寫到夏至

(C)本文善於運用顏色摹寫技巧，抒發悲涼心境

(D)本文寫作因景生情，抒發對美好事物的眷戀

10. 凌性傑《有故事的人》：「真正高明的詩總是不清不楚，答案留給讀者自行詮釋。就情感來追蹤，便說是詩人自傷青春愛戀消逝；就政治來索解，則說是影射大唐帝國運勢衰落，終將一蹶不振。」以上內容所評賞的詩句，最可能是下列哪一選項？

(A)夕陽無限好，只是近黃昏　　(B)野火燒不盡，春風吹又生

(C)飄飄何所似，天地一沙鷗　　(D)少婦今春意，良人昨夜情

11. 由二個詞組成，卻只取其中一個詞的意義而另一個詞沒有意義的複詞，稱爲「偏義複詞」。下列「　」中的詞語屬於「偏義複詞」的是哪一選項？

(A)多年以後，小張終於在同學會上和小李一笑泯「恩仇」

(B)老陳每天早出晚歸，搭高鐵「往返」於公司和住家之間

(C)國人遇婚喪喜慶常占卜「吉凶」，據以行事，以求心安

(D)老闆獎善罰惡「是非」分明的個性，總讓員工十分信服

12. 下列詞語「　」中的字，意義兩兩相同的是哪一選項？

(A)以假「亂」眞 / 「亂」世英雄　(B)倚老「賣」老 / 「賣」弄聰明

(C)頻「送」秋波 / 「送」舊迎新　(D)百般刁「難」 / 「難」言之隱

13. 「選擇複句」是指列舉兩個或兩個以上的情況，表達二者擇一或數者擇一的選擇關係。下列屬於「選擇複句」的是哪一選項？

(A)我和他談不攏，於是便分手了　(B)只有面對現實，才能克服困難

(C)與其在此枯等，不如回家睡覺　(D)我們既然不懂，就要從頭學起

14. 農民曆的「歲次」，即是以十天干和十二地支，兩兩相配，始於甲子，終於癸亥，六十爲一循環，並以十二生肖配十二地支。林小姐生於民國63年，歲次甲寅，生肖屬虎。弟弟比她小五歲，其生辰歲次和生肖，正確的是下列哪一選項？

(A)歲次戊戌 / 生肖屬狗　　　　(B)歲次己未 / 生肖屬羊

(C)歲次庚戌 / 生肖屬狗　　　　(D)歲次丁未 / 生肖屬羊

15. 下列詞語中的數字，全爲「虛數」的是哪一選項？

(A)聞一知十 / 推三阻四 / 五光十色

(B)三心二意 / 五臟六腑 / 七葷八素

(C)接二連三 / 三皇五帝 / 四平八穩

(D)三綱五常 / 四分五裂 / 九牛二虎

16. 下列「　」中的詞彙，使用最適切的是哪一選項？

(A)這種一廂情願的做法，實在是太過「盲目」

(B)他穿著拖鞋走進晚會的會場，十分引人「反目」

(C)這次升遷，因爲他的認眞，獲得了上司的「瞠目」

(C)面對不速之客，他「倒屣相迎」，態度頗不耐煩

(D)爲提高行政效率，應先裁掉「尸位素餐」的冗員

26.王老師帶學生參觀故宮博物院，下列是學生對參觀展品的介紹，敘述<u>不恰當</u>的是哪一選項？

　(A)陳祖章的雕橄欖核舟，將一個橄欖核雕琢成一艘小船，船上乘載八人，每人的動態、表情各有不同，堪稱鬼斧神工

　(B)懷素的自敘帖，用細筆勁毫寫大字，筆畫圓轉遒逸，如曲折盤繞的鋼索，收筆出鋒，銳利如鉤矸，眞所謂鐵畫銀鉤也

　(C)清代的翠玉白菜，潔白的菜身，象徵新嫁娘的純潔；葉尖上的兩隻昆蟲，寓含螽斯衍慶，祈願皇室多子多孫綿延萬代

　(D)唐代的三彩天王像，雙眉緊蹙，雙眼圓睜，表情威猛。通體以綠、褐、白三色釉爲主，釉色鮮豔明亮，果然是明察秋毫

27-28爲題組

閱讀下文後，回答27-28題。

　巴黎咖啡店有一千間以上，爲歐洲各國首都之最多者，亦是巴黎之特色者也。蓋巴黎人之看咖啡店，爲一種不可缺之娛樂場所，是以若是之多。

　歐洲咖啡店之最好者爲柏林，其椅桌、地氈種種設備皆甚美麗，又有演奏音樂，可以悠游半日坐聽管絃。倫敦茶店之設備次之，雖亦有一二有音樂之處，但飲茶已竟，略坐片刻即行，無有久坐之者。巴黎咖啡店與柏林、倫敦大異，他的店是一半在屋內，一半在屋外。若寒冷之時，來客則多在屋內；若溫暖之時，來客則在屋外，蓋屋外可以看見街上行人車馬的往來。故有一句的俗語云：「巴黎出行」，蓋謂巴黎人物皆從我目前經過，無異巴黎全市出行也。

　咖啡店不是僅飲咖啡與茶，而各種酒類亦皆可飲。……往來之人，大概多是中流以下，故甚複雜，或圍棋、或讀報、或看書、或賭博、或商量事情，種種不一，而其秩序整然，無叫囂鬧動之聲音，故雖複雜，並不使人討厭。

（改寫自林獻堂《環球遊記》）

27. 作者於文中敘寫三座城市咖啡店、茶店的主要目的，最可能的是下列哪一選項？
    (A)藉由批判其他城市的咖啡店、茶店，強調巴黎咖啡店之優點
    (B)從不同城市咖啡店、茶店的比較中，凸顯巴黎咖啡店的特色
    (C)藉此說明作者曾親自遊歷倫敦、柏林及巴黎的咖啡店與茶店
    (D)由倫敦和柏林咖啡店、茶店的優點，反思巴黎咖啡店之不足

28. 請從文中描繪的場景判斷，下列情境不會出現在當年巴黎咖啡店的是哪一選項？
    (A)失戀的凱蒂在咖啡店外喝著黑咖啡，看著人來人往
    (B)退休的威爾夫婦每天都到咖啡店喝下午茶打發時間
    (C)湯姆在咖啡店點了葡萄酒，與合夥人討論經營模式
    (D)學校下課後，約翰和同學在咖啡店裡喧嘩打鬧聊天

29-30為題組
閱讀下文後，回答29-30題。

　　難得糊塗其實是一種人生境界，人生難免會遇到一些尷尬的事情，做不做都處於左右為難的狀態，不妨睜一隻眼閉一隻眼裝糊塗解脫。用得好的話，大的可化解個人危機，小的可以增進人際關係及生活和諧。

　　「難得糊塗」的處世態度，看似頭腦不清楚，實則大智若愚。一些日常生活的小事，自己吃點虧，順著對方的意思，換來皆大歡喜、和樂融融，此為假糊塗、真聰明也。

　　人生無常，有些人爭名奪利，爭強好勝，而有些人平淡度日，悠閒自在，不與人爭。人生在世只有數十年光陰，看來做人還是糊塗一點好，不必斤斤計較成敗得失，心靈也就會寧靜一點。

　　因此，人生短暫，用寬容之心去容納周圍的人、事、物，也讓我們灑脫自在些。　　　　　　　　　　　　　　　　（佚名〈難得糊塗〉）

29. 下列敘述最符合本文意旨的是哪一選項？
    (A)人生只有短短數十寒暑，絕對不能糊塗虛度
    (B)糊塗過活，將陷入尷尬為難不能解脫的危機
    (C)難得糊塗的處世態度，其實就是聰明的表現

(D)糊塗的人能為社會帶來和諧，自己也不吃虧

30. 下列行為與本文所謂難得糊塗意境最接近的是哪一選項？

(A)老王寫信給兒子，提醒他：「如果沒有收到這封信，一定要立刻回信以便補寄。」

(B)老陳忽然想起忘了關瓦斯，自忖：「幸好我也忘了關水龍頭，應該不會釀火災。」

(C)老謝創業失敗，不但虧了很多錢還丟了工作，笑著說：「總算可以好好休息了。」

(D)老張看到兒子把他珍藏的酒打破，對他說：「這下媽媽可以不用擔心我偷喝了。」

二、作文40分（請以黑色、藍色原子筆或鋼筆於作文卷上<u>由左而右</u>、<u>由上而下</u>、<u>橫式書寫</u>）

題目：牽手

提示：「牽手」可以是父母子女之間的牽手，也可以是老師牽引著學童，或者只是扶持一位長者、盲人過馬路。無論是親情、友情、愛情的牽手，都可以感受人間的溫暖。試以「牽手」為題，作文一篇。

「108年度高級中等以下學校及幼兒園教師資格考試」第二次考試選擇題參考答案

類科：幼兒園

科目：國語文能力測驗

題號	1	2	3	4	5	6	7	8	9	10
答案	C	B	B	C	A	C	D	B	D	A

題號	11	12	13	14	15	16	17	18	19	20
答案	A	B	C	B	A	A	B	A	A	C

題號	21	22	23	24	25	26	27	28	29	30
答案	D	D	C	B	D	D	B	D	C	D

☺108年度高級中等以下學校及幼兒園教師資格考試第二次考試試題本

類科：幼兒園

科目：教育原理與制度

一、選擇題每題1.5分，共60分（請以黑色2B鉛筆於答案卡上作答，單選題；答錯不倒扣）

1. 賈老師在判斷王同學的操行成績時，受到王同學的學科成績表現的影響。這種情形是屬於下列何種效應？

   (A)月暈效應　　(B)初始效應　　(C)漣漪效應　　(D)霍桑效應

2. 有關動機理論的敘述，下列何者較不正確？

   (A)人本論鼓勵學習者發展潛力與重視外在動機

   (B)行為論主張運用增強來提升學習者的學習動機

   (C)社會學習論認為學習者透過觀察與模仿，可提升學習動機

   (D)認知論主張學習者的動機是來自於個人對目標重要性與期望的思考

3. 餐桌上有2杯一樣多的蘋果汁，媽媽將其中一杯蘋果汁倒入另一個比原來高且瘦的長頸鹿杯子中，這時小明搶著要喝長頸鹿杯子的蘋果汁，小玲覺得沒關係，反正2杯蘋果汁一樣多。根據皮亞傑（J. Piaget）的理論，小玲的反應顯示她已經具備下列何者？

   (A)類包含（class inclusion）

   (B)守恆概念（conservation）

   (C)知覺集中（perceptual centration）

   (D)命題推理（propositional reasoning）

4. 張老師在進行教學時，經常會提供學生與其原有知識「矛盾的訊息」，讓學生探究其原因，並提出解釋。下列何者較能詮釋張老師的目的？

   (A)提升學生的近側發展區

   (B)引發認知失衡，形成基模的調適

(C)透過同儕互動提升學生的認知發展

(D)增進學生前運思期不可逆性思考的能力

5. 大華打羽球多年，現在改學網球，過去打羽球的習慣對現在打網球產生干擾。這是下列何種現象？

(A)水平遷移　　(B)垂直遷移　　(C)順攝抑制　　(D)倒攝抑制

6. 下列何種做法較不符合維高斯基（L. Vygotsky）的認知發展論？

(A)鼓勵學生的私自話語（private speech）

(B)提供學生學習的鷹架（scaffolding）

(C)重視學生在他人協助下最大的可能表現

(D)強調學生動手操作，從經驗中學習新知識

7. 下列哪些條件存在時，較會讓學生減弱其內在動機？　甲、來自重要他人的肯定　乙、學生預期任務達成後有獎勵　丙、獎勵品是具體的，例如金錢或是分數　丁、非具體獎勵品，例如稱讚或是微笑

(A)甲乙　　　　(B)甲丙　　　　(C)乙丙　　　　(D)乙丁

8. 小華在唸唐詩時，為增加記憶，不僅大聲朗誦，也抄寫一遍，更對唐詩內容涵義加以了解。下列哪個原則最符合小華所使用的策略？

(A)意元集組原則（chunking）

(B)運用複習原則（reviewing）

(C)多碼並用原則（multi-coding）

(D)主觀組織原則（subjective organization）

9. 教師可以根據自身的判斷來決定教學目標，同時參與學校選擇適當的教科書。上述說明較符合下列何種教師專業特徵？

(A)專業自主性　　　　　　(B)不斷在職進修

(C)服務重於報酬　　　　　(D)長期專門訓練

10. 學校提供低成就學生補救教學的機會，以提高學生的基本學力。這是屬於下列何種教育機會均等的觀點？

(A)輸入的均等　　　　　　(B)結果的均等

(C)歷程的均等　　　　　　(D)入學機會的均等

11. 張老師在課堂中揭露社區飲水汙染對居民健康所造成的危害，讓學生思考並以行動改善社區飲水問題。依此設計的課程符合下列何種觀點？

(A)社會適應　　(B)社會批判　　(C)社會重建　　(D)社會再製

12. 許多父母常對孩子說：「要好好讀書喔！以後才能找到好工作，賺到很多錢」。試問這種把接受學校教育視為一種經濟性投資的想法，較符合下列何種資本的概念？

(A)象徵資本　　(B)文化資本　　(C)社會資本　　(D)人力資本

13. 史教授原本任教於英國某所大學，後來應聘到臺灣一所大學任教。此說明較符合下列何種社會流動？

(A)從流動的代距來說，是代間流動

(B)從流動的方向來說，是水平流動

(C)從流動的人數來說，是群體流動

(D)從流動的原因來說，是權力提升

14. 下列有關教師自我角色期望的選項，何者較為適切？

(A)兼重教師及學生言行的改變

(B)迎合學生喜好做學生喜歡的人

(C)根據家長職位高低來對待學生

(D)樂觀看待學生所有違規行為都是創意

15. 當前世界先進國家都強調學校在教學之外，尚應兼負有關學生福利與身心健康的責任。由此觀之，臺灣許多學校除了供應營養午餐外，也定期幫學生進行健康檢查。這樣的學校作為，主要顯示下列何種教育功能？

(A)傳承　　　　(B)選擇　　　　(C)保護　　　　(D)社會化

16. 小明是籃球校隊隊長，也是班上風雲人物，不過他的成績不好，考試常不及格。有次上課時，李老師點名要他回答問題，他因為答錯而被李老師說了一些失望的話。為此，小明開始慫恿班上同學反抗李老師，使得師生關係漸漸變差。李老師若想改變自己和班上學生的關係，可從下列哪個面向著手較為恰當？

(A)重塑教師的權威地位　　　　(B)增強學生對籃球的關注

(C)協助學生理解教師期待　　　　(D)請班上學生忽略小明的行為

17. 下列敘述何者較屬於精緻型符碼（elaborated code）的句子？

(A)這朵玫瑰花香氣撲鼻，真是令人喜歡它

(B)我爬過玉山，爬喜馬拉雅山絕對沒問題

(C)那個人經常開高檔轎車，一定是千萬富翁

(D)同學，那個東西我沒看過，請傳給我，謝謝

18. 陳老師教學認真是家長公認的優良教師。但有部分同事對其傑出表現常有微詞，認為已造成其他教師極大的壓力。下列何種非正式團體的規範最能說明這種現象？

(A)維護教師群體利益，對全校教師要「忠誠」

(B)強調教師同仁間表現一致，要採取「平凡態度」

(C)默許教師的競爭行為，追求教師間的「表面和諧」

(D)尊重教師在班級教室內，教學與班級經營的「自主性」

19. 下列哪一項敘述屬於實用主義的教育立場？

(A)閱讀偉大經典才可掌握真理

(B)教育內容的選擇與安排必須符合學科領域標準

(C)教師是學科專家應全程主導教學過程，以免學生浪費時間

(D)教師應鼓勵學生主動尋找經驗中有意義的部分，並給予適度協助

20. 柏拉圖（Plato）有名的「洞穴寓言」在教育哲學裡可理解為下列何種主張？

(A)教育可提高人類的文化水準

(B)學習是人與大自然互動的結果

(C)教育在協助人們獲得真正的知識

(D)教育目的在於培養學生民主素質

21. 根據盧梭（J.-J. Rousseau）的教育觀，發現兒童有不當的行為時，應如何處置？

(A)當下責備並處罰兒童

(B)引導兒童理性反省自己的行為

(C)指導兒童了解文明社會的行為規範

(D)適度讓兒童承受其過錯所衍生的惡果

22. 張老師認為，網路上提供的知識訊息雖然豐富，但都是一些變動不居、缺乏組織與恆久性的資訊，只有學校課本中所提供的核心知識才是人類智慧的結晶。張老師的教育哲學觀點接近下列何者？

(A)經驗主義　　(B)永恆主義　　(C)精粹主義　　(D)建構主義

23. 下列何種說法，符合傅科（M. Foucault）的規訓權力理論？

(A)教育可以促進學生自我實現

(B)監督與考試是教育的重要手段

(C)課程知識不應該是權力運作的產物

(D)學校的日課表主要是一種空間規訓措施

24. 王老師認為「孩子的知識是透過主動學習而來，藉由主動的組織與選擇經驗，逐步發展形成自己的知識。孩子的認知學習具有主動性和差異性，對事物的知識也具有個別性和適應性。」王老師的觀點與下述何種理念較為相近？

(A)經驗主義　　(B)觀念主義　　(C)重建主義　　(D)建構主義

25. 下列推動道德教育的做法，何者較符合「德行倫理學」的理念？

(A)藉由情意教育，喚起學生的良知良能，讓他們主動為善

(B)透過品德核心價值的實踐，培養學生正確的道德行為與習慣

(C)融入相關課程，教導學生衡量何種行為能對多數人產生較大的益處

(D)倡導教師與學生形成關懷關係，藉由教師的全心投入來陶養學生的人格

26. 王老師是體育老師，也是非常有名氣的田徑教練，他帶著學校菁英選手出去比賽總是能夠獲得冠軍，其實這樣的成績是靠著王老師的鐵血紀律和魔鬼訓練來達成的。他常對球員說：「要做就要做到最好，我的名聲要靠大家幫忙打響！」學生的表現已經成為王老師彰顯自己存在價值的來源。王老師對待學生的方式，較容易形成下列何種關係？

(A)單向關懷關係　　　　　　　(B)「吾-汝」關係

(C)「吾-它」關係　　　　　　　(D)不對稱教育關係

27. 關於斯普朗格（E. Spranger）文化主義教育思想，下列敘述何者正確？

(A)提出四種人格類型

(B)教育的功能在於文化傳衍與創造

(C)教育思想奠基在實用主義哲學之上

(D)教育目標在於培養學生文化批判的能力

28. 斯賓塞（H. Spencer）發表論文〈何種知識最有價值？〉，探討各種人生主要活動的相對價值，進而主張教育是為了未來良好生活做準備，後世稱其主張為「生活預備說」。斯賓塞所論的活動有：

甲、與自我生存直接、間接相關的活動

乙、休閒活動

丙、養兒育女的活動

丁、參與社會與政治生活的活動

根據斯賓塞的觀點，依重要性高低排列，下列何者正確？

(A)甲→丙→丁→乙　　　　　　(B)甲→丁→丙→乙

(C)甲→乙→丙→丁　　　　　　(D)乙→丁→甲→丙

29. 以幸福感理論、團體動力理論、激勵理論為理論基礎的是較符合下列哪一種領導？

(A)知識領導　　(B)科技領導　　(C)文化領導　　(D)正向領導

30. 依據《十二年國民基本教育課程綱要總綱》，十二年國民基本教育課程主要是以下列何者作為課程發展的主軸？

(A)核心素養　　　　　　　　(B)生活情境

(C)終身學習　　　　　　　　(D)自發、互動、共好

31. 下列關於國際性學生評量計畫（PISA）的敘述，何者錯誤？

(A)科學素養的評量重視學生在真實情境下理解科學的過程

(B)閱讀素養的評量依據為學校內部提供學生的所有閱讀素材

(C)數學素養的評量重視學生在生活環境的數學判斷及應用能力

(D)此評量計畫的功能包含了解學生參與社會未來所需的基本知識和能力

32. 依「師資培育法」規定，下列何者為中央主管機關之職責？

(A)設立教育實習委員會　　　　(B)設立教師甄選審議會

(C)訂定師資生之招生辦法　　　(D)訂定師資職前教育課程基準

33. 依據教育部105年公布的「中華民國教師專業標準指引」中，提出10項教師專業標準。試問「展現教育熱忱，關懷學生的學習權益與發展」與「關心學校發展，參與學校事務與會議」之專業表現指標，係屬於下列哪一項專業標準？

(A)善盡教育專業責任

(B)致力教師專業成長

(C)展現協作與領導能力

(D)發揮班級經營效能營造支持性學習環境

34. 教育的行政行為應兼顧程序正義與實質正義，其用意在追求公平、公正與合理性。依「教師法」及「高級中等以下學校教師評審委員會設置辦法」之規定，下列何者屬於「實質正義」的項目？
    (A)教評委員的任期一年
    (B)教評會，置委員五至十九人
    (C)教評會委員，必須由全體教師推舉之
    (D)受監護或輔助宣告，尚未撤銷，方得被解聘

35. 日光幼兒園為3歲以上幼兒提供點心、午餐和規劃安排午睡時間，依據「幼兒園教保服務實施準則」之規定，下列作息時間安排何者較為適當？
    (A)9：00點心，11：00午餐，12：00午睡，14：00起床，14：30點心
    (B)9：00點心，11：30午餐，12：30午睡，14：00起床，14：30點心
    (C)9：00點心，12：00午餐，12：30午睡，14：30起床，15：00點心
    (D)9：30點心，11：00午餐，12：00午睡，14：00起床，14：30點心

36. 近十年可說是臺灣幼教發展的黃金時期，以下就頒布的各項幼教法令，依法律位階由高至低進行排列，下列何者正確？　甲、學前特殊教育教師、社會工作人員及護理人員薪資支給基準　乙、幼兒園在職人員修習幼兒園教師師資職前教育課程辦法　丙、幼兒教育及照顧法　丁、非營利幼兒園實施辦法
    (A)丙丁乙　　　(B)丙丁甲　　　(C)丁乙甲　　　(D)乙甲丁

37. 當你發現搭班教師經常在教學時間處理重要私事時，面對這樣的情形，下列哪一項處理方式較不符合專業工作倫理守則？
    (A)如果解決方法無效時，你會將此事向上司報告
    (B)跟他一起討論和解決，如何讓如此情形不再發生
    (C)負責照顧好全班，希望他儘速將私事處理完畢，不發生事情就好
    (D)告訴他在教學時間處理重要私事，此種行為會影響班上幼童的照顧與學習，這種不具專業行為的表現，令你擔憂

38. 當教師發現服務的幼兒園有不當措施或作為時,下列哪一項處理方式較符合專業工作倫理守則?
    (A)在園內以消極作為的方式因應,伺機離職
    (B)為維護幼兒園聲譽,仍應善盡己責配合園方業務推展
    (C)即使建議後仍沒有改善,應以和諧為首要考量,不要向主管機關呈報
    (D)幼兒園違反法規,或幼兒園要求其部屬違反專業倫理行為的事實,只要有充分的證據,可以舉發

39-40為題組
閱讀下文後,回答39-40題。

　　小智是5年級的小學生,他規劃在暑假8月份每天閱讀2小時,目標是閱讀完10本書。開始閱讀後,小智發現自己閱讀科學類書籍時會有較大的困難。到8月中旬,他發覺自己可能無法達成目標,因此向老師求助。老師發現小智選擇的閱讀書籍難度太高,於是推薦10本參考書單。在老師的引導下,小智順利完成自己設定的目標。

39. 小智能妥善應用自己的知識,順利解決問題以達成目標的歷程,較適合用下列何種概念來解釋?
    (A)後設認知　　　(B)自我探索　　　(C)發現學習　　　(D)觀點取替
40. 小智發現自己閱讀科學類書籍時會有較大的困難。這是屬於下列何種能力的展現?
    (A)計畫　　　　(B)監控　　　　(C)提取　　　　(D)推論

二、問答題每題10分,共40分（請以黑色、藍色原子筆或鋼筆於答案卷上由左而右、由上而下、橫式書寫）

1. 「權威」是社會中控制他人行為的正式權利或權力,師生關係中一定會涉及教師權威。試舉三種教師權威並解釋之。

2. 教育觀念的闡述常運用比喻或隱喻,試針對「教育即塑造」、「教育

即生長」分別說明其意義（4分）及優、缺點（6分）。

3. 林老師剛被指派至一所歷史悠久的公立幼兒園當園長，他想採取轉型領導（transformational leadership），提升幼兒園的組織效能和帶動課程革新。試舉出四種他可以運用轉型領導的方式。

4. 大熊幼兒園公布全園獲得好寶寶貼紙最多的前五名，在全園活動時公開頒獎並與園長合照。試簡要說明上述的做法根據了哪些社會學習論的觀點（4分），並以該理論分析此做法的教育意義（6分）。

「108年度高級中等以下學校及幼兒園教師資格考試」第二次考試選擇題參考答案

類科：幼兒園

科目：教育原理與制度

題號	1	2	3	4	5	6	7	8	9	10
答案	A	A	B	B	C	D	C	C	A	B

題號	11	12	13	14	15	16	17	18	19	20
答案	C	D	B	A	C	C	A	B	D	C

題號	21	22	23	24	25	26	27	28	29	30
答案	D	C	B	D	B	C	B	A	D	A

題號	31	32	33	34	35	36	37	38	39	40
答案	B	D	A	D	B	B	C	D	A	B

108年度高級中等以下學校及幼兒園教師資格考試第二次考試試題本

類科：幼兒園

科目：幼兒發展與輔導

一、選擇題每題2分，共60分（請以黑色2B鉛筆於答案卡上作答，單選題；答錯不倒扣）

1. 小傑、莉莉和偉偉在玩大富翁，從史密蘭斯基（S. Smilansky）遊戲類別來看，他們正在進行的是下列哪一種遊戲？

   (A)規則性遊戲　　(B)功能性遊戲　　(C)戲劇性遊戲　　(D)建構性遊戲

2. 大雄不喜歡收拾玩具，爸爸很受不了，問大雄：「你這樣煩不煩？每天都要提醒才收拾。」大雄說：「不煩！」爸爸聽了生氣說：「你再說！你再說！」但是大雄不覺得爸爸在生氣，又再說了一次不煩，爸爸更生氣。此顯示大雄最有可能是何種能力不足？

   (A)情緒表達　　　(B)情緒調整　　　(C)情緒理解　　　(D)情緒參照

3. 三歲的小傑告訴媽媽：「我喜歡畫畫，我跑得很快！」小傑的行為與下列何者最有關？

   (A)自我概念　　(B)自我預言　　(C)自我中心　　(D)自我揭露

4. 小美喜歡冰雪奇緣中的艾莎，請媽媽幫她綁像艾莎一樣的辮子。試問小美的行為表現可用下列哪一個理論的概念來解釋？

   (A)認知理論的遞移推理　　　　　(B)心理分析的戀母情結

   (C)社會學習的楷模學習　　　　　(D)訊息處理的社會參照

5. 威威第一次看到馬，指著說：「狗狗」。但他隨即發現眼前的動物有著不一樣的叫聲，便轉頭問爸爸：「這是什麼？」爸爸告訴他：「這叫做馬」。威威盯著馬看了好一會兒，然後指著馬說：「這是馬！」「那是馬！」「那裡還有……馬！」根據皮亞傑（J. Piaget）的理論，威威經歷了什麼認知歷程？

   (A)從組織到同化(B)從同化到調適

   (C)從平衡到適應(D)從調適到組織

6. 秀秀和婷婷正在玩扮演遊戲，秀秀說：「我們來假裝看電視，看卡通好不好？」婷婷回答：「好。」婷婷邊說邊比出按遙控器的動作，連續比了三次。婷婷的行為顯現她具備下列哪些能力？　甲、快速配對能力　乙、心理表徵能力　丙、唱數計數能力　丁、延宕模仿能力

   (A)甲乙　　　　　(B)乙丙　　　　　(C)乙丁　　　　　(D)丙丁

7. 小琳向陳老師報告瑋瑋在遊戲時打阿祥，不過陳老師並未發現，所以他反覆詢問其他幼兒：「你們有看過瑋瑋打阿祥嗎？」剛開始大家表示沒有，但慢慢有越來越多人說有看到。試問陳老師較可能忽略了幼兒的哪一項記憶發展特性？

   (A)已會運用腳本記憶　　　　(B)容易表現內隱記憶
   (C)善於使用類比推理　　　　(D)記憶易受暗示影響

8. 王老師分別問四位幼兒：「花盆可以用來做什麼？」小美說：「可以拿來種蘭花、當馬桶、當大鼓打和當船坐。」小民說：「可以拿來種玫瑰花、蘭花、仙人掌、豆子、菊花。」小文說：「可以拿來種菊花，還可以裝上燈泡變成霓虹燈花盆。」小華說：「可以拿來種彩色的玫瑰花、種像蝴蝶一樣漂亮的蘭花。」以創造力而言，上述哪位幼兒表現出較高的變通性？

   (A)小美　　　　(B)小民　　　　(C)小文　　　　(D)小華

9. 女孩小麗及男孩小明都是四歲3個月且身高110公分的幼兒。小麗體重是15公斤，小明體重是20公斤。依據衛福部「兒童及青少年生長身體質量指數（BMI）建議值」，四歲女孩BMI正常值13.2～16.8，四歲男孩BMI正常值13.4～16.7，下列敘述何者正確？

   (A)兩人體位都正常　　　　　(B)小麗體位正常，小明體位過重
   (C)小麗體位過輕，小明體位過重　(D)小麗體位過輕，小明體位正常

10. 媽媽拿出兩片一樣的吐司在四歲小瑋和弟弟面前，把其中一片吐司切成四等分給弟弟，把另一片完整的吐司給小瑋。小瑋看了生氣地說：「弟弟有四塊，比我的一塊多，不公平！」小瑋的回答透露了認知發展上的哪一項訊息？

   (A)已發展出類比推理　　　　(B)尚未具備可逆性思考
   (C)還不能正確判斷數字大小　(D)已發展出質量保留的概念

11. 正在幼兒園花圃中進行花朵觀察的妮妮，右小腿不小心被蜜蜂螫傷而

放聲大哭。試問老師可以採取下列哪些方式來處理妮妮的傷口？
甲、使用肥皂水幫妮妮清洗傷口　乙、鼓勵妮妮多活動以預防休克發生　丙、幫妮妮冰敷患部以減輕疼痛與腫脹　丁、使用消毒過的尖頭鑷子小心地幫妮妮挑出蜂刺
(A)甲乙丙　　　(B)甲乙丁　　　(C)甲丙丁　　　(D)乙丙丁

12. 二歲的強強在積木區完成了一座高塔的搭建，他很高興地邀請爸爸媽媽來學校看他的作品。強強處於成就動機的哪一個發展階段？
(A)駕馭的喜悅　(B)尋求讚許
(C)使用標準評價(D)精熟挑戰

13. 小珍是觸覺防禦的孩子，吃東西時不喜歡某些口感或味道的食物，也不喜歡刷牙，感冒時也不肯帶口罩，任何東西接觸到她的皮膚，都令她痛苦不堪、情緒反彈。下列對小珍的改善策略敘述，何者<u>不適宜</u>？
(A)刷牙時以牙刷按摩牙齦使小珍適應觸覺刺激
(B)持續按摩提供小珍全身刺激以改善觸覺防禦
(C)讓小珍穿上洗過很多次的衣服以減少觸覺刺激
(D)以食指指腹慢慢觸壓小珍口腔周圍以增加敏感度

14. 下列有關幼兒行為觀察紀錄的推論，何者與維高斯基（L. S. Vygotsky）的觀點較有關？
(A)「阿德操作積木時自言自語的說了幾句話」表示阿德表現自我中心的行為
(B)「阿德今天在扮演區演出前天在影片裡看到的超人動作」表示阿德有延宕模仿的能力
(C)「阿德在玩樂高時，看到小傑用樂高造飛機，也跟著小傑造了一架飛機」表示阿德透過觀察學習
(D)「阿德拼圖拼不好，小傑跟他說：『兩邊平平的在旁邊』，阿德因此完成了拼圖」表示阿德透過同儕協助學習

15. 小文在娃娃家玩遊戲，突然聽到有人叫他的名字，小文聽出是阿龍在找他。阿龍離他還很遠且沒發現他，於是他趕緊躲起來，讓阿龍找不到他。小文在此一過程中依序運用了哪些知覺能力？
(A)注意、辨識、定位　　　　(B)辨識、定位、注意
(C)注意、定位、辨識　　　　(D)辨識、注意、定位

16. 陳老師想要撿起地上的玩具，但是因為手上的東西太多了，陳老師彎腰伸出手卻撿不著，妮妮見狀，就蹲下去撿起來給老師。妮妮的行為較符合下列哪一項能力的表現？

(A)角色取替　　(B)內隱認知　　(C)情緒表達　　(D)社會參照

17. 美君目前在幼兒園實習，實習輔導老師要她嘗試設計下個月的菜單。試問美君設計幼兒園菜單的考量，下列何者不適切？

(A)每週提供一次雜糧根莖類主食取代精緻穀類

(B)提供的餐食應該清淡、易消化、避免刺激性食物

(C)計算熱量分配時三大營養素中應以蛋白質占總熱量比例最高

(D)每大類食物中可用不同食物替換，提高多樣化和營養均衡性

18. 小明的媽媽知道小明是易怒與衝動的孩子，因此她用心地使用合宜的教養方式，為小明創造更正向的發展環境。下列何者較符合小明媽媽的養育概念？

(A)社會參照　　(B)同步影響　　(C)適配模式　　(D)功能取向

19. 三歲的小明時常說：「媽媽，汽車坐」、「哥哥，腳踏車騎」，從這裡可以看出他在語言方面的主要問題是什麼？

(A)語音　　　　(B)語意　　　　(C)語用　　　　(D)語法

20. 小明喜歡吃洋芋片、可樂等零食，但這些零食富含大量的磷。攝取過多的磷會干擾下列哪一種礦物質的吸收？

(A)鈣　　　　　(B)鈉　　　　　(C)鉀　　　　　(D)鎂

21. 下列有關幼兒扮演遊戲的敘述，何者較適宜？

(A)幼兒從事扮演遊戲主要是為了進行遊戲治療

(B)幼兒在喬裝扮演中，會運用到許多的表徵能力

(C)典型自閉症幼兒從事扮演遊戲與一般幼兒無異

(D)幼兒玩扮演遊戲時，不宜扮演與自己性別不同的角色

22. 下列有關林老師對幼兒氣質類型的判斷，何者正確？

(A)小薇只要尿布稍微溼就感到不舒服而哭鬧，較傾向反應閾高

(B)小萱願意在大眾面前表演唱兒歌與講述故事，較傾向活動量高

(C)小銘玩拼圖時，常常一次拼不成就放棄不玩，較傾向適應性低

(D)小鴻喝奶時常一聽到腳步聲就轉頭尋找，較傾向注意力分散度高

23. 五歲的小杰和家人去公園踢球時不斷地被蚊子叮咬，他試過用手揮、

用水噴，直到他擦上防蚊液才沒被叮咬，所以他之後每次去公園前就會噴上防蚊液。下列哪一種學習類型最適合解釋小杰的行為？

(A)鷹架學習　　　(B)古典制約　　　(C)觀察學習　　　(D)操作制約

24. 媽媽帶著小華去放風箏，媽媽說：「白白的雲好像棉花糖，去拿下來送給媽媽。」小華比著天空回答：「那麼高！要怎麼拿呀？」小華展現出哪一種語言溝通技巧？

(A)構詞推論　　　(B)指示溝通　　　(C)語法覺察　　　(D)祈使要求

25-26為題組

閱讀下文後，回答25-26題。期末會議前，高園長查閱幼兒安全及事故傷害紀錄表，想了解這學期園內的校安狀況，紀錄表內容如下。

「好笑神幼兒園」幼兒安全及事故傷害紀錄表—戶外遊戲區—						
班級	姓名	發生日期	發生地點	發生事件描述	處理方式	紀錄者
大象班	花花	3/21	滑梯區	以趴著姿勢溜滑梯，造成頭部撞到滑梯出口處地面流血	經止血後，讓花花的頭及肩部稍微墊高躺著	張諧有
企鵝班	小圓	4/19	攀爬架	踢到木材剝裂的板子腳瘀青	請小圓將腳抬高並給予冰敷	陳易遜
獅子班	小美	5/2	鞦韆區	鞦韆只有一個，在與小強搶盪鞦韆時，被鞦韆撞到胸部	讓小美平躺並觀察其呼吸狀況	宋重機
兔子班	樂樂	6/3	遊戲場	許多幼兒擠在遊戲場，與小榆相撞造成流鼻血	讓樂樂身體前傾並用拇指及食指在兩側鼻翼上方施壓5-10分鐘，直到止血	宋卉樵
				主任簽核：白富美		園長簽核：高大尚

25. 根據上述紀錄表，下列哪一位幼兒的處理方式<u>不適宜</u>？
　　(A)花花　　　　　(B)小圓　　　　　(C)小美　　　　　(D)樂樂

26. 從幼兒的傷害事件可以發現，高園長應在期末會議提出下列哪一項改
　　善措施？
　　(A)有些木材遊具遭氣候侵蝕，應使用油性漆處理表面
　　(B)滑梯出口處的細沙舖面至少要有23公分深才具有緩衝的性能
　　(C)鞦韆太少，應增購四個一組的設備，才不會造成幼兒爭搶的危險
　　(D)遊戲場的遊具呈放射狀擺放，才不會導致遊具過度集中造成幼兒
　　　推擠

27-28為題組

閱讀下文後，回答27-28題。

　　四歲的小德跑向戶外三輪車停車區時，剛好看到最後一輛三輪車被騎
走了，馬上大哭起來，並對秀秀老師說：「妳看，三輪車都被騎走了。」

27. 依據高登（T. Gordon）在《教師效能訓練》中所提出的有效溝通方
　　法，秀秀老師應該如何回答小德？
　　(A)有什麼關係，等一下還是有機會的
　　(B)你一定很傷心，因為你沒有騎到三輪車
　　(C)你是男生，不要動不動就哭，別人會笑你
　　(D)哭沒有辦法解決問題的，你要不要先去玩溜滑梯

28. 秀秀老師回應小德的話是屬於下列何種輔導策略？
　　(A)雙贏　　　　　(B)我訊息　　　　　(C)積極傾聽　　　　　(D)問題歸屬

29-30為題組

閱讀下文後，回答29-30題。

　　陳老師整理班上來自不同家庭幼兒的成長觀察紀錄時發現，女孩小美
在11個月大就會說第一個有意義的詞彙；男孩小龍在16個月大才會。他
們在開始說話前，兩人都能理解人際溝通的意涵。兩歲時，兩人詞彙表達
一樣好，而且小龍很快可以想起剛剛聽到的一串無意義語音，但小美的語
音記憶力比小龍差。三歲時，小龍的詞彙量明顯比小美多。

29. 下列哪些觀點可以解釋女生詞彙學習比男生早一些，而又為何兩人的語言理解會先於表達？ 甲、幼兒再認記憶比回憶能力好 乙、女生的生理成熟速度較快，左半腦發展較早 丙、語言理解能力需要再認的記憶，語言表達需要回憶的能力 丁、兩人語言表現的差異，主要是家庭社經影響，而不是性別造成

(A)甲乙丙　　　　(B)甲乙丁　　　　(C)甲丙丁　　　　(D)乙丙丁

30. 下列哪一項建議最有助於小美的詞彙發展？

(A)讓小美使用平板電腦玩遊戲，就可以接觸大量詞彙來學習

(B)多讓小美獨自背誦大量詞彙，即可增加對詞彙的理解能力

(C)把小美的「指稱式」語言風格，改成「表達式」語言風格

(D)和小美在互動的時候，多加以解釋說明小美所經歷的事物

二、問答題每題10分，共40分（請以黑色、藍色原子筆或鋼筆於答案卷上由左而右、由上而下、橫式書寫）

1. 王老師發現班上三歲的小敏時常會咬指甲，甚至讓指縫流血。試列舉四種可改善小敏咬指甲習慣的策略。（10分）

2. 兩歲的小俊第一次上幼兒園，他個性活潑、活動力驚人，會說簡單詞彙，可在協助下到馬桶解便，但還包著尿布。

(1)試從生理和語言發展兩方面，說明小俊可以開始進行小便訓練的條件。（4分）

(2)當小俊可以開始進行小便訓練後，試列舉三項幫助他如廁訓練的策略並說明之。（6分）

3. 陳老師問五歲男孩小寶願不願意與班上的女生一起玩扮演遊戲，小寶說：「我是男生，我喜歡和男生一起玩小汽車。」試依據班度拉（A. Bandura）的社會學習理論、佛洛伊德（S. Freud）的心理分析理論與柯伯格（L. Kohlberg）的認知發展理論，分別說明小寶的性別角色發展。（10分）

4. 五歲的珮珮能記得自己三歲生病住院時許多事件的細節，甚至成為她生活中的特定事件。試舉出三項影響珮珮此段自傳式記憶形成的因素並說明之。（10分）

「108年度高級中等以下學校及幼兒園教師資格考試」第二次考試選擇題參考答案

類科：幼兒園

科目：幼兒發展與輔導

題號	1	2	3	4	5	6	7	8	9	10
答案	A	C	A	C	B	C	D	A	D	B

題號	11	12	13	14	15	16	17	18	19	20
答案	C	B	D	D	A	A	C	C	D	A

題號	21	22	23	24	25	26	27	28	29	30
答案	B	D	D	B	C	B	B	C	A	D

參 考 書 目

一、中文部分

1. 王文科（1983）。皮亞傑的認知發展理論在兒童教育上的應用。臺北：師大教育研究所。

2. 王保進等（2003）。從標竿化探討教師績效評估。臺北：教育資料與研究，53，20-27。

3. 王建雅（2003）。嬰幼兒教保概論。臺北：群英。

4. 王紅宇譯，Dorll著（1999）。後現代課程觀（*A post-modern perspective on curriculum*）。臺北：桂冠。

5. 中華民國幼兒教育改革研究會（主編）（2001）。邁向專業的老師——幼教專業倫理工作坊研習手冊。臺北：作者。

6. 王靜珠（1974）。張雪門先生紀念專集。臺北：委員會編印。

7. 幼稚園課程標準（1987）。臺北：正中書局。

8. 蔡明昌、張佩玉、林庭玉、楊淞丞等譯（2008）。幼教課程模式。臺北：華騰。

9. 石井昭子等（1988）。蒙臺梭利算術教育。臺北：新民幼教社。

10. 江麗莉、孫良誠（2013）。家庭變遷趨勢對幼兒學習之影響。「家庭型態變遷趨勢對幼兒園教育之影響」。國家教育研究院委託計畫。

11. 宋海蘭（1988）。創設我國第一所實驗幼稚園的陳鶴琴先生。臺北：臺北市立師範學院。

12. 杜祖貽主編（1993）。西方社會科學理論的移植與應用。香港中文大學。

13. 谷瑞勉譯（1999）。鷹架兒童的學習。臺北：心理。

14. 吳鳳技術學院（2005）。全球化與本土化——臺灣幼兒教保課程模式在地化建構學術研討會。嘉義：吳鳳幼保系。

15. 吳麗君（1997）。擺渡——對國內開放教育的觀察與思考。「開放教育的理念與實踐」研討會。臺北：國立臺灣師範大學教育研究中心。

16. 岩田陽子等（1988）。蒙臺梭利教育日常生活練習。臺北：新民幼教社。

17. 岩田陽子等（1988）。蒙臺梭利感覺教育。臺北：新民幼教社。

18. 岩田陽子等著（1987）。蒙臺梭利理論與實踐。臺北：新民幼教社。

19. 李建興、盧美貴、謝美慧、孫良誠（2009）。國民教育向下延伸一年可行模式及其因應策略分析。教育部委託「財團法國家政策研究基金會」專案計畫。

20. 林玉体（1980）。西洋教育史。臺北：文景。

21. 林育瑋等（1987）。幼稚園單元教學活動設計。臺灣省教育廳。

22. 林育瑋等（1997）。進入方案教學的世界。臺北：光佑。

23. 林育瑋、洪堯群、陳淑娟、彭欣怡、陳怡婷譯（2012）小小探險家——幼兒教育中的方案取向（*Young Investigators-The Projetct Approach in the Early Years*）。臺北：華騰。

24. 林佳儒（2004）。標竿學習在比較教育上的應用——科技融入幼兒教育可行性研究。博士論文，未出版。國立暨南大學比較教育研究所。

25. 林佳賢（2013）。麻豆國小附幼發展歷程之研究。臺灣首府大學幼兒教育學系碩士論文，未出版。

26. 林盛蕊（1975）。福祿貝爾恩物理論與實際。臺北：文化大學兒福系。

27. 林萬億、秦文力（1992）。臺北市單親家庭問題及因應策略之研究。臺北：臺北市政府發展考核委員會委託研究。

28. 林惠雅（2009）。父母共親職互動歷程的面貌。本土心理學研究，32，41-97。

29. 林瑞榮、劉健慧（2009）。新移民子女教育相關議題——理論與反思。教育研究學報，43(1)，1-21。

30. 林鑫琪、陳瑞玲（2006）。教師的生涯發展與規劃。中華大學「教育暨國語文學報」，3，23-35。

31. 林慧芬、林妙徽（2013）。家庭型態變遷趨勢對幼兒家長教養期望、教養態度與親職角色之影響。陳伯璋、薛雅慈「家庭型態變遷趨

勢對幼兒園教育之影響」整合型專案。國家教育研究院委託計畫。

32. 吳俊憲（2006）。社區總體營造融入學校課程發展之研究——以一所國民小學為例。臺中教育大學（教育類），20(1)，39-62。

33. 吳錦惠、吳俊憲（2005）。「新臺灣之子」的教育需求與課程調適。課程與教學季刊，8(2)，53-72。

34. 幸曼玲等人（2010）。幼兒園教保活動與課程大綱實驗方案工作坊。臺北：教育部國民教育司。

35. 幸曼玲（2013）。家庭型態變遷趨勢對幼兒園課程與教學之影響。「家庭型態變遷趨勢對幼兒園教育之影響」。國家教育研究院委託計畫。

36. 邱志鵬（1987）。從世界幼教演進簡史及各國幼教發展現況論我國幼教的問題與改進建議，載於「學前教育比較研究」。臺北：臺灣書店。

37. 俞筱鈞（1982）。人類智慧探索者——皮亞傑。臺北：允晨出版社。

38. 洪雯柔（2002）。全球化與本土化辯證中的比較教育研究。南投：暨南大學比較教育研究所博士，未出版。

39. 洪福財（2002）。幼兒教育史——臺灣觀點。臺北：五南。

40. 相良敦子（1988）。蒙臺梭利教育的理論概說。臺北：新民幼教社。

41. 倪用直等（1999）。幼兒教育。臺北：華騰。

42. 徐慧晴（2003）。幼稚園自我評鑑之研究。臺北：臺北市立師院國教所幼教教學碩士論文。

43. 張軍紅、陳素月、葉秀香等人譯（1998）。孩子的100種語言（*The Hundred Languages of Children*）。臺北：光佑。

44. 張雪門（1952）。幼稚園行為課程，臺灣省立臺北育幼院。

45. 教育部（2017）。擴大幼兒教保公共化計畫（106-109年度）（核定本）。臺北市：作者。

46. 張雪門（1973）。幼稚教育論叢。臺北：臺灣開明書局。

47. 教育部（2001）。教育部公私立幼稚園評鑑及獎勵實施計畫。臺北：教育部。

48. 教育部（1987）。**幼稚園課程標準**。臺北：教育部。

49. 教育部（2013）。**學前教保法令選輯**。臺北：教育部。

50. 教育部（2013）。**幼兒園教保活動課程暫行大綱**。臺北：教育部

51. 臺灣省教育廳（1986）。幼稚園單元教學活動設計（上下學期）。臺中：臺灣省教育廳。

52. 郭昭佑（2004）。當燈光照見自己——學校自我評鑑實施問題探究。「**教育評鑑**」回顧與展望學術研討會。臺北：國立臺灣師大教育研究中心。

53. 郭靜晃等譯（2001）。**幼保概論**。臺北：洪葉。

54. 5郭靜晃、范書菁、蔡嘉珊譯（2001）。**教保概論——教保專業人員培育指引**。臺北：洪葉。

55. 陳伯璋（1982）。**課程研究與教育革新**。臺北：師大書苑。

56. 陳伯璋（1986）。**潛在課程研究**。臺北：五南。

57. 陳伯璋（1987）。**課程研究與教育革新**。臺北：師大書苑。

58. 陳伯璋（2001）。**新世紀課程改革的省思與挑戰**。臺北：師大書苑。

59. 陳伯璋（2003）。新世紀的課程研究與發展。**國家政策季刊2卷3期**。

60. 陳若琳等譯（1999）。**嬰幼兒保育概論**。臺北：華騰。

61. 陳書凱等譯（2004）。**一次讀完15位心理學大師講義**。臺北：靈活。

62. 陳迺臣（1988）。**杜威教育思想**。臺北市立師範學院。

63. 陳慈娟（2004）。幼稚園園長課程領導。臺北市立師院國教所幼教教學碩士論文，臺北，未出版。

64. 彭書淮（2004）。**一次讀完8本教育學經典**。臺北：靈活。

65. 黃永和（2001）。**後現代課程理論之研究**。臺北：師大書苑。

66. 黃昆輝教授教育基金會（2018,3月18日）。五歲幼兒教育義務化民意調查新聞稿。取自http://www.hkhedu.com/news2018/news03_18.html。

67. 黃政傑（1991）。**課程設計**。臺北：東華。

68. 黃炳煌（2002）。**課程統整與教師專業發展**。臺北：師大書苑。

69. 黃淑嫆（2013）。幼兒園教保人員情緒管理能力量表建構之研究。嘉義大學教育學系博士論文，未出版。

70. 楊思偉等人（2006）。**建構我國教師在職進修體系之研究**。臺北：邁向卓越教育國際研討會。

71. 楊敏（1986）。幼教思想之演進。臺北：臺北市立師專。

72. 賈馥茗（1976）。教育與文化上冊。臺北：五南。

73. 廖鳳瑞譯（1986）。專業的幼教老師。臺北：信誼基金會。

74. 廖鳳瑞（2002）。與幼教大師對談——邁向專業成長之路。臺北：信誼。

75. 劉美淡（1985）。福祿貝爾恩物。臺北：百進圖書。

76. 歐用生（1998）。新世紀的課程改革。臺北：五南。

77. 曾憲政、許玉齡（2009）。**研擬幼托整合後幼兒園評鑑人員培訓課程教材及培訓評鑑人員種子講師**。國立新竹教育大學。

78. 楊淑朱、張家銘（2013）家庭型態變遷趨勢對幼兒園經營之影響。**「家庭型態變遷趨勢對幼兒園教育之影響」**。國家教育研究院委託計畫。

79. 蔡春美、張翠娥、陳素珍(2013)。**幼兒教育體系與運作——幼兒教保行政管理與實務**。臺北：心理。

80. 蔡清田（2011）。**素養——課程改革的DNA**。臺北：高等教育。

81. 蔡淑姿主編（2013）。幼兒教育概論。臺中：華格那。

82. 鄭世興（1967）。近代中外教育家思想。臺北：臺灣書店。

83. 盧美貴（1987）。兒童教育的理念與輔導。臺北：師大書苑。

84. 盧美貴、孫良誠、董月美（2018）。**幼兒教育義務化主要問題及解決對策之研究**。

85. 盧美貴（1987）。英國幼兒教育的現況與發展，「學前教育的比較研究」。臺北：臺灣書店。

86. 盧美貴（1988）。**個別化教學——簡介日本的緒川學校**。臺北：師大書苑。

87. 盧美貴、王珮玲、游淑燕（1990）。**開放式幼兒活動設計**。臺北：臺北市政府教育局。

88. 盧美貴（1997）。**成長在夏山**。臺北：遠流。

89. 盧美貴、許文鼎（1997）。**教具製作——童書世界的主題空間**。臺北：臺北市立師範學院。

90. 盧美貴（2000）。**教改何價——臺北市立師範實小模式——學校願景及其本位課程實踐反思**。臺北市立師院課程與教學中心。

91. 盧美貴（2002）。我們的共識——讓「評鑑」成為優質幼兒教育的保證。「臺北市幼稚園評鑑手冊」。臺北：臺北市政府教育局。

92. 盧美貴（2003）。**幼兒教育課程發展**。臺北：學富。

93. 盧美貴（2003）。**開放式幼兒活動設計**。臺北：心理。

94. 盧美貴等人（2003）。**幼兒教育課程發展理論與實務**。臺北：學富。

95. 盧美貴（2004）。**幼稚園本位課程發展研究——幼兒基本能力與學力指標轉化**。國科會NSC92-2413-H133-015。

96. 盧美貴（2004）。**專業的幼兒教育評鑑——臺北市幼稚園自我評鑑的省思與方向**。載於「臺北市幼稚園評鑑手冊」。臺北：臺北市政府教育局。

97. 盧美貴（2005）。多元智能課程本土化發展與建構。「全球化與本土化——臺灣幼兒教保課程模式在地化建構」學術研討會。

98. 盧美貴、黃月美（2009）。**臺灣幼兒教育課程品質分析研究——子計畫「臺灣幼兒核心素養及其幼教課程形構研究」**。國家教育研究院專案計畫。

99. 盧美貴、黃月美、陳玉芳（2012）。幼兒教育階段核心素養與各領域課程統整研究。教育「**K-12各教育階段核心素養與各領域課程統整研究**」。國家研究院委託「國立中正大學統合型專案研究」。

100. 盧美貴、黃月美（2013）。家庭型態變遷趨勢對幼兒園課程與教學之影響。「**家庭型態變遷趨勢對幼兒園教育之影響**」。國家教育研究院委託計畫。

101. 盧素碧（1984）。**幼兒教育課程理論與單元活動設計**。臺北：文景。

102. 盧素碧（1987）。我國學前教育。「**學前教育比較研究**」。臺北：臺灣書店。

103. 薛梨真（1999）。國小課程統整的理念與實務。高雄：復文

104. 簡楚瑛（1999）。**幼教課程模式**。臺北：心理。

105. 羅雅芬、連英式、金乃琪等（2000）。**兒童的一百種語言**。臺北：心理。

106. 蘇愛秋（1986）。**幼稚園與托兒所的親職教育**。臺北：信誼基金會。

107. D. Sherwood著（2004）。**系統思考**（*Seeing The Forest for The Trees*）（劉昭良、劉昕譯）。北京：機械工業出版社。

二、英文部分

1. Alvik , T. (1995). School-based Evaluation: A Close-up. *Studied in Educational Evaluation, 21,*311-343.

2. Andersen, B. & Per-Gaute Pettersen (1996). *The Benchmarking Handbook: Step-by-Step Instructions.* London: Chapman & Hall.

3. Arce E. M. (2002). *Curriculum for Young Children.* NY. Delmar.

4. Austin, G. R. (1976). *Early Childhood Education: In International Perspective.* N.Y.: Academic.

5. Bandura, A. (1977). *Social Learning Theory.* Englewood Cliffs, N.J.: Prentice-Hall.

6. Bean, R. & Clemes, A. (1978). *Elementary Principles' Handbook: New Approaches to Administrative Action.* N.Y.: Parker.

7. Beane, J. A. (1997). *Curriculum Integration: Designing the Core of Democratic Education,* NY. Teachers College.

8. Beaty, J.(2004). *Skills for Preschool Teachers. Upper Saddle River*, New Jersey: Merrill Prentice Hall.

9. Beaty, J. J. (1978). *Skills for Preschool Teachers.* Columbus: Bell & Howell.

10. Bloom, B. S. (1956). *A Taxonomy of Educational Objectives Handbook in Cognitive Domain.* London: Longman Group Ltd.

11. Bower, T. G. R. (1978). "The Object in The World of The Infant", *Scientific American, No. 4, Vol. 225.*

12. Bradbur, E. (1973). Britain s First Nursery-Infant School, In Ber-

nard Spodek (Ed.), *Early Childhood Education*. Englewood Cliffs, N. J.: Prentice-Hall.

13. Bruner, J. S. (1996). *The Culture of Education*. Cambridge, MA: Harvard University.

14. Bronfenbrenner, U. (1986). Ecology of the Family as Context for Human Development: Research Perspectives. *Development Psychology, 22*, 723-742.

15. Brophy, E. Jr. (1975). *Teaching in The Preschool*. N.Y.: Harper And Row.

16. Broman, B. L. (1982). *The Early Years in Childhood Education*. Boston: Houghton Mifflin.

17. Bronfenbrenner, U. (1979). *The Ecology of Human Developmentexperiments by Nature and Design*, Harvard University.

18. Bühler, C. & Allen, A. (1972). *Introducation to Humanistic Psychology Monterey*. C.A.: Brooks & Cole.

19. Cadwell, L. B. (2003). *Bringing Learning to Life-The Reggio Approach to Early Childhood Education*, Teachers College, Columbia University.

20. Caldwell. B. J. & Spinks, J. M. (1998). *Beyond the Self-managing School, Falmer*.

21. Caruso, J. J. (1986). Early Childhood Programs And Their Implications for Supervisors, *Supervision in Early Childhood Education: A Development Perspective*. N. Y. : Teachers College, Columbia University.

22. Chang, M., Park, B., Singh, K., & Sung, Y. (2009). Parental Involve-ment, Parenting Behaviors, and Childrens Cognitive Development in Low-income and Minority Families. *Journal of Research in Childhood Education*, 23(3), pp.309-324.

23. Chen, J. Q. (1998). Project Spectrum: *Early Learning Activities*, NY. Teachers College.

24. Cohen, S. & Rae, G. (1987). *Growing up with Children*. CBS Col-

lege.

25. Del Boca, D. & Locatelli, M. (2007). Motherhood and Participation. In D. Del Boca & C. Wetzels (Eds.). *Social Policies, Labor Markets and Motherhood: A Comparative Analysis of European Countries*, pp. 155-181. Cambridge University.

26. Drake, S. M. (1993). *Planning Integrated Curriculum: The Call to Adventure, Alexandria*, VA.ASCD.

27. Fogarty R. (2002). *How to Intergate The Curriculum.* Illinois. Pearson Skylight.

28. Frost, J. L. & Klein, B. L. (1979). *Children s Play and Playgrounds.* Boston:Allyn & Bacon.

29. Getz, S. K. (1983). Skill Inventory for Early Childhood Presonal, *Day Care & Early Education*, No. 2, Vol. 11.

30. Goodwin, W. L. & Priscoll, L. A. (1980). *Handbook and Evaluation in Early Childhood Education.* San Francisco: Jossey-Bass.

31. Hall, E. (1982). *Child Psychology Today.* N.Y.: Random House

32. Hart P. M. (1997). *Becoming a Star Teacher.* CA. Corwin.

33. Hatoff, S. H. (1981). *Teacher s Practical Guide for Educating Young Children: A Growing Program.* Boston: Allyn & Bacon.

34. Hildebrand, V. (1981). *Introduction to Early Childhood Education.* N.Y.: Macmillan.

35. Hoerr T. R. (2000). *Becoming A Multiple Intelligences School.* Alexandria, VA. ASCD.

36. Hunt, J. M. (1961). *Intelligence and Experience.* N.Y.: Ronald.

37. Hymes, J. L. Jr. (1974). *Teaching The Child Under Six.* Columbus, Ohio: Merrill.

38. Jacobs, H. H. (1989a). *Interdisciplinary Curriculum: Design and Implementation, Alexandria,* VA. ASCD.

39. Jacobs, H. H.(1997). *Mapping the Big Picture.* Alexandria, VA.ASCD.

40. Jacobs, H. H. (2004). *Getting Results with Curriculum Mapping,* Al-

exandria, VA.ASCD.

41. Kagan, K. (1980). J. Piaget's Contribution, *Phi Delta Kappar*, Dec.

42. Knight, P. (1985). The Practice of School-Based Curriculum Development. *Journal of Curriculum Studies, 17*(1).

43. Ladson-Billings, G. (2004). New Directions in Multicultural Education. In J. A. Banks & C. A. M. Banks (Eds.), Handbook of Research on Multicultural Education. San Francisco, CA: Jossey-Bass.

44. Lall, B. M. & Lall, G. R. (1983). Early Children Education in The U. S. S. R., *In Comparative Early Childhood Education*. Illinois: Charles C. Thomas.

45. Lewis, H. D. (1985) *The French Education System*. London: Croom Heim.

46. Leo, L. (1980). From Mollusksto Moppets: J. Piaget, *1896-1980, Time, Sep. 29.*

47. Lovell, P. & Harms, T. (1985). How Can Playground Be Improved? *Young Children, Mar.*

48. Maclure, F. S. (1986). *Educational Documents England and Wales, 1816 to The Present Pay*. London: Methuen.

49. Marsh & Willis, G. (1995). *Curriculum-alternative Approaches, Ongoing Issues*, Prentice Hall.

50. Marsh, C., Day, C., Hannay, L., & McCutcheon. (1990). *Reconceptualizing School-based Curriculum Development*. NY.: Falmer.

51. McCutchen, G. (1995). *Developing the Curriculum: Solo and Group Deliberation*. NY. Falmer.

52. Morrison, G. (2001). *Integrating Computer Technology into the Classroom*. Upper Saddle River, New Jersey: Merrill Prentice Hall.

53. Morrison, G. (2004). *Early Childhood Education Today*. Upper Saddle River New Jersey: Merrill Prentice Hall.

54. NAEYC (1996). NAEYC Position Statement: Technology and Young Children-Ages Three through Eight. *Young Children, 51*(6), 11-16.

55. Nevo, D. (1995). *School-based Evaluation: A Dialogue for School*

Improvement. Tel Aviv, Israel: Masada.

56. OECD (2017). *Sttarting Strong IV: Monitoring Quality in Early.* Paris: OECD

57. Piaget, J. (1967). *Six Psychological Studies.* N.Y.: Random House.

58. Piaget, J. (1972). Intellectual Evolution from Adolescence to Adult, *Human Development*, Vol. 15.

59. Pollowy, A. M. (1974). The Child in the Physical Environment: A Design Problem, In G. Coats (Ed.), *Alternative Learning Environment.* Stroudburg, Penn, Dowden, Hutch-insow And Ross.

60. Post, T. R. Ellis, A. K, Humphreys, A. H. & Buggey, L. J. (1997). *Interdisciplinary Approaches to Curriculum: Themes for Teaching,* NJ: Prentice-Hall, Inc.

61. Qualifications and Curriculum Development Agency (2001). *Welcome to the national curriculum online.* Retrieved from http://curriculum.qcda.gov.uk/index.aspx

62. Rauscher, E.(2015). Effects of Early U.S Compulsory Schooling Laws on Educational Assortative Mating:The Importance of Context. *Demography, 52,* 1219-1242. DOI 10.1007/s13524-015-0402-5.

63. Richard, C. (1984). *The Study of Primary Education: A Source Book,* Vol. 1. Falmer.

64. Rocha, S. D. (2012). Compulsory Schooling as Preventative Defense. *Stud Philos Educ, 32,* 613-621. DOI 10.1007/s11217-012-9342-3

65. Roberts, P. L. & Kellough, R. P. (2002). *A Guide for Developing Interdisciplinary The Matic Units,* Upper Saddle River, NJ: Merrill.

66. Robison, N. F. & Schwartz, S. L. (1982). *Design Curriculum for Early Childhood.* Boston: Allyn and Bacon, Inc.

67. Schubert, W. H, (1986). *Curriculum: Perspective, Paradigm, and Possibility.* NY. Macmillan.

68. Sharman, C. (1996). *Observing Children-A Pradical Guide,* NY. Cassell.

69. Spodek, B. (1966). *Preparing Teachers of Disadvantaged Young Children.* Washington, National Association for The Education of Young Children.

70. Spodek, B. (1985). Teaching in The Early Years. *Englewood Cliffs,* N. J.: Prentice-Hall.

71. Spodek, B. (1986). *Open Education: Where are We Now?* Taipei, Taiwan.

72. Spodek, B. (1986). *Young Children in American: Education at Home and School.* Taipei, Taiwan.

73. Stephens, L. (1974). *The Teacher s Guide to Open Education.* Holt, Rinehart & Winlon.

74. Tweet, A.(1997). *The Guide to Benchmarking in Healthcare: Practical Lessons from the Field.* New York: Quality Resources.

75. UNESCO (2017). Accountability in education: Meeting our commitments. Retrieved from http://unesdoc.unesco.org/images/0025/002593/259338e.pdf

76. West Virginia Department of Welfare (1977). *Day Care Center Environment Program.* Virginia: WVDW.

77. White, B. L. & Watts, J.C. (1973). *Experience and Environment. Englewood Cliffs.* N. J.: Prentice-Hall.

78. White, P. A. (1989). *An Overview of School-based Management: What Does the Research Say?* NASSP Bulletin, 73(518).

79. Wortham, S.(2001). *Assessment in Early Childhood Education.* Upper Saddle River, New Jersey: Merrill Prentice Hall.

80. Yeung, A. S. W. (2006). Teachers Conceptions of Borderless. *Educational Research for Policy and Practice, 5,* 33-53.

81. Young. M. F. D. (1998). *Curriculum of the Future.* London: Falmer.

國家圖書館出版品預行編目資料

幼兒教保概論／盧美貴著. -- 五版. -- 臺北
市：五南圖書出版股份有限公司, 2020.01
　　面；　　公分
　　ISBN 978-957-763-718-5（平裝）

1.學前教育

523.2　　　　　　　　　108016974

1IA3

幼兒教保概論

作　　者 ― 盧美貴

發 行 人 ― 楊榮川

總 經 理 ― 楊士清

總 編 輯 ― 楊秀麗

副總編輯 ― 黃文瓊

責任編輯 ― 劉芸蓁、李敏華

封面設計 ― 王麗娟

出 版 者 ― 五南圖書出版股份有限公司

地　　址：106台北市大安區和平東路二段339號4樓

電　　話：(02)2705-5066　傳　　真：(02)2706-6100

網　　址：https://www.wunan.com.tw

電子郵件：wunan@wunan.com.tw

劃撥帳號：01068953

戶　　名：五南圖書出版股份有限公司

法律顧問　林勝安律師事務所　林勝安律師

出版日期　1988年 9 月初版一刷（共二十四刷）
　　　　　2005年10月二版一刷（共十一刷）
　　　　　2012年 9 月三版一刷（共二刷）
　　　　　2013年 9 月四版一刷（共七刷）
　　　　　2020年 1 月五版一刷
　　　　　2021年10月五版三刷

定　　價　新臺幣550元

經典永恆・名著常在

五十週年的獻禮——經典名著文庫

五南,五十年了,半個世紀,人生旅程的一大半,走過來了。

思索著,邁向百年的未來歷程,能為知識界、文化學術界作些什麼?

在速食文化的生態下,有什麼值得讓人雋永品味的?

歷代經典・當今名著,經過時間的洗禮,千錘百鍊,流傳至今,光芒耀人;

不僅使我們能領悟前人的智慧,同時也增深加廣我們思考的深度與視野。

我們決心投入巨資,有計畫的系統梳選,成立「經典名著文庫」,

希望收入古今中外思想性的、充滿睿智與獨見的經典、名著。

這是一項理想性的、永續性的巨大出版工程。

不在意讀者的眾寡,只考慮它的學術價值,力求完整展現先哲思想的軌跡;

為知識界開啟一片智慧之窗,營造一座百花綻放的世界文明公園,

任君遨遊、取菁吸蜜、嘉惠學子!